Escales-Verlag

HANDICAPPED-REISEN

30. Auflage, Ausgabe 2019

ISBN 978-3-9819045-1-2

Impressum

Titelbild: © Escales-Verlag
Umschlaggestaltung: www.jonesworks.de

Escales, Yvo
HANDICAPPED-REISEN
Hotels, Pensionen, Ferienwohnungen, Ferienhäuser
und Reiseveranstalter für Rollstuhlfahrer/Menschen mit Behinderung.
30. vollständig überarbeitete Auflage, Oktober 2018, Ausgabe 2019.

© Escales-Verlag
Talstr. 58, D-77887 Sasbachwalden
Tel.: (07841) 684 11 33
www.escales-verlag.de

Druck: DCM, Druck Center Meckenheim GmbH
D-53340 Meckenheim, Printed in Germany

Alle Rechte im In- und Ausland sind vorbehalten. Das Manuskript ist Eigentum der Escales-Verlags. Nachdruck, Kopien, Verwertung, Wiedergabe, Übersetzungen, Nachahmungen des Konzeptes, Mikroverfilmung, Einspeichern oder Verarbeitung in EDV-Systeme, in Datenbanken und im Internet, auf CDs, DVDs oder anderen Datenträgern und sonstige Vervielfältigungen und Abschriften des Gesamtwerkes oder einzelner oder mehrerer Adressen oder Texte, auch auszugsweise, gewerblicher oder nichtgewerblicher Art, dürfen nur mit ausdrücklicher schriftlicher Genehmigung erfolgen.

Für die Richtigkeit und Vollständigkeit der Informationen über Hotels und andere Beherbergungsbetriebe, Reisevermittler, Reiseveranstalter und sonstige in diesem Nachschlagewerk aufgeführten Adressen und Anbieter übernimmt der Verlag trotz sorgfältiger Recherchen keine Gewähr.
Der Verlag verweist ausdrücklich darauf, vor dem Gebrauch dieses Nachschlagewerkes die Einleitung (Seite 9-12) aufmerksam zu lesen.

© Escales-Verlag
Oktober 2019

ISBN 978-3-9819045-1-2

Preis: 22,00 €

Yvo Escales

HANDICAPPED-REISEN

Hotels · Pensionen · Ferienwohnungen

Ferienhäuser · Reiseveranstalter

für Senioren, Mobilitätsbehinderte und Rollstuhlfahrer

30. vollständig überarbeitete Auflage

Ausgabe 2019

Escales-Verlag

ISBN 978-3-9819045-1-2

Inhalt   Seite

Vorwort	7
Einleitung	9

Kapitel I - Hotels und Unterkünfte in Deutschland

Baden-Württemberg	13
Bayern	44
Berlin	96
Brandenburg	105
Hessen	126
Mecklenburg-Vorpommern	132
Niedersachsen	161
Nordrhein-Westfalen	200
Rheinland-Pfalz	220
Saarland	238
Sachsen	240
Sachsen-Anhalt	255
Schleswig Holstein	258
Thüringen	284

Kapitel II - Hotels und Unterkünfte im Ausland

Belgien	300
Italien	302
Kenia	308
Niederlande	310
Österreich	313
Schweiz	318
Spanien	319
Türkei	332
Ungarn	334
Häuser mit Pflege und Betreuung	336
Hotels und Unterkünfte für Gruppen	338

Kapitel III - Reiseveranstalter

Reiseveranstalter von A bis Z	341
Behindertengerechte Miet-Pkw	352
Behindertengerechte Reisebusse	353
Ortsverzeichnis	356

URLAUB + ERHOLUNG   FREIZEIT + ERLEBNIS   HERZLICHER SERVICE

ST. ELISABETH
DAS HAUS MIT HERZ

www.haus-mit-herz.bayern

Wohlfühlen unter Freunden

Erholung und Erlebnis für Menschen mit Behinderung und für Menschen, die Urlaub in familiärer Atmosphäre schätzen: Das Freizeithotel St. Elisabeth in der bayerischen Wallfahrtsstadt Altötting bietet Entspannung, Gemütlichkeit und Erlebnis. Erfreuen Sie sich an geselligen Veranstaltungen, kommen Sie mit bei Ausflugsfahrten und Städtereisen mit rollstuhlgerechten Kleinbussen und genießen Sie mit uns das schöne Bayernland.

- Abholservice – von Haltestellen öffentlicher Verkehrsmittel ebenso, wie Direktabholung aus ganz Deutschland und Österreich
- umfassend barrierefrei ausgestattetes Hotel
- freundschaftlich-familiäre Atmosphäre
- vielfältiges Unterhaltungs- und Ausflugsangebot

Caritashaus St. Elisabeth
Raitenharter Straße 18, 84503 Altötting, Bayern
Tel. +49 (0)8671 957708-0, Caritas-St.Elisabeth@t-online.de

In Trägerschaft des Kreis-Caritasverbandes Altötting. e.V.

Vorwort zur 30. Auflage

Der Hotel- und Reiseratgeber „Handicapped-Reisen" richtet sich an Rollstuhlfahrer und andere Menschen mit einer Behinderung, die eine geeignete Ferienunterkunft oder ein Hotel suchen. Das vorliegende Verzeichnis enthält etwa 240 Unterkünfte, die für Menschen mit Behinderung geeignet sind (Begriffserläuterungen siehe Einleitung ab Seite 8).

Die Beherbergungsbetriebe werden sehr ausführlich beschrieben. Dazu zählen beispielsweise Informationen über Türbreiten, stufenlose Eingänge, rollstuhlgeeignete Badezimmer und zusätzliche Hilfsmittel.

Vor 34 Jahren, als die Arbeit für „Handicapped-Reisen" begann, waren Hotels und Unterkünfte mit rollstuhlgerecht ausgestatteten Zimmern und Badezimmer die Ausnahme. Rollstuhlfahrer mussten sich oft mit Kompromisslösungen begnügen. Man war froh, überhaupt in ein Badezimmer zu gelangen, auf ebene, befahrbare Duschen musste man meistens verzichten. Seit im Jahr 1984 die erste Ausgabe von „Handicapped-Reisen" als Heft und im Jahr 1985 die erste Buchausgabe erschienen ist, haben sich die Reise- und Unterkunftsbedingungen für Rollstuhlfahrer und andere Menschen mit Behinderung erheblich verbessert. Die Zahl der rollstuhlgeeigneten Hotels und Ferienunterkünfte hat seitdem deutlich zugenommen, und die Akzeptanz von Gästen mit Behinderung seitens des Beherbergungsgewerbes ist Jahr für Jahr deutlich gestiegen. In diesem Ratgeber werden nahezu ausnahmslos nur die Betriebe aufgenommen, die eine Mindestanforderung erfüllen: Sie müssen ohne Barrieren zugänglich sein, die Badezimmer müssen für Rollstuhlfahrer nutzbar sein.

Hilfreich für Rollstuhlfahrer sind in diesem Verzeichnis vor allem die Informationen über barrierefreie Unterkünfte und über das Vorhandensein von schwellenlos befahrbaren Duschen, stabilen Duschsitzen, Kippspiegeln, Haltegriffen und unterfahrbaren Waschbecken in den Badezimmern der Beherbergungsbetriebe. Wichtig sind auch die zusätzlichen Informationen über vorhandene Pflegedienste, rollstuhlgeeignete Restaurants und Ausflugsziele in der Umgebung der aufgeführten Unterkünfte.

Ein zusätzliches Kapitel beschreibt eine kleine Auswahl der Reiseveranstalter, die sich auf die Organisation und Vermittlung von Reisen mit behinderten Menschen spezialisiert haben.

Auch für die 30. Auflage gilt, dass nur aktuell recherchierte Informationen veröffentlicht werden. Damit weisen alle Angaben ein Höchstmaß an Zuverlässigkeit auf, wie sie in keinem anderen gedruckten Nachschlagewerk zu finden sind.

„Handicapped-Reisen" gilt im deutschsprachigen Raum als der umfangreichste und ausführlichste Unterkunfts- und Reiseratgeber für Menschen mit Behinderung in gedruckter Form.

Trotz der sehr sorgfältigen Auswahl und Beschreibung der Beherbergungsbetriebe kann es sicherlich auch einmal Anlass zu Beschwerden geben. In solchen Fällen bitten Herausgeber und Verlag die Leser um eine entsprechende Mitteilung, damit solchen Beschwerden nachgegangen werden kann. Auch positive Erfahrungen werden sehr gerne entgegengenommen.

Yvo Escales

Lanzarote & Gran Canaria

Grund- & Behandlungspflege in jedem Hotel/Ferienhaus deutsches examiniertes Pflegepersonal

Wir sprechen: 🇩🇪 🇬🇧 🇪🇸

CuraVital S.L.®

Pflege • Behandlungspflege • Betreuung
Urlaubspflege • Tagesbetreuung
Haushaltshilfe • Hausnotruf
24 Stunden Betreutes Wohnen
Vermietung & Verkauf von Pflegehilfsmitteln

Vermietung Pflegehilfsmittel   **Flughafentransfer**

 CuraVital Pflegedienst   CuraVital   (+34) 619 994 928

Tel.: (+34) 928 848 494 - info@curavital.es
www.curavital.es - www.barrierefrei-lanzarote.com

Einleitung

Zum besseren Verständnis sind einige Erläuterungen zu diesem Verzeichnis unumgänglich. Inhalt, Gliederung, Erhebungsumfang der Informationen und einige Begriffsabgrenzungen werden nachfolgend erläutert, damit Rollstuhlfahrer und andere Menschen mit Behinderung dieses Werk bestmöglich nutzen können.

Inhalt und Gliederung: Der vorliegende Hotel- und Unterkunftsführer enthält Hotels, Pensionen, Bauernhöfe, Ferienwohnungen, Ferienhäuser und Apartments in Deutschland, wobei die Bundesländer in alphabetischer Reihenfolge aufgeführt sind. Innerhalb der Bundesländer sind die jeweiligen Orte ebenfalls in alphabetischer Reihenfolge gegliedert. Leichte Abweichungen von diesem Prinzip erfolgen nur dann, wenn dies aus satztechnischen Gründen unumgänglich ist. Das Ortsverzeichnis im hinteren Teil des Buches (*ab Seite 356*) erleichtert die gezielte Suche nach Städten und Gemeinden. Als grobe Orientierung finden sich im obersten Abschnitt einer jeden Buchseite Hinweise auf Bundesland und Region.

Eine Aufteilung, die jedem gerecht wird, gibt es leider nicht. Eine Gliederung der Hotels und Unterkünfte nach Ferienregionen würde zu unliebsamen Trennungen bzw. Überschneidungen bei der Sortierung der Betriebe nach Bundesländern führen. Die Ferienregionen machen nämlich vor den Grenzen der Bundesländer nicht halt. Daher unsere Entscheidung, die Orte alphabetisch innerhalb der Bundesländer zu gliedern.

Ein kleiner Abschnitt stellt Hotels und andere Beherbergungsbetriebe im Ausland vor. Die Länder sind in alphabetischer Folge aufgeführt.

Erhebungszeitraum: Die für dieses Verzeichnis erforderlichen Daten wurden von Juni bis September 2018 erhoben bzw. aktualisiert.

Spezielle Hinweise für Rollstuhlfahrer / Menschen mit Behinderung in diesem Verzeichnis: Bei jedem Beherbergungsbetrieb wird darauf hingewiesen, für welche Zielgruppe er geeignet ist, z.B. für Gehbehinderte, Rollstuhlfahrer, Allergiker, Dialysepatienten und andere Behinderte. Hinweise darauf, ob das jeweilige Haus auch für Gruppen geeignet ist, gehen aus dem Text ebenfalls hervor. Eine zusätzliche Übersicht der Unterkünfte, die gut für **Gruppen** geeignet sind, finden Sie ab *Seite 338*.

Außerdem wird **auf Hilfs- und Pflegedienste** hingewiesen, z.B. für Pflegebedürftige, Behinderte und Betagte, die entweder von den Beherbergungsbetrieben selbst oder von örtlichen Pflegediensten angeboten werden. Dieser Service wird im Text stets deutlich hervorgehoben. Eine Übersicht der Unterkünfte, die „Urlaub & Pflege" anbieten, finden Sie ab *Seite 336*.

Fast alle in diesem Verzeichnis aufgeführten Beherbergungsbetriebe sind für Rollstuhlfahrer geeignet. Trotzdem kann es bei einigen Hotels und Unterkünften vorkommen, dass einige Einrichtungen, wie z.B. das hauseigene Hallenbad, nicht ohne Hindernisse (Stufen, schmale Türen) erreicht werden können.

Rollstuhlgeeignete Unterkünfte: Als „rollstuhlgeeignet" (gleichbedeutend mit dem Begriff „rollstuhlgerecht") gelten nach unserer Definition die Beherbergungsbetriebe, die die Kriterien nach der DIN für behindertengerechtes Bauen 18024/18025 (bzw. Neufassung DIN 18040) vollständig oder in den wesentlichen Punkten erfüllen, mit folgenden Mindestanforderungen: Der Eingang muss stufenlos oder mit Rampe stufenlos erreichbar sein, die Gästezimmer müssen stufenlos oder mit dem Aufzug erreichbar sein, die Türen sollten mindestens 80 cm breit sein (wobei in diesem Verzeichnis bei vielen Betrieben die Türen über 90 cm breit sind; die meisten Rollstuhlfahrer kommen aber auch mit Türbreiten von ca. 72 cm zurecht), alle Gänge vom Eingang bis zum Zimmer und Badezimmer mindestens 120 cm breit. Der Freiraum vor dem Bad/WC

Einleitung

muss 120 x 120 cm groß sein. Der Bewegungsfreiraum oder Freiraum im Bad/WC (d.h. Fläche, die ohne Hindernisse mit dem Rollstuhl genutzt werden kann) sollte ca. 140 x 140 cm betragen (geringfügige Abweichungen sind je nach Anordnung der sanitären Einrichtungen im Bad akzeptabel, z.B. 120 x 120 cm). Behinderte Menschen mit schweren, großen bzw. überbreiten Elektrorollstühlen benötigen allerdings zum Passieren von Türen bisweilen Durchgangsbreiten von 100 cm und erheblich größere Freiräume zum Wenden des Rollstuhls.

Als Hilfsmittel für Rollstuhlfahrer müssen vorhanden sein: eine schwellenlos befahrbare Dusche (Schwellen von bis zu 3 cm Höhe, möglichst abgerundet, sind akzeptabel), ein fester, stabiler Duschwandsitz (mit Haltegriffen bzw. Handlauf) oder stabiler Duschhocker, stabile, klappbare Haltegriffe am WC. Beherbergungsbetriebe, die die Kriterien erfüllen, werden in diesem Buch mit dem Hinweis „**geeignet für Rollstuhlfahrer**" bewertet; der nachfolgende Text präzisiert diesen Hinweis für den jeweiligen Beherbergungsbetrieb.

Ferner werden gemäß der DIN 18024/18025 (bzw. Neufassung DIN 18040) unter anderem folgende Hilfsmittel empfohlen, die jedoch noch längst nicht alle Einzug in deutsche Beherbergungsbetriebe gehalten haben: Kippspiegel oder Spiegel in Sitzhöhe am Waschbecken im Bad/WC (inzwischen überwiegend in den hier aufgeführten Unterkünften mit behindertengeeigneten Badezimmern anzutreffen), erhöhte und/oder höhenverstellbare Betten (Bettenhöhe von 60 cm, gemessen vom Boden bis zur Matratzenoberkante empfehlenswert). Ist die Matratze bzw. das Bett zu niedrig, kommt man als Rollstuhlnutzer zwar ins Bett, hat aber Schwierigkeiten vom Bett zurück in den Rollstuhl zu gelangen.

Kleiderschränke mit Schiebetüren und niedriger Kleiderstange sind für Rollstuhlfahrer ideal, jedoch selten in Beherbergungsbetrieben anzutreffen.

Als „bedingt rollstuhlgeeignet" werden in diesem Verzeichnis nach unserer Definition solche Beherbergungsbetriebe bezeichnet (aber nur noch selten aufgeführt), die die Kriterien nach der DIN 18024 bzw. 18025 (Neufassung DIN 18040) nur teilweise erfüllen, mit folgenden Mindestanforderungen: Eingang stufenlos oder mit Rampe, jedoch maximal eine Stufe vom Eingang bis zum Gästezimmer. (Bei mehr als einer Stufe erfolgt der Zusatz „bedingt geeignet für Rollstuhlfahrer mit Begleitung"). Alle Türen sind hier mindestens 70 cm breit und der Freiraum für Rollstuhlfahrer im Bad/WC ist weniger als 120 x 120 cm groß. Beherbergungsbetriebe, die diese Kriterien erfüllen, werden in diesem Buch mit dem Hinweis „bedingt geeignet für Rollstuhlfahrer..." bewertet; der nachfolgende Text präzisiert diesen Hinweis für den jeweiligen Beherbergungsbetrieb.

Wenn der Freiraum von 120 x 120 cm im Bad/WC oder die Türbreite von 70 cm *erheblich* unterschritten werden und/oder die Dusche nicht schwellenlos befahrbar ist, erfolgt allenfalls noch die Bewertung **„bedingt geeignet für Rollstuhlfahrer mit Begleitung"**. Dies bedeutet, dass Rollstuhlfahrer, die ständig auf ihren Rollstuhl angewiesen sind, möglicherweise ohne Hilfe nicht zurechtkommen. Es gibt in diesem Verzeichnis so gut wie keine Unterkunft, bei der die Dusche nicht schwellenlos befahrbar ist, es sei denn, es handelt sich ausdrücklich um eine Einrichtung nicht speziell für Rollstuhlfahrer sondern für Menschen mit anderer Behinderung. In seltenen Fällen wird der Bewegungsfreiraum im Bad von 120 x 120 cm unterschritten; dann werden die weiteren Maße und Gegebenheiten aber auch sehr detailliert erklärt.

Bei der Herausgabe dieses Verzeichnisses legen wir vor allem großen Wert auf einen weitgehend stufenlosen Eingang der Betriebe, ausreichend breite Türen und rollstuhl-

Einleitung

geeignete Badezimmer mit Haltegriffen an Dusche und WC sowie einen bodenebenen, schwellenlosen Duschbereich. Betriebe, die diese Kriterien nicht erfüllen, werden nicht in dieses Verzeichnis aufgenommen, es sei denn, sie haben sich auf Menschen mit anderen Behinderungen spezialisiert.

Barrierefrei: In der Fachliteratur und im Sprachgebrauch hat sich in den vergangenen Jahren der Begriff „Barrierefreiheit" verfestigt und wird als Synonym für „rollstuhlgerecht", „rollstuhlgeeignet" und „behindertengerecht" verwendet, insbesondere im Wortzusammenhang „barrierefreies Wohnen" und „barrierefreies Bauen". Wörtlich genommen würde dies bedeuten, dem Menschen mit Behinderung stellen sich keinerlei Barrieren in den Weg. Im erweiterten Sinne wird der Begriff „barrierefreie Umwelt" als eine Umwelt verstanden, in der nicht nur Gehbehinderte und Rollstuhlfahrer, sondern auch Gehörlose und Sehbehinderte/Blinde zurechtkommen. Von einer so definierten barrierefreien Umwelt, die als Zielsetzung wünschenswert und notwendig ist, sind wir noch weit entfernt. Auch für diesen Hotelführer gilt, dass es für Gehörlose und Sehbehinderte / Blinde kaum spezielle Hilfsmittel und Angebote gibt. Hotels führen als Argument an, die Nachfrage sei viel zu gering und die Kosten für ein barrierefreies Bauen bzw. Umbauen für diese Zielgruppe zu hoch.

Bedauerlicherweise bezeichnen sich in Deutschland zunehmend auch solche Hotels als „barrierefrei", deren Eingang, Restaurant und Zimmer zwar ohne Stufen erreichbar sind - ein rollstuhlgerechtes Bad mit unterfahrbarer Dusche fehlt jedoch. Das hat mit „Barrierefreiheit" nichts mehr zu tun und führt zur Verunsicherung der Verbraucher bzw. der Betroffenen.

Reservierung: In fast allen Betrieben ist die Zahl der rollstuhlgeeigneten Zimmer begrenzt und kann die Beschaffenheit dieser Zimmer auch innerhalb eines Hauses unterschiedlich sein, zum Beispiel mit abweichenden Maßen von Badezimmer zu Badezimmer. **Daher muss bei der Zimmerreservierung oder Buchung unbedingt darauf hingewiesen werden, ob ein rollstuhlgeeignetes Zimmer benötigt wird.** Reservierungs- und Buchungswünsche müssen direkt an die Beherbergungsbetriebe gerichtet werden. Wer auf ein rollstuhlgeeignetes Zimmer und auf eine ganz bestimmte, behindertenspezifische Eigenschaft angewiesen ist, sollte sich dies bei der Reservierung und vor dem Reiseantritt **unbedingt schriftlich bestätigen lassen.**

Preisentwicklung in den vergangenen Jahren: Für das Jahr 2014 waren die Preiserhöhungen uneinheitlich. Etwa 70 % der Betriebe haben ihre Preise zumeist um 5 bis 10% erhöht; es gab jedoch bei 10% der Betriebe auch extreme Preiserhöhungen von bis zu 30%, einige wenige lagen sogar bei 50%. Ein Grund waren die bis 2013 sprunghaft gestiegenen Energiekosten. Für das Jahr 2015 gab es bei der Hälfte der aufgeführten Betrieben eine Preissteigerung von 3 bis 10 Prozent, für das Jahr 2016 erhöhten 20% der Betriebe die Preise in der Regel um 3 bis 10%. Für das Jahr 2017 waren bei 70% aller Betriebe Preiserhöhungen von 2 bis 5 % zu beobachten (von wenigen Ausnahmen mit erheblichen Preissprüngen nach oben einmal abgesehen). 3 % der Betriebe haben ihre Preise gegenüber 2016 leicht gesenkt. Für das Jahr 2018 erhöhen 70% aller Betriebe ihre Übernachtungspreise um 2 bis 10% gegenüber 2017 (einige wenige vollzogen einen Preissprung von plus 15 bis 35%). 70% der Betriebe haben Verpflegungsleistungen (Frühstück, Halbpension, Vollpension) um 10 bis 18% erhöht. Für das Jahr 2019 erhöhen 80% aller Betriebe ihre Übernachtungspreise um 5 bis 10% gegenüber 2018 (einige wenige um bis zu 30%).

Tendenziell sind rollstuhlgerechte Unterkünfte (zumindest in Deutschland) nicht teurer als solche für nichtbehinderte Reisende, von wenigen Ausnahmen abgesehen. Bei Ho-

Einleitung

tels mit unterschiedlichen Zimmergrößen (und damit einhergehend mit unterschiedlichen Preiskategorien) sind die rollstuhlgerechten Zimmer wegen des größeren Platzangebotes eher in der mittleren bis gehobenen Preiskategorie zu finden.

Der Preisvorteil bei Buchungen von Hotels- und Unterkünften in Deutschland in der Nebensaison fällt nicht mehr so deutlich aus wie in den Jahren zuvor. In 2014 war dies unter anderem auf die hohen Heiz- und Energiekosten zurückzuführen, wobei in 2015 die Heizkosten insbesondere durch sinkende Ölpreise erheblich zurückgegangen sind. Dafür wirkt sich bei zahlreichen Betrieben nun das neue Mindeslohngesetz preistreibend aus. Zudem werden „billige" bzw. „preiswerte" Anbieter immer seltener. Preiswerte Anbieter, zumeist kleine Pensionen oder Ferienbauernhöfe, verschwinden mehr und mehr vom Anbietermarkt. Die Betreiber geben entweder aus Altersgründen auf oder die Betriebe werden durch aufwändige Renovierungen auf den neuesten Stand gesetzt und müssen die hohen Investitionen und die Qualitätsverbesserung durch Preiserhöhungen wieder auffangen. Dabei wirken sich vor allem die Bauvorschriften zur Energieeinsparung preistreibend aus. Erstmals seit Bestehen dieses Nachschlagewerkes begründeten einige Beherbergungsbetriebe ihre Schließung oder Betriebsumwandlung mit Personalmangel.

Urlaub im Ausland: Auch in dieser Ausgabe von „Handicapped-Reisen" werden einige wenige ausgewählte, zuverlässige Hotels und Unterkünfte im Ausland aufgeführt. Die meisten davon wurden von unserer Redaktion getestet.

Wichtig: Bei den Hotels und Pensionen werden die Preise überwiegend pro Zimmer angegeben. Der Hinweis „Zimmerpreise: EZ 70,- Euro, DZ 90,- Euro inkl. Frühstück" bedeutet in diesem Verzeichnis, dass das Einzelzimmer für eine Person inklusive Frühstück 70,- Euro kostet, das Doppelzimmer für zwei Personen 90,- Euro inklusive Frühstück, also 45,- Euro pro Person.

Reiseveranstalter: In dieser Buchausgabe werden einige wenige ausgewählte Reiseveranstalter vorgestellt, die sich auf die Organisation und Durchführung von Reisen speziell für behinderte Menschen spezialisiert haben und die aus unserer Sicht empfehlenswert sind (*ab Seite 341*). Diese Aufstellung erhebt keinen Anspruch auf Vollständigkeit. Insgesamt hat die Zahl der Anbieter von Pauschalreisen in den vergangenen 20 Jahren erheblich abgenommen. Die meisten Vereine und Verbände, die früher einige Freizeiten und Reisen speziell für Menschen mit Behinderung angeboten haben, mussten ihre Angebote einstellen, da sie vom Gesetzgeber als Reiseveranstalter definiert werden und damit erheblichen Haftungsrisiken ausgesetzt sind, die nur durch hohe Versicherungsbeiträge und ein erhebliches Sicherungskapital abgesichert werden können. Dazu sind kleine (und inzwischen auch große) Vereine jedoch nicht in der Lage. Zum einen ist dies im Interesse der Verbraucher sicherlich sinnvoll, um das Geld des Verbrauchers vor einer Insolvenz eines Vereins bzw. Reiseveranstalters zu schützen, zum anderen ist festzuhalten, dass seit dem Jahr 2002 etwa 80 Anbieter von Reisen und Freizeiten für behinderten Menschen vom Markt verschwunden sind.

Korrekturen und Ergänzungen: Sollten im Zeitraum nach der Drucklegung dieses Verzeichnisses und vor Erscheinen der nachfolgenden Ausgabe Veränderungen auftreten oder Fehler bekannt werden, werden diese unter **www.handicapped-reisen.de** und unter **www.rolli-hotels.de** veröffentlicht.

Kapitel I

Hotels und Unterkünfte in Deutschland

Baden-Württemberg

Baden-Württemberg, Südlicher Schwarzwald

Ringhotel Aparthotel Badblick Garni *** superior   79415 Bad Bellingen

Baden-Württemberg, Südlicher Schwarzwald, Markgräflerland

Rheinstr. 4, Tel. (07635) 81090, Fax: (07635) 81093
E-Mail: info@hotel-bad-bellingen.de, Internet: www.hotel-bad-bellingen.de

Herzlich willkommen im Aparthotel Badblick in Bad Bellingen! Wir begrüßen Sie zu aktiver Erholung oder entspannendem Nichtstun im Land von Sonne und Reben, inmitten der wärmsten Region Deutschlands, zwischen Freiburg und Basel. Stilvoll, komfortabel und modern sind unsere Hotelzimmer, Suiten und Apartments – alle mit Flatscreen-TV, Radio, Föhn, Safe, kostenlosem WLAN, Espressomaschine und Wasserkocher. Starten Sie den Tag mit unserem **reichhaltigen Vital-Frühstücksbüfett**, erholen Sie sich in unserer **Wellnessoase** mit **Bio oder Finnischer Sauna** und **Totes-Meer-Salzgrotte**. Unser Expertenteam verwöhnt Sie mit **Massagen** und **Kosmetikbehandlungen** mit den Naturprodukten von Team Dr. Joseph (SPA-Bereich nicht rollstuhlgerecht).

Relaxen Sie im mediterranen Flair unseres **Hotelgartens**, erfrischen Sie sich in unserem Swimming-Pool mit Gegenstromanlage und Liegewiese oder erkunden Sie zu Fuß die gepflegten **Kuranlagen** und Weinberge.

Drei sehr komfortable, neue Apartments zwischen 30 und 85 qm mit und ohne Terrasse sind barrierefrei. Für optimales Liegen und höchsten Schlafkomfort sorgen unsere **Boxspringbetten** der Extraklasse. Gesundes Sitzen in ergonomischen Fernsehsesseln runden das Angebot ab. Alle **barrierefreien Zimmer** und **Wohnungen** gehören in unsere **Komfortklasse** und verfügen zusätzlich über eine kleine Küche.

Lage: Zur Ortsmitte und zum Bahnhof 500 m, Einkaufen, Arzt, Apotheke, heilkräftiges Mineral-Thermalbad 500 m, Badesee 4 km.

Preise: Doppelzimmer ab 119,- € inkl. Frühstücksbüffet; Ferienwohnung ab 89,- Euro/Nacht.

Baden-Württemberg, Schwarzwald

GesundheitsHotel
Das Bad Peterstal   77740 Bad Peterstal-Griesbach

Baden-Württemberg, Schwarzwald

Schwarzwaldstr. 40, Tel. (07806) 986-600, Fax: (07806) 986-107
E-Mail: info@dasbadpeterstal.de, Internet: www.dasbadpeterstal.de

Das barrierefreie Hotel für Gäste mit und ohne Mobilitätseinschränkungen verfügt über 35 geräumige und wohnliche Hotelzimmer, die auf die Bedürfnisse unserer Gäste ausgerichtet sind.

Hier hat man Zeit für Sie, denn Ihr Urlaub im GesundheitsHotel soll etwas Besonderes sein. Lassen Sie sich entführen in die warmen Farben und das schöne Ambiente. Hier können Sie richtig entspannen.

Ausstattung: Das GesundheitsHotel verfügt über einen klimatisierten Speisesaal mit Terrasse, Tagescafé, Aufenthaltsraum mit Dachterrasse, großzügige Hotelhalle mit Kneippbecken und kostenlosem WLAN, Dauerausstellung zur Heilbad-Geschichte, Gruppenraum, Heilbad (Physiotherapie) mit Kassenzulassung, Friseursalon und Fußpflege, Sauna, Fahrstuhl, hoteleigener Garten mit Kleintiergehege, kostenfreie Parkplätze direkt am Haus und ausgewiesene Behindertenparkplätze direkt am Eingang.

Geeignete Zimmer für Rollstuhlfahrer: Türbreite von Zimmer und Badezimmer: 90 cm. Bettenhöhe: 54 cm. Bewegungsfreiraum in Dusche/WC 120 x 120 cm. Ausreichender Freiraum links bzw. rechts neben WC - je nach Zimmer. Dusche ist schwellenlos befahrbar, Duschhocker vorhanden. Das Waschbecken ist unterfahrbar, der Spiegel ist auch für Rollifahrer gut einsehbar.

Alle Zimmer sind Nichtraucherzimmer. Jedes Zimmer ist ausgestattet mit Kabel-TV, Radio, Großtastentelefon mit Notruftaste, Wasserkocher mit Teeauswahl und Kaffee, Dusche / WC, Haartrockner, DSL-Internet-Anschluss und W-Lan. Auf Wunsch steht ein Bademantel zur Verfügung. Zum Teil haben die Zimmer einen Balkon (nicht barrierefrei).

Lage: Bad Peterstal-Griesbach liegt im romantischen Renchtal. Der Kneipp-Kurort ist ein staatlich anerkanntes Mineral- und Moorheilbad.

Entfernungen: Zur Ortsmitte 700 m, Einkaufen 300 m, Arzt 300 m, Bahnhof 1 km, Freibad 1,3 km, Hallenbad 4,5 km, Krankenhaus 10 km. Täglicher Apothekenlieferdienst zur Rezeption.

Baden-Württemberg, Schwarzwald

Ausflüge, Freizeitangebote: Beliebte Ausflugsziele sind die berühmte Kurstadt Baden-Baden, die Erlebniswelt Mummelsee, Straßburg, Freudenstadt mit dem größten Marktplatz Deutschlands, das Freilichtmuseum „Vogtsbauernhof", die Glasbläserei Dorotheenhütte. Für diejenigen, die es etwas aktiver mögen empfehlen wir neben dem Europapark Rust, den Baumkronenweg in Waldkirch, eine Draisin-Fahrradtour in Achern, Bärenparkbesichtigung mit dem „Bärenmobil" in Rippoldsau oder aber Kellerbesichtigung im Weingut Hex vom Dasenstein. Zusätzlich erhalten Sie jeden Morgen unsere aktuellen Veranstaltungshinweise der Region.

Hilfsmittel: Pflegebett (elektrisch), Rollator, **Dusch- und Toilettenstuhl** stehen kostenlos zur Verfügung. Weitere Hilfsmittel (z.B. **Lifter**) auf Anfrage und gegen Gebühr. Unser **ambulanter Pflegedienst** kann auf Wunsch organisiert werden.

Gesundheit: Mit den natürlichen Heilmitteln unseres Hauses helfen wir Ihnen Ihr Wohlbefinden und Ihre Lebensqualität zu erhalten. Hier können Sie etwas für Ihre Gesundheit tun.

Genießen Sie **Entspannungsbäder oder Therapiebäder** (Wannenanwendungen) mit Wasser aus hauseigenen Quellen. Dazu bietet die **Physiotherapiepraxis** fachlich fundierte Gesundheitsanwendungen. Physiotherapeutische Behandlung, Krankengymnastik auch nach Bobath, manuelle Therapie, Wohlfühlmassagen oder Wärmebehandlungen. Hier sind Sie immer in guten Händen. Physiotherapie und Heilbad haben eine Kassenzulassung für alle Krankenkassen.

Ambulante Vorsorgeleistung (früher Badekur): Nach Antrag und Genehmigung bei Ihrer Krankenversicherung werden übernommen: Kurarztkosten und Kurmittel bis zur gesetzlich festgelegten Eigenbeteiligung von 10,- € für die Verordnung und 10% der Kurmittelkosten. Der Zuschuss für Unterkunft, Verpflegung und Kurtaxe beträgt bis zu 16,- € pro Tag.

Dreifache Kompetenz unter einem Dach: Mit unserem einzigartigen Konzept bieten wir Ihnen vielfältige Möglichkeiten Kuranwendungen, Urlaub und Pflege bedarfsgerecht und individuell zu kombinieren. Während Sie sich im Hotel erholen oder im Heilbad physiotherapeutisch behandeln lassen, wird Ihr pflegebedürftiger Angehöriger im Haus von qualifizierten Fachkräften betreut. Gerne können Sie auch einzelne Angebote von Hotel, Heilbad und Seniorenzentrum gezielt nutzen.

Preise: Je nach Zimmerkategorie, Saison und Aufenthaltsdauer 39,50 bis 58,50 € für Übernachtung mit Frühstück. Voll- und Halbpension sind möglich. Außerdem schenken wir Ihnen bei längeren Aufenthalten jede 7. Nacht. Bei Gruppenreisen bekommt jede 11. Person einen Freiplatz.

Baden-Württemberg, Bodensee

Landgasthof + Hotel „Zum Sternen" *** 78345 Bankholzen-Moos / Bodensee

Baden-Württemberg, Bodensee, Halbinsel Höri

Schienerbergstr. 23, Tel. (07732) 2422, Fax: (07732) 58910
E-Mail: info@zum-sternen.de, Internet: www.zum-sternen.de

Herzlich Willkommen im Sternen!
Der Sternen ist ein traditionsreicher Landgasthof mit ***Hotel im Herzen der Halbinsel Höri am westlichen Bodensee.

Qualität, gepaart mit der sprichwörtlichen badischen Gast- und Herzlichkeit bestimmen die Philosophie unseres Hauses. Bei uns fällt es Ihnen leicht abzuschalten und zu genießen, denn bei der Chefin Brigitte und Ihrem Team sind Sie in besten Händen.

Im Biergarten unter alten Kastanien oder in unserer gemütlichen Gaststube genießen Sie kulinarische Gaumenfreuden. Unsere jungen "Wilden" aus der Küche interpretieren alte badische und schwäbische Spezialitäten zu neuen gelungenen Kreationen. Unsere Zutaten werden frisch und saisonal in Bio-Qualität von unseren Partnern aus der Region geliefert.
Erleben Sie unsere Gastfreundschaft zu jeder Jahreszeit.

Baden-Württemberg, Bodensee

Der Heimathof der Familie Bohner war im 19. Jahrhundert das "Haus überm Bach" mit einem Gastwirtschaftsbetrieb. Erbaut wurde der heutige Sternen 1830 von Johann Evangelist Bohner. Dieser wurde 1883 von Sebastian Bohner, dem Urgroßvater der heutigen Wirtin eröffnet.

Seit 1981 ist Brigitte Bohner-Seibold die Wirtin und führt ganz im Sinne der Vorfahren die Tradition einer gemütlichen Gastlichkeit fort. Seit Mai 2001 zählt der heutige Landgasthof zu den besten Häusern auf der Höri und wurde mit 3 Sternen ausgezeichnet. Unser Landgasthof ist ebenfalls in dem Projekt "Historische Gasthäuser in Baden" vertreten.

Die 18 modern eingerichteten Zimmer sind alle mit massiven Fichtenmöbeln, WC/Dusche, Radio und Sat-TV ausgestattet. WLAN-Zugang ist im ganzen Haus vorhanden. Mit der Gästekarte können die Gäste kostenlosen Busverkehr nutzen.

Für Rollstuhlfahrer gibt es einen **eigenen Parkplatz** und einen **separaten stufenlosen Eingang**. Rezeption, Frühstücksraum, Restaurant und behindertengerechtes WC (Notruf) im EG stufenlos erreichbar. Die Zimmer sind über Aufzug zu erreichen.

Geeignet für Rollstuhlfahrer, spezielle Zimmer. Türbreite WC/Dusche 90 cm und Bewegungsfreiraum 160 x 160 cm, Dusche 120 x 180 cm stufenlos befahrbar, Duschhocker und Wandgriff vorhanden, Waschtisch unterfahrbar, Bettenhöhe 52 cm. Waschmaschine und Trockner stehen zur Verfügung.

Aktivitäten: 2 Bushaltestellen sind im Ort vorhanden. Wandervorschläge für Rollis, Wanderwege eben und leicht hügelig, geteert. Ausflüge zur Insel Mainau und Reichenau. Segeln, Schwimmen, Tennis, Golfen und Reiten in unmittelbarer Nähe sowie die Sauna-Landschaft „BoRa". **Zum Bodensee**, Freibad, Post, Einkaufszentrum, Zahn- und Allgemeinarzt knapp 2 km. **Zum Bahnhof** (Radolfzell) Krankenhaus, Apotheke, Dialyse und Shopping-Center knapp 5 km.

Bankholzen ist ein idyllischer staatl. anerkannter Ferienort, ausgezeichnet mit der Goldmedaille „Unser Dorf soll schöner werden" und liegt am Fuß des Schienerberges (708 m). Zwischen Radolfzell und Stein am Rhein (CH) liegt das Dorf auf der schönen Halbinsel Höri am Bodensee.

Zimmerpreise: Barrierefreies Zimmer für 2 Pers./Nacht 96,- €, ab 3 Nächte 94,- €/Nacht, ab 7 Nächte 90,- €/Nacht. Alle Preise inkl. Frühstück.

Kapuzinergarten *** DEHOGA	
Panoramahotel + Eventrestaurant	**79206 Breisach am Rhein**

Baden-Württemberg, Südlicher Schwarzwald, Breisgau

Kapuzinergasse 26, Tel. (07667) 93000, Fax: (07667) 930093
E-Mail: mail@kapuzinergarten.de
Internet: www.kapuzinergarten.de

Am Hang des historischen Breisacher Berges gelegenes Hotel mit einmaligem Panoramablick auf die berühmtesten Weinlagen des Kaiserstuhls.
Ausgezeichnet als „Empfohlenes Weinhotel Baden-Württemberg".

Der „Kapuzinergarten" verfügt über 42 Zimmer - besondere Klosterzimmer bis hin zu Appartements. Der Eingang ist stufenlos. 32 von 42 Zimmern, das Restaurant und die Panorama-Terrassen sind mit dem Aufzug stufenlos erreichbar. Türbreite vom Aufzug 80 cm, Tiefe 140 cm, Breite 110 cm. Der Garten ist ebenfalls mit dem Rolli befahrbar. Außerdem gibt es eine E-Tankstelle für Gäste vor dem Haus und auch WLAN ist für unsere Gäste im ganzen Haus frei verfügbar. Massagen können hier im Haus durchgeführt und gegen Aufpreis gebucht werden. Es stehen zwei hervorragende Masseure auf Abruf bereit, die ihren Beruf verstehen.

Barrierefreier Entspannungsbereich mit Sauna und Infrarotkabine. **Geeignet für Rollstuhlfahrer: 1 Zimmer** mit Du/WC rollstuhlgerecht. Bettenhöhe 55 cm. Türbreite des Zimmers 80 cm, von Du/WC 75 cm. Bewegungsfreiraum in Du/WC ca. 150 x 135 cm; Freiraum rechts neben WC 120 cm, links 40 cm, davor 120 cm. Schwellenlos unterfahrbare Dusche. WC-Erhöhung, stabile Haltegriffe an Du/WC und Waschbecken sowie festinstallierter Duschsitz vorhanden.

Außerdem gibt es **weitere 30 barrierefreie Zimmer:** Türbreite 70 cm. Freiraum neben WC entweder rechts oder links 90 cm, die andere Seite 15 cm, davor 90 cm. Alle Duschen sind einfahrbar, Duschstühle und mobile Haltegriffe sind vorhanden.

Lage: Das Haus hat einen einmaligen Blick zum Kaiserstuhl, Tuniberg und Schwarzwald am Osthang des Breisacher Berges. Straße (Altstadt) mit Kopfsteinpflaster; eigener PKW empfehlenswert. Zur Ortsmitte 800 m; Einkaufsmöglichkeiten, Arzt, Apotheke, Krankenhaus und Bahnhof 1 km. Freiburg 30 km, Colmar (Frankreich) 23 km, Basel 65 km.

Zimmerpreise: EZ ab 71,00 €, DZ ab 88,00- € inkl. Frühstück, das behindertengerechte Zimmer als DZ ab 129,- €, als EZ ab 104,00 €.

Empfehlenswertes Haus: Freundliche Leitung, **einzigartiger Panoramablick** von der Restaurantterrasse und aus den Zimmern. Sehr gute badisch-französische Frischeküche mit saisonalen Zutaten, regional bezogen und überwiegend aus biologischem Anbau.

Baden-Württemberg, Bodensee

Urlaubshof Scherer **** DTV

88693 Deggenhausertal

Unterhomberg 7, Tel. (07555) 428, Fax: (07555) 5807

Baden-Württemberg, Bodensee

E-Mail: albert-scherer@t-online.de
Internet: www.scherer-urlaub.de

Urlaubshof mit 4 Sternen mit eigenem Hallenbad und Wellnessbereich. Der Urlaubshof Scherer liegt im Luftkurort Deggenhausertal im Hinterland des Bodensees. Mit viel Komfort und sehr persönlicher Betreuung können Sie sich herrlich entspannen und erholen. Alle Räumlichkeiten sind hell, freundlich und modern eingerichtet. Sie relaxen in angenehmer Behaglichkeit unserer schönen Landschaft und dem großen Hofgelände und genießen einen atemberaubenden Blick auf die freie Natur. Zahlreiche

Sport- und Spielmöglichkeiten für die Kinder gibt es direkt im und am Hof oder in der 1.000 m² großen Spielscheune, die auch für Menschen mit Handicap einiges bereit hält. Frühstück und Halbpension können gebucht werden (großer Speiseraum). **Auch für größere Gruppen und Rollifahrer bestens geeignet.** Ein vorbildlich behindertenfreundlicher Ferienhof zum Wohlfühlen!

Alle Wohnungen sind barrierefrei. Es gibt Wohnungen für bis zu 12 Personen mit 187 bis 210 m² und Wohnungen für bis zu 4 Personen mit 66 bis 79 m². Alle Wohnungen haben eine vollausgestattete Küche, TV und eine Terrasse oder einen Balkon. Jedes Schlafzimmer verfügt über eine Nasszelle mit unterfahrbarer Dusche, ein WC mit Stütz- und Stützklappgriffen sowie ein unterfahrbares Waschbecken. Alle Betten sind 52 cm hoch und haben verstellbare Kopf- und Fußteile. **Pflegebetten, Lifter, Duschstuhl und sonstige Hilfsmittel** sind vorhanden und werden bei Bedarf kostenlos zur Verfügung gestellt.

Lage: Höhenlage 730 m NN umgeben von Wiesen, **schönes Alpenpanorama und Sicht zum Bodensee (ca. 20 km entfernt).** Das Hofgelände und die Wohnungen sind sehr gut mit dem Rollstuhl befahrbar.

Preise: Übernachtung ab 35,- € / Person und Nacht. Frühstück täglich: 11,- € / Person und Tag. Abendessen an Di (Pizza) und Do (Grillen): 13,- € / Person und Tag inkl. Tischgetränken. Abendessen am Sa (3-Gänge-Menü): 16,- € / Person und Tag inkl. Tischgetränken.

Weitere Informationen gerne per Mail, Telefon oder auf unserer Homepage. Hausprospekt vorhanden.

Baden-Württemberg, Hochschwarzwald, Freiburg, Breisgau

Green City Hotel Vauban *** superior DEHOGA

79100 Freiburg

Baden-Württemberg, Hochschwarzwald, Breisgau

Paula-Modersohn-Platz 5, Tel. (0761) 888 574-0, Fax: (0761) 88857-444
E-Mail: info@hotel-vauban.de, Internet: www.hotel-vauban.de

Freiburg hautnah erleben im Green City Hotel Vauban - 3 Sterne superior - gemeinnützig, integrativ und ökologisch.

Die 48 Doppelzimmer und eine Familiensuite verfügen über ein modernes Design mit viel Naturholz und bieten Gastlichkeit mit Blick auf den Schönberg oder den Lorettoberg. Sie sind modern designt und mit viel Holz aus der Region eingerichtet.

Die **Rezeption** ist rund um die Uhr besetzt und mit einer **Induktionsschleife für Hörgeschädigte** ausgestattet. **Parkplätze** stehen in der Sonnenschiff Garage für 5 € die Nacht zur Verfügung. Die Solargarage verfügt über einen Aufzug mit den Maßen: Türbreite 89 cm, Tiefe x Breite 209 x 110 cm. Außerdem gibt es einen **Tagungsraum** mit modernster Technik.

Geeignet für Rollstuhlfahrer: Das Green City Hotel Vauban verfügt über 3 behindertengerechte Zimmer. Türbreite der Zimmer 104 cm, der Badezimmer 105 cm. Bettenhöhe 52 cm. Bewegungsfreiraum in Dusche/WC 164 x 190 cm. Freiraum links neben WC 29 cm, rechts 94 cm, davor 134 cm. WC-Höhe 49 cm, Haltegriffe links und rechts neben WC. Duschbereich schwellenlos befahrbar, festmontierter Duschsitz und stabile Haltegriffe vorhanden. Duschstuhl auf Anfrage. Waschbecken unterfahrbar, Notruf vorhanden. Die übrigen 46 Zimmer sind mit dem Aufzug stufenlos erreichbar.

Integrativ: Erleben Sie das Miteinander von MitarbeiterInnen mit und ohne Handicap sowie das Miteinander von Gästen mit und ohne Handicap. In diesem Integrationsbetrieb haben 10 der insgesamt 20 MitarbeiterInnen eine Behinderung. Die Kolleginnen und Kollegen arbeiten auf Augenhöhe miteinander. Das Hotel ist eine gemeinnützige GmbH und verfolgt keine Gewinnerzielungsabsicht. Das Miteinander der MitarbeiterInnen und das Schaffen von Arbeitsplätzen am 1. Arbeitsmarkt für Menschen mit Behinderung steht im Vordergrund.

Baden-Württemberg, Hochschwarzwald, Freiburg, Breisgau

Kulinarisches aus der Region: Das Angebot an Snacks und Getränken stammt, wenn möglich, aus der Region und/oder aus Integrationsbetrieben. Beispielsweise wird der Kaffee von dem integrativ arbeitenden Kaffeewerk-Zollernalb geliefert. Auf Kleinverpackungen wird zugunsten der Müllreduktion weitestgehend verzichtet. Die Hotelbar hat rund um die Uhr für Hausgäste geöffnet und bietet neben einer breiten Auswahl an Getränken auch kleine Speisen.

Tagungen: Das Hotel verfügt über einen Konferenzraum für 30 Personen, ausgestattet mit modernster **Tagungstechnik und einer Induktionsschleife für hörgeschädigte Menschen.** Da das Green City Hotel Vauban über kein separates Vollrestaurant verfügt, wird das Essen für Tagungsgruppen über 15 Personen vom Hofgut Himmelreich zubereitet. Tagungsgruppen mit weniger als 15 Teilnehmern nutzen zu Tischzeiten das Angebot des schräg gegenüberliegenden Restaurants „Der Süden", welches eine frische Vollwertküche bietet.

Lage: Direkt am „Eingangstor" zum ökologischen Vorzeigestadtteil Vauban gelegen, fügt sich das Hotel mit einer Fassade aus natürlich begrünten Holzlamellen perfekt in das Stadtbild ein. Alles ist mit dem Rollstuhl gut zu befahren. Die Freiburger Innenstadt ist vom Hotel aus in zehn Minuten mit dem ÖPNV zu erreichen.

Entfernungen: Stadtmitte Freiburg 3 km, Bahnhof 4,5 km, Einkaufen, Arzt und Apotheke in unmittelbarer Nähe (10 m), Krankenhaus 3 km, Hallenbad 6,6 km.

Ausflüge und Aktivitäten: Ob auf den Mundenhof, den Schauinsland oder ins benachbarte Elsass - viele Orte in und um Freiburg sind mindestens einen Ausflug wert. Auf der Seite der Stadt Freiburg finden Sie Tipps zu verschiedenen Zielen für fast alle Geschmäcker.

Zimmerpreise: Doppelzimmer ab 110,- € pro Nacht inkl. Bettensteuer, Frühstück pro Person 12,- €. Einzelzimmer ab 90,- € pro Nacht inkl. Bettensteuer, Frühstück pro Person 12,- €. Komfortzimmer ab 130,- € pro Nacht inkl. Bettensteuer, Frühstück pro Person 12,- €. Suite ab 190,- € pro Nacht für 4 Personen inkl. Bettensteuer, jede weitere Person/Nacht 10,- €, Frühstück pro Person 12,- €,

Appartement ab 150,- € pro Nacht inkl. Bettensteuer, ohne Frühstück. Frühstück pro Person 12,- € und pro Tag. Parkplatzgebühr 5,- Euro pro Tag. Kostenfreies W-Lan im ganzen Hotel verfügbar.

Kinder bis 6 Jahre übernachten im Zimmer der Eltern im Baby/Zustellbett kostenlos. Für das Frühstück wird nichts berechnet.

Kinder ab 7 Jahre übernachten im Zimmer der Eltern gegen einen Aufpreis von 10,- €. Das Frühstück wird separat berechnet.

Hunde sind herzlich willkommen. Preis pro Hund und Nacht 5,- €.

Baden-Württemberg, Schwarzwald, Freiburg, Landkreis Emmendingen

Landgasthof „Adler-Pelzmühle"	79215 Biederbach bei Freiburg

Baden-Württemberg, Schwarzwald / Emmendingen

Familie Karl-Friedrich Herr, Pelzmühle 1, Tel. (07682) 255, Fax: (07682) 67178
E-Mail: adler-pelzmuehle@t-online.de, Internet: www.adler-pelzmuehle.de

Der Landgasthof Adler-Pelzmühle liegt idyllisch im Südschwarzwald, mitten im Grünen am leise vorbeifließenden Frischnau-Bächlein und bietet eine herrliche Aussicht auf die Schwarzwaldberge. Hier sind Menschen ohne und mit Mobilitätseinschränkung herzlich willkommen.

Die modern eingerichteten Gästezimmer sind mit Dusche / WC, Sat-TV-Anschluss, Telefon und Südbalkon mit wunderbarem Blick ausgestattet. Es gibt **13 barrierefreie Einzel-, Doppel- und Mehrbettzimmer sowie 2 große Suiten.** Parkplatz, Eingang, Rezeption, Frühstücksraum und Restaurant sowie die rollstuhlgeeigneten Zimmer im Erdgeschoss und in den Etagen sind per Aufzug stufenlos erreichbar. Türbreite Aufzug 90 cm; Innenmaße: Tiefe 150 cm, Breite 120 cm. Türbreiten der Zimmer und Badezimmer 100 cm. Freiraum in Dusche/WC 180 x 120 cm. Freiraum links neben WC 30 cm, rechts 200 cm. WC-Höhe 48 cm. Haltegriff am WC ist vorinstalliert; weitere lassen sich bei Bedarf einfach und fest anbringen. Duschbereich schwellenlos befahrbar, stabile Haltegriffe und Duschsitz sind vorhanden. Waschbecken unterfahrbar.

Die Küche serviert Schwarzwälder Spezialitäten, die Hausschlachtung garantiert Qualität und Frische. Auf der sGartenterrasse können die Gäste ein zünftiges Vesper oder selbstgebackenen Kuchen genießen.

Zum Entspannen lädt die **hauseigene Saunalandschaft** mit Finnischer Sauna, Bio-Sauna, Dampfbad, Kräuterbad, Infrarotkabine, Solarium und diversen Ruheräumen ein. Freizeitaktivitäten: Tischtennis, Liegewiese, Kinderspielplatz. In der Nähe befinden sich Bäder, Massagen und Kuranwendungen. Außerdem gibt es gut beschilderte Wander- und Radfahrwege.

Lage/Entfernungen: Der Landgasthof liegt "mitten im Schwarzwald", unweit von Elzach, mit herrlichen Ausflugsmöglichkeiten zum Beispiel ins Kinzigtal, nach Hornberg, Triberg, Titisee, Furtwangen, nach Freiburg, ins Elsass, nach Colmar oder Straßburg. Zur Ortsmitte von Biederbach mit Einkaufsmöglichkeiten, Bahnhof, Arzt, Apotheke und Freibad 3 km. Krankenhaus, Hallenbad 15 km, Badesee 20 km, Europapark Rust 45 km, Freiburg im Breisgau 28 km, Freilichtmuseum Vogtsbauernhof 18 km.

Preis pro Person im Deluxe Zimmer: Einzelzimmer ab 67,00 €, Doppelzimmer ab 52,00 € und Mehrbettzimmer ab 49,00 €; Suiten ab 59,00 €. Alle Preise inklusive der Teilnahme am reichhaltigen Frühstücksbuffet. Aufpreis für Halbpension pro Tag ab 18,- €, für Vollpension ab 24,- €. Abschließbare Garage 6,- € /Tag.

Baden-Württemberg, Main-Tauber-Kreis, Taubertal

Ferienhof Schwab	**97980 Bad Mergentheim - Herbsthausen**
- vom Kneippbund anerkannter Gesundheitshof -	

Baden-Württemberg, Main-Tauber-Kreis, Taubertal

Alte Kaiserstr. 5, Tel. (07932) 8101, Fax: (07932) 7402
E-Mail: info @ ferienhof-schwab. de
Internet: www: ferienhof-schwab.de

Der Hof liegt über dem lieblichen Taubertal, idyllisch umgeben von Wald und Wiesen, in unmittelbarer Nähe der traditionsreichen Kur- und Badestadt Bad Mergentheim.

Der Ferienhof hat drei für Rollstuhlfahrer geeignete Ferienwohnungen: 3 Zimmer, Küche, Dusche/WC. Parkplatz und Eingang stufenlos. Türbreiten: Eingang 100 cm, Zimmer und Bad 80 cm. Bettenhöhe 46 cm. Bewegungsfreiraum in Du/WC 120 x 130 cm. Freiraum links neben WC 35 cm, rechts 130 cm, davor 110 cm. WC-Höhe 48 cm. Haltegriffe an Dusche und WC.

Lage: Zur Ortsmitte Herbsthausen 500 m, Arzt, Apotheke, Krankenhaus und Hallenbad 11 km. Freibad 6 km. Das Haus liegt in leichter Hanglage, die FeWo hat eine ebene Terrasse.

Ausflüge: Zum Beispiel nach Rothenburg ob der Tauber, ca. 33 km entfernt. Die ehemalige freie Reichsstadt mit ihrem heute noch vollständig erhaltenen, mittelalterlichen Stadtbild, versetzt den Besucher zurück ins Mittelalter. Oder nach Creglingen, dort berühmt und sehenswert der Altar von Tillman Riemenschneider, sowie das Fingerhutmuseum (Entfernung ca. 25 km). Einen Besuch lohnt auch Bad Mergentheim, 11 km entfernt, eine über 800 Jahre alte Deutschordensstadt mit Landgasthöfen, Biergärten, Straßencafés und urgemütlichen Weinlokalen. Neben der historischen Altstadt und dem Deutschordensschloß bietet die Kur- und Badestadt Bad Mergentheim herrliche Parks und Kuranlagen, den Badepark Solymar (Wiedereröffnung Frühjahr 2014), Europas größten Wildpark und vieles mehr.

Preis für 2 Personen pro Tag 35,- bis 45,- €.

Baden-Württemberg, Südschwarzwald, Breisgau

Hofgut Himmelreich   79199 Kirchzarten

Baden-Württemberg, Südschwarzwald, Breisgau, Dreisamtal

Himmelreich 37, Tel. (07661) 98620, Fax: (07661) 986240
E-Mail: info@hofgut-himmelreich.de
Internet: www.hofgut-himmelreich.de

Hofgut Himmelreich ist ein integrativer Betrieb, in dem Menschen mit und ohne Handicap sich um das Wohl der Gäste kümmern und ist Mitglied der Embrace-Hotelkooperation.

Der historische Schwarzwaldgasthof verfügt über 18 gemütliche, davon **4 behindertengerechte, Gästezimmer** - alle Nichtraucherzimmer - mit Bad/Dusche, WC, Schreibtisch, Direktwahltelefon und SAT-TV. Darunter auch mehrere neue Gästezimmer mit Himmelbetten und charmanter Einrichtung mit modernem Komfort. Wireless-LAN in den Zimmern (kostenlos).

Restaurant mit regionalen Spezialitäten, eine Sonnenterrasse mit gut einsehbaren Kinderspielplatz.

Außerdem stehen **2 Tagungsräume** für 10 bis 25 Personen mit moderner Tagungstechnik zur Verfügung.

Das Haus verfügt über einen **Parkplatz** direkt am Hotel, davon sind 2 speziell für Rollstuhlfahrer ausgewiesen. Eingang, Rezeption, Restaurant und Zimmer sind stufenlos erreichbar, Frühstücksraum mit Rampe. Türbreite vom Eingang 104 cm breit.

Baden-Württemberg, Südschwarzwald, Breisgau

Geeignet für Rollstuhlfahrer, Menschen mit Behinderung: Die 4 rollstuhlgerechten Zimmer sind modern ausgestattet und liegen ebenerdig. Türbreiten der Zimmer und Badezimmer 95 cm breit. Bettenhöhe 50 cm. Bewegungsfreiraum in Du/WC 150 x 150 cm. Freiraum links neben WC 70 cm, rechts 90 cm, davor 180 cm (in anderen Zimmern spiegelverkehrt bzw. genau anders herum). WC-Höhe 48 cm, Haltegriffe links und rechts neben WC. Duschbereich befahrbar, Duschhocker, Haltegriffe und Fön vorhanden. Waschbecken unterfahrbar. Auf Wunsch wird Ihnen kostenlos ein Duschhocker bereitgestellt. Weitere Hilfsmittel sind über den regionalen Reha-Fachhandel auszuleihen. Ein Pflegedienst kann über die örtliche Sozialstation organisiert werden. Der Betrieb ist nach „Reisen für alle" zertifiziert.

Essen & Trinken: Frühstück, Mittag- und Abendessen im hauseigenen barrierefreien Restaurant in historischem Ambiente mit rollstuhlgerechten Toiletten.

Lage: Das Hotel-Restaurant Himmelreich liegt außerhalb von Kirchzarten, ca. 10 km vor den Toren Freiburgs. Unmittelbar am Bahnhof Himmelreich (50 m) und an der B31 gelegen bietet das Haus eine optimale Verkehrsanbindung. Nächstes Kiosk, im eigenen Bahnhof mit Reisebüro, etwa 50 m entfernt.

Freizeitangebote: Ausflugsziele im Schwarzwald (Titisee, Schluchsee, Feldberg und vieles mehr) oder ein Stadtbummel durch Freiburg. Tagesausflüge nach Frankreich und der Schweiz gut möglich. Das Ticket für den öffentlichen Personennahverkehr (Konus Karte), ist im Übernachtungspreis bereits inbegriffen.

Das Hofgut Himmelreich ist offizielle Draisin-Rental-Station. Von hier aus können Sie das Dreisamtal vor den Toren Freiburgs barrierefrei erleben. Mit Spezialfahrrädern der Firma Draisin endlich wieder das Vergnügen des Fahrradfahrens erleben. Bei Anmietung des Spezialrades erhalten Sie von der Hausleitung den Führer „**Das Dreisamtal barrierefrei erleben**" kostenlos dazu. Erleben Sie in 5 beschriebenen Routen, wie schön es bei uns im Dreisamtal auch barrierefrei sein kann.

Entfernungen: Einkaufen, Arzt und Apotheke 1 km, Krankenhaus 15 km, zur Ortsmitte 5 km, Bahnhof 50 m, Freibad 5 km, Hallenbad 16 km.

Preise: EZ ab 74,- €, DZ ab 96,- €.

Baden-Württemberg, Hohenlohe

BSK Gästehaus 74238 Krautheim

Baden-Württemberg, Hohenlohe, Jagst

Altkrautheimer Str. 20, Tel. (06294) 4281-60, Fax: (06294) 4281-69.
E-Mail: gaestezimmer@bsk-ev.org

Nur wenige Meter vom rollstuhl- und auch teilweise handbike geeigneten Kocher-Jagst-Radweg entfernt befindet sich das barrierefreie Gästehaus des Bundesverbandes Selbsthilfe Körperbehinderter e. V. in Krautheim an der Jagst. Für Rollstuhlfahrer/innen und Radfahrer/innen eröffnet sich hier ein 350 km langes Wegenetz.

Krautheim ist ein kleiner ruhiger Ort mit rund 2.500 Einwohnern, idyllisch an der Jagst gelegen und zentraler Ausgangspunkt für Ausflüge in die wunderschöne Natur des Hohenloher Landes.

Das Gästehaus hat insgesamt 16 Zimmer und bietet für 26 Personen Platz. Die Zimmer des Gästehauses sind rollstuhlgerecht eingerichtet. Einige Zimmer sind mit Kochecke, Spüle und Kühlschrank für Selbstversorgung ausgestattet. Alle Zimmer verfügen über TV und W-LAN.

Ein barrierefreier Aufenthaltsraum für bis zu 30 Personen kann für Bildungsveranstaltungen genutzt werden. Parkplatz, Eingang, Rezeption, Gruppenraum und Zimmer sind stufenlos erreichbar.

Geeignet für Rollstuhlfahrer/innen / Menschen mit Behinderung: 8 Doppelzimmer mit Dusche/WC. Einfach Zimmerausstattung, alles Nichtraucherzimmer. Türbreite der Zimmer und von Dusche/WC 94cm. Höhenverstellbare Betten (auch elektrisch höhenverstellbar) vorhanden (54 bis 60cm). Freiraum in Dusche/WC mindestens 150 x 150 cm. Freiraum links neben WC 150 cm, rechts 50cm, davor 150 cm. Haltegriffe links/ rechts neben WC. WC-Höhe 46 cm (bei Bedarf steht Toilettenaufsatz zur Verfügung). Duschhocker vorhanden, Waschbecken unterfahrbar.

Bei Bedarf besteht auch die Möglichkeit, einen **Pflegedienst** und einen **Rollstuhlreparatur-Service** in Anspruch zu nehmen. **Physiotherapie im Haus.**

Lage: Das Gästehaus liegt nur 300 Meter zur Ortsmitte entfernt; ebenso weit bestehen Einkaufsmöglichkeiten; die Apotheke ist 500 Meter entfernt, ein Arzt 2 km; das Krankenhaus 19 km; Freibad/Hallenbad 19km. Nächste Bahnhöfe: Bad Mergentheim 19 km (nicht barrierefrei), Lauda 27 km (barrierefrei), Möckmühl 31 km (nicht barrierefrei), Würzburg Hbf 70 km (barrierefrei).

Zimmerpreise: Barrierefreies DZ mit Bad/WC 39,- €; DZ mit Etagenbad /-WC 29,- €; barrierefreies EZ mit Etagenbad /-WC 25,- €. Für Mitglieder gibt es Preisermäßigung. **Gruppenpreise auf Anfrage.** Es findet eine wöchentliche Reinigung statt. Das integrative Frühstück im Eduard- Knoll-Wohnzentrum ist zubuchbar. **Vorbildliche Einrichtung**, bietet sehr preiswerte, gute Unterkunft, **besonders für Gruppen geeignet**.

Das Gästehaus ist von 21. Dezember 2018 bis zum 7. Januar 2019 geschlossen. Ab dem 8. Januar 2019 ist das Gästehaus wieder geöffnet.

Baden-Württemberg, Hohenlohe

Hotel-Restaurant Anne-Sophie 74653 Künzelsau

Baden-Württemberg, Hohenlohe, Region Heilbronn-Franken

Hauptstraße 22-28, Tel. (07940) 9346-0, Fax: (07940) 9346-77
E-Mail: info@hotel-anne-sophie.de, Internet: www.hotel-anne-sophie.de

Das Hotel-Restaurant Anne-Sophie ist ein **Ort des Miteinanders**, an dem Menschen mit und ohne Handicap seit nun mehr 15 Jahren Hand in Hand arbeiten. Initiiert wurde dieses besondere Projekt von Frau Carmen Würth.

Mitten im Herzen der hübschen Kreisstadt Künzelsau bietet das besondere Haus modernen Komfort in historischen Gebäuden. 49 individuell und mit viel Liebe zum Detail eingerichtete Zimmer, die zwei Restaurants und das Café Auszeit laden zum Verweilen und Entspannen ein.

Im **Restaurant Anne-Sophie am Schlossplatz** wird regionale Küche geboten und im **Restaurant handiCap**. bekocht Sie das Team mit ambitionierten Gerichten, wobei der Fokus auf hochwertige Produkte gelegt wird. Am Nachmittag lässt es sich im Wintergarten oder auf der gemütlichen Sommerterrasse gut aushalten – zur Kaffeezeit servieren wir Ihnen hier köstliche hausgemachte Kuchen, Torten und duftenden Kaffee.

Ein kleiner **Fitness- und Wohlfühlbereich** mit Sauna, Sanarium und Dampfbad sowie der Hotelgarten mit Blick auf das Schloss ergänzen das Angebot stimmig. Auch mehrere Tagungs- und Veranstaltungsräume mit Platz für bis zu 100 Personen stehen zur Verfügung. Alle unsere Konferenzräume verfügen über modernste Technik.

Mehrere Zimmer sowie alle öffentlichen Räume sind barrierefrei zugänglich. An den Eingängen befindet sich eine Rampe, Ihr Zimmer erreichen Sie bequem mit dem Aufzug (Türbreite Aufzug 90 cm, Tiefe 120 cm). Türbreite der Zimmer 75 bis 90 cm. Die Betten haben eine Höhe von 60 cm und bieten ausreichend Raum zu beiden Seiten. **Die Duschen sind befahrbar** und verfügen über Duschstuhl und Haltegriffe, auch am WC wurden Haltegriffe angebracht. Das Waschbecken ist unterfahrbar. Jedes unserer Badezimmer ist mit einem Zimmernotruf ausgestattet.

Preise: Einzelzimmer 75,- bis 140,- Euro (je nach Kategorie und Reisezeitpunkt). Doppelzimmer 110,- bis 170,- Euro (je nach Kategorie und Reisezeitpunkt). Alle Preise verstehen sich inklusive **Genießer-Frühstück vom Buffet**, Parkplatz, **W-Lan** sowie freier Nutzung des Fitness- und Wohlfühlbereichs.

Wir bieten Ihnen attraktive Angebote. Gerne beraten wir Sie und informieren Sie detailliert über die Möglichkeiten. Parkplätze stehen am Haus kostenfrei zur Verfügung. Wir haben eine kleine Tiefgarage und Stellplätze auf dem nahegelegenen Wertwiesen-Parkplatz. Am Haupteingang an der Künzelsauer Hauptstraße steht ein Check-in/ Check-out Parkplatz zur Verfügung.

Das Hotel verfügt über einen kleinen Fahrradverleih und liegt in unmittelbarer Nähe zum beliebten **Kocher-Jagst-Radweg**. Zentral in der **Tourismusregion Hohenlohe** gelegen, ist es zudem ein geeigneter Ausgangsort für Ausflüge oder Wanderungen zu den zahlreichen Sehenswürdigkeiten, Freilichtbühnen, Museen oder Naturschauspielen.

Ferienbauernhof Breigenhof

77784 Oberharmersbach

Familie Jilg, Billersberg 1
Tel.: (07837) 615, Mobil: 0151-70 80 88 11
Internet: www.breigenhof.de, E-Mail: info@breigenhof.de

Baden-Württemberg, Schwarzwald, Ortenau

Ferienbauernhof mit 5 Ferienwohnungen, 3 davon rollstuhlgerecht, 80 bis 100 qm groß für bis zu 7 Personen.

Helle und freundliche Einrichtung der Ferienwohnungen, die allen Komfort bieten: Wohnküche, Balkon oder Terrasse, Schlafräume für je 2 Personen, Kinderbetten nach Bedarf, Dusche/WC, Waschmaschine und Sat-TV. W-LAN kostenlos verfügbar.

Der **große Grillplatz** mit Pavillon und **Kinderspielplatz** lädt zu gemütlichen Sommerabenden ein. Den Gästen steht außerdem ein **Aufenthaltsraum** zur Verfügung. Es gibt große und kleine Tiere auf dem Hof. Genießen Sie bei Ihrem Ferienaufenthalt die **landwirtschaftlichen Produkte** aus dem im Oktober 2014 neu eröffneten **Hofladen**: Bauernbrot, frische Milch und selbst gemachte Butter, herzhafte Wurst aus eigener Schlachtung, Äpfel, Karotten und vieles mehr.

Geeignet für Rollstuhlfahrer (3 FeWos) und Familien mit geistig Behinderten, auch für **Gruppen bis 30 Personen**. Parkplatz, Eingang und alle Räume stufenlos erreichbar. Türbreite von den Zimmern und Du/WC im Leibgedinghaus und die Ferienwohnung im Bauernhaus 93 cm. Türbreite im Ferienhaus 82 cm. Freiraum in Du/WC 120 x 160 cm; Freiraum rechts neben WC 110 cm, davor 120 cm; Waschbecken und Dusche ebenerdig unterfahrbar. Kippspiegel, Lifter, stabiler Duschhocker und stabile Haltegriffe an Dusche und WC vorhanden. **Pflegebett** in großer Fewo (100 m²) im Leibgedinghaus vorhanden (95,- €). In der Fewo Bauernhaus Pflegebett auf Anfrage möglich.

Lage: 1 km entfernt vom Dorf in **ruhiger, freier Lage, umgeben von Wald und Wiesen**. Vom Haus aus hat man einen **herrlichen Panoramablick** hinüber zur Burgruine Geroldseck und auf die Berge des mittleren Schwarzwaldes. Der Ferienort Oberharmersbach bietet viele Freizeitmöglichkeiten wie z.B. ein beheiztes Freibad, Tennisplätze, Minigolf und herrliche Wander- und Mountainbikemöglichkeiten.

Die Umgebung ist flach, hügelig bis steil, jedoch sind viele Wanderwege mit dem E-Rollstuhl gut befahrbar (ein Familienmitglied war selbst Rollstuhlfahrer). Viele Ausflugsziele sind möglich; Pkw vorteilhaft. Die beliebtesten Ausflugsziele in der Umgebung sind die Triberger Wasserfälle, **Europapark Rust**, Straßburg, Freiburg, Titisee und Bodensee.

Preis pro Nacht für eine Ferienwohnung für 4 Personen in der Nebensaison ab 45,- €, in der Hauptsaison ab 55,- €, jede weitere Person 5,- €/Nacht. Ausführliche Preisliste sowie Gruppenpreise auf Anfrage. Abholung vom Bahnhof möglich.

Ein für Familien mit Kindern besonders empfehlenswerter Ferienbauernhof. Auch Lebenshilfe-Gruppen zählen zu den zufriedenen Stammgästen.

Waldpension Hengsthof — 77704 Oberkirch-Ödsbach

Baden-Württemberg, Schwarzwald, Ortenaukreis

Familie Huber, Hengstbachstr. 14, Tel. (07804) 809, Fax: (07804) 910181
E-Mail: info@hengsthof.de, Internet: www.hengsthof.de

Haus in idyllischer Einzellage, umgeben von Wald und Wiesen. 14 Doppel- und Dreibettzimmer mit Du/WC & Balkon, 5 Mehrbettzimmer mit Dusche/WC sowie eine Ferienwohnung. Das Haus verfügt über ein **beheiztes Hallenbad**, Tret-Gokartpark, Freiland-Kegelbahn, Tischtennisraum, Spielplatz, Gästeküche, Grillplatz, Wintergarten und einen weiteren Aufenthaltsraum und eine Sonnenterrasse. Seit vielen Jahren beher-

bergt das Haus regelmäßig Behindertengruppen sowie **Bewohner von Pflegeheimen** und psychiatrischen Einrichtungen.

Geeignet für geistig und/oder körperlich Behinderte, psychisch Kranke mit Begleitung und in **Gruppen bis 50 Personen**. 3 Doppel-/Dreibettzimmer mit Du/WC und **Pflegebetten** für **Rollstuhlfahrer**. Türbreiten der Zimmer und Badezimmer 80 cm; Freiraum in Dusche/WC 200 x 220 cm. Haltegriffe und abnehmbarer Duschsitz vorhanden. Waschbecken und Dusche sind unterfahrbar. Eingang und Gästezimmer sind stufenlos erreichbar.

Wöchentlich ein Grillabend und ein Flammenkuchenabend mit dem Chef.

Lage: Herrliche Einzellage inmitten einer Waldlandschaft, 550 m ü.M., ideale Wandermöglichkeiten. Eigene Energieversorgung über Wasserkraft. **Ausflugziele:** u.a. Allerheiligen Wasserfälle 20 km, Straßburg 40 km, Europapark Rust 50 km, Freilichtmuseum „Vogtsbauernhöfe" 50 km.

Preise: Übernachtung mit Frühstück ab 38,- €, mit Vollpension ab 53,00- € pro Person/Tag. Sehr gutes Preis-Leistungsverhältnis. **Für Gruppen sehr gut geeignet.**

Hohenwart Forum

75181 Pforzheim-Hohenwart

Baden-Württemberg, Nordschwarzwald

Schönbornstr. 25, Tel. (07234) 606-0, Fax: (07234) 606-46
E-Mail: info@hohenwart.de, Internet: www.hohenwart.de

In der geografischen Mitte zwischen Stuttgart und Karlsruhe, vor den Toren der Gold- und Schmuckstadt Pforzheim, liegt das Hohenwart Forum Pforzheim.
Erleben Sie die unverwechselbare Lage im Grünen bei einem erholsamen oder aktiven Aufenthalt. Das barrierefreie Haus ist der ideale Ausgangspunkt für Ausflüge oder Geschäftstermine.

Freizeit oder Arbeit, Urlaub oder Tagung: Die Grenzen sind fließend. 24 der 99 Gästezimmer sind auf die besonderen Bedürfnisse von Menschen mit Mobilitätseinschränkungen eingerichtet.

Das Gelände, sämtliche Seminarräume und alle öffentlichen Bereiche sind ebenerdig erreichbar.

Im Hohenwart Forum begegnet sich eine bunte Vielfalt von Menschen. Seien Sie ein Teil davon und tragen zu dieser besonderen Atmosphäre bei.

Geeignet für Rollstuhlfahrer: 24 Zimmer. Türbreite der Zimmer und von Du/WC 88 cm. Bettenhöhe 50 cm; elektr. höhenverstellbare Betten vorhanden. Bewegungsfreiraum in Du/WC 130 x 130 cm; Freiraum links neben WC 26 cm (Haltegriff); rechts 145 cm, davor 120 cm. WC-Höhe 44 cm, Toilettenaufsatz vorhanden. Dusche befahrbar, einhängbarer und verschiebbarer Duschsitz sowie Duschhocker vorhanden. Waschbecken unterfahrbar. Strickleiter über WC und teilw. über den Betten. Mobiler Pflegedienst kann bei Bedarf angefordert werden.

Lage: Zur Stadtmitte von Pforzheim 8 km; Bhf. 9 km; Einkaufsmöglichkeiten 3 km; Arzt, Apotheke 4 km; Krankenhaus 14 km; Freibad 2,5 km; Hallenbad 12 km.

Preise 2018/2019: Die Übernachtung mit reichhaltigem Frühstücksbüffet kostet pro Person im Einzelzimmer 64,50 €, im Doppelzimmer 48,50 €. Für Tagungen und Gruppen erstellen wir Ihnen gerne ein individuelles und maßgeschneidertes Angebot. Unsere Reservierungsleiterin Frau Lingg freut sich über Ihre Anfrage unter 07234-606-190.

Besonders empfehlenswertes Haus für Tagungen / Gruppen mit behinderten Menschen.

Baden-Württemberg, Schwarzwaldhochstraße, Nationalpark Schwarzwald

Berghotel Mummelsee   77889 Seebach / Mummelsee

Baden-Württemberg, Schwarzwald, Schwarzwaldhochstraße, Nationalpark Schwarzwald

Schwarzwaldhochstraße 11, Tel.: (07842) 99286, Fax (07842) 30 26 6
E-Mail: info@mummelsee.de, Internet: www.mummelsee.de

Das Berghotel Mummelsee liegt an der Schwarzwaldhochstraße in 1036 Meter Höhe, direkt am Mummelsee. Es verfügt neben einem barrierefreien Eingang (leichte Steigung vom Parkplatz zum Haupteingang) auch über barrierefreie Gästezimmer.

Das rollstuhlgerechte Zimmer nebst Badezimmer mit befahrbarem Duschbereich ist vorbildlich. Auch die nicht als barrierefrei ausgewiesenen Zimmer sind für gehbehinderte Personen geeignet, geschmackvoll ausgestattet, überwiegend sehr groß. Sie bieten in den Badezimmern viel Bewegungsfreiraum (aber keine frei befahrbare Dusche), jedoch für Gehbehinderte und sportliche Rollstuhlfahrer mit schmalen Rollis ebenfalls geeignet.

Schon seit Jahrzehnten sind die Gipfelregionen um den Mummelsee als Naturschutzgebiet ausgewiesen. Im unberührten Nationalpark Schwarzwald erleben Sie die freie Entfaltung der Natur ohne menschliche Eingriffe.

Ein barrierearmer Rundweg verläuft, am Hotel beginnend, um den Mummelsee. Der Weg besteht gut zur Hälfte aus einem rollstuhlgerechten Holzsteg. Auf dem naturbelassenen Teilstück bedarf es je nach Kondition des Rollstuhlfahrers oder des wetterbedingten Zustandes (z.B. bei/nach Regenfällen) einer Schiebehilfe.

Preise: Doppelzimmer (31 - 35 m²) mit Talblick und Balkon, Übernachtung mit Frühstück in der Nebensaison 138,- €, als EZ 84,- €, in der Hauptsaison als DZ 148,- €, als EZ 89,- €. **Doppelzimmer (25 - 35 m²) mit Seeblick** und Balkon: Übernachtung mit Frühstück in der Nebensaison 148,- €, als EZ 89,- €. In der Hauptsaison als DZ 158,- €, als DZ 94,- €. Halbpension (4-Gang Abendmenü) für 28,00 € p.P. und Tag. Preise für Familienzimmer und Suiten auf Anfrage. Kinder bis 6 Jahre kostenlos im Elternzimmer, von 7-10 Jahre 20,- € p.P. und Tag im Elternzimmer inkl. Frühstück, ab 11 Jahre 40,- € p.P. und Tag im Elternzimmer inkl.

Überaus freundliches Personal, hervorragendes Frühstück und Essen, sehr gutes Preis-Leistungsverhältnis. Eines der besten Hotels in diesem Verzeichnis - in schöner Umgebung, so richtig zum Wohlfühlen.

Baden-Württemberg, Mittlerer Schwarzwald, Ortenau

Naturhotel Holzwurm ᴳ ***   77887 Sasbachwalden

Baden-Württemberg, Mittlerer Schwarzwald, Ortenau

Am Altenrain 12, Tel. (07841) 20540
E-Mail: info@holzwurmwirt.de, Internet: www.holzwurmwirt.de

Kleines familiengeführtes Naturhotel am Ortsrand von Sasbachwalden, zwischen Wiese und Wald, etwa zehn Gehminuten vom Ortskern entfernt. Sie in liebevoll restaurierten Zimmern, Apartments mit Miniküche und Suiten. Das denkmalgeschütztes Fachwerkhaus aus dem 19. Jahrhundert ist ein idealer Ausgangspunkt zum Wandern, Mountainbiken und Nordic Walken.

Zwei Zimmer mit Dusche/WC wurden 2014 barrierefrei umgebaut. Die Türen sind mit 78 cm ausreichend breit für Rollstuhlfahrer. In einem der Badezimmer ist die Dusche schwellenlos befahrbar, jedoch ist dieses Badezimmer nur für schmale Rollstühle oder für Rollatoren geeignet. Im zweiten Zimmer steht ein für Rollstuhlfahrer sehr großes Bad mit Dusche/WC und Waschbecken zur Verfügung. Der Bewegungsfreiraum beträgt mindestens 200 x 200 cm. Die Dusche ist schwellenlos befahrbar, das WC seitlich anfahrbar, das Waschbecken unterfahrbar. Es ist zwar nicht alles nach DIN perfekt, was bei einem historischen Haus kaum möglich ist, aber Rollstuhlfahrer kommen hier gut zurecht. Vom Parkplatz direkt am Haus aus erreichen Sie die Zimmer barrierefrei über den zweiten Eingang des Hauses.

Zur Gaststube und zum Café (täglich von 12:00 bis 17:30 Uhr) im Erdgeschoss gelangen Sie über eine Stufe. Dort wird Ihnen ein reichhaltiges Frühstück sowie nachmittags Kaffee und Kuchen geboten. Bei schönem Wetter können Sie auf unserer Sonnenterrasse ein gutes Glas Wein oder heimisches Biere genießen. Donnerstags bis sonntags gibt es tagsüber auch Flammkuchen..

Baden-Württemberg, Mittlerer Schwarzwald, Ortenau

Der Mummelsee mit rollstuhlgerechtem Rundwanderweg an der Schwarzwaldhochstraße, 12 Kilometer vom Naturparkhotel Holzwurm in Sasbachwalden entfernt.

Entfernungen: Ortsmitte 900 m, Kurhaus (mit rollstuhlgerechtem WC), Freibad (mit einem barrierefrei zugänglichen Schwimmbecken), Minigolf und großer Kinderspielplatz 300 m, Einkaufen, Poststelle 1000 m, Bäckerei 600 m, Winzergenossenschaft 1200 m. Zahlreiche Restaurants ab 500 m Entfernung. Schwarzwaldhochstraße 8 km, Mummelsee mit rollstuhlgerechtem Rundwanderweg 14 km. Achern (Kreisstadt mit sehr guten Einkaufsmöglichkeiten) 5 km, Baden-Baden 35 km, Freiburg 100 km, Europapark Rust 63 km.

Lage: Der „Holzwurm" liegt am Ortsrand von Sasbachwalden. Wegen der topografischen Lage ist die Umgebung überwiegend hügelig. Sie benötigen entweder eine kräftige Begleitperson als Schiebehilfe oder einen E-Antrieb (z.B. E-Fix) oder einen E-Rollstuhl oder einen Zusatzantrieb (z.B. Swisstrac). Es ist zudem empfehlenswert, wenn Sie mit dem eigenen Pkw anreisen, denn die herrliche Umgebung des Schwarzwaldes lässt sich am besten mit dem eigenen Fahrzeug erkunden.

Preise pro Person/Übernachtung im DZ inkl. Frühstück ab 50,- €, im EZ ab 65,- €. W-Lan kostenlos. Dienstag bis Samstag genießen Sie die Abendkarte in der Gaststube.

Baden-Württemberg, Südschwarzwald

Schreyers Hotel-Restaurant Mutzel ***   79859 Schluchsee

Baden-Württemberg, Südschwarzwald

Im Wiesengrund 3, Tel. (07656) 9879990, Fax: (07656) 9175

E-Mail: info@hotel-mutzel.de
Internet: www.hotel-mutzel.de

Typisches Schwarzwaldhotel mit 24 geschmackvoll eingerichteten Zimmern, alle mit Dusche oder Bad / WC, Telefon, Color-TV und Radio ausgestattet. Vom eigenen Balkon aus haben Sie einen herrlichen Ausblick. 2 Zimmer sind behindertengerecht ausgestattet. Zwei volleingerichtete Ferienappartements stehen ebenfalls zu Ihrer Verfügung. Im hauseigenen Restaurant finden Sie alles, was Essen und Trinken zum Erlebnis macht. Vegetarische Gerichte, Wild- und Fischspezialitäten - dazu ein Glas aus dem gutsortierten Weinkeller.

Parkplatz und Eingang sind stufenlos erreichbar; Frühstücksraum, Restaurant und Zimmer mit dem Aufzug erreichbar. Türbreite vom Eingang 100 cm, vom Aufzug 80 cm (Tiefe 140 cm, Breite 110 cm).

Geeignet für Rollstuhlfahrer (2 Zimmer). Türbreite Zimmer und Du/WC 90 cm. Bewegungsfreiraum in Du/WC 150 x 150 cm, Freiraum rechts neben und vor dem WC 100 cm. Dusche und Waschbecken unterfahrbar. Festinstallierter Duschsitz und stabile Haltegriffe an Dusche und WC vorhanden.

Lage: zur Ortsmitte 500 m; Arzt 150 m; Einkaufen, Apotheke 500 m.

Ausflüge: zum Beispiel ins Heimatmuseum Hüsli (aus der Fernsehserie „Schwarzwald-Klinik"), nach Zürich, Basel, Luzern, an den Bodensee, auf den Feldberg, an den nahe gelegenen Schluchsee, zum Titisee oder nach Freiburg zum Shopping in die Altstadt. Besonders empfehlenswert ein Tag am Bodensee mit einem Besuch der Inseln Reichenau oder Mainau.

Preis pro Übernachtung im Behindertenzimmer als EZ 76,- €; als DZ 117,- € zzgl. Kurtaxe. Pauschalangebote auf Anfrage oder im Internet unter www.hotel-mutzel.de.

Baden-Württemberg, Mittlerer Schwarzwald

Haus Waldhof	**77978 Schuttertal-Schweighausen**

Baden-Württemberg, Mittlerer Schwarzwald, Ortenaukreis

Vermieter: Club 82, Freizeitclub mit Behinderten e.V.
Sandhasstraße 2, 77716 Haslach, Tel. (07832) 995625, Fax: (07832) 995635
E-Mail: waldhof@club82.de, Internet: www.hauswaldhof.de

Selbstversorgerhaus nur für Gruppen mit Rollstuhlfahrern und anderen Behinderten. Zwei getrennte Bereiche (Stockwerke) können einzeln oder zusammen gemietet werden. Jeweils Küche, Waschräume und Toiletten. Eine absolut rollstuhlgerecht ausgestattete Dusche mit Duschsitz und Behinderten-WC. Bereich I ist für 35 Personen geeignet, rollstuhlgerecht. Bereich II ist für 18 Personen geeignet, ebenfalls rollstuhlgerecht.

Das Haus hat eine überdachte Freiterrasse, Spielwiese mit Schaukel, Wippe, Wellenrutsche und Fußballtor, Grillstelle, Tischfußball, Tischtennis, TV und für Vortragsveranstaltungen. W-Lan kostenlos.

Geeignet für Gehbehinderte, Rollstuhlfahrer, Körperbehinderte und geistig Behinderte, **nur für Gruppen bis insgesamt 52 Personen.** Maße vom rollstuhlgerechten Badezimmer mit Dusche, Badewanne, Waschbecken und WC: Türbreite 80 cm, Bewegungsfreiraum 160 x 110 cm. Freiraum rechts neben WC 110 cm, davor 160 cm. Dusche und Waschbecken unterfahrbar. Festinstallierter Duschsitz, Duschhocker und stabile Haltegriffe an Dusche und WC vorhanden.

Lage: idyllische Einzellage, umgeben von Tannen- und Birkenwäldern, ruhig und sonnig. Nächste Ortschaft 3 km (Schweighausen). Gruppen müssen über eigene Fahrzeuge verfügen.

Preise für Behindertengruppen und Jugendgruppen bei Selbstverpflegung 16,50 € pro Übernachtung/Person (umsatzsteuerfrei). Für andere Gruppen 17,66 € pro Übernachtung und Person (inkl. Umsatzsteuer). Weitere Preise und Informationen auf Anfrage. **Mindestgröße der Gruppen:** 12 Personen im Wohnbereich II, 20 Personen im Wohnbereich I.

Service: Pflegedienst kann angeboten werden.

Mit dem Projekt „Alleine Reisen" bietet der Club 82 außerdem einen weiteren Service an. So können verschiedene Hotels, Pensionen und Gasthäuser der Region Kinzigtal über den Club 82 gebucht werden. Auf Wunsch werden An- und Abreise, Begleitung oder Pflegedienste, Ausflüge, Einkaufsfahrten, usw. organisiert und vermittelt.

Für Alleinreisende, Pflegebürftige und Gruppen besonders empfehlenswert.

Baden-Württemberg, Südschwarzwald

Hotel Schwarzwaldgasthof Rößle **** 79682 Todtmoos

Baden-Württemberg, Südschwarzwald

Familie Maier, Kapellenweg 2, Tel.: (07674) 90660, Fax: (07674) 906680
E-Mail: info@hotel-roessle.de, Internet: www.hotel-roessle.de

Das Hotel Schwarzwaldgasthof Rößle in Todtmoos-Strick ist seit Jahrhunderten bekannt für seine Schwarzwälder Gastlichkeit - in ruhiger, idyllischer Lage inmitten des Naturparks Südschwarzwald. Schon im Jahre 1670 erbauten unsere Vorfahren den Gasthof mit einer

Pferdewechselstation an der alten Paßstraße zum Hochkopf, dem höchsten Berg auf Todtmooser Gemarkung. Seither befindet es sich in Familienbesitz und wird seit 1993 in der heutigen Generation von Thomas und Astrid Maier weitergeführt.

Aus dem einstigen Schwarzwaldgasthof ist ein modernes 4-Sterne Hotel mit Komfort und vielen Annehmlichkeiten geworden. Ständiger Umbau und Renovierungen mit viel Gespür für Stil und Geschichte, für Tradition und Moderne erzeugen eine ganz besondere Atmosphäre in diesem Schwarzwaldhaus. Gemütliche Gaststuben, moderne Zimmer und Appartements, die viel gelobte Küche und zahlreiche Angebote aus Wellness (Schwarzwälder Wohlfühldorf mit Sauna, Whirlwannen, Massagen uvm.), Fitness und Unterhaltung garantieren einen erholsamen, abwechslungsreichen und einzigartigen Aufenthalt.

Alle Zimmer im Haupthaus sind Nichtraucherzimmer und verfügen über ein Badezimmer mit Dusche oder Badewanne, WC, Haarföhn, Telefon, Sat-TV, Minibar, Safe und Radiowecker.

Barrierefreiheit: Parkplatz, Eingang, Rezeption, Restaurant, Frühstücksraum, Zimmer, hauseigenes Hallenbad und der Aufzug sind stufenlos erreichbar. Türbreite vom Aufzug 90 cm (Innenmaße: Tiefe 140 cm, Breite 105 cm).

Baden-Württemberg, Südschwarzwald

Geeignet für Rollstuhlfahrer: 6 Zimmer mit Dusche/WC, mit dem Aufzug erreichbar. Türbreiten der Zimmer 94 cm, der Badezimmer 92 cm. Bettenhöhe 58 cm. Bewegungsfreiraum in Dusche/WC 140 x 140 cm. Freiraum links neben WC 50 cm, rechts 32 cm, davor 140 cm. Haltegriffe links und rechts neben WC vorhanden, WC-Höhe 52 cm. Duschbereich schwellenlos befahrbar, fest montierter Duschsitz und stabile Haltegriffe vorhanden. Waschbecken mit Rollstuhl unterfahrbar, Kippspiegel vorhanden. Weitere 8 Zimmer sind für Gehbehinderte barrierefrei zugänglich. Ein externer Pflegedienst kann bei Bedarf auf Anfrage angefordert werden.

Wellness: Auf ca. 350 m² bietet Ihnen der Wellnessbereich Finnische Sauna, Römisches Dampfbad, Whirlwannen, Erlebnisduschen, Sanarium, Ruheraum, Massageräume, Textilsauna und Hallenbad.

Erfolgreiche Tagungen, Konferenzen, Workshops und Meetings im Rößle: Unser 4-Sterne Hotel im südlichen Schwarzwald bietet sich aufgrund der günstigen, idyllischen Lage und der umfangreichen Ausstattung als ideale Tagungsstätte für kleine und große Konferenzen, Tagungen, Meetings und Zusammenkünfte an. Tagungsraum 1, „Talblick & Bergblick" mit einer Fläche von insgesamt 120 m² ist aufteilbar in zwei Räume. Tagungsraum 2, „Panoramablick", bietet 90 m².

Aktivitäten: Geboten werden unter anderem Bogenschießen, Tennis, Boccia, Billard, Tischfußball, Gartenschach oder eine Kutschfahrt durch die schöne Landschaft von Todtmoos.

Das Hotel liegt inmitten eines wunderbaren Wandergebietes. Es führen unter anderem die **Premiumwanderwege** der Schluchtensteig, der Westweg und seit neustem auch der Turmsteig, der Spürnasenpfad und der Lebküchlerweg direkt am Haus vorbei. In der kalten Jahreszeit finden Sie vielfältige Wintersportmöglichkeiten wie z.B. Langlauf, Winterwanderwege, Märchenrodelbahn und den grandiosen Snowtubingpark.

Entfernungen: Zur Ortsmitte 2 km; Einkaufsmöglichkeiten 2,6 km; Apotheke 1,8 km; Arzt 1,7 km; Bahnhof, Freibad 1,9 km. Hallenbad im Haus.

Preise pro Person und Übernachtung einschließlich großem Frühstücksbuffet, zzgl. Kurtaxe im rollstuhlgerechten Doppelzimmer (ab 20 m²) ab 80,- €. Aufpreis HP (Abendessen) 25,- €/Nacht/p.P.; Wellness-Paket, zubuchbar bei Übernachtung & Frühstück für die Nutzung der Saunaanlage und des Schwimmbades 8,- € je Nacht/Person. Zuschlag für Hunde (ohne Futter) pro Übernachtung 12,- € auf Anfrage. Ausführliche Preise und Pauschalangebote auf Anfrage oder im Internet.

Baden-Württemberg, Hochschwarzwald, Naturpark Südschwarzwald

Ferienwohnung Eckpeterhof   79271 St. Peter

Baden-Württemberg, Breisgau-Hochschwarzwald, Naturpark Südschwarzwald

Guido und Marion Saum, Lindenbergstr. 14a, Tel. (07660) 920617
E-Mail: saum2@eckpeterhof.de, Internet: www.eckpeterhof.de

In dem in traditioneller Holzständerbauweise gebauten Schwarzwaldhaus (Baujahr 2002) befinden sich zwei Ferienwohnungen:

Ferienwohnung I im Erdgeschoss, 50 qm Wohnfläche (für max. 4 Personen), bestehend aus zwei separaten Schlafzimmern, einem geräumigen Bad und einem Wohn- und Essraum, **voll rollstuhlgeeignet,** Gartenterrasse, angrenzender Pkw-Stellplatz.

Eingang mit Rampe; Türen 95 cm breit. Bettenhöhe 50 oder 62 cm, Freiraum in Dusche/WC 160 x 160 cm. Freiraum links neben WC 160 cm, rechts 33 cm, davor 140 cm. WC-Höhe 55 cm; Haltegriffe links und rechts neben dem WC. Dusche schwellenlos befahrbar, Waschbecken unterfahrbar. Festmontierter Duschsitz und Notruf vorhanden.

Ferienwohnung II im Obergeschoss, 60 qm Wohnfläche (für 4 Personen), bestehend aus zwei Schlafzimmern, einem Bad, einem gemütlichen Wohn-Essraum mit Küche, Zugang zum Südbalkon mit herrlichem Blick zum Feldberg und Schwarzwaldpanorama.

Beide Ferienwohnungen sind mit einer neuen gemütlichen Einrichtung ausgestattet. Neben Koch- und Essgeschirr, Wasserkocher und Kaffeemaschine enthalten beide einen Backofen. Telefon und Internetzugang sind auf Anfrage möglich. Bettwäsche und Handtücher werden für die Zeit des Aufenthaltes bereitgestellt.

Lage: Der Hof liegt im Außenbereich; **herrlicher Panoramablick über den Schwarzwald und zum Feldberg.** St. Peter ist mit dem Auto in etwa 5 Minuten erreichbar, zu Fuß gelangt man in etwa 20 Minuten ins Zentrum (1,5 km). Einkaufen, Arzt, Apotheke, Hallenbad 1,5 km; Bahnhof, Krankenhaus 20 km.
Mit Rollstuhl befahrbarer Rundwanderweg zur nahe gelegenen Wallfahrtskirche, Gehstrecke zu Fuß ca. 1 Std.; kleine Steigungen. Weg vom Ort zur Ferienwhg. stetig leicht ansteigend; Zufahrtsweg zum Hofgebäude geteert.

Preis pro Übernachtung für die Wohnung im Parterre (rollstuhlgerecht) 53,- bis 67,- €; für die Ferienwohnung im Obergeschoss 56,- bis 70,- €. Preise je nach Personenzahl und Saison. Preisangaben ohne Kurtaxe.

Baden-Württemberg, Mittlerer Schwarzwald

Kurgarten-Hotel GmbH & Co. KG ***   77709 Wolfach

Baden-Württemberg, Mittlerer Schwarzwald, Ortenaukreis

Funkenbadstr. 7, Tel. (07834) 4053, Fax: (07834) 47589
E-Mail: info@kurgarten-hotel.de, Internet: www.kurgarten-hotel.de

Das Kurgarten-Hotel empfängt Sie mit 3-Sterne-Wohlfühlkomfort in idyllischer Lage, nur 300 Meter von der historischen Innenstadt des Luftkurortes Wolfach entfernt. Hier können Sie in herzlicher Atmosphäre, bei freundlichem Service sowie gutbürgerlicher Küche vom Alltag ausspannen.

Das gastronomische Angebot des Kurgarten-Hotels reicht vom reichhaltigen Frühstücksbuffet bis hin zum gutbürgerlichen Abendessen im Restaurant mit regionalen Schwarzwälder Köstlichkeiten. Die großzügige Lobby mit kostenfreiem W-LAN und TV-Ecke bietet mit ihrer angrenzenden Bar und Außenterrasse Raum für geselliges Beisammensein.

Die Erholungsmöglichkeiten sind vielfältig. Genießen Sie ein Sonnenbad auf der Dach- und Gartenterrasse, schwimmen Sie im hauseigenen Hallenbad oder entspannen Sie in der Sauna.

Parkplatz, Eingang, Rezeption, Frühstücksraum, rollstuhlgerechtes Restaurant, hauseigenes Hallenbad, Gartenterrasse und Zimmer sind stufenlos erreichbar. Türbreite vom Aufzug 80 cm (Tiefe 200 cm, Breite 100 cm). Alle 65 Zimmer sind hell und freundlich eingerichtet und verfügen über Bad mit Dusche oder Badewanne, WC und SAT-TV, zum Teil über Balkone.

10 Zimmer sind für Rollstuhlfahrer geeignet, teils im EG, teils in den Stockwerken gelegen. Alle Zimmer sind über den Aufzug zu erreichen. Türbreite der rollstuhlgerechten Zimmer 93 cm, von Du/WC 80 cm. Bettenhöhe 60 cm. **Pflegebetten** in zwei Zimmern. Bewegungsfreiraum in den Badezimmern 100 x 100 cm. WC-Höhe 50 cm (Toilettenaufsatz auf Anfrage). Haltegriffe links und rechts neben WC vorhanden. Duschbereich schwellenlos befahrbar, stabiler Duschstuhl und Haltegriffe vorhanden. Waschbecken unterfahrbar mit verstellbarem Kippspiegel. Bei Bedarf kann ein **Pflegedienst** vor Ort bestellt werden (Caritas, AWO).

Lage: Das Hotel liegt leicht erhöht wenige Gehminuten vom Zentrum am Kurpark der Stadt Wolfach. Sie engagiert sich mit weiteren Gemeinden im Schwarzwald für den Ausbau der Barrierefreiheit in allen Bereichen des öffentlichen Lebens und der touristischen Attraktionen. Hiervon zeugt auch der Kinzigtal-Radweg, der auf einer Strecke von rund 90 km von Freudenstadt nach Offenburg führt und weitestgehend barrierefrei gestaltet ist. Geprägt wird das Stadtbild vom Fürstenberger Schloss, dem Rathaus und stattlichen Bürgerhäusern. Die Hauptstraße mit Geschäften und Cafés lädt zum Verweilen ein. Umrahmt von Bergen bis zu 800 m Höhe starten viele Wandermöglichkeiten direkt vom Hotel aus - auch ohne Anstiege in den Tälern der Kinzig und der Wolf.

Entfernungen: Zur Ortsmitte und Apotheke 400 m; Arzt, Einkaufen 300 m; Krankenhaus 500 m; Bahnhof Wolfach 1 km; Freibad/Hallenbad 5 km.

Preis pro Person Übernachtung im EZ oder DZ in der Hauptsaison (01. Mai bis 31. Oktober) ab 49,- Euro inkl. Frühstück / ab 61,- € inkl. Halbpension. In der Nebensaison (1. November bis 30. April) p.P./Nacht ab 44,- € inkl. Frühstück / ab 56,- € inkl. HP. Kinder zwischen 7 bis 14 Jahren zahlen die Hälfte bei der Unterbringung im Zimmer der Eltern.

Baden-Württemberg, Bodenseeregion, Allgäu

Landhotel Allgäuer Hof *** superior   **88364 Wolfegg-Alttann**

Baden-Württemberg, Bodenseeregion, Allgäu

Waldseer Str. 36, Tel. (07527) 290, Fax: (07527) 29-519
E-Mail: info@landhotel-allgaeuer-hof.de
Internet: www.landhotel-allgaeuer-hof.de

Das 3 Sterne superior Hotel bietet großzügige komfortable Zimmer, ein Restaurant, einen Biergarten, eine Gartenterrasse, Kegelbahn und eine Wellnessabteilung. Komfortabel eingerichtete Zimmer: 57 Doppelzimmer, alle mit Dusche/WC, Radio, TV, Telefon, Zimmersafe; alle sind barrierefrei erreichbar. Das große Schwimmbad und die

Sauna runden das Angebot ab. Parkplatz, Tiefgarage, Eingang, Rezeption, Frühstücksraum, Restaurant und Zimmer stufenlos erreichbar. Hauseigenes Hallenbad mit dem Aufzug stufenlos erreichbar. Türbreite vom Aufzug 90 cm (Tiefe 210 cm, Breite 115 cm).

Geeignet für Rollstuhlfahrer und Gehbehinderte: alle Zimmer sind für Rollstuhlfahrer und für Gehbehinderte geeignet und stufenlos erreichbar. Notruf im Zimmer; Bettenhöhe 50 cm. Türbreite von Zimmer und Badezimmer 94 cm. Bewegungsfreiraum im Bad 170 x 90 cm. Freiraum links neben WC 100 cm, davor 150 cm. WC-Höhe 50 cm, Toilettenaufsatz/WC-Erhöhung vorhanden. Haltegriffe links und rechts neben WC. Dusche schwellenlos befahrbar, flexibler Einhängesitz im

Baden-Württemberg, Bodenseeregion, Allgäu

Duschbereich. Waschbecken unterfahrbar. **Pflegedienst** kann gegen Aufpreis bestellt werden.

Das Hotel ist komplett barrierefrei und liegt direkt in der Ortsmitte. Es liegt im württembergischen Allgäu, mitten im gemütlichen heilklimatischen Kurort Alttann. Hier, wo die Natur noch unberührt, die Luft würzig und rein und das milde Reizklima sehr gut verträglich ist, findet der Gast Entspannung und Ruhe.

Lage: Die Gemeinde Wolfegg befindet sich im Westallgäu, dem hügeligen Alpenvorland, nahe dem Bodensee, Ravensburg, der Schweiz und Österreich. Wolfegg selbst besticht durch die bauliche Struktur einer barocken Residenz: Neben dem alles bestimmenden Schloss, Sitz der Fürsten Waldburg-Wolfegg und Waldsee, befindet sich die sehenswerte ehemalige Stiftskirche St. Katharina, dann folgen die stattlichen Beamtenhäuser und die der fürstlichen Verwaltung.

Wandern / Ausflüge: An Bodensee, ins Allgäu und nach Ravensburg: Es gibt zahlreiche Ausflugsmöglichkeiten um diese herrliche Umgebung zu erkunden. Ab Alttann gibt es Wanderwege mit einer beschilderten Gesamtlänge von ca. 150km in waldreicher Umgebung, die zu Ausflügen einladen.

Entfernungen: Bahnhof 600 m, Arzt und Apotheke 3 km, Hallenbad im Haus, Badesee 4 km, Freibad 12 km, Krankenhaus 12 km, Bodensee 46 km.

Preise auf Anfrage.

Bayern

44

Bayern, Oberbayern

Lichtblick Hotel   82239 Alling

Bayern, Oberbayern, Landkreis Fürstenfeldbruck

Am Sonnenlicht 3,
Telefon 08141-534880 oder 08141-70864

E-Mail: info@lichtblick-hotel.de
Internet: www.lichtblick-hotel.de

Im wunderschönen Freistaat Bayern, umgeben von Seen und den Alpen, liegt das 2012 neu erbaute Hotel Lichtblick. Wir laden Sie ein in eine ruhige, ländliche Gegend am Rande des Gewerbeparks Alling, dennoch nur 22 Kilometer von München entfernt.

Als familiengeführtes Haus bieten wir Ihnen **22 moderne Doppelzimmer** auf dem neuesten technischen Stand, zudem **komplett barrierefrei**. Nicht nur die Zimmer, sondern das gesamte Hotel wurde nach den aktuell geltenden Vorschriften barrierefrei und somit ideal für Rollstuhlfahrer gestaltet.

Barrierefreie Ausflugsziele: Fünfseen-Land, Deutsches Museum, Bayerisches Nationalmuseum, Ammersee und Starnberger-See-Schiffrundfahrten, Besichtigung Kloster Fürstenfeld, Besichtigung Olympiaturm & Gelände in München, SeaLife in München, Klosterbesichtigung Andechs, BMW Welt und Museum.

Zimmerpreise: EZ ab 109,- € pro Nacht, DZ ab 129,- € pro Nacht. Im Zimmerpreis inklusive: Vielfältiges Frühstücksbuffet, Parkplatz, WLAN und Gespräche ins deutsche Festnetz

Im Nebengebäude, ebenfalls komplett barrierefrei, finden Sie drei hochwertig ausgebaute Seminarräume, die ideal für Schulungen, Workshops und Events sind. Gerne stellen wir Ihnen auch ein individuelles Angebot inklusive Getränken, Catering, Buffet oder Menü in unserem Restaurant zusammen.

Weitere Informationen finden Sie auf unserer Website www.lichtblick-hotel.de. Wir beraten Sie gerne auch unter der Telefonnummer (08141) 534880 oder unter info@lichtblick-hotel.de

Über einen Besuch von Ihnen im Hotel Lichtblick, würden wir uns sehr freuen.

Bayern, Oberbayern

Caritashotel „St. Elisabeth"
Freizeit- und Erholungshaus für Menschen mit Behinderung   **84503 Altötting**

Bayern, Oberbayern

Raitenharterstr. 18, Tel.: (08671) 9577080, Fax: (08671) 95770888
**E-Mail: caritas-st.elisabeth@t-online.de
Internet: www.hausmitherz.de**

**Freizeit- und Erholungshaus der Caritas,
speziell für Behinderte und Rollstuhlfahrer.**

Die **27 Zimmer** mit Bad/Du/WC sind **vollständig für Menschen mit Behinderung und Rollstuhlfahrer ausgestattet.** Alle Badezimmer absolut rollstuhlgerecht; „Pflegebad" mit Hebelifter, alles ebenerdig erreichbar, Türen breit genug (90 bis 110 cm).

30 elektrisch höhenverstellbare Betten. Zusätzlich 6 Einbett- und 3 Zweibettzimmer für Fußgänger bzw. Helfer im Obergeschoss. Rollstühle, Duschstühle, Rollator, Lifter, etc., können kostenlos geliehen werden.

Sehr gut geeignet für Gehbehinderte, Körperbehinderte, Rollstuhlfahrer, Gruppen mit geistig Behinderten. Für Einzelreisende und für **Gruppen bis 60 Personen.**

Bayern, Oberbayern

Lage: Ortsmitte, Einkaufen, Arzt, Apotheke 1km, Bus 10m, Bahnhof 1,5 km, Krankenhaus und **Dialyse** 700 m, Massage 300 m, Tennisplatz 2 km, Freibad und Hallenbad 2,5km; Badesee 12 km, Spielplatz 400 m.

Service: Medizinisch-ärztliche Betreuung ist jederzeit gewährleistet. Hilfe durch einen ambulanten **Pflegedienst** und therapeutische Anwendungen können organisiert werden. **Abholung der Gäste von Zuhause** (in ganz Deutschland) oder vom Bahnhof ist möglich.

Ein attraktives Freizeitprogramm wird angeboten. Wöchentlich: Pizza backen im Holzofen, Lagerfeuer, Grillabend, Cocktailabend, Schaukochen Paella, Live-Musik, etc. Auch alleinreisende Menschen mit Behinderung finden hier schnell Anschluss. **Wellness-Bereich** mit Sauna, Infrarotkabine und Solarium. Besonders zu empfehlen ist der bayerisch-gemütliche **Sommerbiergarten** und die behaglich-einladende Kellerkneipe.

Ausflüge: Der hauseigene Reisedienst sorgt mit insgesamt **4 rollstuhlgerechten Kleinbussen** dafür, dass sich alle Gäste von der einzigartigen Schönheit des Voralpenlandes verzaubern lassen können. Ausflüge und Besichtigungen des Wallfahrtsortes Altötting, der mittelalterlichen Stadtbilder der benachbarten Orte Neuötting und Burghausen, ins Salzkammergut, Chiemsee, München, Passau, Berchtesgaden, usw. **Motorradtouren mit Beiwagen**, auch für Rollstuhlfahrer geeignet! Genießen Sie den Fahrtwind und das tolle Motorrad-Feeling.

Besonders empfehlenswertes Haus, sehr herzliche Gastgeber, attraktives Freizeitprogramm, sehr schöne behindertengerechte Ausflüge in die Umgebung und zu Sehenswürdigkeiten im Umland mit rollstuhlgerechten Kleinbussen. Besonders empfehlenswerte Pauschalangebote auch in der Adventszeit, zu Weihnachten, Silvester und Ostern.

Preise in der Hauptsaison pro Person/Tag: Übernachtung mit Frühstück im rollstuhlgerechten Doppelzimmer 45,- €, im Einzelzimmer 50,- €. Halbpensionszuschlag 8,- € pro Tag, Vollpension auf Wunsch möglich. Hausprospekt, ausführliche Preisliste und Saisonpreise (Vor- und Hauptsaison) auf Anfrage und auf der Homepage.

Bayern, Niederbayerisches Bäderdreieck

Ferienhaus Bruckhuberhof ****   84364 Bad Birnbach, OT Hirschbach

Bayern, Niederbayern, Niederbayerisches Bäderdreieck

Rudolf und Maria Bachhuber, Dorfplatz 1, Tel. (08563) 455, Fax: (08563) 975185
E-Mail: bruckhuberhof@aol.com
Internet: www.bruckhuberhof.de
und www.behinderten-hotels.de/bruckhuberhof

Vier-Sterne-Haus mit Ferienwohnungen in Alleinlage hinter dem denkmalgeschützten „Rottaler Vierseithof" mit zusätzlich zwei sehr gemütlich und komfortabel eingerichteten, rollstuhl- und behindertengerechten Ferienwohnungen. Zur Ausstattung zählen

u.a. komplette Küchenzeile, Essplatz, Sitzgruppe, kostenfreier W-LAN Internetzugang, Sat-TV, CD-Player, Radio, Natur- und Gesundheitsmatratze zum Verstellen mit elektrischem Lattenrost.

Vom Parkplatz zum Eingang stufenlos, keine Steigung über 5%; alle Wege gepflastert. Eingang der Ferienwohnungen sowie Garten stufenlos erreichbar.

Bayern, Niederbayerisches Bäderdreieck

Geeignet für Rollstuhlfahrer und Familien mit Behinderten. Zwei Ferienwohnungen mit Du/WC (perfekt rollstuhlgerecht), jeweils 70 qm, mit zwei Schlafzimmern sind **nach DIN 18024 rollstuhlgerecht** ausgestattet. Jede Ferienwohnung ist mit 4 Personen belegbar.

Türbreiten: Eingang, Zimmer und Du/WC 100 cm. Freiraum in Du/WC 200 x 200 cm; Freiraum links neben WC 200 cm, rechts 40 cm, davor 250 cm. Dusche und Waschbecken unterfahrbar und körpergeformt. Festinstallierter Duschsitz, Duschhocker und stabile Haltegriffe an Dusche, WC (beidseitig) und Waschbecken vorhanden. Großer Spiegel, abgesenkt für Rollstuhlfahrer. Rutschhemmende Fußbodenfliesen im Bad. In den Ferienwohnungen pflegeleichter Fußboden; keine Teppichböden! **Höhenverstellbare Betten** (43 bis 60 cm). Zwei weitere Ferienwohnungen mit Du/WC sind ebenfalls groß genug für Rollstuhlfahrer.

Therme in Bad Birnbach.

Service: Privater Pflegedienst vor Ort vorhanden. **Abholservice und Fahrservice** nach Terminabsprache. Termine für Badearzt und Anwendungen, Massage, usw. in Bad Birnbach. Das Haus ist ganzjährig geöffnet. Ebenso das Thermalbad in Bad Birnbach.

Lage: ruhige Einzellage, mitten im Grünen, alle Wege befestigt, gut befahrbar. Hirschbach liegt zwischen Pfarrkirchen und Bad Birnbach. Ortsmitte, Einkaufen, Bus 200 m; Spielplatz 150 m; Bahnhof 3 km; Kuranwendungen, Badesee, Hallenbad und Tennishalle 4 km; Tennisplatz 2 km; Freibad 7 km; Krankenhaus und **Dialyse** 9 km.

Preis pro Tag für die Ferienwohnung mit 50 qm bei Belegung mit 2 Pers. 44,- €, jede weitere Person 9,- €; für die Ferienwohnung mit 70 qm für 52,- € bei 2 Pers., jede weitere Person 9,- €.

Bayern, Oberbayern, Pfaffenwinkel, Soier See

Parkhotel am Soier See **** superior — 82435 Bad Bayersoien

Bayern, Oberbayern, Ammergauer Alpen, Pfaffenwinkel, Soier See

Am Kurpark 1, Tel. (08845) 120, Fax: (08845) 9695
E-Mail: info@parkhotel-bayersoien.de, Internet: www.parkhotel-bayersoien.de

Familiengeführtes 4-Sterne-Superior-Wellness-Hotel mit angeschlossenem Sanatorium, herrliche Lage mit freiem Blick auf den Soier See und Blick auf die Ammergauer Alpen. 93 Zimmer und Suiten mit Sitzecke, Dusche/WC bzw. Badewanne/WC, Zimmersafe, Sat-TV, Radio, Telefon, W-Lan, Fön sowie Badetasche mit Bademantel und Saunatücher für die Dauer des Aufenthaltes.

1.500 qm großer Wellness-Bereich „Vitalquell" mit Panoramahallenbad, Tepidarium, Infrarotsauna, afrikanischer Saunawelt „Amani Spa" und Fitnessraum. Im Haus buchbar: Moorbäder und -packungen, F.X.Mayr, besondere Therapien und Modulen (z.B. Rücken, Active Aging, Burnout Prävention), Massagen. Ärzte im Haus. Alpine und afrikanische Beauty- und Wellnessanwendungen.

Idealer Ausgangspunkt für Ausflüge zu den Königsschlössern, **Kloster Ettal, Wieskirche, zum Passionsdorf Oberammergau, Garmisch-Partenkirchen, München und Füssen.** 400 m vom Haus befindet sich die Bushaltestelle, Apothekenservice im Haus.

Haupteingang, Restaurant und Lift sind stufenlos erreichbar. Türbreiten: Eingang 220 cm, Restaurant 120 cm, Lifttür 88 cm (Tiefe 90 cm, Breite 190 cm).

Zwei Zimmer mit DU/WC sind speziell für Rollstuhlfahrer ausgestattet. Zimmertüren und Badezimmertüren sind 100 cm breit. Bewegungsfreiraum in DU/WC 220 x 220 cm. Dusche und Waschbecken unterfahrbar. Duschhocker, stabile Haltegriffe an DU/WC und Waschbecken vorhanden. Ebenfalls verfügen diese Zimmer über eine Notruffunktion.

Preise im Landhauszimmer mit Südbalkon (mit Lift erreichbar):
Inklusive Frühstück: p.P. im DZ: ab 108,- € im EZ: ab 128,- €.
Inklusive Verwöhnpension: p.P. im DZ: ab 136,- € im EZ: ab 156,- €.

Die Wellness-Verwöhnpension beinhaltet: Guten-Morgen-Buffet. Mittags Wahlmöglichkeit: Salate und Suppe am Buffet oder Kaffee, Tee und Kuchen im Vitalquell oder „Brotzeitsackerl" für unterwegs. Abendessen laut kulinarischem Kalender: 4-Gang-Menüwahl oder wechselnde, kulinarische Themenbuffets. Auf Wunsch ist ohne Aufpreis - eine kohlehydrat- und fettreduzierte Kost möglich.

African Lounge: Spezialitäten Restaurant mit saisonal wechselnden Menüs inspiriert aus der afrikanischen Küche (barrierefrei erreichbar).

Als Sanatorium ist das Haus beihilfefähig und für Kuren über die gesetzliche Krankenversicherung nach § 111 zugelassen. Oder Sie bringen ein Rezept (Verordnung Ihres Hausarztes) mit. Fordern Sie unseren ausführlichen Hausprospekt an.

Bayern, Oberfranken, Oberes Maintal

Ferienwohnungen an der Kopfweide	96231 Bad Staffelstein-Horsdorf

Bayern, Oberfranken, Oberes Maintal

Familie Beifuss, Zur Fuchsenmühle 2, Tel. + Fax: (09573) 7097
E-Mail: info@staffelstein-urlaub.de
Internet: www.staffelstein-urlaub.de

1-, 2- und 3-Zimmer-Ferienwohnungen mitten im Grünen, am Fuße des Staffelbergs. Neubau in ökologischer Bauweise, Topausstattung mit Wohn-Küche (Spülmaschine, Waschmaschine), Sat-TV mit Video, Direktwahl-Telefon. Vom Parkplatz zum Eingang stufenlos mit Rampe.

Zusätzlich eine 3-Raumwohnung mit 2 Schlafräumen, ca. 60 m² groß, **rollstuhlgerecht nach DIN 18024 / 18025**, mit Terrasse, für maximal 4 Personen.

Geeignet für Gehbehinderte und Rollstuhlfahrer: **1 Ferienwohnung rollstuhlgerecht nach DIN 18025**. Türbreite vom Eingang 98 cm, vom Zimmer 100 cm, von Dusche/WC 90 cm. Freiraum in Du/WC 150 x 150 cm. Freiraum links neben WC 30 cm, rechts

120 cm, davor 150 cm. Waschbecken und Dusche schwellenlos unterfahrbar. Stabiler Duschsitz zum Einhängen, stabile Haltegriffe am WC vorhanden. Bettenhöhe 50 bis 60 cm. Pflegedienst kann vermittelt werden: Rotes Kreuz, Caritas, privat.

Lage: Ruhige Lage, ländliche Gegend, mitten im Grünen. Im Dorf (Horsdorf) gibt es keine Randsteine, für Rollstuhlfahrer gut geeignet. Staffelstein und die **Obermaintherme** (nur 1,5 km entfernt) können ohne Schwellen auf dem Fahrradweg erreicht werden. Staffelstein ist ein staatl. anerkannter Kurort, mit **Reha-Klinik Oberfranken**, Bezirksklinikum, Facharztpraxen, Gesundheitszentren, Massage, usw. Medizinische Betreuung in nächster Umgebung vorhanden. Einkaufen, Arzt, Apotheke 1,5 km; Tennisplatz, Hallenbad 2 km; See, Freibad 2,5 km; Krankenhaus und Dialyse 7 km.

Preise: 1-Zimmer-App. pro Tag 31,- € (max. 2 Personen). 2-Zimmer-Wohnung 31,- € (max. 2 Pers.). 3-Zimmer-Wohnung 36,- € für 2 Personen, jede weitere Person 8,- €.
Die rollstuhlgerechte 3-Raum-Wohnung kostet 36,- € bei Belegung mit 2 Personen; ab 10 Tage ermäßigt.

Bayern, Oberfranken, Oberes Maintal

Best Western Plus   **96231 Bad Staffelstein**
Kurhotel an der Obermaintherme **** nach DEHOGA
Das Thermen- und Wellnesshotel
Barrierefrei, Bademantelgang und beste Lage am Kurpark

Bayern, Oberfranken, Oberes Maintal

Am Kurpark 7, Tel.: 09573 / 333 0, Fax: 09573 / 333 299
E-Mail: info@kurhotel-staffelstein.bestwestern.de
Internet: www.kurhotel-staffelstein.de
Facebook: www.facebook.de/kurhotel.staffelstein

Die Sonne scheint, hier möchte man bleiben. Der Main windet sich gemächlich durch eine Kulturlandschaft, vorbei am Staffelberg, Kloster Banz und Vierzehnheiligen. Entlang Bad Staffelstein, der Geburtsstadt von Adam Riese, fließt er weiter, rheinwärts.

Sie suchen das größte Wellnesshotel an der wärmsten und stärksten Thermalsole Bayerns? Machen Sie halt und verweilen im 4**** Best Western Plus Kurhotel an der Obermaintherme. Andreas Poth und alle Mitarbeiter heißen Sie willkommen!

Geeignet für Rollstuhlfahrer mit Begleitung, Gehbehinderte, Senioren, Kurgäste:
Die Eingangstüren von Lift und Zimmern sowie die Badtüren sind 90 cm breit. Der Freiraum im Bad/WC beträgt in **4 Doppelzimmern** 120 x 120 cm und der Platz neben dem WC 50 cm. Das WC ist ca. 52 cm hoch und verfügt über zwei Haltegriffe an der Wand. **Die Dusche ist ebenerdig** befahrbar, hat einen rundherum laufenden Haltegriff und einen festen, abklappbaren Duschsitz. Das Handwaschbecken ist unterfahrbar. Die Betten haben verstellbare Kopfteile und sind 62 cm hoch. Auch vier **höhenverstellbare Betten** stehen zur Verfügung.

Parkplatz, Eingang, Rezeption, Halle, Lounge-Bar, Restaurant, Frühstücksraum, Terrasse, Garten, Aufzug, Zimmer und Obermain Therme sind stufenlos erreichbar.

Auf der Restaurantebene befindet sich eine weitere Toilettenanlage, die mit dem Rollstuhl befahrbar ist und sämtliche notwendige Ausstattungsmerkmale besitzt.

Der 1.100 m² große VITUS SPA mit Pool- und Wellnessbereich direkt im Haus bietet pure Erholung. Er steht für ein schönes, gepflegtes Aussehen, eine attraktive Ausstrahlung, einen gestärkten Körper in Balance sowie Fitness und Beweglichkeit bis ins hohe Alter: die Perfektion der Natur mit Produkten und Behandlungen! Schwimmbad, Ruheraum, Saunalandschaft, **barrierefreier Double-Treatment-Massageraum**, Beautyabteilung und **barrierefreie Duschen und WCs im Spa** warten auf Sie.

Zudem - über unseren Bademantelgang erreichbar - die benachbarte **Obermain Therme** mit über 35.000 m². Fast 3.000 m² Wasserfläche - verteilt auf 25 Innen- und Außenbecken inkl. 1 Beckenlift und einen Naturbadesee im Saunaland - bei bis zu 36 °C Wassertemperatur. Trockenen Fußes gelangen Sie über den Bademantelgang in die Therme. Im Preis inbegriffen ist ein dreistündiger Eintritt in das Thermen-Meer pro Übernachtung. Mehrstündiger Aufenthalt, Saunanutzung und Verzehr in der Therme können dann unkompliziert bei der Abreise an der Hotelrezeption abgerechnet werden.

111 großzügige, komfortable Junior Suiten, 38 m² zum Wohlfühlen, 1 Suite mit 92 m². Ausgestattet mit einem bequemen Wohn- und Sitzbereich, Digitales-Sat-TV mit kostenfreiem Sky-Empfang und 40-Zoll Flachbildschirmen, Radio, Minibar, Durchwahltelefon, Fön, Bad mit Badewanne oder Dusche, Kosmetikspiegel, Safe, Balkon mit Bestuhlung, Schreibtisch, Internetzugang und klimatisiert.

Wir stocken den Flügel Richtung Kloster Banz auf. Bis zum Frühsommer 2019 entstehen 4 Penthouse und 3 weitere Junior Suiten. Alle werden barrierefrei und eine Penthouse Suite rollstuhlgerecht sein. Freuen Sie sich auf unterschiedliche Ausstattungen mit z.B. einer Whirlwanne.

Preis pro Person inklusive Frühstücksbuffet im Doppelzimmer ab 90,50 €, im Doppelzimmer zur Alleinbenutzung ab 118,00 €; Zuschlag für 3-Gang-Halbpension im bayrisch-regionalen Restaurant 26,50 €. Weitere Preise, auch für **Pauschal-Kur-Angebote** (1 bis 4 Wochen), auf Anfrage.

Wo der Gastgeber für Sie grillt und auch sonst alles passt – Ihr FerienZuhause am schönen Tegernsee!

Ferienwohnungen am Tegernsee
F**** F***

Concordia liegt zentral in Bad Wiessee und doch ruhig. Auf der nahen Seepromenade können Sie wundervolle Ausblicke auf die Voralpen genießen. Ein Supermarkt ist 50 m, Arzt und Apotheke sind 900 m entfernt. Auch der Seeuferweg/-Steg in Tegernsee ist einer der schönsten Spazierwege im Tegernseer Tal und für Rollstuhlfahrer bestens geeignet.

Concordia verfügt über zwölf Ferienwohnungen, alle großzügig, modern und sehr kompfortabel ausgestattet sowie behaglich und geschmackvoll eingerichtet.

Hier sind alle willkommen – Alleinreisende, Paare, Familien vom Kind bis zu den Großeltern und Menschen mit Handicap.

Der Parkplatz am Haus, der Eingang, die Rezeption und der Frühstücksraum sind ohne Stufen erreichbar.

Im Erdgeschoss liegen unsere zwei rollstuhlgerechten Ferienwohnungen mit Terrasse.
Zu einer dritten gelangen Sie mit dem Aufzug.
Weitere vier Wohnungen erreichen Sie barrierefrei. Sie eignen sich wunderbar für Gäste mit Gehhilfen oder Rollatoren.

Concordia Ferienwohnungen · Fam. Wagner/Beilhack · Klosterjägerweg 4 · 83707 Bad Wiessee

Rufen Sie uns an und erfahren Sie mehr: **08022-86230**

Assistenz-
hunde sind
herzlich will-
kommen!

Die Familie Wagner/Beilhack hat eine lange Tradition als Gastgeber für Menschen mit Handicap. Ein Familienmitglied lebt seit Jahren rollstuhlgerecht im Haus Concordia.

Für die Lieferung spezieller Hilfs- und Pflegemittel arbeiten wir mit mehreren Sanitätshäusern zusammen.

Für Rollstuhlfahrer können wir einen Swiss-Track verleihen. Seien Sie mobiler mit Elektroantrieb.

NEU! Zur Erhohlung und für Ihre Gesundheit bieten wir im Souterain Massagen, Dorn-Therapie, Kosmetik, mobile Fußpflege, Naturheilpraktiker. Termine am besten bei der Buchung gleich mitreservieren!

Der Preis pro Tag für die Ferienwohnungen richtet sich nach Größe und Saison und liegt zwischen 78,- und 255,- Euro.

Details zur Ausstattung unserer Ferienwohnungen haben wir für Sie auf unserer Homepage zusammengestellt.
Hier finden Sie auch weitere Freizeittipps für unsere Ferienregion.

www.fewo-concordia.de

Tel. 08022-86230 · Fax: 08022-862350 · info@fewo-concordia.de · www.fewo-concordia.de

Bayern, Fränkisches Seenland, Naturpark Altmühltal

Ferienhaus Wimbauer | 91790 Nennslingen OT Biburg

Bayern, Jura-Anlautertal, Fränkisches Seenland, Naturpark Altmühltal

Familie Naß, Biburg 20, Telefon: (09147) 945830
E-Mail: info@ferienhaus-wimbauer.de, Internet: www.ferienhaus-wimbauer.de

Auf unserem seit vielen Generationen geführten Bauernhof in Franken wird heute im Nebenerwerb Landwirtschaft betrieben. Der Ferienhof Wimbauer ist ein sogenannter „Widum-Hof" und damit der größte Hof im Nennslinger Ortsteil Biburg. Traditionell hat der Hof Abgaben für die Kirche vom gesamten Ort zusammengeführt und anschließend der Kirche zugeteilt. So war dies früher in vielen Bauerndörfern in Franken.

Auf unserem Ferienhof befinden sich zahlreiche Mutterkühe, die mit ihren Kälbern auf saftigen Jura-Weiden grasen. Weidehaltung von Kühen ist in Franken eher die Ausnahme. Umso schöner ist es, den Tieren beim Grasen zuzuschauen. Des Weiteren halten wir auf unserem Bauernhof Schweine, Hühner und Katzen. Alle Ferienkinder lieben unsere Tiere, und freuen sich schon wochenlang vorher darauf. Das gesamte Außengelände samt Weideland ist barrierefrei zu erreichen.

Ein großer Garten hinter dem Ferienhof und der nahe Bolzplatz warten zum Toben auf große und kleine Gäste. Ein 100 qm großer Freizeitraum im Dachboden mit Tischtennis, Kicker, Box-Sack, Lese-, Spiel- und Bastelecke bietet bei jedem Wetter Abwechslung für alle.

Unsere barrierefreie, neu ausgebaute Ferienwohnung „Frankenjura" mit 80 m² befindet sich im allein stehenden, ehemaligen Austragshaus von 1890 im ebenerdigen Erdgeschoss. Sie besteht aus 2 Schlafräumen, barrierefreier Wohnküche (Spülmaschine, Mikrowelle), Dusche und WC, Waschmaschine, Trockner sowie einem barrierefreien Zugang zur Terrasse und in den Hofraum. TV und WLAN / DSL erhalten Sie auf Anfrage.

Parkplatz und Eingang sind stufenlos erreichbar. Türbreite von Eingang, Zimmer und Badezimmer 100 cm. Bettenhöhe 55 cm. Bewegungsfreiraum im Badezimmer WC 150 x

Bayern, Fränkisches Seenland, Naturpark Altmühltal

150 cm, im Duschbereich ca. 140 x 100 cm. Bewegungsfläche rechts neben WC 72x54 cm, links 157 x 54 cm. Hochklappbarer Haltegriff rechts neben dem WC. Duschbereich schwellenlos befahrbar, fest montierter Duschsitz und stabile Haltegriffe vorhanden. Waschebcken unterfahrbar, Spiegel im Sitzen und Stehen einsehbar. In der Küche sind Arbeitsfläche, Herd und Spüle unterfahrbar. Bei Bedarf und nach Voranmeldung kann ein Pflegebett zur Verfügung gestellt werden. Die gesamte Hoffläche ist mit dem Rollstuhl befahrbar, jedoch einige leichte Steigungen vorhanden.

Unsere zweite, ebenfalls neu ausgebaute **FeWo „Jurablick"** mit 80 m² befindet sich im 1. OG des bereits erwähnten Austragshauses. Sie besteht aus 2 Schlafräumen, Kinderzimmer mit 4 Einzelbetten, Wohnküche (Spülmaschine, Mikrowelle), Dusche und WC, Waschmaschine, Trockner sowie einem Zugang zum großen Balkon (mit tollem 180-Grad-Blick). TV und WLAN / DSL erhalten Sie auf Anfrage.

Lage und Ausflugsziele: Biburg zählt zur Ferienregion Jura-Anlautertal und ist Teil der Gemeinde Nennslingen. Der kleine Jura-Ort und unser Ferienhaus befinden sich am nördlichen Rand vom Naturpark Altmühltal. Die Ferienregion Fränkisches Seenland befindet sich gerade einmal 20 Autominuten entfernt. Das UNESCO Welterbe Limes ist ebenfalls in unmittelbarer Nähe und kann z.B. mit dem Fahrrad erkundet werden. Beispiele römischer Fundstätten sind das Römerkastell „Burgus", verschiedene Römertürme, das Römische Weißenburg mit Römermuseum, Römerbad u.v.m.

Im verkehrsarmen Biburg finden Sie die **barrierefreie St. Clemens-Kirche**, die zur Besichtigung einlädt. Weiterhin lohnt ein Besuch in der örtlichen Brotzeitwirtschaft von Ludwig Eder, wo an Festtagen (Fronleichnam, Kirchweih, Schützen- und Feuerwehrgrillfest) fränkische Spezialitäten angeboten werden.

Lust auf einen Abstecher ins idyllische Anlautertal? Hier finden Sie am **Bechthaler Weiher** ein idyllisches und zugleich nahe gelegenes Ausflugsziel für Insider. Baden und Erholen unterhalb der Bechthaler Burgruine, abseits der großen Tourismuszentren – das ist ein echter Freizeitspaß für die ganze Familie!

Weitere Highlights: Die Keltengräber in Landersdorf, das frühgeschichtliche Museum in Thalmässing, die Domstadt Eichstätt, Naturpark Altmühltal, Fränkisches Seenland und vieles mehr. Bei Regenschirmwetter empfehlen wir die Hallenbäder in Greding (Sport- und Freizeitbad) und Weißenburg (Mogetissa-Therme). Sie haben Fragen zu den weiteren Möglichkeiten in der Region? Fragen Sie uns, wir beraten Sie gerne.

Entfernungen: ÖPNV-Bushaltestelle 50 m; Einkaufsmöglichkeiten, Arzt, Apotheke 5 km; Freibad, Hallenbad, Krankenhaus 23 km; Badesee 3 km.

Preis für eine Ferienwohnung 68,00 € pro Nacht bei Belegung bis 4 Personen.

Bayern, Naturpark Altmühltal, Fränkisches Seenland

Ferienwohnung Kornelia Treiber ****	91790 Bergen-Geyern

Bergener Str. 4, Tel. (09148) 95011 *Bayern, Naturpark Altmühltal, Fränkisches Seenland*
E-Mail: info@fewo-treiber.de, Internet: www.fewo-treiber.de

Ehemaliger Gutshof, nach Renovierung vom Bezirk Mittelfranken denkmalprämiert. Seit Mitte 2004 eine Ferienwohnung, auf der Grundlage von bundeseinheitlichen Richtlinien des „Deutschen Tourismusverbandes" **mit vier Sternen bewertet.** Der gesamte Hofraum, Parkplatz und der Eingang sind stufenlos.

Geeignet für Rollstuhlfahrer, Gehbehinderte, Familien mit Kindern und Familien mit geistig Behinderten: **Die Ferienwohnung ist nach DIN 18024/25 vorbildlich rollstuhlgerecht ausgestattet.** Der zur Wohnung gehörende eigene Eingang führt in einen 60 qm großen Gemeinschaftsraum. Ein Aufzug (Türbreite 90 cm, Innen 140 cm tief, 90 cm breit) und eine Treppe führen in die im 1. Stock liegende Wohnung.

Die Wohnung besteht aus einem Zweibettzimmer (Schiebetür 100 cm breit, Betten 58 cm hoch) und einem weiteren Schlafzimmer mit einem Einzelbett (58 cm) und bei Bedarf zusätzlich einem Hochbett. Der Wohnraum ist ca. 30 qm groß mit unterfahrbarem Küchenblock, 4-Platten-Ceranfeld, ausziehbarem Kühlschrank, Spülmaschine, Mikrowelle etc., Essecke, Couchgarnitur, LCD-TV, Heimkinoanlage, W-Lan, Telefon.

Das Bad mit Du/WC ist ca. 7 m² groß, nach DIN 18025 ausgebaut: Schiebetür 100 cm breit, Bewegungsfreiraum in Du/WC 220 x 160 cm. Dusche schwellenfrei befahrbar (110 x 110 cm) mit Duschstuhl und Haltegriffen. Waschbecken unterfahrbar (Haltegriffe), Spiegel bis auf Waschbeckenhöhe. WC von links 160 cm und von vorne 160 cm anfahrbar, Haltegriffe zum Klappen.

Sonstiges: Bettwäsche und Handtücher werden gestellt, auf Wunsch Brötchenholservice, Tischtennisplatte, Kinderspielgeräte, Spielplatz, überdachte Freisitze, Grillmöglichkeit.

Mit Rücksicht auf nachfolgende Gäste muss in der Wohnung auf das Rauchen verzichtet werden.

Lage: Das Dorf Geyern liegt auf dem Weißenburger Jura zentral zwischen dem Fränkischen Seenland und dem Naturpark Altmühltal. Im 4 km entfernten Nennslingen befinden sich Post, Bank, Bäcker, Metzger, Supermarkt, Apotheke, Ärzte etc. Drei barrierefreie Gasthöfe im näheren Umkreis. In Weißenburg (13 km) gibt es Fachärzte, Krankenhaus, Dialysezentrum und ein barrierefreies Hallenbad. Treuchtlingen (Kurort), 25 km entfernt, verfügt über ein neu erbautes Thermalbad mit therapeutischen Einrichtungen. An den Fränkischen Seen gibt es **rollstuhlgerechte Baderampen** und mehrere Stationen zur kostenlosen Ausleihe des Strandrollstuhls „Tiralo". **Rollstuhlgerechtes Ausflugsschiff** (Trimaran) auf dem Brombachsee.

Preis: Die Ferienwohnung kostet pro Tag 56,- € inklusive Strom und Heizungskosten.

Bayern, Oberbayern, Steigerwald

Historikhotel „Klosterbräu-Landidyll" *** Superior   96157 Ebrach

Bayern, Oberfranken, Steigerwald

Marktplatz 4, Tel. (09553) 180, Fax: (09553) 1888
E-Mail: Klosterbraeu@Landidyll.com
Internet: www.landidyll.com/klosterbraeu

Inmitten des Naturparks Steigerwald, im staatlich anerkannten Erholungsort Ebrach, befindet sich das im 18. Jahrhundert erbaute Gästehaus der Zisterzienser, das Historikhotel „Klosterbräu-Landidyll", seit 1955 im Besitz der Familie Gries. Landidyll Hotels stehen für Nachhaltigkeit in allen Bereichen.

Das historische Gebäude verfügt über 41 exklusiv eingerichtete Zimmer mit Du/WC, Direktwahltelefon, Radio und Farb-TV. Behindertenparkplatz vor dem Haus; das Hotel und das Restaurant sind behindertengerecht.

Für Kinder gibt es im Garten viel Platz zum Austoben und Ballspielen, ohne auf den Verkehr achten zu müssen, außerdem eine eigene Speise- und Getränkekarten sowie Mal- und Spielsachen in reichlicher Auswahl. Auch Hund oder Katze sind willkommen.

Für Tagungen, Seminare und Familienfeiern stehen ausreichend Räumlichkeiten zur Verfügung. Ausflugs- und Kulturprogramme können ebenfalls genutzt werden. Im ehemaligen Abteigarten mit großer Terrasse finden bis zu 800 Personen Platz. Die **mehrfach ausgezeichnete Küche**, die bodenständige Produkte aus Wasser, Wald, Feld und Flur verarbeitet, lässt keine Wünsche offen.

Geeignet für Rollstuhlfahrer. Eingang, Restaurant, Aufzug stufenlos erreichbar. Türbreiten: Eingang 90 cm, Restaurant 100 cm, Aufzug 88 cm (Tiefe 140 cm, Breite 110 cm). Ein Wohnstudio mit Du/WC ist speziell für Rollstuhlfahrer ausgestattet. Dusche unterfahrbar. Bettenhöhe 60 cm. Pflegedienst gibt es vor Ort.

Lage: Ebrach liegt zwischen München und Würzburg. Das Hotel befindet sich im Zentrum von Ebrach; Apotheke 500 m; ärztliche Betreuung und Pflege am Ort.

Während des Jahres werden zahlreiche Konzerte im Kaisersaal, in der Klosterkirche und im Abteigarten veranstaltet. Namhafte Orchester und Organisten geben sich ein Stelldichein im Rahmen des Ebracher Musiksommers.

Der Baumwipfelpfad in Ebrach, für alle Besucher barrierefrei zu erreichen und zu erleben, ergänzt das „Steigerwald-Zentrum - Nachhaltigkeit erleben" im benachbarten unterfränkischen Handthal und bildet durch die gelungene Verbindung von Waldpädagogik, Erholung und Erlebnis einen wichtigen Bestandteil des Gesamtkonzepts „Zentrum-Nachhaltigkeit-Wald" im Steigerwald. Gesamtlänge 1.152 m, Turmhöhe 41 m, Pfadhöhe bis 24 m.

Preis pro Person inkl. Frühstück 48,- €, EZ-Zuschlag 12,- €.

Bayern, Mittelfranken, Fürth

AMBIENT HOTEL AM EUROPAKANAL ***	90766 Fürth

Bayern, Mittelfranken

Unterfarrnbacher Str. 222, Tel. (0911) 973720, Fax: (0911) 9737215

E-Mail: info@ambienthotel.de
Internet: www.ambienthotel.de

Hotel mit 40 individuell und geschmackvoll ausgestatteten, modernen Zimmern. Alle mit Du/WC, Schreibtisch, Telefon, Highspeed W-Lan, TV, Minibar, Fön und Kosmetikspiegel. Parkplatz direkt am Haus, stufenlos. Eingang mit Rampe; Frühstücksraum und Zimmer stufenlos erreichbar.

Geeignet für Rollstuhlfahrer: 1 Zimmer. Türbreite von Zimmer und Du/ WC 100 cm; Bettenhöhe 56 cm. Bewegungsfreiraum in Du/WC 140 x 145 cm. Freiraum links neben WC 145 cm, rechts 35 cm, davor 100 cm. Haltegriff links neben dem WC. WC-Höhe 52 cm. Dusche mit Handlauf schwellenlos befahrbar, Waschbecken unterfahrbar. Duschhocker und Notruf vorhanden.

Lage: ruhige und trotzdem verkehrsgünstige Lage. Zur Ortsmitte 2,5 km, Arzt, Apotheke 1 km; Krankenhaus 1,5 km; Bhf., Einkaufsmögl., Freibad und Hallenbad 2 km.

Preise: EZ ab 69,- €; DZ ab 89,- € inkl. Frühstücksbuffet, W-LAN und Parkplatz.

Fränkische Gastlichkeit mit modernstem Komfort!

Barrierefreies Urlaubsvergnügen!

Wir bieten Ihnen Urlaubsgenuss ohne Grenzen. In unserem Haus können Sie sich nahezu „stufenlos" fortbewegen. Außerdem verfügen wir über behindertengerecht ausgestattete Zimmer, die bequem mit dem Lift erreichbar sind.

- ◆ Großzügige Durchgänge für volle Bewegungsfreiheit
- ◆ Stufenlose Zu- und Abgänge zu fast allen Bereichen
- ◆ Barrierefreie Ausstattung der Badezimmer

Auch unsere große Sonnenterrasse in herrlicher Natur, direkt am Altmühltal-Panoramaweg, ist für Ihren barrierefreien Urlaub wie geschaffen.

Merkmale

Geeignet für Gehbehinderte, Familien mit geistig Behinderten. Bedingt geeignet für Rollstuhlfahrer (2 Zimmer mit DU/WC; Flur 350 cm). Die speziell für Körperbehinderte eingerichteten Zimmer sind leicht mit dem Aufzug zu erreichen (Türbreite vom Aufzug 90 cm, Tiefe 150 cm, Breite 106 cm).
Alle öffentlichen Bereiche im Erdgeschoss können mit dem Rollstuhl befahren werden. Eine zusätzliche Behindertentoilette ist vorhanden.
Unser Erlebnisschwimmbad erreichen Sie über den Aufzug, das Becken sowie den Nacktbereich über jeweils 3 Stufen. Hauseingang schwellenfrei (Türbreite 155 cm), Frühstücksraum/Garten schwellenfrei, nächster Parkplatz vor dem Haus (5 m entfernt).

Auf Wunsch werden kostenlose Rollstühle angeboten.

Fordern Sie unsere ausführlichen Hotelinformationen an, senden Sie uns eine Nachricht oder rufen Sie uns an. WIR BERATEN SIE GERNE!

Information zur Barrierefreiheit

Typ	Ausstattung	Preis	HP	VP	EZZ
DZ	DU / WC / TV	72,50 bis 85,50	22,-	35,-	19,- bis 21,-
JS	BD / DU / WC / TV	81,50 bis 93,50	22,-	35,-	20,- bis 23,-

Preise in EURO inkl. MwSt.

Zimmerpreise pro Person und Nacht, zzgl. Kurbeitrag. Bei Halb-, bzw. Vollpension Mittag- und/oder Abendessen als 3-Gang Verwöhn-Wahlmenü mit Salat vom Buffet. Internetzugang via WiFi, Nutzung von Erlebnisschwimmbad und Saunalandschaft sowie ein PKW-Stellplatz am Haus sind kostenfrei.

Parkhotel Altmühltal GmbH & Co. KG • Zum Schießwasen 15 • 91710 Gunzenhausen
Tel.: +49 (0) 9831 / 504-0 • Fax: +49 (0) 9831 89422 • Email: info@aktiv-parkhotel.de

Bayern, Chiemsee

Björn Schulz Stiftung
Irmengard-Hof
83257 Gstadt am Chiemsee

Bayern, Chiemsee

Mitterndorf, Tel.: (08054) 908 51- 66, Fax: (08054) 90851-59
E-Mail: irmengard-hof@bjoern-schulz-stiftung.de, Internet: irmengard-hof.de

In ihrem Erholungshaus „Irmengard-Hof", mitten im wunderschönen Chiemgau gelegen, begrüßt die Björn Schulz Stiftung schwer kranke Kinder und Kinder sowie jugendliche Menschen mit Behinderung (bis 35 J.) und deren Familien und lädt zu Erho-

lung, Austausch und Freizeitaktivitäten ein. Der Irmengard-Hof verfügt über 9 Doppelzimmer und 15 Familienzimmer mit 80 Betten, alle mit eigenem Bad/WC, teils mit 2 Schlafzimmern, Berg-/Seeblick, Balkon/Terrasse. **Rollstuhlgerecht:** 6 extra große Zimmer haben Pflegebetten, extra breite Türen sowie behindertengerechte Bäder mit rollstuhlgerechtem Duschbereich, stabilem Duschhocker, Haltegriffen, unterfahrbarem Waschbecken mit Kippspiegel. Bei Bedarf wird das Pflegebad mit Hubbadewanne genutzt.

Der historische Dreiseithof wurde in den vergangenen Jahren saniert und ist komplett barrierefrei. **Der Irmengard-Hof ist ein Selbstversorgerhaus**; es stehen eine große

Bayern, Chiemsee

Gemeinschaftsküche sowie sechs vollausgestattete Etagenküchen zur Verfügung. Warme Mahlzeiten (Cateringservice) und Semmelservice sind auf Bestellung möglich.

Platz zum Spielen und Toben bietet der riesige Löwensaal im ehemaligen Heuboden. Zudem gibt es themenbezogene Gemeinschaftsräume, in denen man sich auch mal für ein ruhiges Gespräch zurückziehen kann. Alle Räume sind mit dem Rollstuhl erreichbar.

Auf dem 1,3 ha großen Freigelände begrüßen die Eselchen Beppo und Blümchen sowie Ponys die Gäste. Es gibt einen Spiel- und Bolzplatz, eine Trampolinanlage und eine Stelle fürs abendliche Lagerfeuer. Ein Badeplatz am Chiemsee mit barrierefreiem Zugang befindet sich in der Nähe.

Seminare: Der Irmengard-Hof eignet sich außerdem als Seminarhaus und Veranstaltungsort, denn er bietet Platz für Tagungen, Seminare, Supervisionen für Eltern-Selbsthilfevereine oder soziale Einrichtungen sowie Personen, die am Betreuungs-, Begleitungs- und Behandlungsprozess des erkrankten Kindes beteiligt sind und waren.

Entfernungen: Gstadt 2,5 km, Einkaufsmöglichkeiten 1,5 km; Chiemsee 250 m; Arzt, Apotheke und Bahnhof Prien 12 km; Krankenhaus Traunstein 20 km.

Das Familienangebot steht satzungsgemäß ausschließlich Betroffenen zur Verfügung. Betroffene Familien können ihren Aufenthalt individuell buchen. Ebenso sind Gruppen herzlich willkommen! Zudem organisiert die Stiftung am Irmengard-Hof Freizeiten für Geschwister und Erholungstage für Mütter.

Preis pro Person/Übernachtung für Familien und Gruppen: Kinder 0-12 Monate kostenlos; Kinder 1-17 Jahre 19,- €, Erwachsene ab 18 J. 24,- €. Endreinigung für Zweibettzimmer + Bad 27,- €, für Familienzimmer (2 Räume + Bad) 32,- €. **Für Seminarteilnehmer** im EZ 54,- €, im DZ 37,- €, im Mehrbettzimmer 32,- €. Miete für Seminarräume je nach Größe pro Tag 40,- bis 300,- €.

Bayern, Bayerischer Wald

Witikohof
Tagungs-, Freizeit- und Wellnesshaus　　　　　　　　94145 Haidmühle

Bayern, Bayerischer Wald

Bischofsreut - Hauptstraße 24
Tel. 08550 / 9619-0
Fax: 08550 / 9619-101

E-Mail: info@witikohof.de, Internet: www.witikohof.de

Das Hotel Witikohof ist ein integratives Projekt der Wolfsteiner Werkstätten Freyung. Hier arbeiten Menschen mit und ohne Behinderung im Team zusammen. Träger der Einrichtung ist der Caritasverband für die Diözese Passau e.V. Die Integration behinderter Menschen ist ein besonderes Anliegen dieses Hotels. Deshalb wurde auch größten Wert auf eine behindertengerechte Ausstattung des Hauses gelegt, von den Zimmern bis hin zum barrierefreien Wellnessbereich. Breite Türen ohne Schwellen, breite Bäder mit Haltegriffen, Waschbecken und Lichtschalter in Rollstuhlhöhe - Details, die im Alltag für Menschen mit Handicap wichtig sind.

Parkplatz, Eingang, Rezeption, Frühstück- und Restaurantbereich sowie der hauseigene Wellnessbereich sind stufenlos oder mit dem Aufzug erreichbar. Türbreite vom Aufzug 90 cm (Tiefe 130 cm, Breite 110 cm).

Das Hotel bietet moderne Zimmer mit allen Standards. Neben 39 Standardzimmern gibt es 5 rollstuhlgerechte Zimmer und 4 Zimmer für gehbehinderte Menschen.

Die 5 rollstuhlgerechten Zimmer befinden sich teils im Erdgeschoß, zum Teil sind sie mit dem Aufzug barrierefrei erreichbar. Türbreite der Zimmer und Badezimmer 90 cm. Bettenhöhe 55 cm (**elektrisch höhenverstellbare Betten** sind vorhanden). Bewegungsfreiraum in Dusche/WC 120 x 140 cm. Freiraum links neben WC 50 cm, rechts 100 cm, davor 120 cm. WC-Höhe 43 cm (Toilettenaufsatz vorhanden), Haltegriff links neben WC. Duschbereich schwellenlos, Haltegriffe und Duschstuhl vorhanden, Waschbecken unterfahrbar. Spiegel für Rollstuhlfahrer (schräg) über dem Waschbecken. Bei Bedarf kann ein **Pflegedienst** bei der Caritas Sozialstation Freyung bestellt werden.

Wellness: Spüren Sie in der Wellnessoase die Kraft des Wassers auf Körper und Geist. Nach einer ausgiebigen Wanderung, einer winterlichen Langlauftour oder einfach zum Faulenzen erwarten Sie unsere **Sauna und Dampfbäder, Whirlpool**, Erlebnisbecken und Ruheräume. Bei einer entspannen-

Bayern, Bayerischer Wald

den **Massage** aus unserem umfangreichen Angebot lassen Sie die Seele baumeln. **Alle Dampfbäder und Saunen sind barrierefrei** mit dem Rollstuhl befahrbar und im Badebereich erleichtert ein Lift den Zugang zum Erlebnisbecken und zum Whirlpool.

In der Wellnessoase wurde bei der Auswahl der Einrichtungen besonders auf eine kreislaufschonende Wirkung und **auf eine rollstuhlgerechte Bauweise geachtet**. Vor allem die Bedürfnisse älterer und behinderter Menschen standen im Vordergrund. Caldarium und Laconium, schon seit der Antike bekannte Entschlackungs- und Regenerationsbäder, in denen Sie bei angenehmer Strahlungswärme von ca. 38°C bzw. 60°C bis zu einer Stunde verweilen können. Im Blütendampfbad erfahren Sie die Heilwirkung von Düften und Aromen auf Ihr Wohlbefinden. Eine klassische finnische Sauna, die Bischofsreuter Schwitzstube, darf natürlich nicht fehlen. Kneipp-Tretbecken, Solarium, Ruhezonen und eine Erlebnisdusche mit Massagestrahl, warmer Tropenregen- oder Sprühnebel-Simulation runden das Wellnessangebot ab. Ein Erlebnisbecken mit Gegenstromanlage und einen Hot-Whirlpool finden Sie in unserem Badebereich.

Kulinarisches: Das Küchenteam verwöhnt Sie mit Menüs, Buffets und herzhaften Schmankerln aus der Region. In der gemütlichen Bier- und Weinstube können Sie ihre Abende in geselliger Runde ausklingen lassen.

Tagungen: Als Tagungshaus bietet Ihnen der Witikohof in vier unterschiedlich großen Seminarräumen während der Seminare und in den Pausen Verpflegung an. Gerne werden auch Teamgeist fördernde Rahmenprogramme angeboten.

Lage: Der Witikohof steht in ruhiger Lage am Ortseingang von Bischofsreut (staatl. anerk. Luftkurort), weitab von Hektik und Stress, direkt im Dreiländereck Deutschland, Österreich und Tschechien.

Entfernungen: Ortsmitte, Einkaufsmöglichkeiten 300 m; Hallenbad im Haus; Arzt 5 km; Apotheke 15 km; Krankenhaus, Freibad, Badesee 20 km; Bahnhof 50 km.

Ausflüge: Kultur und Geschichte erleben Sie im Freilichtmuseum oder auf Ausflügen nach Passau, ins böhmische Krumau oder nach Prag. Besuchen Sie eine Glashütte entlang der Glasstraße oder spielen Sie Roulette in der nahe gelegenen Spielbank. Im ältesten Nationalpark Deutschlands entdecken Sie neben Luchs, Bär und Wolf den weltweit längsten Baumwipfelpfad, auf dem Sie zwischen 8 und 25 Metern Höhe über unberührter Natur und Waldwildnis spazieren können.

Preis pro Person und Tag inklusive Frühstücksbüffet im EZ ab 54,- €, im DZ ab 49,- €. Zuschlag für Halbpension 18,90 €, für Vollpension 29,- € pro Tag/Person. Bei Buchung bitte folgenden Code angeben: handicapped/2019.

Das Team vom Witikohof verspricht allen Gästen – Familien, Senioren oder Reisegruppen – ob mit oder ohne Handicap, einen unbeschwerten Urlaub ohne Einschränkungen!

Bayern, Bayerischer Wald

Haus Flora **** nach DTV   94145 Haidmühle

Bayern, Bayerischer Wald

Max-Pangerl-Str. 107, Tel. (08556) 411, Fax: (08556) 972856

E-Mail: info@hausflora.de
Internet: www.hausflora.de

Eine **** Ferienwohnung für 1 bis 6 Personen, 2007 rollstuhlgerecht umgebaut, in ruhiger Ortsmitte des Erholungsortes Haidmühle im Bayerischen Wald gelegen, im Dreiländereck Österreich-Tschechien-Deutschland.

2 Schlafzimmer, 1 Wohnzimmer mit Schlafcouch, SAT-TV, große Wohnküche, Bad für Rollstuhlfahrer, mit Waschmaschine, Babywickeltisch.

Geeignet für Rollstuhlfahrer: Türbreiten 80 cm. Flurbreite 120 cm. Bewegungsfreiraum in Du/WC 140 x 160 cm. Freiraum rechts neben WC 80 cm, davor 110 cm. Haltegriffe links und rechts neben WC. WC-Höhe 50 cm. Dusche schwellenlos befahrbar, Waschbecken unterfahrbar. Festmontierter Duschsitz und Kippspiegel vorhanden.

Großer Garten und Einrichtungen von Haus Mirasat (siehe www.haus-mirasat.de) sind mit nutzbar. Wanderwege per Rollstuhl erreichbar. Parkplatz, Garage und Eingang sind direkt anfahrbar und rollstuhlgerecht.

Preis für die Ferienwohnung bei Belegung mit 2 Personen 45,- € pro Tag, jede weitere Person 10,- €.

Bayern, Oberallgäu

Ferienwohnungen Haus Käser *** / ****
- mit 3 und 4 Sternen nach DTV ausgezeichnet -

87509 Immenstadt-Stein

Bayern, Oberallgäu

Familie Käser, Jörgstr. 2
Tel. (08323) 7139, Mobil: 0151-23576554, Fax: (08323) 2867
E-Mail: urlaub@haus-kaeser.de, Homepage: www.haus-kaeser.de

Das Haus bietet drei **barrierefreie** Ferienwohnungen mit Blick auf die **Allgäuer Gebirgskette.**

Ferienwohnung Alpenrose **** (95 qm²): Schlafzimmer mit elektr. Bett, komplett eingerichtete Küche, sowie Badezimmer mit befahrbarer Dusche. Platz für 2 Personen. Zusätzliche Schlafgelegenheiten (max. 2) werden gerne zu Verfügung gestellt. Ideal für Rolli Fahrer und Familien! **Preis ab 72,- €** pro Tag für zwei Personen.

Ferienwohnung Edelweiß **** (67 qm²): Sep. Schlafzimmer mit elektr. Bett und Deckenlifter bis über die Toilette, unterfahrbare Küche, Wohn-Esszimmer mit Doppelschrankbett (einzeln ausklappbar), sowie Badezimmer mit befahrbarer Dusche. Platz für 2 Personen. Zusätzliche Schlafgelegenheiten (max. 2) werden gerne zur Verfügung gestellt. Ideal für Rolli Fahrer und Familien!
Preis ab 67,- € pro Tag für 2 Personen

Appartement Enzian ***(45 qm²): Wohn-Schlafraum mit elektr. Bett und Schrankbett, komplett eingerichtete Küche mit Essecke, sowie Badezimmer mit Badewanne und befahrbarer Dusche. Platz für 2 Personen. Ideal für Gehbehinderte und Senioren!
Preis ab 51,- € pro Tag für zwei Personen.

Die Außenanlage: Schwimmbad (1,5 m Tiefe) mit Schlaufen-Lift, großer Garten mit Spielplatz und Liegewiese. Jede Wohnung hat eine eigene Terrasse mit Grill.

Fahrräder und Schlitten können ausgeliehen werden.

Barrierefreiheit: Edelweiß und Alpenrose haben Fußbodenheizung. In den Badezimmern sind Haltegriffe an Toilette und Dusche sowie **Klappduschsitze** installiert. WC kann erhöht werden. Waschbecken sind unterfahrbar. Türbreiten (80 cm bis 100 cm).

Einen **Duschrollstuhl, Toilettenstuhl, Rollator, Toilettenaufsatz und Galgen** stellen wir kostenlos zur Verfügung. Einen mobilen Lifter oder eine Wechseldruckmatratze können Sie kostengünstig im lokalen Sanitätshaus mieten.

Service: Brötchendienst und Getränke im Haus. Waschmaschine, Trockner und Telefon können gegen Gebühr genutzt werden.

Umgebung: Ruhige Lage am Rand von Immenstadt mit freiem Blick auf die Allgäuer Berglandschaft. Das Allgäu bietet vom Wandern im Sommer bis hin zum Skifahren im Winter zahlreiche Aktivitäten, auch für Rolli Fahrer! Familie Käser ist sehr umsichtig und freundlich. **Die behindertengerechte Ausstattung ist vorbildlich.** Von Rollifahrern getestet und empfohlen.

Bayern, Naturpark Altmühltal

Weltenburger Klosterbetriebe GmbH
Gästehaus St. Georg   **93309 Kelheim / Donau**

Bayern, Weltenburger Enge, Naturpark Altmühltal

Asamstraße 32, Tel. (09441) 6757-500, Fax: (09441) 6757-537
E-Mail: gaestehaus@kloster-weltenburg.de
Internet: https://kloster-weltenburg.de/gaestehaus

Das Kloster Weltenburg ist am Eingang des romantischen Donaudurchbruchs gelegen. Es wurde von den iroschottischen-kolumbanischen Wandermönchen Eustasius und Agilus von Luxeuil (Burgund) aus um das Jahr 600 gegründet und ist somit die älteste klösterliche Niederlassung Bayerns.

Die von den Gebrüdern Asam in den Jahren 1716-1739 unter dem damaligen Abt Maurus Bächl (1713-1743) erbaute und ausgestaltete Abteikirche zählt zu den Spitzenleistungen des europäischen Barocks. Im Jahre 1803 fiel Weltenburg der Säkularisation zum Opfer und wurde aufgelöst. Es wurde aber schon 1842 durch König Ludwig I. von Bayern als Priorat wiedererrichtet und von Mönchen aus Metten besiedelt. Seit dem Jahre 1913 ist Weltenburg wieder Abtei.

Die Gemeinschaft sieht ihre Hauptaufgabe in der Pfarrseelsorge (Betreuung von zwei Pfarreien) und in der Aufnahme von Gästen. Diesem Zweck dient das Gästehaus St. Georg mit Unterbringungsmöglichkeiten für ca. 100 Personen. Des weiteren engagieren wir uns im Bereich Erwachsenenbildung. Bitte lesen Sie dazu unser Kursprogramm. Außerdem werden Exerzitien und Einkehrtage angeboten. Eine weitere pastorale Aufgabe ist, den zahlreichen Touristen (pro Jahr 500.000) in den Kirchenführungen über Architektur und Kunst die Botschaft des christlichen Glaubens zu vermitteln.

Für das leibliche Wohl der Touristen sorgen die Klosterbrauerei und die Klosterschenke. Die Brauerei ist seit 1973 verpachtet. Außerdem gehört ein landwirtschaftlicher Betrieb zum Kloster.

Bayern, Naturpark Altmühltal

Der Klosterladen direkt neben der Abteikirche bietet Ihnen eine Auswahl verschiedener Artikel wie Holzschnitzereien, Ansichtskarten, Bronzekunst, Schmuck, Souvenirs, Biere der Klosterbrauerei Weltenburg mit den passenden Gläsern, Krügen u.v.m.

Barrierefreiheit: Weg vom Parkplatz zum Eingang stufenlos. Wenn man am Kloster parkt (für Gäste des Gästehauses ist die Durchfahrt erlaubt), sind es knapp 70 m, ansonsten ca. 750 m zum Besucherparkplatz im Dorf Weltenburg.

Haupteingang, Rezeption und Aufzug sind stufenlos erreichbar. Weg zum Speiseraum St. Martin, Prälatur mit einer Rampe. Zu den Zimmern gelangen Sie mit dem Aufzug, Türbreite 90 cm (Innenmaße: Breite 208 cm, Tiefe 110 cm). Jeweils 1 öffentliches behindertengerechtes WC gibt es im EG (Speisebereich, Prälatur) und im 1. OG (Haus St. Georg, Tagungsbereich). Der Klosterinnenhof besteht aus Kopfsteinpflaster. Naturbelassenes Kiesufer an der Donau.

Für Rollstuhlfahrer sind 3 Zimmer geeignet. Türbreite der rollstuhlgeeigneten Zimmer 90 cm, von Du/WC 94 cm. Bettenhöhe 49 cm; Kopf- und Fußteil vom Lattenrost sind höhenverstellbar. Freiraum links neben dem WC 90 cm, rechts 145 cm, davor 145 cm. WC-Höhe 50 cm. Haltegriff links und rechts neben dem WC vorhanden. Waschbecken unterfahrbar. Raumgröße von Du/WC 150 x 150 cm; Duschbereich schwellenlos befahrbar, Duschstuhl und stabile Haltegriffe an der Duschwand sowie Notrufeinrichtung im Badezimmer (hausintern) vorhanden.

Für Gehbehinderte (normale Duschschwelle) sind 43 Zimmer vorhanden.

Lage/Entfernungen: Das Kloster Weltenburg liegt unmittelbar vor dem Donaudurchbruch, einer wildromantischen Flußlandschaft zwischen der Benediktinerabtei und der Stadt Kelheim. Von März bis Oktober verkehren hier regelmäßig Personenschiffe. Im Winter gibt es verschiedene Sonderfahrten. Zur Ortsmitte von Dorf Weltenburg 1,5 km (keine Einkaufsmöglichkeiten). Einkaufsmöglichkeiten, Arzt, Apotheke, Krankenhaus 8 km; Freibad und Hallenbad 9,3 km; Bahnhof 12 km. Stadt Kelheim ca. 8 km, Stadt Abensberg ca. 12 km.

Preise pro Person und Nacht im EZ ab 60,- €, im DZ ab 52,- €. Attraktive Pauschalangebote finden Sie auch auf der Internetseite.

Bayern, Allgäu

Allgäu ART Hotel — 87435 Kempten

Bayern, Allgäu

Alpenstraße 9
Tel.: (0831) 540 860-0, Fax: (0831) 540 860-99
E-Mail: info@allgaeuarthotel.de
Internet: www.allgaeuarthotel.de

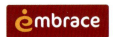

Das Allgäu ART Hotel liegt in der Stadtmitte der Allgäu-Metropole Kempten. Damit sind viele der wichtigsten Sehenswürdigkeiten wie z.B. das Residenzschloss, der Archäologischer Park Cambodunum, das Kornhaus mit dem Allgäumuseum etc. fußläufig zu erreichen. Ein außergewöhnlicher Mix aus Allgäuer Lebensart, Kunst und Inklusion zeichnet das Allgäu ART Hotel aus. Ihr Aufenthalt in diesem stylischen Stadthotel in der Kemptner Innenstadt wird zum barrierefreien Gesamterlebnis. Ob Tagung, Familienfeier, **Restaurantbesuch**, Kurztrip oder Genussurlaub in diesem Haus werden Sie einen unbeschwerten Aufenthalt genießen können. Zielorientiert werden hier die Bedürfnisse von Gästen mit Seh-, Hör und Mobilitätseinschränkungen auf höchstem Niveau berücksichtigt. Kurz, eine Umgebung, in der Sie sich barrierefrei bewegen können und so viel Unterstützung erhalten, wie Sie benötigen oder wünschen.

Anreise/Ankunft: Das Allgäu ART Hotel ist mit dem PKW leicht und gut zu erreichen. Gäste mit Mobilitätseinschränkung bzw. Rollstuhlfahrer, die mit der Bahn anreisen, können mit dem Kleinbus vom Bahnhof abgeholt werden. Das Hotel verfügt über 5 barrierefreie Parkplätze direkt am Hoteleingang sowie über 4 barrierefreie Stellplätze in der Tiefgarage. Alle Parkplätze sind an der Wand markiert. Maße der Stellplätze: 5 m x 3,30 m (im Freien) und 5 m x 3,30 m (in der Tiefgarage).

Eingangsbereich: 2 automatische Glasschiebetüren und Taktiles Leitsystem, unterfahrbare Rezeption, Taktiler Übersichtsplan, 2 barrierefreie WCs und unterfahrbare Bar im Eingangsbereich. Informationen über Ausflüge für Rollstuhlnutzer erhalten Sie an der Rezeption. Ein externes Unternehmen bietet Fahrservice an. Gäste mit Seheinschränkungen erhalten auf Wunsch eine Führung durchs Hotel. Es gibt 2 nebeneinanderliegende Aufzüge (Türbreite 90 cm).

Barrierefreiheit: 56 Zimmer gesamt; davon 12 barrierefreie Zimmer für Rollstuhlnutzer oder Gäste mit Mobilitätseinschränkungen. 3 Familienzimmer für Rollstuhlnutzer oder Gäste mit Mobilitätseinschränkungen. Restaurant, großer Wellnessbereich, Sonnenterrasse auf dem Dach, Taktiles Leitsystem und Orientierungshilfe, Optisches Warnsystem (Blitzleuchten), Tagungsräume und Tiefgarage - alles barrierefrei.

Die 12 komfortablen barrierefreien Doppelzimmer sind mit 29 m² sehr geräumig. 3 verfügen über einen Balkon. Alle Zimmer sind standardmäßig mit TV Flachbildschirm (32"),

digitalem Laptopsafe, kostenlosem WiFi-Zugang, Direktwahltelefon, Schreibtisch mit Hocker und Sessel sowie mit einem Ganzkörper-Wandspiegel ausgestattet. Kleiderschrank mit Schiebetüren, Kleiderstangen auf 120 cm oder 143 cm, Garderobenhaken im Flur auf 125 cm und 158 cm, 2 Springboxbetten (jeweils 90 x 200 cm) sind trennbar, Betthöhe 60 cm, Lichtschalter vom Bett aus bedienbar. Bewegungsfläche links vom Bett 160 cm,

Bayern, Allgäu

rechts 92 cm, Unterfahrbarkeit an der Bettlängsseite 12 cm. Betten und Nachttisch können verschoben werden. Unterfahrbare Schreibtischhöhe 75 cm. Hocker und Sessel ohne Armlehnen. Schwelle zum Balkon 4 cm. In allen Zimmern gibt es neben dem optischen Blitzsignal auch ein akustisches Signal (Klingel) für sehbehinderte und blinde Gäste. Hunde sind erlaubt.

Die 3 Familienzimmer sind ebenso barrierefrei wie die Doppelzimmer ausgestattet, haben 44 m², 2 Schlafräumen, ein Bad mit Balkon (4 m²) und bestehen aus 2 getrennten Schlafzimmern, die über eine Tür miteinander verbunden sind. Ein Zimmer ist mit einem **elektrischen Pflegebett** ausgestattet. Eine Schrankküche ermöglicht die Zubereitung kleiner Mahlzeiten.

Bad im barrierefreien Doppelzimmer am Beispiel Zimmer Nr. 414: Das gut geplante Bad ist ca. 6 m² groß und verfügt über eine großzügige bodengleiche Dusche. Vom Zimmer durch eine zweiteilige, leichtgängige Glasschiebetür erreichbar. Sitzhöhe WC 46 cm. Freiraum links neben WC 90 cm, rechts 50 cm. 2 Stützklappgriffe am WC in Höhe von 75 cm. Lichter Abstand zwischen den Griffen 67 cm. Waschtisch mit integrierten Haltegriffen, Unterfahrbare Höhe des Waschtischs 80 cm, Haarfön auf 120 cm, Make up Spiegel auf 133 cm.

Notruf neben WC und neben Dusche im Liegen erreichbar. Dusche mit Halterungen in einer Höhe von 75 cm. Duschsitz vorhanden, Armaturen in Griffweite.

Bad in den Familienzimmern: Ebenso barrierefrei wie im DZ, jedoch Bad mit höhen- und seitenverstellbarem Toilettenlift bietet größtmögliche Flexibilität und eine beidseitige Anfahrbarkeit. Sitzhöhe und Seitenabstand individuell einstellbar.

Wellness und Fitness: Im fünften Stockwerk des Hotels, hoch über den Dächern Kemptens, befinden sich neben dem Fitnessraum ein großzügiger Wellnessbereich mit Umkleidemöglichkeiten und barrierefreiem WC. Neben Bädern, Massagen und Aromatherapien erwartet den Gast hier eine **barrierefreie Saunawelt** vom Feinsten. Finnische Sauna mit Zugang zur Dachterrasse, Biosauna mit Panoramablick, Dampfsauna, Schwallbrause mit Kneippschlauch im Freien, zwei höhenverstellbare Massageliegen, Partnerwanne mit Lifteinstieg, Ruheraum mit gemütlichen Liegen, Mosaikfliesen als taktiles Leitsystem. Der Fitnessbereich ist ausgestattet mit diversen Geräten zum Ausdauer- und Muskeltraining und zur Koordination des Bewegungsablaufs: Laufband, Stepper; Liegerad, Zugapparat, Winkelzug; Beinzugbank und Pedalos.

Feste und Tagungen: Individuell und besonders feiern, privat oder geschäftlich, dafür sind das Restaurant Waldbeere oder die Veranstaltungsräume bestens geeignet. Das Hotel bietet 3 barrierefreie Räume, die sich je nach Teilnehmerzahl und Platzbedarf individuell miteinander kombinieren lassen. Die Räumlichkeiten eignen sich auch perfekt für festliche Anlässe und Events. **E**ntfernungen: Bahnhof Kempten 1,5 km; Allgäu Airport Memmingen 45 km, München Flughafen 157 km.

Preis pro Person/Nacht je nach Saison im EZ ab 89,- €, im DZ ab 137,- € inkl. Frühstück.

Bayern, Bodensee

Hotel-Pension-Restaurant Nagel ***   88131 Lindau / Bodensee

Bayern, Bodensee

Bregenzerstraße 193 a, Tel. (08382) 96085, Fax: (08382) 960825
E-Mail: info@hotel-nagel.com
Internet: www.Hotel-Nagel.com

Sehr schönes Hotel, 27 Zimmer mit Du/WC. Alle Zimmer sind mit Farb-TV und Telefon ausgestattet. In vorbildlicher Weise wurden **3 Zimmer mit Badezimmer rollstuhlgerecht** umgebaut und mit allen erforderlichen Einrichtungen ausgestattet. Betten sind elektrisch höhenverstellbar.

Eingang, Rezeption und Restaurant sind stufenlos erreichbar. Alle Türen 100 cm breit. Beheizte Freibad (24-28 °C während der Sommermonate).

Sehr gut geeignet für Senioren, Gehbehinderte und Rollstuhlfahrer. Sehr großes, rollstuhlgerechtes Badezimmer mit unterfahrbarer Dusche, festinstallierter Duschsitz für Rollstuhlfahrer. Außerdem ausreichende Haltegriffe an Dusche und WC. Das Waschbecken ist ebenfalls unterfahrbar, Kippspiegel vorhanden. Absolut rollstuhlgerecht. Bettenhöhe 50 cm.

Lage: am Ortsrand von Lindau, nur ca. 5 Minuten zum Bodensee; direkt am Bodensee-Radweg; Einkaufen und Wandermöglichkeiten in unmittelbarer Nähe, Arzt und Apotheke vor Ort; Freibad und Warmwasserbad 2 km; Krankenhaus 4 km; Bushaltestelle am Haus.

Zimmerpreise: Doppelzimmer ganzjährig 145,- € inkl. Frühstücksbüfett. Im Restaurant Melbo´s können Sie täglich ab 18:00 Uhr abendessen. Sonntags Ruhetag. Weitere ausführliche Informationen und Preise auf Anfrage.

Bayern, München

HOTEL AMARO ***   85232 Bergkirchen (bei München)

Bayern, Landkreis Dachau

Gadastraße 2, Tel. (08142) 650 589 0, Fax: (08142) 650 589 11
E-Mail: info@amaro-hotel.de, Internet: www.amaro-hotel.de

Wir vom neuen Amaro Hotel möchten den immer geläufiger werdenden Begriff des "Budget Hotels" neu definieren und diesem Konzept noch einen weiteren Zusatz erteilen. Als Familienunternehmen und dem besonders engen Kontakt zu unseren Gästen, sowie die hochwertige Ausstattung, die teilweise in 3-4 Sterne Hotels zum Zuge kommt, verstehen wir uns preislich zwar noch als "Budget Hotel", jedoch von Service und Komfort eher als gehobenes 3 Sterne Boutique Hotel. Aus diesen Gründen setzen wir dem Begriff "Budget" noch einen plus-Punkt hinzu.

Alle Zimmer sind mit Flat-TV, einem Badezimmer sowie kostenfreiem W-LAN ausgestattet. Kostenfreie Parkplätze finden Sie direkt am Hotel mit barrierefreiem Zugang zum Hoteleingang. Rezeption, Frühstücksraum und Restaurant im EG sind stufenlos erreichbar. Die Zimmer sind über den Aufzug (Türbreite 90 cm) ohne Barrieren erreichbar. Innenmaße vom Aufzug: Tiefe 140 cm, Breite 110 cm.

Geeignet für Rollstuhlfahrer ist ein Zimmer. Bettenhöhe 55 cm. Türbreite von Zimmer und Dusche/WC 93 cm. Bewegungsfreiraum in Du/WC 220 x 300 cm. Freiraum links neben WC 32 cm, rechts 150 cm, davor 100 cm. WC-Höhe 50 cm. Haltegriffe links und rechts neben dem WC. Duschbereich schwellenlos befahrbar. Fest montierter Duschsitz und Haltegriffe an der Duschwand sowie Kippspiegel am unterfahrbaren Waschbecken und Notruf im Bad vorhanden. Weitere 40 Zimmer sind barrierefrei erreichbar und für Gehbehinderte geeignet.

Lage: Das barrierefreie Hotel Amaro liegt ideal vor den Toren Münchens im Gewerbegebiet Bergkirchen im Landkreis Dachau. Die Top Verkehrslage nahe der A8 ermöglicht es, wichtige Ziele wie die Münchner Innenstadt, den Flughafen oder die Allianz Arena sowie umliegende Seen in kürzester Zeit zu erreichen. Die Anfahrt ist sicher, unkompliziert und das Hotel ist leicht zu finden. Einkaufsmöglichkeiten sowie Restaurants und Freizeitmöglichkeiten sind direkt vor der Haustüre vorzufinden.

Entfernungen: Zur Ortsmitte von Bergkirchen 2 km, Einkaufsmöglichkeiten 500 m, Apotheke 3 km, Arzt 5 km, Krankenhaus in Dachau 7 km, KZ Gedenkstätte 14 km, München Zentrum 20 km, Allianz Arena 23 km, Olympiazentrum 19 km, Flughafen 39 km, Messe München 27 km.

Zimmerpreise: EZ ab 69,- €, DZ ab 85,- € pro Nacht.

Bayern, München

ECONTEL München   81243 München

Bayern, München, Stadtteil Pasing

Bodenseestr. 227, Tel. (089) 871890, Fax: (089) 87189-400
E-Mail: muenchen@econtel-hotels.de, Internet: www.amber-hotels.de

Modernes, komfortables Hotel mit 69 Zimmern in 4 verschiedenen Ausstattungsvarianten: Economy Class, Family Class, Business Class und Junior Suite. Alle Zimmer sind modern möbliert und funktionell ausgestattet, haben Direktwahltelefon, Farb-TV mit Fernbedienung, Satellitenempfang, Zimmersafe, Schallschutzfenster sowie ein geräumiges Badezimmer mit Wanne, WC und Fön.

Lobby-Bar, Parkplätze und Tiefgaragenplätze, Konferenz- und Besprechungsräume von 3 bis 100 Personen mit moderner Tagungstechnik. Kostenloser Kaffee- & Teeservice, Internet-Servicestation. Kostenfreies WLAN im gesamten Hotel.

Parkplatz, Eingang, Frühstücksraum und Zimmer (mit dem Aufzug) stufenlos erreichbar. Türbreite vom Aufzug 90 cm (Tiefe 130 cm, Breite 90 cm).

Geeignet für Gehbehinderte, bedingt geeignet für Rollstuhlfahrer (alle Zimmer). Türbreite der Zimmer 80 cm, von Bad/WC 65 cm. Freiraum in Bad/WC 150 x 150 cm. Freiraum links und rechts neben WC 30 cm, davor 100 cm. Waschbecken unterfahrbar; keine unterfahrbare Dusche. Bettenhöhe 45 cm.

Lage: im Westen Münchens, im Stadtteil Pasing. Zur S-Bahn-Station 2 Minuten zu Fuß. Stadtmitte München 7 km; Arzt 500 m; Apotheke 200 m; Krankenhaus 3 km.

Preis pro Person/Übernachtung: Economy Class im EZ ab 72,- €, im DZ ab 36,- €. Aufpreis für Business Class 5,- € pro Person/Nacht im DZ und 10,- € im EZ; Aufpreis für Junior Suite 10,- € pro Person/Nacht im DZ und 20,- € im EZ. Wochenendpreise von Freitag bis Montag pro Person/Übernachtung im DZ ab 29,50 €, im EZ ab 59,- €, jede weitere Pers. 10,- €. Happy-Day-Preise zu besonderen Ereignissen in München (Termine auf Anfrage): EZ und DZ ab 59,- €, Familienzimmer ab 99,- €. Frühstück 9,50 € pro Person.

Buchbar übers Internet: www.amber-hotels.de/muenchen.

Ferienwohnungen Gerda Krug ***   91735 Muhr am See

Bayern, Franken, Fränkisches Seenland, Altmühlsee
Julienstr. 2, Tel. (09831) 50385, Fax: (09831) 883548
E-Mail: ferienhaus-krug@t-online.de
Internet: www.ferienhaus-krug.de

Bildschönes Feriengästehaus (Neubau an stiller Nebenstraße), mit 4 Ferienwohnungen (mit 3 Sternen klassifiziert), 38 qm bis 60 qm groß, für 2 bis 5 Personen. Zwei in sich abgeschlossene Ferienwohnungen sind für Behinderte geeignet, mit eigenem Eingang, jeweils 2 Schlafräume, komplett eingerichtete Wohnküche, Essecke und Couchgarnitur, Toilettenraum mit Waschbecken, Dusche und WC. Jede Wohnung mit eigener überdachter Terrasse mit Zugang zum Garten. Farb-TV, Radio, Kinderbett vorhanden. Parkplatz stufenlos; Eingang und Garten mit Rampe (8 cm) stufenlos erreichbar. Alle Wohnungen haben entweder eine überdachte Terrasse oder Balkon. Garten mit Rasen, Gartengrill, hauseigener Parkplatz.

Auf die Kinder wartet eine große Spielwiese mit Schaukel, Sandkasten u.v.m. Wenn die Sonne mal nicht scheint, können sich die Kinder in der Spielhalle mit Tischbillard, Kicker oder Puppenhaus vergnügen. Spielwiese gegenüber dem Grundstück. Fahrrad- und Spielgarage.

Vor allem in den Sommermonaten werden auch für Kinder attraktive Veranstaltungen in der Umgebung angeboten, so zum Beispiel Piratenschifffahrt und Schatzsuche mit der MS Gunzenhausen und vieles mehr.

Geeignet für Gehbehinderte, Rollstuhlfahrer und Familien. **Ferienwohnung II** ist rollstuhlgerecht. Bettenhöhe 59 cm. Türbreite von Zimmer und Du/WC 87 cm. Freiraum in Du/WC 60 x 100 cm. Freiraum links neben WC 65 cm, rechts 120 cm, davor 60 cm. Dusche bei Ferienwohnung II schwellenlos unterfahrbar; bei Ferienwohnung I Duschschwelle 16 cm. Haltegriffe an den Duschen, Duschstuhl und Rollator in beiden Ferienwohnungen vorhanden. Bettenhöhe 53 cm. **In FeWo I und II** sind klappbare Haltegriffe am WC und Duschsitz sowie ein im Sitzen einsehbarer Spiegel am Waschbecken vorhanden. In FeWo II gibt es außerdem einen Bettgalgen. Rollator und Gehhilfen können ebenfalls zur Verfügung gestellt werden.

Lage: Muhr am See ist direkt am Altmühlsee gelegen; mit Bootsverleih, Surf- und Segelhafen, Badestränden. Am Rand eines 1.000 km² großen Waldgebietes mit 120 km markierten Wanderwegen; ca. 5 km von Gunzenhausen entfernt. Vom Haus von Gerda Krug zur Ortsmitte sind es 500 m; Einkaufen 150 cm; Bahnhof, Arzt 500 m; Apotheke 500 m; Freibad, Hallenbad, Krankenhaus, Dialyse 7 km; Hallenbad 6 km; See 1 km; Tennisplatz 700 m.

Preis pro Ferienwohnung und Tag bei Belegung mit 2 Personen 45,- €, jede weitere Person 5,- €. Die Preise sind Inklusivpreise und gelten ab 7 Belegtage. Kürzere Aufenthalte nach Vereinbarung. Pro Person/Tag 1,00 € Gästebeitrag an die Gemeinde.

Vorbildliche Internetseite von Gerda Krug mit aktuellen Veranstaltungsterminen in der Region - so wird schon die Ferienvorbereitung zum Vergnügen!

Bayern, Unterer Bayerischer Wald

Haus Fabelhaft
Ferienhaus für Rollifahrer   **94089 Neureichenau**

Bayern, Unterer Bayerischer Wald

Gerhard und Ursula Kälberer, Riedelsbach 46, Tel. (08583) 2454, Fax: (08583) 91435
E-Mail: Haus.Fabelhaft@t-online.de
Internet: www.Haus-Fabelhaft.de

Die vier Ferienwohnungen sind nach den Richtlinien für behindertengerechtes Bauen **für Rollstuhlfahrer** konzipiert, jeweils ca. 55 qm groß, **jeweils für bis zu 5 Personen**. Sie sind im rustikalen Landhausstil eingerichtet und bieten eine große Wohnküche, zwei Schlafzimmer, Du/WC, Telefon, Sat-TV und Radio. Ein gemütlicher Gruppen-Aufenthaltsraum (55 qm) ist ebenfalls vorhanden.

Aufenthaltsraum, Parkplatz, Eingang, Grillplatz, Tischtennis und Sauna sind stufenlos erreichbar. Waschmaschine und Trockner stehen zur Verfügung.

Geeignet für Rollstuhlfahrer und Familien mit Behinderten; für **Gruppen bis max. 20 Personen**. Türbreiten der Zimmer und Badezimmer (mit Du/WC) 100 cm. Freiraum in Du/WC 160 x 130 cm. Freiraum links neben WC 100 cm, rechts 30 cm, davor 130 cm. Dusche und Waschbecken unterfahrbar. Duschhocker sowie stabile Haltegriffe an Dusche, WC und Waschbecken vorhanden.

Service: Mobiler Pflegedienst in Neureichenau. Hilfsmittel können im Sanitätshaus gegen Gebühr ausgeliehen werden. Abholservice vom Bahnhof. Einkaufsservice.

Lage: außerhalb des Ortes in ruhiger Lage. Eine Gaststätte und auch der nahe gelegene Riedelsbacher Stausee sind für Rollstuhlfahrer ohne Pkw erreichbar. Ortsmitte, Einkaufen, Arzt, Apotheke, Freibad 5 km; Badesee 1 km; Tennisplatz 2 km; Hallenbad und Tennishalle 8 km; Krankenhaus und **Dialysezentrum** 21 km. Im Winter Loipeneinstieg und Rodelmöglichkeit direkt am Haus.

Preis für das Ferienhaus bis 20 Personen inklusive Endreinigung ab 3 Übernachtungen 310,00 €/Nacht. Hunde sind bei uns willkommen. Bitte Hausprospekt anfordern.

Bayern, Frankenwald

Urlaub auf dem Bauernhof ****
Manfred und Rita Lang
95119 Naila

Dreigrün 2, Tel. (09282) 98340

Bayern, Frankenwald

E-Mail: bauernhof-lang@t-online.de, Internet: www.ferienhof-lang.de

Einzelhof mitten im Grünen, direkt am Waldrand. Sehr ruhige Lage und fern von Hauptverkehrsstraße, Straßenlärm und Alltagshektik. Bewirtschafteter bäuerlicher Familienbetrieb mit Kühen, Kälbchen, Hühnern und Enten. Dazu gehören noch ein Hund, Katzen und ein Forellenteich.

Gästehaus mit 3 Ferienwohnungen:
1. Fewo (bis 5 Personen) ca. 86qm, 2 Schlafräume, Wohnzimmer mit Essecke, Küchenzeile mit Backofen und Spülmaschine, Du/WC, Terrasse.

2. Ferienwohnung (bis 5 Pers.) mit ca. 80 qm, wie Fewo 1, aber mit Balkon. 3.Ferienwohnung (bis 3 Pers.) ca. 60 qm, 1Schlafraum, Wohnzimmer mit Essecke, Küchenzeile mit Backofen und Spülmaschine, Du/WC, Balkon.

Das Gästehaus ist ausgezeichnet mit **4 Sternen**, der Urkunde „**Vom Gast empfohlenes Hau**s" und mit dem **DLG-Gütezeichen**.

Alle Wohnungen sind behinderten- und rollstuhlgerecht gebaut. Alle Wohnungen sind mit Sat-TV, Stereoanlage, Telefon und WLAN ausgestattet. Grillplatz, Gartenmöbel, Kinderbett und Kinderstuhl sowie Spielplatz mit Sandkasten, Kinderschaukel und Trampolin sind vorhanden.

Geeignet für Gehbehinderte, Rollstuhlfahrer und für Familien mit behinderten Kindern. Türbreiten der Wohnungen 100 cm. Betten teilweise für mobilen Hebelift unterfahrbar. Freiraum in Du/WC 150 x 150 cm. Freiraum links neben WC 40 cm, rechts 100 cm, davor 150 cm. Waschbecken und Dusche unterfahrbar. Duschsitz, stabile Haltegriffe an Dusche und WC, Kippspiegel über Waschbecken sowie Waschmaschine und Wäschetrockner vorhanden.

Lage: Einzelhof im Grünen, direkt am Waldrand. Ferienwohnungen mit schönem Panoramablick. Einkaufen, Ärzte, Apotheken, Krankenhaus, Freibad, Minigolf und Fußballgolf, Kinderspielplätze, Fitnessstudio und Bahnhof ca. 2 km; Therme 6 km.

Preise: Wohnung 1 und 2 ab 55,- € pro Tag; Wohnung 3 ab 45,- € pro Tag. Einkaufs- und Brötchenservice sind in diesem Haus selbstverständlich. Verschiedene Getränke stehen im Haus bereit.

Bayern, Oberbayern, Inntal

Ferienwohnanlage Oberaudorf *** + **** nach DTV   83080 Oberaudorf

Bayern, Oberbayern, Inntal

Bad-Trissl-Str. 44-50, Tel. 0049 (0) 8033 1849, Fax: 0049 (0) 8033 4484
E-Mail: info@ferienwohnanlage.de, Internet: www.ferienwohnanlage.de

Die Ferienwohnungen für 1 bis 6 Pers. liegen im malerischen Inntal in herrlicher ruhiger Waldrandlage. Die komplett eingerichteten 2 Zimmerapp. mit Wohnzimmer, Küche, Bad und Schlafzimmer sind exklusiv mit Terrasse, Bettwäsche, Handtücher sowie

Sat-TV und W-Lan ausgestattet. **10 Wohnungen liegen ebenerdig** und sind ohne Stufen zu erreichen, **elektrisch verstellbares Krankenbett** vorhanden oder Bett kann erhöht werden. **Hallenbad im Haus**. WC-Aufsatz und Wannenaufsatz vorhanden. Leihrollstuhl kann bestellt werden. Brötchenservice.

Geeignet für Gehbehinderte und Rollstuhlfahrer. Türbreiten der Zimmer 82 cm, von Bad/WC 68 cm. Bad mit Badewanne mit Wannenlifter Freiraum im Bad 150 x 130 cm. Freiraum links neben WC 80 cm, davor 100 cm. Waschbecken unterfahrbar. Eine Ferienwohnung ist neu und behindertengerecht nach DIN mit befahrbarer Dusche usw.. Eine barrierefreie Dusche befindet sich zusätzlich in der Sauna.

Lage: großes ebenes Grundstück, die Wege sind mit dem Rollstuhl gut befahrbar, auch im Winter. Zur Ortsmitte, Einkaufen, Luegsteinsee (geeignet für Kinder, Rollstuhlfahrer) und Apotheke 600 m; Arzt 100 m; Bahnhof. Oberaudorf liegt in Oberbayern, an der Grenze Tirols am Kaisergebirge, 10 km von Kufstein entfernt.

Gute Ausflugsmöglichkeiten für Rollstuhlfahrer: Fahrt mit der Zahnradbahn auf den Wendelstein mit toller Aussichtsplattform mit traumhafter Sicht auf den Großglockner. Fahrt zum Chiemsee mit Ausflugsschiffen, für Rollstuhlfahrer geeignet.

Preis pro Appartement für 2 Personen 63,- € in der Vorsaison. Sonderangebote 21=16 oder 14=11 oder 7=6 in der Vor- und Nachsaison. Die vollständige Preisliste finden Sie auf der Homepage unter www.ferienwohnanlage.de.

Bayern, Fränkische Schweiz

Gasthof „Alte Post"	91286 Obertrubach

Bayern, Fränkische Schweiz

Trubachtalstr. 1, Tel. (09245) 322, Fax: (09245) 690
E-Mail: familie@postritter.de
Internet: www.postritter.de

Wer einen urgemütlichen Urlaub in der Fränkischen Schweiz verbringen möchte, ist im Gasthof „Alte Post" in der kleinen, beschaulichen, rund 2.200 Einwohner zählenden Gemeinde Obertrubach genau richtig.

Der Gasthof „Alte Post" ist in der 6. Generation im Besitz der Familie Ritter. Es war früher die echte Posthalterei, und der Großvater des heutigen Inhabers bediente als junger Mann noch mit der Postkutsche die Strecke zwischen Obertrubach und Egloffstein.

Im Sinne dieser alten Tradition führt Familie Ritter diesen Familienbetrieb bis heute fort. Sie sind eingeladen, sich hier verwöhnen zu lassen - in schönen Zimmern mit guten Betten, Dusche/WC und TV. Für das leibliche Wohl sorgt unsere gutbürgerliche Küche, mit einheimischen und internationalen Spezialitäten. Unsere eigene Hausschlachtung bürgt für Frische und Qualität. Auch der Weinkeller ist wohlgefüllt mit erlesenen Weinen aus Franken, und Bierkenner werden das Bier von der Brauerei Friedmann aus Gräfenberg sicher zu schätzen wissen.

Der Gasthof verfügt über 40 rustikal und gemütlich eingerichtete Zimmer mit Bad/Du/WC, teilweise mit Balkon/Terrasse. Parkplatz, Frühstücksraum, Restaurant, Behinderten-WC im EG und 30 Zimmer sind stufenlos erreichbar. In 8 Zimmern sind die Türen 100 cm breit.

Geeignet für Rollstuhlfahrer mit Begleitung, Gehbehinderte und Familien mit Behinderten. Das Haus wird sehr oft von körperlich und geistig behinderten Gästen aufgesucht, alle sind zufrieden. Türbreiten der Zimmer und von Du/WC (von 6 Zimmern) 100 cm breit. Freiraum links und rechts neben WC 35 bis 50 cm; Freiraum vor dem WC je nach Zimmer 100 bis 250 cm. Dusche und Waschbecken unterfahrbar, Duschhocker und stabiler Haltegriff am WC vorhanden.

Lage: Obertrubach liegt im Herzen der Fränkischen Schweiz, 450 m ü.M. Gut erreichbar und doch ruhig gelegen, schmiegt es sich in das enge Trubachtal, umgeben von Wald und Flur, mit einem markierten Wanderwegenetz von mehr als 200 Kilometern, darunter auch ein "Therapeutischer Wanderweg".

Entfernungen: Der Gasthof alte Post befindet sich in der Ortsmitte; Einkaufsmöglichkeiten 20 m; Bus und Arzt 200 m; Spielplatz 500 m; Freibad 8 km; Hallenbad 10 km. Umgebung ebenerdig zum Haus; es gibt flache und steile Wanderwege.

Preis pro Person: Übernachtung mit Frühstück 30,- €; mit Halbpension 46,- €, mit Vollpension 50,- €.

Bayern, Oberallgäu, Oberstdorf

**** Hotel „Viktoria"	**87561 Oberstdorf / Rubi**
	Bayern, Oberallgäu

Riedweg 5, Tel. (08322) 977840, Fax: (08322) 9778486
E-Mail: info@rollstuhl-hotel.de
Internet: www.rollstuhl-hotel.de

Seit Generationen von der Familie Eß geführtes komfortables 4-Sterne-Hotel mit viel Atmosphäre und persönlicher Betreuung. Nach Umbau 1991, 1998 und 2003 vollstän-

dig rollstuhlgerecht. Das absolut ruhig gelegene Haus mit Blick auf das Allgäuer Bergpanorama bietet neben einem à la Carte Restaurant auch ein reichhaltiges Frühstücksbuffet, 4-Gänge-Halbpension, sowie die meisten Diätformen an.

Das Hotel verfügt über 38 Zimmer/ Appartements, davon sind 35 rollstuhlgerecht. Ausgewiesene Parkplätze, Eingang zum Hotel, Rezeption, Restaurant, Allgäuer Stube, Hotelbar, Terrasse und Aufzüge sind stufenlos erreichbar.
Hervorzuheben ist der **barrierefreie, 2014 neu gebaute Wellnessbereich. Badebereich mit Bewegungsbecken (Einstieg über breite Treppe oder Lifter)** mit verschiedenen Saunen,

Bayern, Oberallgäu, Oberstdorf

Dampfbad und Infrarotkabine, einem wunderschönen Ruhebereich zum Entspannen, Bewegungsbad 4x6m, Fitnessraum mit Motomed, Massagen, Krankengymnastik, Kosmetik und Fußpflege.

Sehr gut geeignet für Rollstuhlfahrer, Gehbehinderte, Senioren und Familien. Eingang stufenlos, Türbreiten 80 bis 100 cm. Im Hotel gibt es zwei Aufzüge: Flurbreite vor dem Aufzug 280 cm; Türbreite 85 und 90 cm; Tiefe 140 cm, Breite 110 cm.

Zimmer: Minibar, kostenloses W-LAN, Telefon mit Weckfunktion, Flachbild-TV, Zimmerservice, Türbreiten 95-100 cm, Betthöhe 43 bis 58 cm. Balkon mit Überfahrrampe erreichbar. Auf Wunsch Pflegebetten, Elektrolattenroste, Aufrichthilfen und weitere Hilfsmittel buchbar über das Sanitätshaus.

Badezimmer: Türbreiten 95-100 cm, unterfahrbares Waschbecken, verstellbarer Spiegel, Handbrause, ebenerdig befahrbare Dusche, Duschstuhl, Haltegriffe, zum Teil mit Notruf, fahrbarer Dusch-Toilettenstuhl auf Anfrage.

Lage: 3 km vom Ortskern Oberstdorf entfernt, sehr ruhig, freie Sicht auf die Berge, ca. 40 km ebene Spazier- und Wanderwege vom Haus aus erreichbar. Kuranwendung, Apotheke, Krankenhaus und Dialyse 3 km; Bus 50 m (teilweise barrierefrei).

Service: Vermittlung von **Pflege- und Betreuungsdiensten, Hilfsmittelverleih** wie Rollstühle, Elektrofahrgeräte, Wechseldruckmatratzen u.v.m. über unser Sanitätshaus. Ausflugsfahrten und **geführte Rolli-Wanderungen sowie kostenloser hauseigener barrierefreier Shuttle nach Oberstdorf**. Einzigartig: **Rollstuhlwanderkarte** mit vielen Tipps. Abholung von zu Hause mit Rollstuhl-Bus. Arzt kommt ins Haus.

Preise inkl. Halbpension je nach Saison, Lage und Größe pro Person und Tag: 88,- bis 113,- € im Doppelzimmer; 105,- bis 125,- € in Juniorsuite; 105,- bis 160,- € in Mehrraumsuite; 105,- bis 150,- € im Einzelzimmer.

Pauschal- und Gruppenangebote sowie Vor- und Nachsaisonpreise auf Anfrage. Familienangebote.

Eines der traditionsreichsten Hotels für Menschen mit Behinderung in Deutschland, wobei das Engagement des Personals besonders hervorzuheben ist.

Bayern, Oberallgäu, Oberstdorf

Ferienhaus „Viktoria" 87561 Oberstdorf / Rubi

Vermietung und Betreuung über Hotel Viktoria
Tel. (08322) 977840, Fax: (08322) 9778486

E-Mail: info@ferienhaus-viktoria.de, Internet: www.ferienhaus-viktoria.de

Bayern, Oberallgäu

Das denkmalgeschützte Ferienhaus (250 qm) mit gemütlicher Bauernstube, moderner Küche, 6 Schlafzimmern, 3 Bäder, Garten und wunderbarem Bergblick wurde im Sommer 2014 komplett saniert und steht nun im neuen Glanz zur Verfügung#. Die aufwändige Sanierung bringt die alten Balken und Dielen zum Vorschein. Eine ganz besondere Atmosphäre. Tradition und Moderne. Der zum Haus gehörende Garten bietet gemütliche Stunden in schönster Umgebung. Der wunderbare Blick aufs Rubihorn- dem Hausberg - wird Ihnen lange in Erinnerung bleiben. Überdachte Parkplätze direkt am Haus, ebenerdiger Eingang über Rampe.

Extras wie W-Lan, Handtücher und Bettwäsche sind inklusive.

Ein ganz besonderes Highlight ist die **kostenlose Benutzung** aller Annehmlichkeiten des 100 Meter entfernten Hotel Viktoria mit **Bewegungsbad** (durch Deckenlifter auch zugänglich für Rollstuhlfahrer), **Saunalandschaft und Fitnessraum**, Sportprogramm sowie das Kinderspielzimmer, das in den Wintermonaten Betreuung für Kinder ab 3 Jahren bietet. Der auseigene barrierefreie Shuttle des Hotels Viktoria (s.S. 80) ist für die Gäste im Ferienhaus ebenfalls kostenfrei.

Im Hotel können Sie auch Frühstück, Halbpension und Reinigungsservice dazu buchen.

Wohnen: 250 qm auf zwei Etagen bieten viel Platz. Das Erdgeschoss ist komplett barrierefrei. Hier befindet sich auch die moderne, komfortable Küche: Herd mit Ceranfeld, Backofen, Kühlschrank mit Tiefkühlfach, Geschirrspülmaschine und viel Arbeitsfläche machen das Kochen zum Vergnügen.

In der großen Bauern-Stube gibt es eine Eckbank mit großem Tisch zum Verweilen in geselliger Runde und eine gemütliche Sofaecke. Ein großes Schlafzimmer für 2-4 Personen und ein geräumiges, barrierefreies Badezimmer ergänzen das Angebot im Erdgeschoss. In die Bauern-Stube gelangt man über eine Rampe. Über eine Treppe gelangt man in die erste Etage. Hier befinden sich weitere 5 Zimmer in unterschiedlicher Größe und Lage und **zwei große, barrierefreie Badezimmer**. Somit bietet das Ferienhaus 6 Schlafzimmer, 3 Bäder, eine Küche und eine große Stube. Mit Aufbettungen könnten hier **bis zu 18 Personen** untergebracht werden.

Badezimmer: Türbreite 90 cm, unterfahrbares Waschbecken mit großem Spiegel, schwellenloser Duschplatz mit 150 x 150 cm Bewegungsfreiraum mit Haltegriffen und Duschhocker (Dusch/Toilettenstuhl kann ausgeliehen werden), 2 Klapphaltegriffe neben der Toilette.

Lage: siehe Hotel Viktoria Seite 80. **Service:** Hilfsmittelverleih, Vermittlung von Pflegedienst, Ausflugsfahrten, geführte Rolli-Wanderungen, Hol- und Bringservice von zu Hause, Physiotherapie, Massage, Kosmetik u.v.m., siehe Hotel Viktoria Seite 80.

Preis pro Tag je nach Personenzahl und Saison zwischen 230,- und 590,- €.

Bayern, Oberallgäu, Oberstdorf

Ferienwohnungen „Viktoria" 87561 Oberstdorf / Rubi

Bayern, Oberallgäu

Vermietung und Betreuung über Hotel Viktoria
Tel. (08322) 977840, Fax: (08322) 9778486

E-Mail: info@appartements-viktoria.de, Internet: www.appartements-viktoria.de

Die drei im Sommer 2014 neu erbauten Ferienwohnungen (90 bis 165 qm) sind modern und doch im ländlichen Stil eingerichtet. Der zum Haus gehörende Garten bietet gemütliche Stunden in schönster Umgebung. Der wunderbare Blick aufs Rubihorn - dem Hausberg - wird Ihnen lange in Erinnerung bleiben. Ein überdachter Parkplatz pro Wohnung direkt am Haus, ebenerdiger Eingang.

Extras wie W-Lan, Handtücher und Bettwäsche sind inklusive.

Ein ganz besonderes Highlight ist die **kostenlose Benutzung** aller Annehmlichkeiten des 100 Meter entfernten Hotel Viktoria mit **Bewegungsbad** (durch Deckenlifter auch zugänglich für Rollstuhlfahrer), **Saunalandschaft und Fitnessraum**, Sportprogramm sowie das Kinderspielzimmer, das in den Wintermonaten Betreuung für Kinder ab 3 Jahren bietet. Der hauseigene barrierefreie Shuttle des Hotels Viktoria (s.S. 80) ist für die Gäste der Ferienwohnung ebenfalls kostenfrei.

Im Hotel können Sie auch Frühstück, Halbpension und Reinigungsservice dazu buchen.

Wohnen: Die komfortable, barrierefreie Erdgeschosswohnung Alpenrose (90 qm) verfügt über ein schönes, großzügiges Wohn-Esszimmer mit Kamin und direktem Zugang zum eigenen Garten. Von der ruhigen Terrasse hat man einen wunderbaren Blick ins Grüne und auf das Rubihorn.

Die Küche ist ausgestattet mit Ceranfeld, Backofen, Mikrowelle, Geschirrspülmaschine, Kühlschrank mit Eisfach. Im stilvollen Badezimmer mit Doppelwaschbecken und barrierefreier Dusche hält man sich gerne auf.

Die beiden geschmackvollen **Schlafzimmer** laden zum Träumen und Relaxen ein. In einem gibt es Platz für Kinderbetten. Eine separate Toilette mit Waschbecken rundet das Angebot ab. Die Wohnung ist für Allergiker geeignet.

Badezimmer: Türbreite 90 cm, unterfahrbare Waschbecken mit großem Spiegel, schwellenloser Duschplatz mit 150 x150 cm Bewegungsfreiraum mit Haltegriffen und Duschhocker (Dusch/Toilettenstuhl kann ausgeliehen werden), 1 Klapphaltegriff und 1 L-Haltegriff neben der Toilette.

Lage: siehe Hotel Viktoria Seite 80.

Service: Hilfsmittelverleih, Vermittlung von Pflegedienst, Ausflugsfahrten, geführte Rolli-Wanderungen, Hol- und Bringservice von zu Hause, Physiotherapie, Massage, Kosmetik, uvm. siehe Hotel Viktoria Seite 80.

Preis pro Tag je nach Personenzahl und Saison zwischen 130,- und 225,- €.

Bayern, Oberallgäu, Oberstdorf

Landhaus Viktoria ***   87561 Oberstdorf-Rubi

Bayern, Oberallgäu

Vermietung durch Hotel Viktoria:
Tel. (08322) 977840, Fax: (08322) 9778486
E-Mail: info@viktoria-oberstdorf.de
Internet: www.viktoria-oberstdorf.de

Persönlich und familiär geführtes Hotel der 3-Sterne-Kategorie.

Das moderne Hotel mit gemütlichem Allgäuer Charme bietet Ihnen insgesamt 12 Einheiten, davon 7 rollstuhlgerecht und 2 barrierefrei: Komfortzimmer, Appartements mit 1 bis 4 Räumen, auch als Ferienwohnung buchbar, mit Du/WC, unterfahrbaren, teilweise flexiblen Betten (d.h. sie können verschoben werden), Durchwahltelefon, Sat-TV, Internetzugang per W-LAN verfügbar, Minibar, größtenteils Kochnische, Wohnteil/Sitzecke bzw. getrennte Wohn- und Schlafzimmer, Terrasse/Balkon oder Süd-Panoramafenster mit Blick auf die Allgäuer Berge.

Rollstuhlgerecht: Ausgewiesene Behindertenparkplätze, Liegewiese und Eingang. Die Appartements/Zimmer im EG sind stufenlos und die im 1. und 2. OG über den Aufzug erreichbar. Türbreite vom Aufzug 90 cm (Tiefe 145 cm, Breite 120 cm).

Bestens geeignet für Gehbehinderte, Rollstuhlfahrer, Einzelreisende, Familien und geistig Behinderte und Gruppen. Das Frühstück und auf Wunsch Abendessen wird komplett im 20 m gegenüberliegenden, rollstuhlgerechten Hotel Viktoria serviert.

Die Appartements sind nach DIN 18024/25 rollstuhlgerecht. Türbreite der Zimmer: 1 x 80 cm, Rest 93 cm, von Du/WC 80 bis 93 cm. Freiraum in Du/WC 140 x 140 cm. Freiraum links oder rechts und vor dem WC 110 cm. Duschen und Waschbecken schwellenlos unterfahrbar. Duschhocker, Duschstuhl, Kippspiegel und stabile Haltegriffe an Dusche,

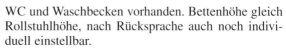

Bayern, Oberallgäu, Oberstdorf

WC und Waschbecken vorhanden. Bettenhöhe gleich Rollstuhlhöhe, nach Rücksprache auch noch individuell einstellbar.

Sonstige Leistungen: Auf Wunsch glutenfreies und/oder laktosefreies Essen. Frühstück im ****Hotel Viktoria (20 m gegenüber) und Zimmerservice.

Verleih von Hilfsmitteln, z.B. Pflegebetten, Patientenliftern, E-Rollstühle etc. über das Sanitätshaus. Pflegedienst, Abhol- und Bringservice von und nach zu Hause, Ausflugs- Shuttlefahrten.

Die Nutzung des exklusiven 600 qm großen Wellnessbereiches im Hotel Viktoria ist inklusive. Dort ist es auch möglich, Massagen, Kosmetik oder Physiotherapie dazu zu buchen.

Lage: Das Landhaus Viktoria liegt im idyllischen Ortsteil Rubi, direkt am neuen Rubinger Kurpark / Dorfplatz. Hier finden Sie 3 rollstuhlgerechte und getestete Restaurants in unmittelbarer Nähe (10 m über den Hof bis 1/2 Gehminute). Kleiner Kurpark nur 10 Gehminuten vom Landhaus entfernt. 1 bis 3 km: Ortsmitte, Arzt, Apotheke, Krankenhaus, Bahnhof, Tennisplatz und Tennishalle. Hallenbad im Haus.

Am Haus beginnend ca. 40 km rolligetestete Wander- und Spazierwege, im Winter geräumt, bis in die Täler: Trettachtal, Stillachtal und Oytal.

Besonderes Angebot: Für unsere Sommergäste gibt es kostenlose Bergbahn-Tickets. Die vier schönsten Bergbahnen sind rollstuhlgerecht! Sie fahren so oft Sie möchten!

Tagespreise: Pro Person im Doppelzimmer inkl. reichhaltigem und abwechslungsreichem ****Frühstücksbuffet und Halbpension ab 62,- €, rollstuhlgerecht ab 77,- € pro Person und Nacht. Appartements ab 87,00 € pro Person und Nacht. Preise für Zusatzbetten/Personen auf Anfrage möglich. Haustiere können nach Absprach gegen eine Gebühr von 7,00 bis 13,00 € pro Nacht mitgebracht werden.

Die beiden Schwestern Frau Harzheim und Frau Ess haben nun das Landhaus Viktoria und das Hotel Viktoria zu einer erfolgreichen Zusammenarbeit und zu einem einzigartigen Urlaubsort für Rollstuhlfahrer zusammengeführt.

Bayern, Oberallgäu, Oberstdorf

*** Ferienwohnung Anna   87561 Oberstdorf / Rubi

Vermietung und Betreuung:
über Hotel Viktoria, Tel. (08322) 977840, Fax: (08322) 9778486
E-Mail: info@anna-oberstdorf.de, Internet: www.anna-oberstdorf.de

Bayern, Oberallgäu

Die mit viel Herz und Geschmack eingerichtete Ferienwohnung (90 qm) im Erdgeschoss mit viel Platz und Komfort. 100 Meter vom Hotel Viktoria entfernt. Die EG-Wohnung ist genau wie das Hotel barrierefrei für Rollstuhlfahrer. Ruhig, und doch zentral in Rubi gelegen. Ein besonderes Highlight der Wohnung ist der direkte Zugang zum eigenen Garten. Hier lässt es sich gemütlich sitzen und den wunderbaren Blick auf den gepflegten Dorfplatz mit Kapelle und den Bergen im Hintergrund beim dezenten Rauschen des nahen Bächleins genießen.

Der zusätzliche, eigene Eingang über die zur Wohnung gehörende Garage ist ein weiterer Pluspunkt. Trockenen Fußes verlässt der Gast das Auto, um bequem in die Unterkunft zu gelangen. Es gibt zwei weitere Ferienwohnungen im Haus.

Alle Annehmlichkeiten des Hotel Viktoria, wie der neue **Wellnessbereich mit Schwimmbad**, verschiedenen Saunen und Fitnessraum mit Motomed, Physiotherapie, geführte Wanderungen sowie Kinderspielzimmer können mitgenutzt werden. Gerne können Sie auch Frühstück, Halbpension und Reinigungsservice dazu buchen. W-Lan ist im Preis inklusive.

Die barrierefreie Erdgeschosswohnung ist sehr großzügig und komfortabel eingerichtet. Das gemütliche Wohnzimmer ist mit Ausziehcouch und Schrankbetten für zusätzliche Personen ausgestattet. Der Kachelofen vermittelt besonders in den kalten Monaten eine heimelige Atmosphäre. Die sehr gut ausgestattete Küche mit Ceranfeld, Backofen, Mikrowelle, Geschirrspülmaschine und großzügiger Essecke lädt zum Kochen und Verweilen ein. Die Essecke im ländlichen Stil ist ein beliebter Platz, um die Erlebnisse des Tages Revue passieren zu lassen. Im geschmackvollen Schlafzimmer lässt es sich herrlich träumen. Die Wohnung ist **für Allergiker geeignet.**

Badezimmer: Sehr stilvoll und komfortabel ausgestattet: Doppelwaschbecken, separate Dusche und Badewanne und Terrakotta-Fliesen. Schwellenloser Duschplatz mit 150 x 150 cm Bewegungsfreiraum, Duschhocker vorhanden, Duschrollstuhl kann ausgeliehen werden. Platz vor und links neben der Toilette (bei Draufsicht) 200 cm, zwei Klappgriffe, Waschbecken unterfahrbar, großer Spiegel, der bis zum Waschbecken reicht.

Lage: Siehe Hotel Viktoria, Seite 80.

Service: Hilfsmittelverleih, Vermittlung von Pflegedienst, Ausflugsfahrten, geführte Rolli-Wanderungen, Hol- und Bringservice von zu Hause, Physiotherapie, Massage, Kosmetik, uvm. siehe Hotel Viktoria Seite 80. Der hauseigene barrierefreie Shuttle des Hotels Viktoria (siehe Seite 80) ist für die Gäste im Ferienhaus ebenfalls kostenfrei.

Preis für die Ferienwohnung ab 78,- € bei Belegung mit 2 Personen.

Bayern, Oberallgäu, Oberstdorf

Landhaus Bauer *** nach DTV   **87561 Oberstdorf**

Bayern, Oberallgäu

Familie Andi Bauer, Sonthofenerstr. 7a, Tel. (08322) 98383, Fax: (08322) 98384
E-Mail: urlaub@landhaus-bauer.de
Internet: www.landhaus-bauer.de

Sehr schönes Landhaus von Familie Andi Bauer in zentraler Lage mit Blick auf die Bergwelt. 13 gemütlichen Ferienwohnungen, davon drei rollstuhlgeeignet, erwarten Sie. Parkplatz, Eingang und die Ferienwohnung im Parterre sind stufenlos und problemlos mit dem Rollstuhl erreichbar.

Die drei rollstuhlgeeigneten Ferienwohnungen bieten Platz für 2 bis 4 Personen. Die Türen sind mit 92 cm Breite ideal für Rollstuhlfahrer. Die Türen von Du/WC sind sogar 120 cm breit (Schiebetüren). Die Betten sind unterfahrbar und die Bettenhöhe ist variabel (50 bis 60cm).

Die Badezimmer sind vorbildlich rollstuhlgeeignet. Der Bewegungsfreiraum in Du/WC ist mit 150 x 150 cm optimal. Freiraum links neben WC 200 cm, rechts 40 cm, davor 200 cm. WC-Höhe 45 cm, **höhenverstellbare Haltegriffe** vorhanden. Die Dusche ist schwellenlos befahrbar (Duschsitz vorhanden). Das Waschbecken mit Kippspiegel ist unterfahrbar. Sehr gute Ausstattung!

Lage: Das Landhaus Bauer ist in unmittelbarer Nähe zur Oberstdorfer Fußgängerzone und dem Ortskern. Einkaufsmöglichkeiten, Arzt und Apotheke erreichen Sie nach 100 m; die unmittelbare Umgebung des Hauses ist flach und gut mit dem Rollstuhl zu bewältigen.

Preis für eine rollstuhlgerechte Ferienwohnung je nach Saison 65,- bis 80,- € pro Tag für 2 Personen.

Bayern, Bayerischer Wald

Ferienwohnungen Paternoster   **94209 Regen**

Bayern, Bayerischer Wald

Oberneumais 14, Tel. (09921) 3769
E-Mail: ferienwohnung.paternoster@gmail.com
Internet: www.ferienwohnung-paternoster.de

Ferienwohnungen im Herzen des Bayerischen Waldes für je 2 bis 5 Personen. Die Parkplätze sind direkt vor dem Haus. Außerdem gibt es einen Aufenthaltsraum mit Spielgeräten, Streicheltiere, Liegewiese, Grillplatz.

Geeignet für Rollstuhlfahrer: Eine Wohnung mit einem separaten Eingang, ebenerdig und barrierefrei mit großer Terrasse mit Gartenmöbeln. Bei 70 qm Wohnfläche: 2 Schlafräume (Bettenhöhe 51 cm), Wohnzimmer (mit TV und DVD), Wohnküche (E-Herd, Backofen, Geschirrspüler, Mikrowelle, Kaffeemaschine), 2 Duschen/WC - davon ist eine rollstuhlgeeignet ausgestattet. Die Zimmertüren und die Badtüre sind 83 cm breit.

Bewegungsfreiraum in Du/WC 140 x 150 cm. Freiraum links neben WC 140 cm, davor 84 cm. WC-Höhe 47 cm, Haltegriffe links und rechts neben WC. Duschbereich schwellenlos befahrbar, fest montierter Duschsitz an der Wand, Waschbecken unterfahrbar, niedrig angebrachter Spiegel am Waschbecken. Externer Pflegedienst kann bei Bedarf bestellt werden.

Die 2. Wohnung befindet sich im DG, hat ca. 95 m², Wohnzimmer, Esszimmer, Küche, 3 Schlafzimmer.

Entfernungen: zur Ortsmitte mit Einkaufsmöglichkeiten, Arzt, Apotheke, Bahnhof und Hallenbad ca. 4km, Freibad 3km, Krankenhaus 17 km.

Barrierefreie Freizeit- und Ausflugsmöglichkeiten: Silberberg-Hallenbad, Glasmuseum Frauenau, Herrgottschnitzer von Bodenmais, Joska Kristall, Arber-Bergbahn, gläserne Scheune, Grenzglashütte Bay. Eisenstein, Besucherzentrum Haus zur Wildnis, Silberbergbahn, Eisensteiner Hütt`n/großer Arber, Glasdorf Weinfurtner, Lokalbahnmuseum, Freizeitpark Bischofsmais, Austen Glashütte, Gläserne Destille, Haus der Bienen, Jagdfalkenhof Oberfrauenau, Fitness-Oase, Rotwildgehege Scheuereck, Waldwipfel-Weg.

Preis je Wohnung 30,- € pro Tag bei Belegung mit 2 Personen; jede weitere Person zuzüglich 5,- €. Bettwäsche und Handtücher werden gestellt.

Bayern, Chiemgau, Wendelstein

| Hotel „Zur Post" *** superior nach Hotelklassifizierung | 83101 Rohrdorf |

Bayern, Chiemgau, Chiemsee, Wendelstein

Familie Albrecht-Stocker, Dorfplatz 14, Tel. (08032) 1830, Fax: (08032) 5844
E-Mail: hotel@post-rohrdorf.de, Internet: www.post-rohrdorf.de

Sehr schönes, renommiertes Hotel in bester Lage, mit 113 komfortablen, geschmackvoll eingerichteten Zimmern mit Dusche oder Bad/WC, TV und Telefon. Gemütliche Restaurants; Garten-Restaurant mit frischen Produkten aus eigener Metzgerei und Landwirtschaft.

Vom Parkplatz zum Eingang mit Rampe mit Handlauf, Frühstücksraum, Restaurant und Zimmer (mit dem Aufzug) stufenlos erreichbar. Aufzugstür 80 cm breit und Aufzug 140 cm

tief. Der Garten ist über eine Rollstuhlrampe stufenlos erreichbar. Zusätzliches, öffentlich zugängliches und vergrößertes Rollstuhl-WC, mit dem Lift erreichbar.
Zusätzlich gibt es 36 neu gebaute Appartements im neuen Gästehaus „Poststadl".

Geeignet für Rollstuhlfahrer (5 neue Apartments), Gehbehinderte (bis 50 Pers.) und andere Menschen mit Handicap. Freiraum in Bad oder Du/WC 110 x 140 cm. Die 5 neu renovierten Apartments im Hotel haben 80er Türbreiten, unterfahrbares Waschbecken, seitlich anfahrbares WC, 90er Duschtasse, fast (1 cm) bodengleich mit Glaskabine/Glastür. Mobile Haltegriffe auf Anfrage und Duschsitz auf Anfrage.

Lage: im ruhigen Ortskern von Rohrdorf, am nördlichen Ausläufer des Samerberg- und Hochriesgebietes. Rohrdorf selbst ist flach, gut mit dem Rollstuhl befahrbar. Einkaufen 100 m; Bahnhof 8 km; Arzt 700 m; Apotheke 3 km; Krankenhaus, Dialyse 10 km; Freibad 4 km; Hallenbad 8 km.

Ausflüge: Von Rohrdorf aus sind die Schönheiten des Inntals und des Chiemgaus leicht zu erreichen; ob ein Badetag am Chiemsee oder eine Bergwanderung auf der Kampenwand - eine Fahrt mit der Hochgebirgs-Zahnradbahn auf den Wendelstein oder ein Ausflug auf den Samerberg mit der Hochries. Durch die ideale Lage im Dreieck München-Salzburg-Innsbruck ist dieses Hotel ein idealer Ausgangspunkt für die verschiedensten Ausflüge.

Weitere Informationen, auch über Rollstuhl-Zertifizierung durch NATKO unter www.post-rohrdorf.de. **Preise:** EZ je nach Kategorie 74,- bis 99,- €; DZ 95,- bis 109,- €.

Bayern, Bayerische Alpen, Zugspitzregion, Staffelsee / Starnberger See

Landhaus Staffelsee — 82418 Seehausen am Staffelsee

Bayern, Bayerische Alpen, Zugspitzregion, Landkreis Garmisch-Partenkirchen

Klement Widmann, Johannisstr. 6, Tel. (08841) 49787, Fax: (08841) 627022
E-Mail: info@Landhaus-staffelsee.de, Internet: www.Landhaus-staffelsee.de

Bildschönes Landhaus in bevorzugter Lage mit drei komfortabel und liebevoll ausgestatteten Ferienwohnungen für bis zu 4 Personen, ca. 50 qm. Terrasse bzw. Balkon, großer Garten, Ruderboot vorhanden, Nichtraucher, keine Haustiere.
Geeignet für Rollstuhlfahrer: 1 Ferienwohnung. Parkplatz stufenlos, Eingang mit Rampe. Türbreite vom Eingang 92 cm, von Zimmer und Du/WC 92 cm. Bettenhöhe 56 cm. Bewegungsfreiraum in Du/WC 160 x 150 cm. Freiraum links neben WC 50 cm (Haltegriff), rechts 150 cm, davor 140 cm. WC-Höhe 46 cm. Dusche schwellenlos befahrbar, Waschbecken unterfahrbar. Stabiler Duschsitz und großer Spiegel vorhanden.
Lage: zentrale Lage direkt am Strandbad (40 m); Umgebung flach bis hügelig. Zur Ortsmitte mit Einkaufsmöglichkeiten 200 m; Bhf., Arzt 1 km; Apotheke, Sanitätshaus 1 km (auf Wunsch Lieferung ins Haus); Krankenhaus, Dialyse 2 km.
Ausflüge: Das Haus ist idealer Ausgangspunkt für Ausflüge, z.B. zu den Königsschlössern **Neuschwanstein** und Linderhof, zur **Wieskirche** und **Kloster Ettal**, genauso wie zur **Zugspitze** und in die Landeshauptstadt München. Für Rollstuhlfahrer geeignete Restaurants sind 200 bis 500 m entfernt; zur Anlegestelle des **Rundfahrtschiffes „MS Seehausen", für Rollstuhlfahrer zugänglich,** sind es ca. 250 m.
Preis für eine Ferienwohnung (für 2 Pers.) 58,- bis 83,- € pro Tag inkl. Endreinigung.

Hotel garni Sterff — 82402 Seeshaupt / Starnberger See

Bayern, Oberbayern, Starnberger See

Penzberger Str. 6, Tel. (08801) 9063-0, Fax: (08801) 9063-40
E-Mail: info@hotel-sterff.de, Internet: www.hotel-sterff.de

Am malerischen Südufer des Starnberger Sees erwartet die Gäste das in typisch bayrischem Stil erbaute familiär geführte Haus. Alle Zimmer mit Bad bzw. Dusche, WC, Flat-TV und Telefon. Im Haus fließt belebtes Wasser von Grander. Kostenfreie WLAN-Nutzung. Terrasse, Liegewiese und Parkplätze vorhanden. Eingang mit Rampe stufenlos erreichbar. Türbreite 100 cm, kein Aufzug im Haus.
Geeignet für Gehbehinderte und Rollstuhlfahrer. 1 Zimmer mit Bad/WC im Erdgeschoss ist speziell für Rollstuhlfahrer ausgestattet. Türbreite vom Zimmer und Bad/WC 80 cm. Freiraum im Bad/WC 140 x 140 cm. Freiraum links neben WC 130 cm, rechts 50 cm, davor 130 cm. Dusche und Waschbecken unterfahrbar. Festinstallierter Duschsitz, Kippspiegel am Waschbecken und stabile Haltegriffe an Dusche, WC und Waschbecken vorhanden. Ein zusätzliches Zimmer im EG für Gehbehinderte bzw. für Rollstuhlfahrer, die noch etwas gehen können.
Service: Abholservice vom Bahnhof. Pflegedienst kann bei der Ökumenischen Sozialstation in Seeshaupt bestellt werden, Tel. (08801) 908040.
Lage: Am Südufer des Starnberger Sees; ruhige, zentrale Lage in der Ortsmitte von Seeshaupt; Bahnhof 1 km; Bus 150 m; Apotheke gegenüber vom Hotel; Spielplatz, Tennisplatz 3 km; Freibad und Starnberger See 300 m; Hallenbad 13 km.
Zimmerpreise inklusive Frühstück: Einzelzimmer 66,- €, Doppelzimmer 102,- €.

Bayern, Oberallgäu, Allgäuer Alpen

Freizeithaus für Menschen mit Handicap 87527 Sonthofen

Bayern, Oberallgäu, Allgäuer Alpen

Brigitte und Heinz Weber, Burgweg 10, Tel. (08321) 83179

Internet: www.behindertenfreizeit-allgaeu.de
Seit 24 Jahren Vermietung nur an Menschen mit Behinderung.

Familiär geführtes Freizeithaus. Speziell für geistig- und körperbehinderte Menschen gebaut, ausgestattet und ganzjährig betrieben. Vermietung nur an Menschen mit Behinderung!

Rollstuhlgerechtes Erdgeschoss für 10 Personen.

Gesamtwohnfläche 350 qm, aufgeteilt in 4 abgeschlossene Wohneinheiten von 38 bis 110 qm.

Alle Wohnungen können miteinander kombiniert werden, je nach Belegungswunsch der Gruppe. Maximale Hausbelegung: 28 Personen.

Ideal für Gruppenreisende.

Detaillierte Informationen sowie eine ausführliche Preisliste können Sie einsehen unter
www.behindertenfreizeit-allgaeu.de.

Auch für Gruppen mit geistig behinderten Menschen ein besonders empfehlenswertes Haus!

Bayern, Fichtelgebirge / Bayerischer Wald

Gästehaus Fichtelgebirgsblick F **** nach DTV — 95236 Stammbach

Bayern, Fichtelgebirge

S. & M. Böhmer, Förstenreuth 18 a, Tel. (09256) 1598, Fax: (09256) 953343
E-Mail: gaestehaus@fichtelgebirgsblick.de, Internet: www.fichtelgebirgsblick.de

Vier Ferienwohnungen „Urlaub auf dem Bauernhof", davon eine für Rollstuhlfahrer geeignet. Alle Wohnungen sind nach ökologischen Gesichtspunkten mit Naturholzmöbeln und Holz- bzw. Fliesenböden liebe- und geschmackvoll ausgestattet. In jeder Wohnung stehen auf Wunsch ein Sat-TV und/oder ein Telefon gegen Leihgebühr zur Verfügung. Bei Bedarf steht kostenlos eine komplette Baby- und Kleinkindausstattung zur Verfügung. Das Angebot reicht vom Fläschchenwärmer bis zum Buggyverleih.

Der Bauernhof, ausgezeichnet mit dem DLG-Gütezeichen, ist ein landwirtschaftlicher Nebenerwerbsbetrieb mit Ackerbau, Grünland, Wald und Nutztierhaltung. Auf dem Hof leben neben Muttersauen mit Ferkeln auch noch Schafe, Hühner, Enten, Katzen und Damwild. Vieles aus Wald, Feld, Natur und Garten wird hier zu Hausgemachtem wie Marmelade, Gelee und Beerenwein verarbeitet. Eier von glücklichen Hühnern. Hausmacherwurst und Fleischwaren stammen von hofeigenen Tieren.

In dem Gästehaus steht den Gästen ein Aufenthaltsraum mit Kellerbar, Spielen und viel Informationsmaterial über die schöne Gegend zur Verfügung. Des Weiteren Tischtennisplatte, Trampolin, Bücher und Malposter – falls das Wetter mal nicht so ist, wie man es sich im Urlaub vorstellt!

Eingang mit Rampe, Türbreite vom Eingang 98 cm, von Zimmer und Du/WC 94 cm. Bettenhöhe 54 cm. Freiraum in Du/WC 120 x 150 cm. Freiraum links neben WC 170 cm, rechts 70 cm, davor 125 cm. WC-Höhe 50 cm. Haltegriffe links und rechts neben WC. Dusche schwellenlos befahrbar, Waschbecken unterfahrbar. Rollstuhlgerechter Spiegel und Duschhocker vorhanden.

Lage: Am Ortsrand in Waldnähe; Mittelgebirgslandschaft. Zur Ortsmitte 3 km; Bhf. 3 km; Einkaufen, Arzt, Apotheke 3 km; Krankenhaus, Frei- und Hallenbad 8 km; See 15 km.

Preis für eine FeWo 42,- € pro Tag ab eine Woche Aufenthalt bei Belegung mit 2 Personen, jede weitere Person zzgl. 6,- €. Nebensaisonermäßigung 10% bis 15%. Kurzübernachtungszuschlag.

Hotel Theresientor **** — 94315 Straubing

Bayern, Bayerischer Wald

Theresienplatz 51, Tel. (09421) 8490, Fax: (09421) 849100
E-Mail: straubing@hotel-theresientor.de, Internet: https://hotel-theresientor.de

Unser privat geführtes 4-Sterne-Hotel befindet sich im historischen Zentrum von Straubingund und bietet moderne Zimmer mit Bad, kostenfreiem WLAN und Klimaanlage. Sie finden uns in vorzüglicher Lage, direkt am Stadtplatz von Straubing, am Eingang der Fußgängerzone. Ihr Fahrzeug stellen Sie ganz bequem in unserer hausei-

Bayern, Naturpark Altmühltal

genen Tiefgarage Theresientor ab. Durch die ausgezeichnete Lage des Hotels erreichen Sie alle Einkaufsmöglichkeiten und die Sehenswürdigkeiten bequem in nur wenigen Gehminuten.

Und natürlich ist unser Hotel auch ein zentraler Ausgangspunkt für einen Ausflug in die Umgebung, etwa nach Regensburg oder München oder um weitere Sehenswürdigkeiten im schönen Bayerischen Wald zu besichtigen. Vom Parkplatz bis Eingang eine Rampe, anstonsten stufenlos; Frühstücksraum, Restaurant und Zimmer (mit dem Aufzug) sind ohne Barrieren erreichbar.

Geeignet für Rollstuhlfahrer sind 2 Zimmer: Türbreite der Zimmer 92 cm, von Du/WC 95 cm. Bewegungsfreiraum in Du/WC 300 x 300 cm; Freiraum links neben WC 60 cm, davor 250 cm. Dusche und Waschbecken unterfahrbar. Festinstallierter Duschsitz und stabile Haltegriffe an Dusche und WC vorhanden.

Lage: im Zentrum von Straubing; Arzt und Apotheke im Haus; Bahnhof 1 km.

Zimmerpreise: EZ ab 94,- €; DZ ab 129,- € inkl. Frühstücksbüfett.

Ferienwohnung Held / Schelenz ****   **91757 Treuchtlingen**

Bayern, Naturpark Altmühltal

Renate Schelenz, Mühlstr. 27, Tel. (09142) 8449, Fax: (09142) 201054
E-Mail: Navital@t-online.de
Internet: www.ferienwohnung-held.de

Behindertengerechte Vier-Sterne-Ferienwohnung für 2 Personen, zusätzliche Ferienwohnung für bis zu 7 Personen im Obergeschoss. Große Spiel- und Liegewiese neben dem Haus. Befestigter Freisitz, Schwimmbad, **behindertengerechte Sauna**.

Eingang ebenerdig, Türbreite 100 cm. Türen in der Wohnung 100 bis 120 cm breit. Terrassentür 100 cm breit. Drehkippfenster mit tiefer gelegten Griffen. Schlafzimmer mit Doppelbett, davon ein **Bett elektrisch höhenverstellbar.** Wohnküche mit unterfahrbarem Tisch und unterfahrbarer Küchenzeile, Spülmaschine und Waschmaschine. Sat-TV, Radio, MP3, Internetanschluss W-Lan, CD + Video sowie Schlafsofa vorhanden.

Geeignet für Gehbehinderte, Rollstuhlfahrer (2 bis 3 Personen) und Familien und Gruppen mit geistig Behinderten **(bis 9 Personen)**. Bad mit einer Größe von 7,5 qm komplett behindertengerecht ausgebaut; Bewegungsfreiraum 100 x 200 cm. **Verstellbarer Duschsitz** mit Hygieneöffnung und hochklappbaren Armstützen rechts und links, verlängerte Armatur. Erhöhtes WC mit hochklappbaren Armstützen. Freiraum vor dem WC 140 cm. Waschbecken mit verlängerter Armatur und ausziehbarer Handbrause; **höhen- und seitenverstellbar. Liegewanne**, Wannenlifter auf Wunsch.

Lage: Das Haus liegt am Ortsrand vom Treuchtlinger Ortsteil Wettelsheim, sehr ruhig, jedoch zentral. Spielplatz am Haus; zur Ortsmitte, Einkaufen 500 m; Bahnhof, Arzt, Apotheke, Krankenhaus, Freibad und Hallenbad 4 km; Dialyse 12 km.

Preis für die Wohnung pro Tag für 2 Personen 45,- €, jede weitere Person 7,- €.

Bayern, Allgäu

Kolping-Allgäuhaus	**87497 Wertach**

Kolpingstr. 1-7, Tel. (08365) 790-0, Fax: (08365) 790-190 *Bayern, Allgäu*
E-Mail: info@allgaeuhaus-wertach.de, Internet: www.allgaeuhaus-wertach.de

Das Haus verfügt über Familienappartements (verschiedene Raumaufteilungen), Doppel- und Einzelzimmer mit Du/WC und teilweise Balkon oder Terrasse. **4 Zimmer (2 x Einzel, 1 x Doppel, 1 x Dreibett) sind rollstuhlgerecht**, außerdem verfügt das Haus über **ein barrierefreies Familienappartement**.

Eingang, Frühstücksraum, Restaurant, Rollstuhlzimmerzimmer und Tagungsräume sind stufenlos oder mit dem Aufzug (Tiefe 125 cm, Breite 95 cm) erreichbar. Das gesamte Haus, auch der Wellnessbereich, ist rollstuhlgerecht und rauchfrei.

Freizeit + Aktivitäten des Hauses: Wellnessbereich (rollstuhlgerechter Zugang) mit Bewegungsbecken, Kinderbecken, Panoramaliegen, Sauna, Dampfbad, **Massage- und Kosmetikbereich** (Anwendungen nach Absprache).

Miniclub mit Kinderbetreuung ab 3 bis 6 Jahren ganzjährig; Kinder- und Jugendprogramm für die Schulkinder in den ausgeschriebenen Familienfreizeiten; **Kinderland** (Indoor-Spielbereich).

Bayern, Allgäu

Gruppen- und Tagungsräume, Bibliothek, Fernsehräume und Kreativräume, **Restaurantbereich mit Buffet** und regionaler Allgäuer Küche; verschiedene Sonnenterrassen; Nichtraucherhaus.

Sporthalle, Fahrradunterstellplatz, Trockenraum, Tischtennisplatten, Kicker, Kegelbahn, Billardtisch und Hauskapelle.

Im Freien befinden sich der Tennis- bzw. Bolzplatz, Beachvolleyballplatz, drei Spielplätze, große Grünflächen, Bauerngarten, **Naturerlebnispfad**, Bienenlehrpfad; **10 Minuten zum Grüntensee.**

Im Winter: Langlaufloipen, geführte Langlauftouren, Winterwanderwege, Skipisten von 1000 bis 2000 Höhenmeter mit ca. **60 Pisten** im Umkreis von 10 bis 60 Autominuten.

Ausflüge: Bergbauernmuseum Diepolz, Bauernhofmuseum Illerbeuren, **Königsschlösser Füssen**, Wieskirche, Kloster Ettal, Kempten mit römischer Ausgrabungsstätte, Tannheimer Tal, **Bodensee und Insel Mainau**, Oberstdorf uvm.

Geeignet für Rollstuhlfahrer: 4 Zimmer mit Du/WC sind rollstuhlgerecht gebaut. Außerdem gibt es ein barrierefreies Familienappartement (teilweise mit elektrischen Einlegerahmen). Türbreite der Zimmer und von Du/WC 96 cm. Waschbecken unterfahrbar, Duschhocker und stabile Haltegriffe an Dusche und WC vorhanden. Zusätzliche schnell montierbare Haltegriffe für die weiteren Bäder/Toiletten im Haus vorhanden.

Lage: im Außenbereich des Ortes mit Wander- und Fahrwegen direkt am Haus. Zur Ortsmitte (Einkaufen, Arzt, Apotheke) 3 km; zum Grüntensee 800 m; Freibad 3 km; Krankenhaus 25 km.

Gemeinnützige Preise pro Person und Tag inkl. Vollpension für Erwachsene 59,50 €; Jugendliche 12-17 Jahre 50,60 €; Kinder 7-11 Jahre 41,70 €; Kinder 3-6 Jahre 32,70 €; Kinder unter 3 Jahre im Elternzimmer frei. Kurtaxe lt. Ortstarif, ab 80 GdB frei.

Familienurlaub wird von den Bundesländern gefördert!

Weitere Informationen und ausführliche Preise auf Anfrage oder im Internet. Wegen des vorbildlichen, reichhaltigen Angebotes **für Familien mit Kindern ein besonders empfehlenswertes Haus.**

Berlin

Berlin

Haus Rosemarie Reichwein des Spastikerhilfe Berlin e.V.

14055 Berlin-Charlottenburg

Berlin-Charlottenburg

Kranzallee 36, Tel.: 030/254697-52, Fax: -53
E-Mail: haus.reichwein@spastikerhilfe.de
Internet: www.spastikerhilfe.de

Barrierefreies Gäste- und Seminarhaus des Spastikerhilfe Berlin e.V.. Geeignet für Gruppen und Einzelreisende. Selbstversorger, 2 komplett eingerichtete Küchen.

16 behindertengerechte Zimmer mit Dusche/WC, Fernseher, Telefon (gegen Gebühr) als EZ oder DZ. 10 elektrisch höhenverstellbare Pflegebetten. Ambulanter Pflegedienst auf Wunsch organisierbar. Waschmaschinennutzung (gegen Gebühr).

Zwei behindertengerechte Tagungsräume für insgesamt bis zu 60 Teilnehmer. Seminartechnik vorhanden. Maße für Rollstuhlfahrer unter www.mobidat.net.

Einzelheiten und Maße: Parkplatz, Eingang, Rezeption stufenlos, Frühstücksraum und Zimmer mit dem Aufzug (Tiefe 180 cm, Breite 110 cm) stufenlos erreichbar.

Türbreite Aufzug 90 cm. Türbreiten der Zimmer 87 cm, von Dusche/WC 93 cm. Bettenhöhe 60 cm. Bewegungsfreiraum in Dusche/WC 230 x 151 cm, Freiraum links / rechts neben WC 70 / 162 cm. Haltegriffe links und rechts neben WC. WC-Höhe 51cm. Dusche schwellenlos befahrbar. Waschbecken unterfahrbar.

Lage: Ruhig und grün, aber dennoch zentral: Zentrum Zoo 7 km, Messe 4 km, Einkaufen 1 km, Arztbesuch und Pflegestation im Haus möglich, Apotheke 3,5 km.

Preise: EZ ab 32,- € pro Tag, DZ ab 52,- € pro Tag. Seminarraum groß 150,- € pro Tag, klein 80,- € pro Tag, beide Räume 200,- € proTag. Auf Wunsch Frühstück (5,- € pro Person) und kaltes (7,- € pro Person) oder warmes (8,- € pro Person) Mittag- oder Abendessen (Preisänderungen vorbehalten).

Das Haus wurde verwirklicht aus Mitteln der Stiftung Deutsche Klassenlotterie Berlin und der Aktion Mensch.

Berlin

Jugendgästehaus Hauptbahnhof — 10557 Berlin

Berlin, Bezirk Mitte, Moabit

Lehrter Str. 68, Tel.: (030) 3983-500
E-Mail: gaestehaus@berliner-stadtmission.de
Internet: www.jgh-hauptbahnhof.de

Unser christliches Gästehaus am Berliner Hauptbahnhof, und dennoch mitten im Grünen, heißt Familien, Gruppen, Backpacker, Tagungsgäste und alle anderen Besucher herzlich willkommen!

Wir bieten Ihnen günstige Preise, zentrale Lage (nur 5 Gehminuten vom Berliner Hauptbahnhof bis zum Gästehaus), große Zimmer mit Balkon und Bad, davon zehn barrierefreie Doppelzimmer, eine helle und farbenfrohe Cafeteria, eine Lounge mit TV und Billard, Seminarräume sowie eine gemütliche Family-Lounge. Des Weiteren attraktive Angebote für Familien (Kinder bis 17 Jahre im Zimmer der Eltern übernachten kostenlos) sowie für Gruppen.

Das Jugendgästehaus Hauptbahnhof ist im Rahmen des Prüfsystems **„Qualitätsmanagement Kinder- und Jugendreisen"** des Bundesforums Kinder- und Jugendreisen e.V. zertifiziert und hat die Höchstzahl von 5 möglichen Sternen erreicht.

Unsere Rezeption ist rund um die Uhr, 24 Stunden am Tag für Sie da. Der Rezeptionstresen ist abgesenkt und mit dem Rollstuhl unterfahrbar. WLAN steht allen Gästen im gesamten Haus kostenfrei zur Verfügung. Das Jugendgästehaus ist Teil des "godspot"-Netzwerks der Evangelischen Kirche.

Lobby & Kiosk: Unsere geräumige Empfangshalle bietet viele Sitzgelegenheiten und auch zwei Gäste-Computer. Am Kiosk gibt es Snacks, süße Schokoriegel, Eis und Erfrischungsgetränke. Und für Kaffeeliebhaber gibt es fair gehandelten Kaffee von GEPA als Cappuccino, Milchkaffee oder Latte Macchiato. Im Untergeschoß finden Sie außerdem einen kostenlosen Wasserspender.

Family-Lounge: Für "Zuhause-Bleiber" haben wir die gemütliche Family-Lounge eingerichtet. Sie finden hier Bücher und Spiele für Groß und Klein, TV, Mikrowelle und Wasserkocher. Kindersicherung, Baby-Flaschenwärmer, Kindergeschirr und vieles mehr sind an der Rezeption ausleihbar. Außerdem steht Ihnen in der Hauptsaison eine Waschmaschine und ein Trockner zur Verfügung (April - Oktober).

Barrierefreiheit wird in unserem Haus großgeschrieben. Die Nähe zum barrierefreien Hauptbahnhof Berlin macht unser Haus attraktiv für viele Gäste und gerade auch für Menschen mit den unterschiedlichsten Handicaps: Die ruhige Lage auf einem parkähnlichen Gelände, der große und über eine breite Rampe zugängliche Eingangsbereich, die 24-Stunden-Rezeption, breite Korridore mit Haltegriffen sowie die behindertengerechte Ausstattung von Tagungsräumen und des gesamten öffentlichen Bereiches. Rezeption, Frühstücksraum, Restaurant und Aufzug sind stufenlos erreichbar. Türbreite vom Eingang 138 cm, vom Aufzug 90 cm. Innenmaße vom Aufzug: Tiefe 108 cm, Breite 210 cm.

Des Weiteren verfügt das Gästehaus über **fünf Zimmer für Hörgeschädigte** mit Blitzsignal. Für Allergiker gibt es **laktose- und glutenfreies Essen**; alle Gästezimmer sind ohne Teppich. Ein **Leitsystem in Brailleschrift** vervollständigt unser Angebot.

Geeignet für Rollstuhlfahrer sind 10 Zimmer, teils im EG, teils auf den Etagen mit dem Aufzug barrierefrei erreichbar. Türbreite der rollstuhlgerechten Zimmer und Badezimmer 93 cm. Bettenhöhe je nach Zimmer 50 bis 62 cm; elektrisch höhenverstellbare Betten können bei Bedarf und Voranmeldung bestellt werden. Bewegungsfreiraum in Dusche/WC 150 x 170 cm. Abstände neben und vor dem WC, Haltegriffe links oder rechts neben dem WC sowie WC-Höhe sind je nach Zimmer verschieden. Duschbereich schwellenlos befahrbar; stabiler Duschwandsitz oder Duschhocker je nach Zimmer vorhanden. Waschbecken mit dem Rollstuhl unterfahrbar. Stabile Haltegriffe an der Dusche sowie Notruf im Bad vorhanden. Ein externer Pflegedienst kann bei Bedarf bestellt werden. Mindestens weitere 10 Zimmer sind darüber hinaus zusätzlich für gehbehinderte Gäste geeignet.

Lage, Entfernungen: Nur 7 Gehminuten (500 m) vom Berliner Hauptbahnhof entfernt in einem parkähnlichen Gelände. Einkaufsmöglichkeiten und Apotheke 500 m; Arzt und Krankenhaus 1,3 km; Hallenbad 50 m.

Preis pro Person/Nacht im Einzelzimmer ab 42,- €, im Doppelzimmer ab 27,- €.

Berlin

Hotel & Restaurant MIT-MENSCH | 10318 Berlin

Berlin-Karlshorst

Ehrlichstraße 47/48 (Eingang/Rezeption über die Liepnitzstraße 21), 10318 Berlin
Tel.: 030 / 50 96 93 - 0, Fax: 030 / 50 96 93 - 55
Internet: www.mit-mensch.com
E-Mail: info@mit-mensch.com

Hotel: ideal für Rollstuhlfahrer/-innen - zwei komplett barrierefreie Hotelgebäude mit 33 modernen Gästezimmern. Davon sind acht barrierefrei und 17 voll rollstuhlgerecht (inklusive Badezimmer nach DIN 18025).
Alle Zimmer mit DU/WC, TV, Telefon und Schreibtisch. **Duschen befahrbar** (inkl. Duschstuhl), Waschbecken unterfahrbar (teilweise mit Sensor-Armaturen), Notruf, stabile und schwenkbare Haltegriffe an Dusche und WC. Hauseigenes, öffentliches Restaurant.

Tagungshaus: zwei helle, teilbare Tagungsräume (20 m² bis 100 m²) mit aktueller Seminartechnik. Service nach Wunsch. Ideal für Reisegruppen, Seminare, Veranstaltungen und Feiern.

Service: Frühstücksbüffet, optional Voll- oder Halbpension im hauseigenen Restaurant. Parken auf dem Hotelhof (bevorzugt für Rollstuhlfahrer oder

Berlin

Menschen mit Gehbehinderung). Organisation von Stadtrundfahrten Berlin / Potsdam (für Rollstuhlfahrer in speziellem Bus). **Vermittlung von Pflegediensten. Verleih hauseigener Hilfsmittel (z.B. Pflegebett, Patientenlifter etc.)**, Organisation von Hilfsmitteln bei externen Unternehmen (wenn nicht vorhanden oder wenn hauseigene Hilfsmittel bereits vergeben). Reinigungs- und Bügelservice.

Lage und Umgebung: Im denkmalgeschütztes grünes Villenviertel in Berlin-Karlshorst. Das Hotel MIT-MENSCH ist nur ein paar Schritte vom S-Bahnhof Karlshorst entfernt. Mit 2 Aufzügen sind die Bahnsteige bequem zu erreichen. Von hieraus erreichen Sie den Alexanderplatz innerhalb von 15 Minuten. Hier erwartet Sie der Berliner Charme mit Theater, Boutiquen, Cafés und Restaurants, die geradezu darauf dringen, erobert zu werden. Wir laden Sie ein, die namhaften Straßen Berlins kennenzulernen.

Wichtige Einrichtungen/Sehenswürdigkeiten: Die berühmte Trabrennbahn Karlshorst (1 km), das Deutsch-Russische Museum (2 km), der Tierpark Friedrichsfelde (Europas größter Landschaftstierpark (3 km), das barrierefreie Freizeit- und Erholungszentrum FEZ (3 km), der Müggelsee (10 km). Einkaufen und Arzt ab 800 m; Apotheke 500 m; Bahnhof 800 m; Klinik und Dialyse 8 km.

Zimmerpreise: Einzelzimmer ab 54,- €; Doppel- bzw. Zweibettzimmer ab 84,- €; Zweibettzimmer mit Zustellbett ab 104,- €; Familienzimmer (3 Personen) ab 130,- €; Familienzimmer (4 Personen) ab 148,- €.

Besonderes Merkmal: Das Hotelpersonal besteht aus jungen, motivierten Menschen mit unterschiedlichen Behinderungen. Mit der Inanspruchnahme von Dienstleistungen im Hotel & Restaurant MIT-MENSCH unterstützen Sie den Erhalt von zahlreichen und langfristigen Arbeitsplätzen für Menschen mit Behinderungen.

Empfehlenswert für Menschen mit und auch ohne Behinderung, Geschäfts- und Privatreisende, Einzelpersonen und Reisegruppen.

Berlin

Jugendgästehaus im JugendKulturZentrum PUMPE 10785 Berlin-Mitte

Berlin-Mitte

Lützowstr. 42, Tel. (030) 2639-1700, Fax: (030) 2639-1708
Internet: www.pumpe-gaestehaus.de
www.pumpeberlin.de

In Berlins Mitte, auf dem Gelände eines über 100 Jahre alten Pumpwerks, liegt das Jugendgästehaus PUMPE.

Hier können Gruppen bis maximal 44 Personen in Zwei-, Vier- und Sechsbettzimmern übernachten. Ausgestattet mit einem Rollstuhllift und behindertengerechten Du/WC bietet das Jugendgästehaus im Hochparterre **Unterbringungsmöglichkeiten für Gruppen mit bis zu 6 Rollstuhlfahrer/Innen.**

Gruppen können während ihres Aufenthaltes die **Selbstversorgerküche** nutzen oder mit dem Restaurant Alte Pumpe Frühstück-, Halb- oder Vollpension vereinbaren. Restaurant und Gästehaus liegen nur wenige Meter voneinander entfernt auf unserem Gelände.

Lage: Berlin-Mitte (Tiergarten Süd). Das ruhig und zentral gelegene Jugendgästehaus PUMPE ist ein günstiger Ausgangspunkt für Stadterkundungen. Bei Bedarf können zusätzliche Seminar- und Probenräume angemietet werden.

Preise: Übernachtung ohne Nutzung der Küche 20,00 € pro Person, Übernachtung mit Nutzung der Küche 21,00 € pro Person.

Sehr engagierte Einrichtung: Unter der Internetseite www.pumpeberlin.de erfährt man mehr über die Tanz- und Theaterprojekte für Kinder und Jugendliche.

Für Berlinbesucher (Rollis) mit schmalem Geldbeutel und für Gruppen besonders empfehlenswert; einfach aber gut!

Berlin

Hotel Dietrich Bonhoeffer Haus ***   10117 Berlin

Berlin Mitte

Ziegelstraße 30, Tel. (030) 284 67-0, Fax: (030) 284 67-145
E-Mail: rezeption@dietrich-bonhoeffer-hotel.de
Internet: www.dietrich-bonhoeffer-hotel.de

Dieses barrierefreie 3-Sterne-Hotel und Tagungszentrum in der Mitte Berlins bietet auf Grund seiner zentralen Lage vielfältige Möglichkeiten. Für Institutionen aus Wirtschaft, Wissenschaft, Kultur sowie für Einrichtungen der verschiedenen Kirchen und Religionsgemeinschaften ist das Hotel eine erste Adresse. 75 Gästezimmer und Tagungsräume für bis zu 120 Teilnehmern, ein hoteleigenes Restaurant und familienfreundliche Angebote erwarten Sie. Die 24 Stunden besetzte Rezeption garantiert Ihnen im Notfall sofortige Hilfe.

Das Haus bietet kostenfreies W-LAN, ist ein Nichtraucherhotel und seit 2013 EMAS-zertifiziert.

75 Zimmer, alle mit Bad/Dusche und WC. Einige sind klimatisiert. Alle sind mit TV, Telefon und einem Safe ausgestattet. Für Gäste mit Allergien gibt es Zimmer mit Parkettfußboden.

Der Weg vom Parkplatz zum Eingang ist stufenlos. Rezeption, Frühstücksraum und Restaurant sind mit dem Aufzug stufenlos erreichbar. Türbreite vom Aufzug 90 cm, Tiefe 220 cm, Breite 120 cm.

Geeignet für Rollstuhlfahrer sind 3 Zimmer, alle übrigen 72 Zimmer sind barrierefrei erreichbar. Türbreite der rollstuhlgeeigneten Zimmer 85 cm, von Du/WC 94 cm. Bettenhöhe 50 cm. Bewegungsfreiraum in Du/WC 300 x 500 cm. Freiraum links neben WC 200 cm, rechts 80 cm, davor 250 cm. Haltegriffe links und rechts neben dem WC. WC-Höhe 50 cm, Notruf vorhanden. **Dusche schwellenlos befahrbar**, Duschhocker und Haltegriffe an der Dusche vorhanden. Waschbecken unterfahrbar, verstellbarer Kosmetikspiegel, Fön und Kosmetiktücher am Waschbecken.

Tagungsräume: Ausgestattet mit modernster Tagungstechnik sowie W-Lan-Zugang, bieten die lichtdurchfluteten Räume, die alle klimatisiert sind, eine angenehme Arbeits-

atmosphäre. Insgesamt stehen sechs Tagungsräume zwischen 45 und 123 qm sowie ein Wintergarten zur Verfügung. Für Momente der Stille bietet das Haus eine hoteleigene Kapelle.

Das Hotel-Restaurant mit seiner regionalen Frischeküche bietet Spezialitäten aus der Region, gesund und mit gutem Gewissen! Ob Frühstück, Business-Lunch, Kaffee und Kuchen oder Abendessen - hier werden Sie rundum kulinarisch versorgt.

Lage: Dieses Hotel überzeugt durch seine ruhige und doch sehr zentrale Lage in der östlichen Mitte Berlins, direkt hinter dem Friedrichstadtpalast, mit flachen Bürgersteigen, vielen abgesenkten Straßenübergängen. Beliebte Ausflugsziele in der Nähe sind Museumsinsel, Brandenburger Tor, Reichstag und der Fernsehturm.

Entfernungen: Zur Stadtmitte 2 km, Einkaufen, Arzt, Apotheke 500 m; Bahnhof, Krankenhaus 1 km.

Zimmerpreise: EZ ab 90,- €, DZ ab 139,- € inklusive Frühstücksbüffet. Dreibettzimmer 174,- €. Kinderermäßigung: 2 Kinder (bis 12 J.) im sep. Doppelzimmer für 50% des DZ-Preises.

Brandenburg

Brandenburg

Brandenburg - Urlaub ohne Barrieren

Wer in Brandenburg Urlaub macht, wird feststellen, die Hektik der nahen Großstadt Berlin ist hier schnell vergessen. Die weite und flache Landschaft ist wie geschaffen für aktive Gäste. Über 3.000 Seen und 33.000 Kilometer Fließgewässer machen Brandenburg zu einem der wasserreichsten Bundesländer. Das gut ausgebaute touristische Radwegenetz umfasst mehr als 7.000 Kilometer.

Barrierefreie Aktivangebote hoch im Kurs

Aktiv im Alligator-Kanu.
Bildquelle: TMB-Fotoarchiv, Yorck Maecke.

Aktivangebote stehen rund um Berlin daher auch beim Urlaub ohne Barrieren ganz hoch im Kurs. Zum Beispiel im Ruppiner Seenland, im Norden Brandenburgs: Jörg Tümmel, der seit 1992 nach einem Unfall im Skiurlaub querschnittgelähmt ist, hat die Region als den idealen Standort für seine barrierefreien Outdoorangebote entdeckt. Seine Gäste können mit dem barrierefreien Kanu „Alligator" in See stechen und mit dem Geländerollstuhl „Quadrix" auch querfeldein über Stock und Stein durch die Landschaft düsen. Natürlich nutzt Jörg Tümmel diese Angebote auch alle selber, sie sind also aus erster Hand getestet.

Handbiker Veit Riffer vor dem ElsterPark Herzberg.
Bildquelle: ElsterPark, Rosalie Strauß.

Vom Norden in den Süden des Bundeslandes: Hier war Handbiker Veit Riffer als „Urlaubstester" unterwegs. Seit einem Kletterunfall ist der leidenschaftliche Sportler querschnittgelähmt. Für ihn war das barrierefreie Hotel TraumHaus in Herzberg der perfekte Ausgangspunkt für seine Tagestouren, u.a. auf dem Schwarze-Elster-Radweg sowie der Flaeming-Skate im Westen Brandenburgs. Der europaweit einzigartige 230 km lange Kurs, der sich in verschiedenen Rundtouren fahren lässt, wird nämlich keinesfalls nur von Inlineskatern genutzt. Die besondere Asphaltqualität, die Skater so schätzen, kommt auch Handbikern zu Gute.

Brandenburg

Urlaubserlebnisse am und auf dem Wasser

Blick auf den Großräschener See und die IBA-Terrassen.
Bildquelle: TMB-Fotoarchiv, Steffen Lehmann.

An der Landesgrenze zu Sachsen, im Lausitzer Seenland, entsteht durch die Flutung ehemaliger Tagebaue zur Zeit Europas größte künstliche Seenlandschaft mit mehr als 20 Seen und schiffbaren Kanälen. Die Barrierefreiheit wird beim Bau der neuen Infrastruktur gleich mitgedacht. Kein Wunder, dass sich diese Region, wie auch das Ruppiner Seenland, ganz besonders in der AG „Leichter Reisen - barrierefreie Urlaubsziele in Deutschland" engagiert. Rollfietser und Handbiker finden hier ein großes Angebot an Radwegen von bester Qualität. Aber auch barrierefreie Urlaubserlebnisse am oder auf dem Wasser werden groß geschrieben. Getestet hat dies die Journalistin Judyta Smykowski, die selber im Rollstuhl sitzt. Über einen flachen Holzsteg am Sandstrand des Familienparks am Senftenberger See gelangte sie ohne Probleme bis an den See und bei einer Tour mit dem Solarkatamaran lernte sie die Region vom Wasser aus kennen. Auch Rollstuhlfahrer, die gerne die Segel hissen, haben dazu in der Region die Möglichkeit. Das Hafencamp am Senftenberger See verfügt über einen Kran, um sich aus dem Rolli ins Segelboot umsetzen zu lassen.

Sternenpark Westhavelland.
Bildquelle: TMB-Fotoarchiv, Thomas Rathay.

Naturerlebnis pur:
Der Sternenpark im Westhavelland

Nationalpark, Biosphärenreservate und Naturparke: Wer Freude daran hat, in der Natur unterwegs zu sein und Beobachtungen zu machen, der ist in Brandenburg genau richtig – und das nicht nur am Tag. Ein ganz besonderes Erlebnis ist ein abendlicher oder nächtlicher Besuch im Sternenpark Naturpark Westhavelland. Die Region rund um Gülpe gehört zu den dunkelsten Orten Deutschlands. Ideale Bedingungen, um zum Sternegucker zu werden. Dies fand auch Hobbyastronom und Rollstuhlfahrer Manfred Fischer, der mit seiner Familie eigens aus Österreich anreiste. Er übernachtete in einem barrierefreien Ferienhaus der Familie Zemlin, mitten im Naturpark. Zemlins haben sich auf die „Sternefans" eingestellt und bieten professionelle Astrofferngläser und Teleskope, die auch von sitzenden Menschen genutzt werden können.

Brandenburg

Klosterkirche Neuzelle.
Bildquelle: TMB-Fotoarchiv, Florian Broecker.

Kulturlandschaft mit Geschichte

Aber was wäre Brandenburg ohne seine Geschichte und Kultur. So gehört ein Besuch in Potsdam mit seinen von der UNESCO zum Welterbe ernannten Schlössern und Gärten, der historischen Innenstadt und dem neuen spektakulären Kunstmuseum Barberini, zum Brandenburg Urlaub unbedingt dazu. Aber auch jenseits der Landeshauptstadt gibt es Ausflugsziele für Kulturfans, die mit dem Rollstuhl unterwegs sind.

So zum Beispiel das Kloster Stift Neuzelle, das gerade seinen 750. Geburtstag gefeiert hat und zu den bedeutendsten Kulturschätzen des Landes zählt. Es wird liebevoll „Brandenburgs Barockwunder" genannt. Neben der barocken Stiftskirche und dem Kreuzgang, dem Klostermuseum und dem Klostergarten kann auch das unterirdische Museum „Himmlisches Theater" besucht werden. Es präsentiert den kostbarsten Schatz des Klosters, Szenen der europaweit einzigartigen Passionsdarstellungen vom Heiligen Grab.

Screenshot der Startseite „Brandenburg für Alle"

Broschüre Urlaub für Alle im Lausitzer Seenland.

Tipps zum Nachlesen:

Die hier kurz vorgestellten Erlebnisse der „Urlaubstester" – sowie viele andere - gibt es zum Weiterlesen im Magazin "Brandenburg für alle - Barrierefrei reisen", das im Verlag terra press erscheint und in Kooperation mit der TMB Tourismus-Marketing Brandenburg GmbH herausgegeben wird.

Es kann in den Tourist-Informationen sowie beim Verlag terra press zum Preis von 2,80 Eur erworben und kostenfrei auf der TMB-Infoplattform www.barrierefrei-brandenburg.de als barrierefreie PDF-Datei heruntergeladen werden. Hier finden Gäste mit Behinderungen außerdem verlässliche und geprüfte Informationen für die Reiseplanung. Reisende können sich von mehr als 800 Übernachtungs-, Freizeit- und Gastronomiebetrieben Detailinformationen zur Barrierefreiheit anzeigen lassen.

Ganz neu ist die Broschüre „Lausitzer Seenland - Barrierefrei reisen". Auf 64 Seiten werden Erlebnisberichte und Ausflugstipps sowie detaillierte und geprüfte Informationen zu 120 Unterkünften, Restaurants und Freizeitangeboten vorgestellt. Die Broschüre kann beim Tourismusverband Lausitzer Seenland, Tel. 03573-7253000, E-Mail info@lausitzerseenland.de bestellt werden.

Weitere Informationen auch auf www.lausitzerseenland.de.

Hotel Am Schlosspark 15936 Dahme/Mark

Am Schloss 3, Tel.: (035451) 893120, Fax: (035451) 893199
E-Mail: info@hotel-dahme.de
Internet: www.hotel-dahme.de

Das 3-Sterne-Hotel liegt direkt gegenüber der Schlossruine und dem Tierpark im reizvollen Fläming südlich von Berlin. Es verfügt über 40 komfortabel ausgestattete Einzel- und Doppelzimmer. Das komplett barrierefreie Hotel Am Schlosspark ist ganz auf ältere Touristen und Menschen mit Handicap ausgerichtet. Es ist in ein modernes Gesundheits- und Pflegezentrum integriert: Es bietet ein Bewegungsbad mit Lifter und sowie ein hauseigenes Sanitätsgeschäft. Für Massagen, Kosmetik und Friseur können montags bis freitags Termine vereinbart werden.

Barrierefreiheit: Für Menschen mit Handicap sind die komplett barrierefreie Anlage und die großzügigen Zimmer ein idealer Ort zum Entspannen. Alle Wege im Haus und zu den Außenbereichen sind schwellenlos erreichbar. Die Zimmer, das Restaurant und der Wellnessbereich sind durch den Aufzug zugänglich. Neben den rollstuhlgerechten Zimmern sind die Bäder behindertengerecht mit einer stufenlosen Dusche ausgestattet. Im Hotel Am Schlosspark haben therapiebedürftige Gäste die Möglichkeit, eine Physio-, Ergo- und Lerntherapie zu besuchen. Die Gäste können aber auch Billard spielen, in der Bibliothek stöbern oder die Stadt Dahme/Mark erkunden.

Freizeit & Kultur: Freizeit & Kultur: Nur eine gute Fahrstunde von Berlin und Dresden entfernt ist das Hotel Am Schlosspark idealer Ausgangspunkt für Entdeckungstouren. Der Ort Dahme liegt zwischen Fläming und Spreewald. Beide Landschaften bieten mit ihren sanften Hügeln einerseits und unzähligen Wasserläufen andererseits viele reizvolle Ausflugsziele in nächster Umgebung. Für Radbegeisterte gibt es im Hotel Fahrräder zum Ausleihen. Dahme liegt direkt am Fläming-Skate und lädt Rollstuhlfahrer und Handbiker ein, die Gegend kennen zu lernen. Der Ort selbst mit seiner über 800-jährigen Geschichte ist mit seinen kleinen Geschäften und Cafés ein beliebter Treffpunkt für Urlauber.

Seminare & Tagungen: Auch für Tagungen ist unser Haus dank mehrerer Seminarräume bestens geeignet. Beamer, Whiteboard und alles weitere, was man für eine erfolgreiche Konferenz benötigt, stehen zur Verfügung.

Restaurant: Das Hotel bietet ein reichhaltiges Frühstücksbüffet, um gestärkt in einen erlebnisreichen Tag starten zu können. Zur zweiten Tageshälfte laden täglich wechselnde Mittagsangebote und das Kuchenbüffet zum Einkehren ein.

Preis pro Person/Übernachtung im Einzelzimmer 45,00 €, im Doppel- oder Zweibettzimmer 32,50 €, im Handicapzimmer 45,00 €, Aufbettung (Zustellbett) 15,00 €, Babybett 5,00 €, Haustier 6,00 €. Familienzimmer (zwei DZ mit Verbindungstür): Elternzimmer 32,50 €, Kinder bis 3 Jahre kostenlos, Kinder bis 12 Jahre 20,00 €, Kinder ab 12 Jahre 29,50 €, Frühstück 8,00 €. Stand 10/2018.

IRMA

IRMA - INTERNATIONALE REHA- UND MOBILITÄTSMESSE FÜR ALLE
in Bremen vom 14. bis 16. Juni 2019

Wo? Messe- und Congress-Centrum Bremen
Halle 6 und 7, Bürgerweide, Theodor-Heuss-Allee, 28215 Bremen

Öffnungszeiten:

14. Juni 2019 von 10.00 bis 18.00 Uhr
15. Juni 2019 von 10.00 bis 18.00 Uhr
16. Juni 2019 von 10.00 bis 16.00 Uhr

Weitere Informationen: www.mobilitaetsmesse.de

Brandenburg, Havelland

Sterntal Havelland gGmbH 14612 Falkensee

Brandenburg, Havelland

Elbeallee 10, Tel. (03322) 124 3311
E-Mail: havelland@sterntal.de, Internet: www.sterntal-havelland.de

Die Gruppenunterkunft „Sterntal Havelland" ist ein inklusiver Betrieb, in dem Menschen mit und ohne Behinderung sich das Wohl der Gäste zur gemeinsamen Aufgabe gemacht haben. Die Anlage besteht aus zwei Wohnhäusern mit insgesamt 55 Betten und einem Haupthaus mit barrierefreien Speisesaal und Veranstaltungsraum.

Die Erdgeschosse bilden jeweils eine abgeschlossene Wohneinheit mit einem gemütlichen Gemeinschaftsraum und offener Teeküche. In 4 Mehrbettzimmern können bis zu 17 Personen Platz finden. Es verfügt über drei Bäder, fünf Duschen und zwei separate Toiletten.

Im Obergeschoss von **Haus "Wald"** befinden sich fünf Doppelzimmer und ein Einzelzimmer mit jeweils eigenem Bad.

Haus "Sonne" verfügt im Obergeschoss über fünf Doppelzimmer und einen kleinen Aufenthaltsraum mit TV.

Der vielseitig einsetzbare Veranstaltungsraum im oberen Geschoss des Haupthauses verfügt über variables Mobiliar und modernste Technik sowie einen Beamer und eine Leinwand.

Brandenburg, Havelland

Der große Innenhof mit Pavillon und Lagerfeuerplatz lädt zu einem gemütlichen Zusammensein ein. Das 3.600 m² große Anwesen ist in einem Waldstück eingebettet. Unsere jungen Gäste können auf diesem Gelände Fußball, Tischtennis oder Basketball spielen.

Die bauliche Barrierefreiheit bedeutet für Menschen mit Behinderungen bestmögliche Bewegungsfreiheit. Parkplatz, Eingang, Speisesaal (mit barrierefreiem WC), alle Zimmer im EG sowie der Aufzug sind stufenlos und mit dem Rollstuhl gut erreichbar. Türbreite vom Aufzug 113 cm (Innenmaße: Tiefe 185 cm, Breite 185 cm). Der Seminarraum ist ebenfalls barrierefrei.

Die Lage: Gut erreichbar und doch ruhig gelegen liegt Sterntal Havelland nur 2 km vom Bahnhof Falkensee entfernt. Von hier aus erreichen Sie in kürzester Zeit bequem das wald- und seenreiche Umland sowie die Berliner Stadtmitte. Auch Potsdam mit seinen zahlreichen Sehenswürdigkeiten ist gut zu erreichen.

Verpflegung: Viel Wert legt die Küche auf wohlschmeckende abwechslungsreiche Gerichte und möglichst viele regionale und saisonale Produkte. Auf Wunsch gibt es ein reichhaltiges Frühstücksbuffet. Bei Vollpension können Gäste zwischen einem warmen Mittag oder Abendessen wählen. Auch Halbpension ist möglich.

Geeignet für Rollstuhlfahrer: Geraten wird zu einer Nutzung von max. vier Rollstuhlfahrern pro Wohneinheit. Beide Erdgeschosse sind barrierefrei, Zimmer und Bäder verfügen über eine Türbreite von 113 cm. Bettenhöhe 45 cm (untere Etage im Doppelstockbett). **Pro Einheit ist ein elektrisch höhenverstellbares Bett vorhanden.**

Haltegriffe links und rechts neben dem WC vorhanden; Toilettenaufsatz vorhanden. Der Duschbereich ist schwellenlos befahrbar; Haltegriffe an der Dusche sowie Duschliege sind ebenfalls vorhanden.

Entfernungen: Zur Ortsmitte 1,8 km; Bahnhof 1,7 km; Einkaufsmöglichkeiten 850 m; Arzt 500 m; Apotheke 1,3 km; Krankenhaus 7 km; Freibad 1,7 km; Hallenbad 10 km; Badesee 6 km.

Preise für Gruppen: Bei uns können Sie nicht nur übernachten – wir bieten auch viel Platz und köstliche Buffets für Ihre Seminare und Feierlichkeiten. Je nach Gruppenstärke und Gruppenart gelten bei uns unterschiedliche Preismodelle. Die Preise finden Sie im Internet unter https://www.sterntal-havelland.de/preisliste-unterkunft.html. Sollten Sie sich mit Ihrer Anfrage nicht in der Angebots- und Preisliste wiederfinden, beraten wir Sie gerne persönlich.

ElsterPark
natürlich für ALLE

Für Familien und Gruppen
Barrierefreier Erlebnis-Urlaub
Genuss & Abenteuer direkt am Fluss

Direkt am Flussufer der Schwarzen Elster in Herzberg liegt der ElsterPark. Hier wird Inklusion gelebt, das Miteinander gestärkt und gleichberechtigte Teilhabe am gesellschaftlichen Leben ist ganz selbstverständlich. Es begegnen sich Menschen mit Respekt und Toleranz.

Gäste im ElsterPark können frische regionale Küche im BlauHaus genießen und finden im TraumHaus erholsamen Schlaf.

Der ElsterPark bietet vielfältige Möglichkeiten, Kultur zu erleben oder selbst aktiv zu werden. Verschiedene erlebnispädagogisch begleitete Angebote bringen Spaß und Action (z.B. Hochseilgarten, GPS-Touren oder Kanufahren).

In der modernen Beherbergungs-Einrichtung TraumHaus gibt es barrierefreie und rollstuhlgerechte Zimmer. Sie sind großzügig gestaltete Rückzugsorte und bieten allen Gästen Bewegungsfreiheit, Sicherheit und Unabhängigkeit, um selbstständig ihren Urlaub zu gestalten. Variable Bettanlagen ermöglichen Doppel- oder Einzelbettarrangements und Pflegebettaufrüstung. Es können stundenweise Betreuungszeiten für pflegebedürftige Gäste des ElsterParks, Fahrdienste organisiert oder physiotherapeutische Leistungen vor Ort in Anspruch genommen werden.

www.elsterpark-herzberg.de 📞 03535 48 30 0
direkt am Fluss „Schwarze Elster" | 04916 Herzberg | Badstraße 29-30

TraumHaus
INTAWO GmbH

- rollstuhlgerechte Doppelzimmer, Familienzimmer (auch Pflegebetten)

BlauHaus
Elster-Werkstätten GmbH

- kulinarischer Genuss im BlauHaus, bei Halb- oder Vollpension

ErlebnisWelt
INTEGRA profil GmbH

- erlebnispädagogisch begleitete Outdoor-Aktivitäten

www.facebook.com/ElsterPark

Brandenburg, Naturpark Westhavelland

Pension Am Dorfanger   14715 Seeblick OT Hohennauen

Brandenburg, Naturpark Westhavelland

Pareyer Str. 1, OT Hohennauen, Tel.: (033872) 70054, Mobil: 0162 - 7529034

E-Mail: info@pension-am-dorfanger-hohennauen.de
www.pension-am-dorfanger-hohennauen.de

**Herzlich Willkommen in der Pension Am Dorfanger
Rollstuhlgerechtes / barrierefreies Familienapartment im Westhavelland**

Aus dem ehemaligen Stallgebäude des Vierseithofes entstanden nach einer mehrjährigen Bauphase **6 Doppelzimmer- Apartments- und 2 Familien-Apartments**. Das Familien-Apartment „Werben" ist barrierefrei und verfügt über einen kombinierten Wohn- und Küchenbereich, ein separates Schlafzimmer und Du/WC sowie einem Pkw-Stellplatz. Der barrierefreie Frühstücksraum (mit Behinderten-WCs) befindet sich im gleichen Gebäude. Im Innenhof sind ausreichend Parkplätze vorhanden.

Eine Liegewiese, verschiedene Sitzgelegenheiten und eine Terrasse mit Grillplätzen laden zum Verweilen ein.

Unseren barrierefreien Veranstaltungsraum (mit behindertengerechten Herren- und Damen-WCs) können Sie für private Feierlichkeiten verschiedenster Art (z.B. Familien- oder Klassentreffen u.v.m.) mieten. Er bietet Platz und einheitliches Mobiliar für maximal 50 Personen und ist mit einer Bar ausgestattet.

Bei der Verwirklichung des Projektes waren wir bestrebt, die vorhandene, noch verwendbare Bausubstanz in einer Kombination von „Altem" mit „Neuem" zu verarbeiten und haben dies mit Liebe zum Detail 2013 fertiggestellt. Ob Radfahrer, Ornithologen, Angler, Jäger, Wassersportler, Handelsreisende oder Reisende mit Behinderung – wir stellen uns auf die Bedürfnisse unserer Gäste ein!

Geeignet für Rollstuhlfahrer: Parkplatz, Eingang, Frühstücks- und Veranstaltungsraum mit Behinderten-WCs und das **rollstuhlgerechte Familien-Apartment „Werben"** sind stufenlos erreichbar. Türbreite vom rollstuhlgerechten Apartment 110 cm, vom Badezimmer 95 cm. Bettenhöhe 50 cm. Bewegungsfreiraum in Dusche/WC 160 x 160 cm. Freiraum links neben WC 125 cm, rechts 42 cm, davor 100 cm. WC-Höhe 48 cm. Duschbereich schwellenlos befahrbar, fest montierter Duschsitz und stabile Haltegriffe an der Duschwand. Waschbecken unterfahrbar; verstellbarer Kippspiegel und Notruf vorhanden. Bei Bedarf kann ein Pflegedienst bestellt werden.

Lage: Die Pension Am Dorfanger liegt im Ortskern von Hohennauen gegenüber der Kirche und unmittelbar am überregionalen Radweg. Bis zum See sind es ca. 300 Meter. Hohennauen ist ein Ortsteil der Gemeinde Seeblick und bildet das Eingangstor zum Ländchen Rhinow, mitten im Naturpark Westhavelland und im Gebiet des ersten deutschen Sternenparks. In unserem Ort haben wir 1 Bäcker, 1 Fleischer, 3 Restaurants, 1 Arzt und 1 Physiotherapie. Zur Ortsmitte sind es 200 m, Einkaufsmöglichkeiten 500 m, Arzt 400 m, See 300 m, Badesee/Freibad 400 m. Apotheke 6 km, Bahnhof und Krankenhaus 8 km.

Preise: Apartment als EZ ab 62,- €, als DZ ab 79,- € pro Nacht zzgl. Frühstück.

Brandenburg, Ruppiner Seenland

Seehotel Rheinsberg + Appartements am See   16831 Rheinsberg

Brandenburg, Ruppiner Seenland, Grienericksee

Donnersmarckweg 1, Tel. (033931) 3440, Fax: (033931) 344555
E-Mail: post@seehotel-rheinsberg.de
Internet: www.seehotel-rheinsberg.de

Die Fürst Donnersmarck-Stiftung zu Berlin verwirklichte mit dem Seehotel Rheinsberg ein einzigartiges Hotel für Menschen mit Behinderungen, das Urlaub unter dem Motto „Sich erholen. Sich erproben" bietet.

Die stilvoll und komfortabel ausgestatteten Zimmer sind alle barrierefrei. Ebenso die großzügigen Bereiche für Freizeit- und Sportaktivitäten sowie Tagungen und Veranstaltungen.

Das Seehotel Rheinsberg zählt zu den bekanntesten Hotels für Menschen mit Behinderung in Deutschland. Mit der Vielzahl behindertengerechter Zimmer, sowie deren behindertengerechten Ausstattung, setzt das Seehotel europaweit neue Maßstäbe. Mit seiner Vielseitigkeit und Perfektion der barrierefreien Ausstattung ist es mit kaum einem anderen Hotel zu vergleichen.

Automatische Türen, geräumige Aufzüge, Schwimmbad, Sporthalle, Tagungsmöglichkeiten, Webterminal, kostenfreies WLAN im ganzen Hotel und barrierefreie Außenanlage zählen ebenfalls zu den wesentlichen Annehmlichkeiten des Hauses.

Brandenburg, Ruppiner Seenland

Das Hotel verfügt über 104 barrierefreie Einzel - oder Doppelzimmer und 3 Suiten mit insgesamt 186 Betten, viele davon elektrisch höhenverstellbar. Telefon, Minibar und Fernseher gehören ebenso zur Ausstattung aller Zimmer wie großzügige, berollbare Balkone oder Terrassen, mit Seeblick. Alle Türen des Hauses sind 100 bis 110 cm breit.

Bestmöglichen Komfort bietet das großzügige, ebenerdige Bad mit unterschiedlicher Ausstattung. Gäste können zwischen Zimmern mit berollbarer Dusche oder mit einer Sitzbadewanne plus Dusche wählen.

Einige Badezimmer haben **höhenverstellbare Waschbecken.** Alle Armaturen am Waschbecken haben einen Brauseschlauch und einen verlängerten Griff. Bewegungsfreiraum im Badezimmer 140 x 140 cm und größer, Freiraum links oder rechts neben dem

WC 100 cm, Haltegriff links und/oder rechts neben dem WC, WC-Höhe ca. 43 bis 46 cm (Toilettenaufsatz bei Bedarf vorhanden), teilweise Closomat. Dusche schwellenlos befahrbar. Duschhocker, einen im Handlauf der Dusche eingehängten Sitz oder ein Duschrollstuhl werden bei Bedarf kostenfrei bereitgestellt.

Sport- und Freizeitangebote: Eine Kegelbahn, Tischtennis und das **behindertengerechte Schwimmbad mit Lifter** und Rutsche, bieten den Besuchern die Gelegenheit, ihre sportlichen Stärken zu erproben. Entspannung finden die Gäste in der hauseigenen Sauna oder vor dem Kamin mit Blick auf den See.

Seminar- und Veranstaltungsräume: Vier multifunktionale Räume mit beweglichen Trennwänden; alle Räume sind mit moderner Seminartechnik ausgestattet. Die Räume liegen im separaten Veranstaltungsbereich des Hotels.

Multifunktionshalle: Mit rund 500 qm, modernster Technik und einer Bühne ist die Seehalle für größere Veranstaltungen bis zu 300 Personen geeignet. Dort finden regelmäßig Sportveranstaltungen, wie z.B. Rollstuhl-Tischtennis, -Rugby oder -Tanzen statt. Des Weiteren lässt sie sich für Kongresse, Empfänge und gesellschaftliche Veranstaltungen nutzen.

Das Appartementhaus: Sechs Appartements (insg. 26 Betten) in unmittelbarer Nähe des Hotels bieten **Gruppen,** Familien und Paaren die Möglichkeiten, ihren Urlaub unabhängig vom Hotelbetrieb individuell zu gestalten.

Im Erdgeschoss zwei großzügige, barrierefreie Ferienwohnungen mit Terrasse für jeweils bis zu acht Personen. Für Assistenten stehen zwei Einzelzimmer im direkt verbundenen Obergeschoss bereit. Im Ober- und Dachgeschoss befinden sich vier beque-

me Appartements für zwei bzw. vier Personen. Wer im Dachgeschoss logiert, hat von der Dachterrasse einen herrlichen Ausblick auf den See.

Die rollstuhlgerechten Appartements sind modern und komfortabel ausgestattet. Die Küchen enthalten alle notwendigen Utensilien und Geräte. Alle Appartements sind Nichtraucherwohnungen. Ein Wirtschaftsraum mit Waschmaschine und Trockner steht für alle gemeinschaftlich zur Verfügung. Die Gäste des Appartementhauses können die gesamte Infrastruktur und die vielfältigen Freizeit- und Sportmöglichkeiten des Hotels durch Buchung des Freizeitpaketes zum kleinen Preis nutzen.

Abholservice: Der „Rheinsberger Urlaubsbus" holt die Gäste auf Wunsch direkt vor ihrer Haustür ab und bringt die Reisenden bequem bis ins Seehotel. Natürlich erwartet den Gast auch im Bus barriererfreier 4-Sterne Komfort, sodass auch größere Rollstühle dort genügend Platz finden.

Lage: Das Seehotel Rheinsberg liegt direkt am Grienericksee, zentral und doch in ruhiger Lage. Die **Uferpromenade** führt zum Schloss Rheinsberg. Die herrliche Landschaft mit ihren Wäldern und Seen bietet sehr gute Ausflugsmöglichkeiten (**rollstuhlgerechtes Ausflugsboot, Kutschfahrten,** usw.) Die Stadt Rheinsberg ist wegen ihrer lebendigen Kulturszene ein Treffpunkt für Kunst- und Kulturinteressierte.

Entfernungen: Zur Ortsmitte von Rheinsberg 300 m; Arzt im Appartementhaus; Einkaufsmöglichkeiten und Apotheke 300 m; Freibad 1 km; Bahnhof Rheinsberg 1,2 km; Krankenhaus 35 km.

Hotelpreise: Je nach Saison Einzelzimmer ab 85,- €, Doppelzimmer ab 134,- € und Suite ab 164,- € pro Nacht. Alle Übernachtungspreise gelten inkl. Frühstück und zzgl. der ortsüblichen Kurtaxe.

Zusätzlich buchbar pro Person und Tag: Halbpension und Vollpension. Hilfsmittel und Diätische Küche erfragen Sie bitte bei Reservierung. Kinderermäßigung: Kinder bis 5 Jahre kostenfrei, 6 bis 11 Jahre 50 %, 12 bis 15 Jahre 30 %.

Angebote und Appartementpreise auf Anfrage
bzw. im Internet unter **www.seehotel-rheinsberg.de**.

Brandenburg, Niederlausitz

Erlebnishof Beitsch	03249 Sonnewalde

Brandenburg, Niederlausitz, nahe Spreewald

Schönewalde, Dorfstr. 37, Tel. (035323) 68528, Fax: (035323) 62474
E-Mail: beitschferienhof@t-online.de
Internet: www.erlebnishofbeitsch.de

Urgemütlicher Ferienhof mit 20 Doppelzimmern mit Dusche/WC und TV.

Ideal für Behinderteneinrichtungen und Gruppen mit Menschen mit Behinderung.

Von den 20 Doppel- bis Vierbettzimmern mit Dusche, WC und TV sind **8 Zimmer für Rollstuhlfahrer geeignet.** Eingang, alle Räume, Frühstücksraum, Speiseraum sind stufenlos erreichbar.

Für Abwechslung, Spiel und Spaß ist gesorgt: Hier gibt es Programm ohne Langeweile: Kahnfahrten im Spreewald mit eigener Anlegestelle. Der Partyraum mit integriertem Lagerfeuer schafft eine harmonische Atmosphäre für Betreute und Betreuer. Entspannungs- und Spielraum, Bastelraum, Teeküche Heimkino, Streichelzoo, Billard, Kicker und Minigolf. Für die Abende wird Live-Musik mit DJ Marco, Popcorn, Partygetränke und Wunderkerzen geboten (beide Programme zum Gesamtpreis von 11,- € pro Person).

Halb- und Tagesfahrten: Sie haben die Möglichkeit, während Ihrer Behindertenreise bei uns Halb- und Tagesfahrten zu gunstigen Konditionen zu unternehmen. Wir organisieren gerne die Fahrt zu den Sehenswurdigkeiten und helfen Ihnen bei der optimalen Gestaltung. Sollten Sie den ganzen Tag unterwegs sein, gibt es von uns natürlich Lunchpakete dazu.

Motorradmuseum in Schönewalde; Spreewald Lübbenau 35 km; Tropical Island (Tropen- und Badeparadies) 30 km; Bad Liebenwerda (Kurort, Schloss) 23 km; Fürstlich Drehna (Wasserschloss, Motocrossbahn) 13 km; Lindena Bauernmuseum 10 km; Crinitz (Töpfereien, Museumseisenbahn) 10 km; Dresden 80 km; Berlin 90 km, Potsdam 90 km; Polenmarkt in Bad Muskau 90 km. Außerdem: Lausitzring Rennstrecke, Babelsberg Filmstudios, Leipzig Vergnügungspark Belantis, Saurierpark Klain Welka, Kremserfahrt ab Goßmar, Senftenberg Erlebnisbad, Spaßbad Wonnemar Bad-Liebenwerda, Cottbus Pücklerpark u. Tierpark und vieles mehr. Zum Arzt und zur Apotheke sind es 3 km; Krankenhaus, Bahnhof, Freibad, Hallenbad 8 km; Abholung vom Bahnhof gegen geringes Entgelt.

Preise für Behindertengruppen (Preis pro Person/Tag) von **Mai bis September**: Übernachtung mit Vollpension (4 Mahlzeiten) 42,- €, Halbpension 38,- €. 3-Bettzimmer mit VP 36,- €. **Oktober und April**: Übernachtung mit Vollpension 38,- €, Halbpension 34,- €. **November bis März**: Übernachtung mit Vollpension Erwachsene 38,- €, Kinder 36,- €.

Vollpension beinhaltet 4 Mahlzeiten, darunter Backschinken und Grillabend mit köstlich zubereiteten Beilagen, Kaffee und Kuchen, Lunchpakete zu den Ausflügen, Alkoholfreie Getränke 1,5 l für 1 €, Bahnreisende werden gern von uns vom Bahnhof Doberlug-Kirchhain abgeholt: Hin- und Rückfahrt pro Person 7,- €.

Brandenburg, Naturpark Westhavelland

Ferienwohnungen Spiesmacher   14715 Strodehne / Gde. Havelaue

Brandenburg, Naturpark Westhavelland

Dorfstr. 1, Tel. (033875) 30156
E-Mail: spiesmacher@web.de
Internet: www.fewo-spiesmacher.de

Urlaub in der Natur - Ferienwohnungen im 1. Sternenpark Deutschlands im Naturpark Westhavelland, in der Nähe des Gülper Sees, einem Vogelschutzgebiet von internationaler Bedeutung.

Eine 2010 rollstuhlgerecht ausgebaute Parterre-Wohnung mit Wohnzimmer, Schlafzimmer, Küche und Bad, ca. 42 m². Kaminofen, Zentralheizung. Schlafcouch für zwei Personen im Wohnzimmer. Der Frühstücksraum im Wintergarten ist über 2 Stufen (15 cm Gesamthöhe) erreichbar (Türbreite 103 cm). Das Frühstück kann auch in die Ferienwohnung gebracht werden bzw. kann in der rollstuhlgerechten Küche der FeWo selbst hergerichtet werden.

Die Ferienwohnung im EG ist vorbildlich rollstuhlgerecht und stufenlos erreichbar. **Zimmer & Sanitärbereich:** Mindesttürbreite in der Wohnung 89 cm, von Bad/WC 94 cm. Bewegungs-

Brandenburg, Naturpark Westhavelland

fläche im Zimmer 150 x 121 cm, Bewegungsfläche vor dem WC 150 x 119 cm, Freiraum rechts neben WC 150 x 50 cm, Haltegriffe vorhanden. **Dusche schwellenlos mit dem Rollstuhl befahrbar**, Bewegungsfläche der Dusche 150 x 150 cm, Höhe der Haltegriffe der Dusche vom Fußboden aus 88 cm, **einhängbarer Duschsitz** vorhanden. Höhe der Duscharmatur 112 cm. Rechter Haltegriff neben WC hochklappbar und im hochgeklappten Zustand arretierbar. WC-Höhe 47 cm. Das Waschbecken ist unterfahrbar (Kippspiegel vorhanden). Bettenhöhe 58 cm, Bett seitlich anfahrbar.

Die Kücheneinrichtung ist höhenverstellbar, mit höhenverstellbarer Arbeitsplatte und absenkbaren Oberschränken.

Ausflüge: Als zertifizierte Natur- und Landschaftsführer im **Naturpark Westhavelland** zeigen wir Ihnen gerne die Schätze der Umgebung, **z.B. den ältesten Flugplatz der Welt**, japanischer Garten, Arboretum, Haupt- und Landgestüt, Straußenfarm, Hansestadt Havelberg mit ihrem Dom, Rathenow – Stadt der Optik - und nicht zuletzt die Havel, die zurzeit renaturiert wird.

Freizeit in der Umgebung: Im Ort finden Sie einen Bootsanleger, einen Grill- und Lagerfeuerplatz (mit Sitzbänken), eine Gaststätte und eine Naturbadestelle an der Havel. Sie können Reiten, sich mit Kutsche und Kremser fahren lassen, Boote leihen, sich beim Fischer einen Angelschein besorgen, einen Imbiss zu sich nehmen oder frischen und geräucherten Fisch einkaufen.

Entfernungen: Zur Ortsmitte 1 km, Einkaufsmöglichkeiten, Arzt, Apotheke 8 km, Krankenhaus 18 km, Bahnhof 25 km.

Service: Ihr Auto steht auf unserem privaten Parkplatz, trockene **Unterstellmöglichkeiten für Handbikes**. Bahnreisende werden gerne abgeholt. Lagerfeuerecke.

Preis für die Ferienwohnung pro Tag 70,- € bei Belegung bis 2 Personen, jede weitere Person 25,- €. Im Übernachtungspreis enthalten sind Bettwäsche, Handtücher und Endreinigung. Auf Wunsch Frühstück. Kaminholz wird kostenlos zur Verfügung gestellt. Kostenloses WLan.

Brandenburg, Teupitzer See

Refugium am See
Ferienwohnung Theodor Fontane F ✶✶✶✶✶ zertifiziert vom DTV   **15755 Teupitz**

Brandenburg, Teupitzer See, Landkreis Dahme-Spreewald

Gutzmannstr. 9
Kontakt: Monika und Hilmar Bohn, Mobil 01520 3333 906
E-Mail: info@refugium-am-see.de
Website: www.refugium-am-see.de

Sie wohnen zu ebener Erde in einem 2012 fertig gestellten exklusiven Architektenhaus mit drei Ferienwohnungen, unmittelbar am See mit rollstuhlbefahrbarem Steg.

Dazu zählt auch die Ferienwohnung 'Theodor Fontane' mit 83 m² Wohnfläche für 2-3 Personen, die Ihnen ein ganz besonderes Ambiente bietet und Sie naturnah entspannen lässt.

Diese Ferienwohnung wurde mit und für Rollstuhlfahrer geplant. Deshalb gibt es viel Platz für bequemes Bewegen in der Wohnung. Auf die Terrasse gelangen Sie ohne Schwellenhindernis. Der Weg zum See auf im römischen Verbund verlegtem schlesischen Granit weist ein Gefälle von von weniger als 6% aus. Der Steg ist 1,20 m breit und damit sicher zu befahren.

Auch für Familien, die das großzügige Raumangebot und die **direkte Nähe zum Teupitzer See** genießen wollen, ist die Wohnung bestens geeignet. Großzügige Fensterflächen sorgen für lichtdurchflutete Räume; an der dem See zugewandten Westseite ist die gesamte Wand bodentief verglast. Der

Brandenburg, Teupitzer See

hochwertige Insektenschutz schützt vor ungebetenen 'Gästen', ohne den Blick auf den See einzuschränken. Die Böden sind mit Casalgrande-Fliesen belegt; die Fußbodenheizung sorgt für die gewünschte Wärme.

Schlafzimmer- sowie Badezimmertür lassen sich elektrisch öffnen, die hochwertig ausgestattete Küche ist in wichtigen Bereichen unterfahrbar. Der offene Küchen-, Ess- und Wohnbereich mit Blick zum See durch bodentiefe Fenster und Schiebetüren sorgt für freies Raumerleben. Alle Fenstergriffe sind sitzend zu bedienen.

Durch den direkten Garten- und Seezugang lassen sich Frühstück und Tagesausklang bei Sonnenuntergängen mit einem Glas Wein oder anderen Köstlichkeiten auf der Terrasse genießen.

Ausstattung der Wohnung: 100%ige Barrierefreiheit; offene Küche mit hochwertiger Ausstattung, teilweise unterfahrbar; offener Essbereich; offener Wohnbereich mit Funktionscouch (Doppel); Schlafzimmer mit eigenem Bad (rollstuhlgerechte Ausführung, Dusche, WC), **Bett** 180 cm x 200 cm (Sitzhöhe auf Wunsch 50 - 60 cm, **elektrisch verstellbar** (in Höhe, Ober- und Unterteil), auf Wunsch unterfahrbar mit Lift (12,5 cm Höhe), Tempur-Matratze); Gäste-WC; Sat-TV mit Fernseher, Musikanlage; Breitband-Internet; Haartrockner; Nutzung von Waschmaschine mit Trockner im Haustechnik-Raum; direkter Gartenzugang über die Terrasse; **barrierefreier Zugang zu Uferzone und hauseigenem Bootssteg.**

Preis für die rollstuhlgerechte Wohnung "Theodor Fontane" pro Nacht je nach Saison 99,- bis 155,- Euro. Preise für die anderen, nicht rollstuhlgerechten Ferienwohnungen, auf Anfrage.

Hessen

Hessen, Nationalpark Kellerwald, Edersee

Ferienwohnung „Zur alten Schule" F★★★★   34596 Bad Zwesten

Hessen, Nationalpark Kellerwald, Edersee

Schulstraße 16, Tel.: (05626) 921529, Mobil: 0172 / 70 33 496
E-Mail: fewo-zur-alten-schule@web.de, Internet: www.urlaub-mit-rollstuhl.net

Helle, 4 Sterne, 130 m² große Nichtraucher-Ferienwohnung, renoviert, teilweise barrierefrei, geeignet für 4 Personen. Die Zimmer sind komfortabel und liebevoll eingerichtet. Die Wohnküche ist voll ausgestattet. Zwei Schlafzimmer mit je 2 Einzelbetten (jeweils 1 x 2 m) individuell verschiebbar, mit Hebelifter (22 cm) unterfahrbar. Die Betten sind bei Anreise bezogen, Handtücher werden gestellt. TV im Wohnzimmer und in beiden Schlafräumen. Waschtrockner zur eigenen Verfügung. Holzofen/Kamin befindet sich in unserem gemütlichen Aufenthaltsraum. Einige Pflegeartikel befinden sich in der Wohnung. Ein mobiler Bettgalgen kann auf Wunsch gestellt werden. Platz für ein Pflegebett ist vorhanden. WLAN und Festnetz vorhanden.

Für mobilitätseingeschränkte Personen und Familien ideal geeignet. Barrierefreier Zugang zur Ferienwohnung. Dieser erfolgt durch einen separaten Eingang und über eine Hebebühne. Alles wird über Fernbedienung oder Taster gesteuert. Türbreite von Zimmer und Badezimmer 93 cm. Bewegungsfreiraum im Badezimmer 214 x 125 cm. Freiraum links neben WC 16 cm, rechts 17 cm, davor 125 cm. WC-Höhe 47 cm. Keine Haltegriffe am WC. Badewanne sowie schwellenloser Duschbereich mit Duschhocker vorhanden. Waschbecken mit dem Rollstuhlstuhl unterfahrbar. Im Februar 2019 Renovierung vom Bad (barrierefrei).

Lage: Am Fuße des Nationalpark Kellerwald finden Sie die Fewo „Zur alten Schule" nahe des Ortskernes von Bad Zwesten, eine Gemeinde im Schwalm - Eder - Kreis in Nordhessen, ziemlich genau zwischen Kassel und Marburg. Bad Zwesten bietet vielfältige Einkaufsmöglichkeiten, Ärzte, Kliniken, Kurmittelpraxen, Wellnessangebote und vieles mehr. Genießen Sie Bad Zwesten zu jeder Jahreszeit.

Entfernungen: Zur Ortsmitte von Bad Zwesten 200 m; Einkaufsmöglichkeiten, Arzt, Apotheke 300 m; Hallenbad 800 m; Freibad 5 km; **Edersee mit rollstuhlgeignetem Schiffsanleger 16 km;** Bahnhof und Krankenhaus 10 km.

Preis für die Ferienwohnung pro Nacht: Wochenende (Freitag bis Sonntag) bei Belegung mit 2 Personen 150,- €, jede weitere Person 10,- €/ Wochenende. Vermietung ab 2 Nächte. Wochenpreis bei Belegung mit 2 Pers. 450,- €, jede weitere Person 35,- € pro Woche. Bei längeren Aufenthalten Preis nach Absprache.

Hessen, Naturpark „Hoher Vogelsberg"

Vogelsbergdorf 36358 Herbstein

Hessen, Naturpark „Hoher Vogelsberg"

Adolph-Kolpingstr. 22, Tel. (06643) 7020 Fax: (06643) 702-141
E-Mail: info@vogelsbergdorf.de
Internet: www.vogelsbergdorf.de

Was heißt hier Dorf? Eine moderne Architektur im Grünen, unter Bäumen geschützte, komfortable Bungalows, ein modernes Management; gelegen mitten im Naturpark Hoher Vogelsberg. Dorf heißt: Kommen Sie nach Hause, vielleicht zu sich selbst? Finden Sie sich eingebettet in eine überschaubare Gemeinschaft und haben Sie trotzdem Ihre eigenen vier Wände, um sich zurückzuziehen.

Ausstattung:
- 33 Bungalows (150 ebenerdige Betten); alle Zimmer neu ausgestattet!
- 6 x rollstuhlgerechte Ausstattung
- Zentrum mit Speisepavillons, Tagungs- und Aufenthaltsräumen
- Kirche / Meditationsraum
- Töpferei / Werkstätten
- Großes Waldspielgelände
- Sportplatz / Ballspielfeld
- Die gesamte Anlage ist zugänglich für Rollstuhlfahrer

Lage: Direkt am Waldrand mit Südhanglage, ca. 1 km außerhalb des Städtchens Herbstein.

Geeignet:
- für Urlaube und Freizeiten von Wohn- und Tageseinrichtungen mit pflegebedürftigen und gehbehinderten Bewohnern
- Tagungen und Seminaren von Selbsthilfegruppen
- Familienurlaub für Familien mit behinderten Angehörigen in den Familienpauschal-Wochen zu allen Schulferienzeiten
- Kuraufenthalte mit Anwendungen im Thermalbad Herbstein (500 m vom Feriendorf entfernt)

Preise: Vollpension ab 46,50 € / 50,50 € / Tag für Erwachsen und Kinderpreisstaffelung ab 3 Jahren. Familienpauschalen für 7 Tage Vollpension und Programm mit Kinderbetreuung: Erwachsene ab 371,- € / 400,- €, Kinderpreisstaffelung ab 3 Jahren, Kurtaxe.

Hessen, Werra-Meißner-Land

Gästehaus am Mühlenberg *** S   37235 Hessisch Lichtenau

Hessen, Werra-Meißner-Land

Am Mühlenberg, Tel. (05602) 83-1246, Fax: (05602) 83-1968.
E-Mail: gaestehaus@lichtenau-ev.de
Internet: www.gaestehaus-lichtenau.de

Das Gästehaus am Mühlenberg *** S wurde im Jahr 1998 im ehemaligen Schwesternwohnheim errichtet und befindet sich auf dem Gelände von **LICHTENAU e.V.** in Hessisch Lichtenau.

Acht modern und geschmackvoll eingerichtete Einzel- und Doppelzimmer mit Radio, TV, Telefon und Du/WC sowie drei Einzelwohnappartements für längerfristige Aufenthalte stehen den Gästen zur Verfügung (**auch für Angehörige von Patienten der orth. Klinik mit angeschlossener Querschnittabteilung sowie der Reha-Klinik**). Das Gästehaus ist durchgängig barrierefrei.

Geeignet für Rollstuhlfahrer und andere Behinderte: Drei Appartements mit behindertengerechtem Bad und unterfahrbarer Miniküche.

2-Zimmer-Appartement mit separater Küche (unterfahrbar), gut geeignet für Familienurlaub. **Elektrisch höhenverstellbare Betten.** Türbreiten der Zimmer und von Du/WC 110 cm; Freiraum in Dusche/WC über 140 x 140 cm. Freiraum links und rechts neben WC mind. 140 cm, davor über 150 cm. Dusche schwel-

lenlos, höhenverstellbares Waschbecken unterfahrbar, festinstallierter Duschsitz, Kippspiegel und stabile Haltegriffe an Dusche, WC und Waschbecken vorhanden. Alle Appartements verfügen über eine ebenerdige Terrasse.

Freizeit: Für Fitness und Sport können die Einrichtungen des Medizinischen Therapiezentrums GmbH Kopp gegen ein Entgelt genutzt werden. Die Benutzung des klinikeigenen Bewegungsbades ist kostenlos. Bitte die Öffnungszeiten beachten.

Pflege: Mobile Pflege kann sichergestellt werden.

Lage: Umgeben von einer waldreichen Landschaft, verkehrstechnisch gut über die B7 sowie mit den Regional- und Nahverkehrsbussen erreichbar. Die Naturparks Meißner / Kaufunger Wald liegen in unmittelbarer Nähe. In beiden Naturparks gibt es mehrere ausgezeichnete Premiumwanderwege. Der Grimmsteig und der Radwanderweg Hercules-Wartburg liegen in unmittelbarer Nähe. Die Umgebung von Hessisch Lichtenau ist hügelig mit gut ausgebauten Wegen, auch in den nahe gelegenen Wäldern.

Zur Ortsmitte 2 km; Einkaufen, Apotheke 2 km; **Arzt und Krankenhaus / Rehaklinik im Haus** / auf dem Gelände; Busbahnhof 500 m; Straßenbahnanschluss 500 m.

Preise: Einzelzimmer ohne Frühstück 54,- € pro Tag; Doppelzimmer für 2 Pers. ohne Frühstück 73,- € pro Tag. Frühstück p.P. / Tag 8,50 €. Kinder bis 3 J. frei; 6 bis 12 J. 25% Ermäßigung; Frühstück für Kinder 4-12 Jahre 3,50 €.

Behindertengerechtes Appartement: DZ für zwei Personen ohne Frühstück 73,00 €. Preisermäßigungen 10% ab 6 Übernachtungen. Für Angehörige von Patienten gibt es 20% Rabatt.

Ferienwohnung Albini

35576 Wetzlar

Hessen, Lahn-Dill-Region

Familie Schäfer, Albinistraße 6, Telefon: (06441) 2044690
Mail: info@ferienwohnung-albini.de
Internet: www.ferienwohnung-albini.de

Seit 2011 bieten wir unsere Ferienwohnung interessierten Reisenden, Urlaubern und natürlich Menschen mit Handicap an.

Wir haben uns dazu entschlossen, eine Ferienwohnung einzurichten, um unseren Mitmenschen das zu bieten, was wir uns selbst für unseren Urlaub wünschen, denn unsere 2003 geborene Tochter ist selbst Rolli-Fahrerin. So haben wir an eine **rollstuhlgerechte** Ausstattung beim Einrichten der Ferienwohnung gedacht. Unsere Tochter erwartet jeden Besucher mit Neugier und wir sind jedes Mal aufs neue gespannt, wen wir begrüßen dürfen.

Ausstattung: Auf bis zu 86 m² bieten wir Ihnen einen neu gestalteten Wohnraum für bis zu 5 Personen mit viel Platz für Fußgänger und Rollstuhlfahrer. Helle Räume, Flachbildfernseher, Sat-TV, viel Stauraum im Schlafzimmer sollen Ihren Aufenthalt angenehm gestalten. Hauseingang stufenlos, **zur Wohnung führt ein Außenlift** (Türbreite 90 cm, Tiefe 140 cm, Breite 110 cm).

Die Ferienwohnung verfügt über 1 Einzelzimmer mit einem **elektrisch höhenverstellbaren Pflegebett** bis 65 cm, 1 DZ, 1 Wohnzimmer mit Schlafcouch (200x140 cm), 1Esszimmer, Küche und Duschbad. Das Doppelbett (180 x 200 cm) ist mit 65cm extrahoch. Flexibilität durch das Beistellbett oder Kinderbett im Elternschlafzimmer sorgt für familiäres Wohlgefühl. Das Esszimmer lädt zu einem guten Frühstück im Familienkreis oder zur abendlichen Brettspielpartie ein. In der Küche steht Ihnen ein kleiner Mikrowellen-Backofen zur Verfügung. Die Türbreite vom Badezimmer mit Du/WC 80 cm, Bewegungsfreiraum 136 x 360 cm. Großzügiger Duschbereich (130 x 120 cm) schwellenlos mit fest montiertem Duschsitz und flexiblen Haltegriffen. Waschbecken unterfahrbar, Spiegel und Ablagen in Rollihöhe. Freiraum vor der Toilette 100 cm, rechts 120 cm, WC-Höhe 48 cm.

Lage: Sie finden uns **zwischen Lahn und Dill**. Von hier aus sind Bahn- und Busverbindungen gut zu erreichen: 600 m zum Bahnhof und ca. 150 m zur nächsten Bushaltestelle. Zum Freibad sind es 200 m, außerdem gibt es zwei Dialysezentren in Wetzlar. Der Lahnradweg R7, der in weniger als 250 m vor unserem Haus vorbei führt, bietet sich auch für Handbiker an. Lebensmittelmärkte, Shoppingcentern und Apotheken können in nächster Umgebung mit dem Rollstuhl erreicht werden (abgesenkte Bürgersteige). Die Altstadt mit ihren kleinen Lokalen, Bistros, Schänken oder Eisdielen ist nur 500 m entfernt.

Gerne können Sie Ihr Auto, Fahrrad oder Handbike bei uns abstellen. Eine Garage steht Ihnen gegen ein geringes Entgelt zur Verfügung. Fahrräder können in den Kellerräumen abgestellt werden. Bei schönem Wetter können Sie hinter dem Haus unsere Sitzgelegenheiten nutzen.

Der Rollstuhlbasketball mit dem RSV Lahn-Dill ist in Wetzlar zu Hause und ein Heimspiel mit längerem Aufenthalt in Wetzlar wäre eine gute Idee. Am Abend lockt Sie vielleicht eine Veranstaltung in die nahe gelegenen Rittal Arena. Kennen Sie schon den Optikparcour? Das Dunkelkaufhaus? Den Dom zu Wetzlar? Sie merken schon, es gibt einiges zu entdecken.

Preis für die Ferienwohnung pro Tag ab 38,- €.

Mecklenburg-Vorpommern, Mecklenburgische Seenplatte, Müritz

Müritzparadies - Naturferienpark am See — 17248 Boeker Mühle

Mecklenburg-Vorpommern, Mecklenburgische Seenplatte, Müritz

Müritzparadies GmbH, Am Müritzufer 6, Tel. (039823) 2530, Fax: (039823) 253232
E-Mail: info@mueritz.com, Internet: www.mueritz.com

Die Feriendörfer „Müritzufer" und „Alte Fahrt" am südöstlichen Müritzufer und am Müritz-Nationalpark bieten ideale Vorraussetzungen für einen entspannten Urlaub in der Natur und am Wasser.

Das Feriendorf „Müritzufer" hat 6 rollstuhlgeeignete Ferienwohnungen, Typ Schwalbe, für 4 Personen mit einer Nutzfläche von 89 Quadratmetern. Zur Verfügung stehen ein weiträumiges Wohn- und Esszimmer mit Kaminofen und komplett eingerichteter Küche, zwei Schlafzimmer mit je 2 Betten, Höhe Bettoberkante 50 cm. **Das Bad** der Erdgeschosswohnung ist mit speziellen Haltegriffen, **unterfahrbaren Duschen** mit Duschsitz ausgestattet. Ein **Behinderten-Parkplatz** befindet sich direkt vor jeder Ferienwohnung.

Im Feriendorf „Alte Fahrt" erwarten Sie 16 rollstuhlgerechte Ferienwohnungen, Typ Igel, für 2+2 Personen, mit einer Nutzfläche von 54 Quadratmetern. Die Ferienwohnung verfügt über ein Schlafzimmer, einen kombinierten Wohn-Essraum mit einem Schlafsofa, **Bad mit WC und unterfahrbarer Dusche.** Ein Duschstuhl kann auf Anfrage bereitgestellt werden. Bei vier Wohnungen ist die Küchenzeile teilweise unterfahrbar. Die Entfernung zum Parkplatz beträgt 20 bis 200 m. Ein Gemeinschaftsraum für bis zu 30 Personen mit komplett eingerichteter Küche kann gemietet werden. In allen Ferienwohnungen sind die Türen der Zimmer und Badezimmer mehr als 90 cm breit.

Die Eingänge sind stufenlos und die Terrassen selbstverständlich möbliert. Haltegriffe neben dem WC und in der Dusche sind vorhanden, die Höhe des WC beträgt 50 cm.

Freizeit und Umgebung: Wir bieten ein großes Wassergrundstück mit befestigten Wegen, zum Teil etwas steil, aber mit Begleitperson gut zu meistern. **Fahrgastschiffanleger** und Bootssteg auf dem Grundstück sind **mit Rollstuhl befahrbar**. Vor Ort befinden sich Spielplätze, Bouleplatz, Freiluftschach. Beauty- und Wellnessbehandlungen sind in der Ferienwohnung möglich. Beim ansässigen **Kanuverleih** finden Gäste mit eingeschränktem Bewegungsradius passende Kanus mit bequemer Sitzfläche und der nötigen Kippsicherheit.

Im hauseigenen Restaurant „Zum Seeadler" (Eingang und Seeterrasse sind stufenlos, **Behinderten-WC**) kann auf Wunsch Frühstück gebucht werden.

Preis für eine rollstuhlgerechte Wohnung je nach Saison: Typ Schwalbe (4): 58,- bis 133,- € pro Tag und Typ Igel (2+2): 36,- bis 101,- € pro Tag. Haustiere erlaubt.

Mecklenburg-Vorpommern, Mecklenburgische Seenplatte

Hotel „Kurhaus am Inselsee" **** superior 18273 Güstrow

Mecklenburg-Vorpommern, Mecklenburgische Seenplatte

Heidberg 1, Tel. (03843) 850-0, Fax: (03843) 850100
E-Mail: booking@kurhaus-guestrow.de
Internet: www.kurhaus-guestrow.de

4-Sterne-Superior-Hotel mit 48 besonders komfortablen, großzügig ausgestatteten Zimmern mit Telefon, kostenlosem W-LAN-Zugang, TV, Radio und Minibar. Ausreichender Parkraum direkt vor dem Haus ist ebenfalls vorhanden.

Eingang, Frühstücksraum, Restaurant, Garten und Aufzug (Tiefe 145 cm, Breite 112 cm) stufenlos erreichbar. Die Zimmer sind barrierefrei erreichbar (im EG ohne Stufen, auf den Etagen mit dem Aufzug).

Geeignet für Rollstuhlfahrer sind zwei Zimmer mit Du/WC. Freiraum in Du/WC 220 x 270 cm. Freiraum links neben WC 37 cm, rechts 147 cm, davor 220 cm. Dusche und

Waschbecken unterfahrbar. Kippspiegel, festinstallierter Duschsitz sowie stabile Haltegriffe an Du/WC und Waschbecken vorhanden.

Lage: Idyllisch gelegen, unmittelbar am Ufer des Inselsees, im Süden der Barlachstadt fügt sich das Kurhaus harmonisch in die reizvolle Landschaft ein.

Die ruhige Lage lädt zum Erholen und Genießen ein. Gleichzeitig bietet die Umgebung für Aktivurlauber vielfältige Möglichkeiten zum Angeln, Segeln, Wandern und Radfahren.
Zimmerpreise: EZ ab 79,- €; DZ ab 130,- €.

Ferienhaus Strandkiesel

Ahornweg 21, Tel. (0451) 6092965.
E-Mail: info@ostsee-ferienhaus-strandkiesel.de
Internet: www.ostsee-ferienhaus-strandkiesel.de

23942 Groß Schwansee
Mecklenburg-Vorpommern, Ostsee

In wunderschöner Ostseelandschaft mit einem Naturstrand zwischen Boltenhagen und Travemünde (Klützer Winke)l finden Sie unser 2009 erbautes Ferienhaus Strandkiesel in ca. 500 m Entfernung vom Strand.

Das geschmackvoll eingerichtete Ferienhaus mit 100m² Wohnfläche und 3 Schlafzimmern für 2 bis 6 Personen bietet eine an der ländlichen Umgebung orientierte ästhetisch ansprechende Wohnatmosphäre: Landhausstil, der Komfort mit kreativer Schlichtheit verbindet. Die natürlichen Materialien und die nach ökologischen Kriterien behandelten Oberflächen sorgen für ein angenehmes und gesundes Raumklima. Das Nichtraucherhaus ist für Allergiker geeignet; das Mitbringen von Tieren ist allerdings nicht gestattet.

Geeignet für Rollstuhlfahrer: Der Eingang zum Ferienhaus ist ebenerdig (Zugang für Rollis über die Terrasse). Die Türen sind 80 cm breit. Das Erdgeschoss bietet einen großzügigen Wohnraum mit komfortabler Küchenzeile sowie einen Schlafraum mit zwei Betten; Freiraum neben dem Bett 120 cm. Bettenhöhe verstellbar: 50 cm oder 60 cm. Im Badezimmer finden Sie eine bodengleiche Dusche mit Haltestangen, einen stabilen Duschsitz, mobile Haltegriffe am WC, ein Bidet, unterfahrbares Waschbecken und eine Waschmaschine. Bewegungsfreiraum im Bad 130 x 160 cm, Freiraum links und rechts neben dem WC 40 cm, davor 130 cm. WC-Höhe 50 cm.

Das Dachgeschoss bietet zwei Schlafräume mit jeweils zwei Betten, eine Lese- und Spielecke sowie ein Gäste-WC.

Lage: Am Rande eines Ferienhausgebietes, ca. 500 m vom Ostseestrand entfernt. 300 m zu einem Café, ca. 800 m zum Schlossgut Groß Schwansee mit Restaurant und Brasserie. Für Rollis ist der Strandbereich auch ohne Stufen erreichbar. Es gibt innerhalb des ca. 15 m breiten Strandstreifens mehrere unbefestigte Zugänge (darunter zwei mit Toilettenhäuschen und einen mit Brettersteg), so dass man mit einem normalen Rollstuhl ohne Unterstützung nicht ganz ans Wasser kommt. Parallel zum Strandbereich führt ein Radwanderweg die Küste entlang. Dieser bietet immer wieder herrliche bis spektakuläre (Steilküste) Ausblicke über die Ostsee.

Preis für das Ferienhaus je nach Saison, Anzahl der Personen sowie Aufenthaltsdauer: 98,- bis 148,- € pro Tag. Die Vermietung des Hauses und die Betreuung der Gäste übernehmen wir selbst, und Sie können sich gerne auch telefonisch an uns wenden: Familie Wortmann, Lübeck (0451-6092965).

Mecklenburg-Vorpommern, Ostsee

Ferienwohnungen-Frank   23946 Ostseebad Boltenhagen

Mecklenburg-Vorpommern, Ostsee

Vermieter: Ferienwohnungen-Frank, Lemsahler Landstr. 68, 22397 Hamburg
Tel. (040) 608 33 43, Fax: (040) 608 33 44

**E-Mail: Ferienwohnungen-Frank@web.de
Internet: www.Ferienwohnungen-Frank.de
www.behinderten-hotels.de/ferienwohnungenfrank**

Zwischen Lübeck und Wismar liegt das Ostseebad Boltenhagen an einer langgestreckten Badebucht mit Sandstrand. Im Herzen von Boltenhagen werden **3 geräumige, rollstuhlgerechte Ferienwohnungen** in der Anlage „Waterkant" vermietet.

Die Wohnungen sind für Nichtraucher und zudem für Allergiker geeignet (deshalb bitte keine Haustiere). Die Ferienwohnungen sind mit Radio, DVD, W-LAN, 2 x Kabel-TV und Telefon (Festnetz innerdeutsch kostenfrei) ausgestattet.

Die im Erdgeschoss befindlichen Wohnungen sind vom Parkplatz aus ohne Stufen zu erreichen. Wohnung Nr. 7 hat in jedem Zimmer (3) ein TV-Gerät stehen. Die schwellenlos erreichbaren Terrassen sind in den Sommermonaten mit Gartenmöbeln und jeweils einem Strandkorb bestückt.

Die Ferienwohnungen wurden speziell für Rollstuhlfahrer und Familien mit Kindern erbaut und ausgestattet. Zwei Wohnungen haben je 2 Schlafzimmer und sind für 4 Erwachsene plus 1 Kleinkind ausgelegt; 1 Wohnung ist für 3 Personen geeignet.

Mecklenburg-Vorpommern, Ostsee

Sitzbadewanne für Rollstuhlfahrer

Die **DIN-gerechte Ausstattung,** nicht nur im Bad, sondern auch in Küchen- und Schlafbereich, geht in vielen Details über das normale Maß hinaus. Bäder: höhenverstellbare Waschtische, Kippspiegel, befahrbare Duschen mit Haltegriffen und Sitz, WCs mit beidseitigen Stützen; 1 Bad (WE Nr. 7) verfügt zusätzlich über eine auch für Rollstuhlfahrer geeignete **Sitzbadewanne.**

Küchen: unterfahrbar und höhenverstellbar, bequem erreichbarer Backofen mit integrierter Mikrowelle, niedrig eingebauter Kühlschrank, Geschirrspüle, großzügiger Bewegungsfreiraum und eine Geschirr-/Küchenausstattung, die auch bei längeren Kuraufenthalten keine Wünsche offen lässt.

Schlafräume: zusätzlicher Fernseher, elektrisch verstellbare Lattenroste. In den Ferienwohnungen 5 und 7 sind jeweils **zwei Betten mit höhenverstellbaren Pflegerahmen** vorhanden (ohne Seitengitter). Kleiderschränke mit Schiebetüren sowie abklappbaren Hemdliftern.

Lage: ruhig gelegen im Zentrum von Boltenhagen, ca. 70 m zum neuen Kurhaus und ca. 150 m zur Seebrücke (290 m lang). Einkaufsmöglichkeiten wie Bäcker, Drogeriemarkt und Apotheke in unmittelbarer Nähe, ein Supermarkt ist ca. 700 m entfernt. In der Appartementanlage befindet sich auch ein ausgezeichnetes Frühstückscafé.

Hilfsmittel: Es gibt die Möglichkeit, Hilfsmittel gegen Gebühr (z.B. fahrbare Galgen, WC-Rollstühle, Duschrollstühle etc.) in Klütz (Nachbarort) oder Wismar vorab telefonisch zu ordern. Die Geräte werden dann nach Absprache zur Ferienwohnung geliefert.

Preise: Hauptsaison 98,- bis 115,- € pro Tag inkl. Bettwäsche (ab Buchung 1 Woche). Kurtaxe ist für Rollstuhlfahrer (mit 100% GdB) sowie einer Begleitperson frei. Zwischensaison 81,- bis 86,- €, Nebensaison 62,- bis 68,- €. In der Nebensaison gibt es Sonderangebote: 7 Tage buchen und nur 6 Tage zahlen.

Die Ferienwohnungen sind vorbildlich rollstuhlgerecht ausgestattet.
Die Ferienwohnungen erhielten den Bundespreis in Silber und Bronze.

Mecklenburg-Vorpommern, Ostsee

Ferienwohnung Laguna-Residenz am Meer   18225 Ostseebad Kühlungsborn

Mecklenburg-Vorpommern, Ostsee

Strandstr. 36, Vermieter: Michael + Petra Theuner
Am Achterstieg 58, 18225 Kühlungsborn, Tel. (038293) 432833

E-Mail: michael-theuner@t-online.de, Internet: www.laguna-barrierefrei.de

Die Laguna Residenz am Meer ist eine einzigartige Anlage in Mediterranem Baustil mit einer Wassergartenlandschaft. Barrierefreie 52 qm Ferienwohnung für 2 bis 4 Personen, liebevoll im südländischen Stil eingerichtet, nur 250 m vom Ostseestrand entfernt.

Geeignet für Rollstuhlfahrer: Alle Türen sind 93 cm breit, Freiraum im Bad 140 x 120cm, Dusche befahrbar (1 cm Schwelle abgeflacht), stabiler Duschsitz, WC-Höhe 48 cm, Freiraum links neben WC 120 cm, davor 100 cm, Waschbecken unterfahrbar, Haltegriffe an Dusche, WC und Waschbecken vorhanden. Bettenhöhe 52 cm (Pflege-Heberahmen). Die Wohnung ist am besten für einen Rollstuhlfahrer und bis drei mitreisende Gäste geeignet. Ein örtlicher Pflegedienst kann bestellt und weitere Hilfsmittel können über ein Sanitätshaus ausgeliehen werden.

- Das Appartement ist komplett mit terrakottafarbenen Bodenfliesen ausgestattet.
- Alle Türen sind mindestens 93 cm breit.
- Das Badezimmer ist rollstuhlgerecht eingerichtet.
- Die Betten im Schlafzimmer sind erhöht und getrennt aufstellbar. Ein Bett wurde mit einem Pflege-Heberahmen ausgestattet. Kopf- und Fußteil sowie die Liegehöhe sind elektromotorisch verstellbar.
- Die Küchenzeile (Pantry) ist teilweise unterfahrbar.
- Im Wohnzimmer stehen Kabel-TV und Stereoanlage zur freien Verfügung.
- Die Wohnungstür ist mit elektrischem Öffner ausgestattet.
- Zur Wohnung gehört ein behindertengerechter Tiefgaragenstellplatz mit viel Platz zum bequemen Ein- und Aussteigen.
- Der Aufzug führt direkt zur Wohnungsebene.
- Türbreite: 90 cm, Innenmaße: 137 x 110 cm (Tiefe x Breite)
- Die Terrasse liegt ebenerdig Richtung Westen mit Blick auf den Stadtwald.
- Waschmaschine, Trockner und Sauna in der Anlage können gegen Gebühr genutzt werden.

Lage: Direkt in der Ortsmitte, Einkaufen 150 m, Arzt 400 m.

Preise: 59,- € in der Nebensaison, 79,- € in der Zwischensaison und 99,- € in der Hauptsaison.

Wir bitten um Verständnis, dass das Rauchen in der Wohnung nicht erwünscht ist.

Mecklenburg-Vorpommern, Ostsee

Ostsee Villa Anika 18225 Ostseebad Kühlungsborn

Mecklenburg-Vorpommern, Ostsee

Hermannstr. 16
Ansprechpartner: Bodo Gräning über Tel. 0381-85796 203, Fax: 0381- 85796 204, Mobil: 0179-75611150

E-Mail: info@ostsee-villa-anika.de, Internet: www.ostsee-villa-anika.de

Unsere Ferien-Villa mit ihren 5 Ferienwohnungen liegt direkt im Zentrum von Kühlungsborn West, **nur ca. 250 m vom Strand entfernt**. Die öffentliche Infrastruktur eignet sich sehr gut für einen barrierefreien Urlaub. Alle Einkaufsmöglichkeiten sind gleich um die Ecke. Die 6 km lange Strandpromenade mit direktem Blick auf die See ist faszinierend.

Geeignet für Senioren, Gehbehinderte, Rollstuhlfahrer (Elektrorollstühle nur nach persönlicher Absprache): 5 Ferienwohnungen, sehr geschmackvoll eingerichtet, (1-Raum- bis 4-Raum-Ferienwohnungen für 2 bis 6 Personen - zusätzliche Aufbettungen sind möglich). **Das Haus ist rollstuhlgeeignet, nicht rollstuhlgerecht nach DIN 18025 I+II; Im Zweifelsfall bitte nachfragen!**

Grundausstattung aller Wohnungen: Fliesenboden mit Fußbodenheizung in allen Räumen. Fön, Bügelbrett, Bügeleisen, Waschmaschine und Trockner im Haus Nr. 16 (Gebühr 5,- € je Nutzung). Kinderbett, Hochstuhl Ausleih möglich. Für die Verdunklung sorgen integrierte Alu-Jalousien. Voll ausgestattete Küche (Geschirrspüler, Mikrowelle, Kühlschrank mit Eisfach, Toaster, Wasserkocher, etc.). Die Wohnzimmer mit komfortabler Sitzgruppe, SAT-TV mit Radiofunktion, Internet über W-LAN kostenfrei, geschmackvolle, raumhoch gefliese Bäder mit stufenlos integrierten Duschen. Das Rauchen ist in den Wohnungen nicht gestattet. Haustiere dürfen leider nicht mitgebracht werden.

Parkplatz und Nebeneingang stufenlos erreichbar. Türbreite vom Eingang 81 cm, vom Aufzug 92 cm (Tiefe 145 cm, Breite 100 cm). Türbreite der Zimmer und von Du/WC 81cm. Bettenhöhe 53 cm. Bewegungsfreiraum in Du/WC 120 x 120 cm, Freiraum links und rechts neben WC 70 cm, davor 100 cm. WC-Höhe ca. 46 cm mit festem Bügelgriff links (Wohnungen Seemöwe, Strandburg, Leuchtturm) bzw. rechte Seite (Wohnungen Sonnenschein und Bernstein). **Dusche**

schwellenlos befahrbar, Duschhocker vorhanden, Waschbecken unterfahrbar.

Lage: Ortsmitte Kühlungsborn West, Einkaufsmöglichkeiten 30 m; 2 Kurarztpraxen, Apotheke, **Physiotherapie** (alles im Umkreis von 80 m), Badestrand und eine tolle Strandpromenade (250 m), Sozialstation der AWO (ca. 150 m), großer Stadtwald (50 m); **speziell ausgebauter Badesteg für Rollis** ca. 300 m entfernt, Hallenbad mit Saunalandschaft (2,5 km).

Preis je nach Wohnungsgröße, 1- bis 4-Raumwohnung. Wintersaison ab 40,- € bis 70,- €. Vor- u. Nachsaison ab 55,- € bis 110,- €. Haupt- und Urlaubssaison ab 75,- € bis 200,- €.

Mecklenburg-Vorpommern, Ostsee

Ferienhaus „Lüttgrün" Inh. Sabine Dröse   18225 Ostseebad Kühlungsborn

Mecklenburg-Vorpommern, Ostsee

Doberaner Straße 8 c, Tel. 038293 – 430 779 oder 0174 - 9101512
Internet: www.luettgruen.de
E-Mail: info@luettgruen.de
Ferienanlage mit Zertifikat „QMB Barrierefreier Tourismus in MV"

Im neu erbauten grünen Ferienhaus befinden sich in der ersten Etage zwei 2-Raum-Wohnungen und im Erdgeschoss zwei 85 qm große Dreiraumwohnungen. Diese wurden entsprechend der **DIN 18040** für Urlauber, die auf den Rollstuhl angewiesen sind, gebaut. In jeder der 3-Raum-Wohnungen stehen zwei Schlafzimmer, zwei Bäder und ein großer Küchen-Wohnbereich mit Südterrasse zur Verfügung. Die Wohnungen sind absolut stufenlos und haben breite Türen.

Von einem Schlafzimmer (ca. 18 m²) geht es direkt in das großzügig gebaute Bad. Dieses verfügt über fest installierte **Haltegriffe im Wasch-, Dusch- und Toilettenbereich** (von allen Seiten anfahrbar), einen Duschrollstuhl und eine Waschmaschine. Die **ebenerdige Dusche** misst 2,30 x 1,20 Meter.

Das Schlafzimmer verfügt über **zwei elektrische Pflegebetten** mit Galgen, zweitem TV. Für Gäste des zweiten Schlafzimmers wurde ein weiteres Bad mit Dusche, WC und Waschtisch geschaffen.

Der Wohnbereich verfügt über eine komplett ausgestattete Küche mit Backofen, Geschirrspüler, Kaffeemaschine, Wasserkocher, Toaster, etc.. Das Wohnzimmer ist mit Flach-TV, Radio und einen elektrischen Fernsehsessel ausgestattet. Die Terrasse ist mit einem Strandkorb und Terrassenmöbeln bestückt.

Hilfsmittel: Auf Wunsch stellen wir Ihnen Lifter, WC-Stuhl, Rollstuhl oder Rollator im Ausleih **kostenlos** zur Verfügung.

Auf dem Gelände sind außerdem vorhanden: Spiel-, Bolz- und Grillplatz, Tischtennisplatte, kleines Sport- und Saunahaus mit Bio-Sauna, Infrarotkabine und Solarium sowie Liegewiese mit Strandkörben.

Preis für eine Ferienwohnung pro Tag in der Vor- und Nachsaison 70,00 €, Zwischensaison 80,00 €, Hauptsaison 90,00 €. Die Preise beinhalten die Endreinigung, Wäschepaket und einen Parkplatz. Bei Abreise erfolgt eine Abrechnung des Eigenverbrauchs über die Verbrauchszähler.

Ausflüge: Größere Städte im Umkreis wie Wismar, Güstrow, Rostock, Stralsund versprechen einen interessanten Urlaub. Gern helfe ich Ihnen bei der Planung und gebe Tipps.

Ferienanlage Dröse

18225 Ostseebad Kühlungsborn

Mecklenburg-Vorpommern, Ostsee

Ramona Pasbrig und Christian Boelter, Doberaner Straße 8, Tel. 038293 – 17380
Internet: www.ferienanlage24.de
E-Mail: info@ferienwohnungen-in-kuehlungsborn.de

**Ferienanlage mit Zertifikat
„Qualitätsmanagement Barrierefreier Tourismus in MV"**

Eingebettet in **5.000 qm gepflegtes Gartenland** finden Sie unsere Ferienwohnungen in **Kühlungsborn-Ost.** Im Grünen Wohnen, Ruhe und Entspannung finden und doch **auf kurzen Wegen** den Strand und Yachthafen (480 m), das Zentrum (300 m) und das Einkaufszentrum (200 m) erreichen, zeichnet unsere Anlage aus.

Angeboten werden moderne und komfortable **2-, 3- und 4-Raum-Wohnungen** mit TV, Radio, Balkon oder Terrasse.

Geeignet für Rollstuhlfahrer: drei ebenerdige Wohnungen, zwischen 85 und 130 qm, alle mit 2 Schlafzimmern, **teilweise mit zwei Bädern,** Wohnzimmer, Küche und Terrasse. Die Bäder sind sehr großzügig gestaltet, haben entweder fest installierte Duschsitze oder **fahrbare Duschrollstühle** sowie fest installierte Haltegriffe im Wasch-, Toiletten- und Duschbereich. Alle Wohnungen sind absolut stufenlos und verfügen über erforderlich breite Türen.

Auf Wunsch stellen wir Ihnen auch Lifter zur Verfügung.

In allen Wohnungen sind zwei bis drei **elektrische Pflegebetten** vorhanden. Zu jeder Wohnung gehört ein **extra breiter Parkplatz.**

Die 130 qm große Wohnung bietet ideale Möglichkeiten für **Gruppenreisen.** Gewohnt wird in weiteren Wohnungen und das Wohnzimmer (60 qm) kann bestens für die gemeinsamen Zusammenkünfte genutzt werden.

In der **Anlage weiter vorhanden** sind: ein Spiel-, Bolz- und Grillplatz, eine Tischtennisplatte, kleines Sport- und Saunahaus mit Sauna, Infrarotkabine und Solarium, Liegewiese mit Strandkörben.

Weitere Informationen über **Ausflugsziele und Aktivitäten für Rollis** entnehmen Sie bitte unserer Homepage.

Preise: Vor- und Nachsaison ab 60,- € bis 70,- €, Zwischensaison ab 70,- € bis 85,- €, Hauptsaison ab 80,- € bis 95,- €. Verpflegung auf Wunsch möglich, Frühstück 7,50 € pro Person, Halbpension 18,- € pro Person. Gegen Gebühr: Waschmaschine, Sauna, Solarium und Infrarotkabine.

Mecklenburg-Vorpommern, Ostsee

Hotel Strand26

Strandstraße 26, Tel. (038203) 73890
E-Mail: hotel@strand26.de
Internet: www.strand26.de

18211 Ostseebad Nienhagen

Mecklenburg-Vorpommern, Ostsee

Mitten im Herzen Nienhagens erwartet Sie im Hotel Strand26 ein einzigartiges Ambiente, in dem Tradition und Moderne geschmackvoll vereint werden. Die hellen, freundlichen Hotelzimmer besitzen eine erstklassige Ausstattung mit komfortablen Boxspringbetten und feinen dänischen Echtholzmöbeln.

Es ist **das einzige komplett rollstuhlgerecht gebaute Hotel an der deutschen Ostseeküste**. Es verfügt über eine Rezeption, Aufzug und ein Frühstücksrestaurant. Parkplätze befinden sich direkt am Haus. WLAN kostenlos im gesamten Gebäude. Insgesamt 27 Zimmer, alle sind barrierefrei ausgestattet.

Die barrierefreie Gestaltung des Hotels kommt nicht nur behinderten Menschen zugute. Auch Menschen ohne Handicap, insbesondere Familien mit kleinen Kindern, Reisende mit schwerem Gepäck sowie ältere Gäste profitieren von ausreichenden Türbreiten, geräumigen Zimmern, bodengleichen Duschen, breiten, stufenlosen Fluren und Zuwegen sowie dem Fahrstuhl. Barrierefreiheit wird so zum Qualitätsmerkmal für alle Reisenden. Parkplatz, Eingang, Rezeption, Frühstücksraum, Restaurant sind stufenlos erreichbar; ebenso die Zimmer (mit dem Aufzug). Türbreite vom Aufzug 90 cm (Tiefe 140 cm, Breite 110 cm).

Foto © Thilo Evert

Mecklenburg-Vorpommern, Ostsee

Restaurant

So wohnen Sie: Die modernen und freundlich ein gerichteten Zimmer haben Parkettboden, bequeme Boxspringbetten, Flatscreen-TV, WLAN (kostenlos), Kühlschrank, Schreibtisch, Telefon, Sitzmöglichkeit und Verdunklungsvorhänge. Einige Zimmer verfügen über einen Balkon mit rollstuhlgerechtem Zugang und Blick auf den "Gespensterwald". Bad mit befahrbarer Dusche, Haltegriff im Duschbereich, einseitig feste oder beidseitig klappbare Haltegriffe am WC, unterfahrbares Waschbecken, Kosmetikspiegel und Fön. Der Freiraum im Bad beträgt 130 x 150 cm.

Lage: Zentrale Lage im anerkannten Ostseebad Nienhagen. Hier finden Sie einwandfreie Luft- und Wasserqualität sowie gepflegte und bewachte Strände. Das Hotel ist idealer Ausgangspunkt zur Erkundung der Ostseeregion rund um Bad Doberan. Freuen Sie sich auf ein Urlaubserlebnis, bei dem Sie Ruhe und Entspannung finden. Den Strand erreichen Sie über eine Rampe in ca. 300 m. Ein Geschäft mit kleineren Einkaufsmöglichkeiten finden Sie in direkter Umgebung.

Freizeitangebote: Zahlreiche Freizeitmöglichkeiten in der Region: Museen, historische Orte, beeindruckende Kirchen, Ausflugsfahrten per Schiff, Erlebnisparks usw. In den Sommermonaten **Strandrollstuhlverleih** am Strand von Nienhagen. Tagesausflüge mit dem eigenen Pkw nach Rostock-Warnemünde oder Kühlungsborn jeweils nur ca. 20 km entfernt). Die Insel Poel und die Hansestadt Wismar erreichen Sie ebenfalls in nur einer Stunde Fahrtzeit mit dem Auto. Wenn Sie nicht selbst fahren möchten: ein perfekt auf die Bedürfnisse von Rollstuhlreisenden abgestimmtes, individuelles Ausflugsprogramm wird über einen Kooperationspartner angeboten.

Pflege: lokaler ambulanter Pflegedienst vor Ort (nach vorheriger Anmeldung und gegen Gebühr).

Preis pro Zimmer und Nacht bei einem Mindestaufenthalt von 5 Übernachtungen je nach Saison EZ 70,- bis 95,- €, DZ 90,- bis 130,- €; das Frühstück wird extra berechnet.

Mecklenburg-Vorpommern, Ostsee, Hansestadt Rostock

Hotel Sportforum
- Reisen und Erleben in Rostock -

18057 Rostock

Mecklenburg-Vorpommern, Ostsee, Hansestadt Rostock

Kopernikusstraße 17A, Tel.: (0381) 128848-0, Fax: (0381) 128848-122
E-Mail: willkommen@hotelsportforum.de, Internet: www.hotelsportforum.com

Genießen Sie Ihren Aufenthalt, ruhig und dennoch zentral gelegen. Unser Haus ist weitgehend barrierefrei und wurde im Jahr 2016 mit dem Goldenen Rollstuhl ausgezeichnet.

Willkommen in Europas größtem Integrationshotel - erleben Sie die Herzlichkeit unserer Mitarbeiter mit und ohne Handicap.

Das HotelSportforum mit seinen 91 Gästezimmern bietet viele rollstuhlgerechte Zimmer und ist damit sehr gut auch für Gruppen geeignet. Der Weg vom Parkplatz zum Gebäudeeingang ist barrierefrei. Mit dem Aufzug (Türbreite 110 cm, Tiefe 140 cm, Breite 120 cm) erreichen die Gäste Rezeption, Frühstücksraum, Restaurant und die Gästezimmer.

Sehr gut geeignet für Rollstuhlfahrer, Behindertensportler, Gruppen, Sportgruppen, Menschen mit Behinderung. 9 Zimmer mit Du/WC sind rollstuhlgeeignet, alle 91 Zimmer sind barrierefrei erreichbar. Türbreiten der rollstuhlgeeigneten Zimmer und Du/WC 90 cm. Bettenhöhe 52 cm (elektrisch höhenverstellbare Betten vorhanden). Bewegungsfreiraum in Du/WC 160 x 160 cm. Freiraum links und rechts neben WC 95 cm, davor 160 cm. WC-Höhe 52 cm (Toilettenaufsatz bei Bedarf vorhanden). Haltegriffe links und rechts neben WC. Dusche befahrbar, Duschhocker und stabile Haltegriffe vorhanden. Waschbecken unterfahrbar, Spiegel für Rollifahrer einsehbar (reicht bis Waschbeckenkante). Notruf ist ebenfalls vorhanden. Selbstverständlich wird bei Anfrage auch ein Pflegedienst organisiert.

Im RestaurantAuszeit finden Sie eine entspannte Atmosphäre und regionale Produkte, frisch und sportlich interpretiert. Nicht nur Ernährungspläne für Sportler, auch kulinarische Experimente und moderne Küche machen das Restaurant „Auszeit" zum Treffpunkt für Alle.

In der BarNachspielzeit können Sie nachmittags einen Cappuccino zu sich nehmen oder abends den Tag bei gutem Wein oder frisch gezapftem Bier und Snacks ausklingen lassen.

Sechs lichtdurchflutete Tagungsräume von 20 bis 130 m² bieten Platz für Seminare, Konferenzen und Veranstaltungen. Individuelle Bestuhlung nach Bedarf sowie auf Wunsch Catering und zusätzliche technische Ausstattung.

Lage: Die Umgebung ist sehr flach, kaum Steigungen vorhanden. Der ÖPNV in Rostock ist rollstuhlgerecht. Zum barrierefreien Strand im Ostseebad Warnemünde sind es nur wenige Kilometer, zum Rostocker Zoo mit dem spektakulären Evolutionserlebnis Darwineum nur wenige Minuten. Mehr Informationen zu barrierefreien Ausflugszielen unter www.barrierefrei.m-vp.de mit dem Suchwort „Rostock".

Entfernungen: Zur Stadtmitte 3,5 km; Sportanlagen 100 m, Hallenbad 300 m; Einkaufsmöglichkeiten, Arzt 500 m; Apotheke 700 m; Krankenhaus 900 m; Ostsee 12 km. Sportstätten wie Schwimmhalle, Eishalle, Fußballstadion, Handballarena, Laufbahnen und der Barnstorfer Wald mit Laufstrecken sind nur wenige Meter entfernt.

Preise: EZ ab 59,- € inkl. Frühstück, DZ ab 79,- € inkl. Frühstück.

Mecklenburg-Vorpommern, Ostsee, *Insel Rügen*

Ferienwohnung „Sommertag" **** superior
Villa Wauzi   18586 Ostseebad Baabe / Insel Rügen

Strandstraße 33   *Mecklenburg-Vorpommern, Ostsee, Insel Rügen*
Vermieter: Magdalena & Marcel Werner, Friedenstraße 14, 40219 Düsseldorf
Tel.: (0211) 781 791 22, Fax: (0211) 938 969 61
E-Mail: info@fewo-villa-wauzi.de,   Internet: www.fewo-villa-wauzi.de
Barrierefrei - rollstuhlgerecht - behindertengerecht:
Ein unvergessliches Urlaubserlebnis für Menschen mit Handicap hat für uns oberste Priorität.

Die 2003 erbaute rollstuhlgerechte 4 Sterne Superior „Villa Wauzi" (DEHOGA Klassifizierung) mit nur 9 Einheiten befindet sich direkt an der Strandstraße, der Flaniermeile von Baabe mit ihren einladenden Cafés und Restaurants, auf der Insel Rügen.

Das Appartement liegt auf der ruhigen Rückseite der „Villa Wauzi" mit Blick ins Grüne. Auf dem Balkon, mit direkter Mittags- bis Nachmittagssonne, können Sie die Seele baumeln lassen.

In nur zwei Minuten erreichen Sie nach ca. 150 m den gepflegten, sehr breiten und feinsandigen, barrierefrei zugänglichen Sandstrand der Ostsee.

Bei der Konzeptionierung und Erbauung der „Villa Wauzi" wurde von Anfang an auf **Barrierefreiheit nach DIN 18024 und 18025** geachtet. Der Zugang zum Gebäude selbst ist durch eine elektrische Eingangstür und Aufzug zum Appartement für Rollstuhlfahrer einfach zu bewältigen. Das Appartement „Sommertag" verfügt über einen Wohn/Schlafbereich

mit unterfahrbarer Küchenzeile (insg. 25,57 m²), ein rollstuhlgerechtes Badezimmer mit befahrbarem Duschbereich, unterfahrbarem Waschbecken und Haltegriffen am WC (insg. 10,36 m²), einen Balkon (2,79 m Breite, 1,55 m Tiefe) und einen Ankleideraum (3,74 m²). Es besticht durch eine hochwertige aufeinander abgestimmte Ausstattung. Alle Räume sind lichtdurchflutet und in freundlichen hellen Farben gehalten. Ein Pflegedienst bzw. weitere Hilfsmittel können vermittelt werden.

Mit besonderer Sorgfalt haben wir bei der Einrichtung auf die Belange von Gästen im Rollstuhl geachtet. Entsprechende Türbreiten, Ausstattung des Badezimmers, des Schlafzimmers, der Küchenzeile sowie Platzbedarf zum Wenden etc. garantieren eine größtmögliche Unabhängigkeit. Alle Räume inkl. Balkon sind schwellenlos. Genießen Sie Ihren Urlaub in einem großzügigen sowie gemütlichen Appartement. Entspannen Sie nach einem sonnigen Tag am Strand unter der einladenden Regenwalddusche oder erfahren Sie die Annehmlichkeiten der „Villa Wauzi".

Preis pro Nacht: Vorsaison 59,- €, Zwischensaison 79,- €, Hauptsaison 110,- €.

Im Preis sind folgende Leistungen enthalten: PKW Stellplatz, WAN/Internet, bezogene Betten, Erstausstattung von Verbrauchsartikeln wie Toilettenpapier, Duschbad, Seife, Küchenrolle, Spülmittel, Portion Spülmaschinentabs, Müllbeutel. Handtücher, Badetücher und Geschirrtücher. Waschmaschine gegen Gebühr (0,50 € / 30 Minuten).

Mecklenburg-Vorpommern, Ostsee, *Insel Rügen*

Familien- und Gesundheitshotel
Villa Sano ***superior

18586 Ostseebad Baabe / Insel Rügen

Mecklenburg-Vorpommern, Ostsee, Insel Rügen

Strandstraße 12-14,
Tel. (038303) 1266-0, Fax: (038303) 1266-999
E-Mail: baabe@villasano.de
Internet: www.villasano.de

Barrierefreiheit geprüft

Das Team des Familien- & Gesundheitshotels Villa Sano ist für Sie da: Hier fühlt man sich sofort wie zu Hause! - Familien- und Wellnessurlaub vereint unter einem Dach.

Service und herzliche Freundlichkeit sind für uns selbstverständlich. Kinder werden liebevoll und umfassend in der „**Villa Kunterbunt**" betreut, während die Erwachsenen bei einer der Wellnessarrangements sich rundum verwöhnen lassen können.

In nur fünf Minuten erreicht man den feinsandigen Ostseestrand. Der breite Sandstrand ist bequem zu erreichen. Flache Zugänge ermöglichen es auch Menschen mit Mobilitätseinschränkung, Erholung am eineinhalb Kilometer langen Strandabschnitt des Ostseebades zu genießen.

Außerdem: Garage für Pkw, kostenfreie Busparkplätze in der Nähe, Kinderbetreuung ab 3 Jahren, Fahrradverleih im Ort, **Kosmare, Wellnesslandschaft** mit Tauchbecken, Schwallduschen, Kneippbecken sowie einem Ruhebereich. Haustiere sind auf Anfrage (gegen Gebühr) erlaubt.

Das Hotel verfügt über 60 Doppelzimmer, Komfort-Doppelzimmer, Familienzimmer und Komfort-Familienzimmer. Einige der Doppelzimmer lassen sich bei Bedarf, zum Beispiel wenn Kinder mitreisen, durch eine Verbindungstür zusammenlegen. Alle sind Nichtraucherzimmer und einige Zimmer

Mecklenburg-Vorpommern, Ostsee, *Insel Rügen*

verfügen über Besonderheiten, die den Bedürfnissen von Menschen mit Behinderungen und Allergien entsprechen.

Barrierefreiheit: 6 Zimmer mit Badezimmer sind für Rollstuhlfahrer geeignet. Diese Zimmer sowie Parkplatz, Eingang, Rezeption, Frühstücksraum und Restaurant sind stufenlos erreichbar.

Weitere Fakten: Türbreite vom Aufzug 90 cm (Tiefe 210 cm, Breite 100 cm). Türbreite der Zimmer 90 cm, von Dusche/WC 85 cm, Bettenhöhe 50 cm. Bewegungsfreiraum in Du/WC 130 x 150 cm. Links und rechts neben dem WC befinden sich Haltegriffe. Freiraum vor dem WC 100 cm, WC-Höhe 47 cm. Die Dusche ist schwellenlos befahrbar, das Waschbecken mit dem Rollstuhl unterfahrbar. Ein stabiler Duschwandsitz, kippbarer Spiegel über dem Waschbecken sowie Notruf sind vorhanden.

Zentrale Lage: Das Hotel liegt mitten im Ostseebad Baabe, nur 500 m vom Ostseestrand und wenige Minuten von der Kleinbahn „Rasender Roland" entfernt. Einkaufsmöglichkeiten 200 m; Arzt 100 m; Apotheke 2 km; Hallenbad 1,5 km. Der Ort selbst sowie der Strand sind ebenerdig und mit dem Rollstuhl gut zu erreichen.

Preise 2018/2019 pro Person/Nacht, je nach Saison mit Halbpension inkl. Getränke zum Abendessen und Saunanutzung: **Doppelzimmer** 60,- bis 80,- €, **Komfortzimmer** 75,- bis 95,- €, **Familienzimmer** 80,- bis 100,- €, **Familienzimmer Komfort** 85,- bis 105,- €. Kinder im Zimmer der Eltern sind von 0-2 Jahren frei, danach gestaffelt. Einzelzimmerzuschlag 20,- € pro Nacht, Haustiere 8,- € pro Nacht (auf Anfrage), Tiefgarage 5,- bis 8,- € pro Nacht (mit Anmeldung).

Haben Sie noch weitere Fragen? Schreiben Sie uns eine E-Mail: baabe@villasano.de

Mecklenburg-Vorpommern, Ostsee, Insel Rügen

Ferienappartement Villa Wauzi	18586 Ostseebad Baabe / Insel Rügen

Mecklenburg-Vorpommern, Ostsee, Insel Rügen

Strandstraße 33, Vermieter: Michael + Petra Theuner
Am Achterstieg 58, 18225 Kühlungsborn, Telefon-Nr. 038293 432833

E-Mail: michael-theuner@t-online.de, Internet: www.laguna-barrierefrei.de

Das rollstuhlgerechte Appartementhaus Villa Wauzi mit nur 9 Einheiten liegt direkt an der Flaniermeile, der Strandstraße im Ostseebad Baabe. Die Ferienwohnung bietet Ihnen eine hochwertige Ausstattung und verfügt über einen Balkon, auf dem Sie die Seele baumeln lassen können. Durch die zentrale Lage sticht das im mediterranen Stil erbaute Haus besonders heraus.

Die Wohnung ist rollstuhlgerecht und es sind nur 150 Meter bis zum feinsandigen weißen Strand. Der Freiraum am WC (Höhe 48 cm) beträgt rechts zur Wand 42 cm, links zum Waschbecken 140 cm und davor 100 cm. Haltegriffe zum Umsetzen befinden sich am WC und in der Dusche. Zur Wohnung gehört ein eigener Stellplatz direkt hinter dem Haus.

- Rollstuhlgerecht nach DIN 18024 und 18025, Türbreiten mindestens 95 cm.
- Nichtraucherwohnung im 1. Obergeschoß (mit dem Fahrstuhl zu erreichen).
- Ausgestattet mit eleganter Möblierung in warmer Farbgebung, die ein mediterranes Flair von Sonne und Meer verbreiten.
- Ca. 43 qm für 2 Personen.
- Kombinierter Wohn-/Schlafraum mit integrierter Küchenzeile.
- Schlafbereich mit zwei hochwertigen Seniorenbetten (Liegefläche je 90 cm x 200 cm; Matratzenhöhe 54 cm) ein Bett wurde mit einem Pflege-Heberahmen (Bett-im-Bett-Prinzip) ausgestattet. Rücken- und Oberschenkellehne sowie die Liegehöhe sind elektromotorisch verstellbar. Die Unterschenkellehne ist manuell über Rasterung absenkbar. Über dem Bett kann ein Aufrichter mit Triangel montiert werden. Es gibt je zwei Nachtische und Tischlampen.
- Rollstuhlgerechtes Tageslicht-Bad (ca. 11 qm) mit ebenerdig befahrbarer Dusche, Duschklappsitz, Haltegriffe an Dusche sowie WC, Waschbecken unterfahrbar, Spiegel in Sitzposition einsehbar und Waschmaschine.
- Kleiderschrank mit Zimmersafe, Garderobe, Koffer- und Schuhständer.
- Voll eingerichtete Küchenzeile mit Geschirrspüler, Kühlschrank, Ceran-Feld mit 4 Koch-feldern, Dunstabzugshaube, Mikrowelle, Kaffeemaschine, Spüle sowie diverse Küchenutensilien (Herd und Spüle sind unterfahrbar).
- LCD-Flachbildfernseher mit Satellitenreceiver.
- Internetzugang (WLAN-Anschluss) inklusive.
- Überdachter und bestuhlter Balkon (zur Westseite mit Nachmittagssonne).
- Batterie- und Abstellraum mit Anschluss bzw. Ladestation für Elektrorollstühle etc.
- Sitzecke und Grillmöglichkeit im Garten; Abstellraum für Fahrräder.
- Haustiere sind nicht erwünscht.

Lage: Zum feinsandigen Strand sind es 150 Meter, die Wege und Straßen im Ostseebad Baabe sind flach und eben. Durch die zentrale Lage der Villa Wauzi sind alle wichtigen Geschäfte, Restaurants, Kleinbahnhof, Ärzte etc. auf kurzem Wege erreichbar. Die nächsten Fernbahnhöfe befinden sich in Bergen und in Binz.

Preise: 59,- € in der Nebensaison; 79,-€ in der Zwischensaison und 99,-€ in der Hauptsaison.

Mecklenburg-Vorpommern, Ostsee, Insel Rügen

Gasthaus und Pension „Zur Schaabe"   18551 Glowe / Insel Rügen

Mecklenburg-Vorpommern, Ostsee, Insel Rügen

Hauptstr. 15, Tel. (038302) 7100, Fax: (03802) 71033
E-Mail: pension-zur-schaabe@t-online.de
Internet: www.schaabe.de

Die Gastgeber haben mit dem Gasthaus und Pension „Zur Schaabe" wirklich ein kleines Paradies zum Verweilen geschaffen. 21 Zimmer stehen den Gästen zur Verfügung, davon **6 zertifizierte, rollstuhlgerechte Zimmer** im EG, stufenlos erreichbar. Einige Eckdaten: Türbreite der Zimmer 100 cm, von Du/WC 95 cm. Freiraum in Du/WC 150 x 150 cm. Freiraum links neben WC 150 cm, rechts 40 cm, davor 100 cm. Haltegriffe teils links, teils rechts neben WC. Dusche mit dem Rollstuhl befahrbar (eine niedrige Schwelle). Fest-montierter Duschsitz vorhanden. Waschbecken unterfahrbar.

Lage: Das alte Fischerdorf Glowe im Nordosten der Insel Rügen am Eingang der 8 km langen Schaabe ist ein idealer Ausgangspunkt sowohl für maritime Erlebnisse als auch für (Rad-) Wanderungen und Ausflüge. Der Name „Glowe" stammt aus dem Wendischen. „Gluowa" oder „Glova" bedeutet Kopf, denn Glowe war mit seinem 9 m hohen „Königshörn" (ein Jungmoränenkopf) das Haupt von Jasmund, dem nordöstlichen Inselteil von Rügen. Die Ortschaft Glowe ist durch slawische Erstbesiedlung um oder auf dem Königshörn entstanden und wurde um das Jahr 1314 erstmals urkundlich erwähnt.

Entfernungen: Zur Ortsmitte und zur Ostsee 200 m; Einkaufen 200 m; Hallenbad 4 km; Arzt, Apotheke, Bahnhof 9 km.

Hauptstraße, Rad- und Fußwege sind neu und barrierefrei fertiggestellt.

Die Strandpromenade ist vom Kurplatz bis zum Segelhafen ebenfalls barrierefrei. Leichte Steigung zur Strandpromenade.

Freizeit vor Ort: Angelfahrten auf der Ostsee vom Hafen aus möglich (Dorsch, Lachs), Fahrradverleih. Angeboten werden außerdem Fahrten nach Hiddensee, Rügen Rundfahrten und zum Kap Arkona vom Glower Hafen. Sehr beliebt sind auch die **Störtebeker Festspiele** in Ralswiek, Segeln oder Surfen, aber auch Radfahren und Handbiken, denn in den letzten Jahren wurde das Radwandernetz immer weiter ausgebaut. Die Pension „Zur Schaabe" ist dabei ein guter Anlaufpunkt, da der Radwanderweg direkt an der Pension verläuft. Weitere Freizeitmöglichkeiten: Spaß und Entspannung im SPA des Precise Resort, Ausflug zum Naturerbezentrum in Prora oder Nationalparkzentrum am Königstuhl.

Preise: In der Hauptsaison Doppelzimmer inkl. Frühstück ab 75,- €. In der Vor- und Nachsaison Doppelzimmer inkl. Frühstück ab 45,- €.

Bitte achten Sie auf unsere Angebote im Internet!

Mecklenburg-Vorpommern, Ostsee, **Insel Rügen**

| Hotel Hanseatic Rügen und Villen | 18586 Ostseebad Göhren / Insel Rügen |

Mecklenburg-Vorpommern, Ostsee, Insel Rügen

AH Hanseatic Hotelbetriebs GmbH
Nordperdstr. 2, Tel. (038308) 515, Fax: (038308) 51600
E-Mail: info@hotel-hanseatic.de, Internet: www.hotel-hanseatic.de

Das Hotel liegt auf dem höchsten Punkt einer ins Meer ragenden Landzunge, sodass die meisten eleganten, komfortabel und geschmackvoll eingerichteten Zimmer und Suiten einen überwältigenden Blick auf Insel und Meer bieten. Allergikerfreundliche, behindertenfreundliche und behindertengerechte Zimmer, alles Nichtraucherzimmer. Tagungs- und Veranstaltungsräume. Rollstuhlfahrer benötigen für den Weg vom Hotel zum Strand oder in den Ort einen Zusatzantrieb, z.B. E-Fix oder sonstige Schiebehilfe.

Weitere Angebote des Hotels: Kunstgalerie, Hausbibliothek, Á-la-carte-Restaurant, Bistro, Terrassencafé, Turmcafé, Hotelbar „Maritim". **Aussichtsturm mit Panoramablick.** Aktionsräume für Kinder. **Umfassende Wellness-Einrichtungen mit Erlebnisschwimmbad** mit Gegenstromanlage, Massagedüsen, Saunaland, **Vital-Center** mit Bäderabteilung, **Kur- und Heilbehandlungen** mit kassenärztlicher Zulassung, Fitness-Studio, u.v.m. Sehr guter Hotelservice und sehr gute Ausstattung.

Parkplatz, Eingang, Tagungsräume und Rezeption sind stufenlos erreichbar; Frühstücksraum und Restaurant mit Rampe, Behindertenzimmer mit dem Aufzug. Türbreite vom Aufzug 90 cm (Tiefe 145 cm, Breite 110 cm).

Geeignet für Rollstuhlfahrer: 2 Zimmer mit Du/WC. Türbreite von Zimmer 90 cm, von Du/WC 85 cm. Bettenhöhe 50 cm. Bewegungsfreiraum in Du/WC 140 x 140 cm. Freiraum links neben WC 77 cm, davor 100 cm, WC-Höhe 42 cm. Dusche befahrbar, Waschbecken unterfahrbar. Duschsitz, Notruf, Haltegriffe an Dusche und WC vorhanden.

Lage: Parkähnliches Grundstück, unmittelbare Nähe zum Ortszentrum (ca. 3 Gehminuten). Ruhige und erholsame Lage im Biosphärenreservat. Traumhafter Ausblick auf Insel und Meer. Unmittelbare Strandnähe (ca. 4 Gehminuten). Umgebung hügelig, Schiebehilfe oder E-Fix-Zusatzantrieb erforderlich; Weg zum Strand ohne Stufen.

Entfernungen: Zur Ortsmitte 300 m; Bahnhof 500 m; Einkaufen, Arzt und Apotheke 200 m.

Preise pro Person je nach Saison: Einzelzimmer 84,- bis 159,- €; Doppelzimmer (ab 2 Personen) 49,- bis 99,- €; Junior-Suite (ab 2 Pers.) 85,- bis 119,- €; Halbpension 25,- €. Hunde willkommen (20,- € pro Tier/Tag).

Ausführliches Programm und weitere Preise auf Anfrage oder im Internet.

Mecklenburg-Vorpommern, Ostsee, **Am Strelasund / Stralsund**

Hotel Rügenblick   18435 Stralsund

Mecklenburg-Vorpommern, am Strelasund, vor Rügen

Große Parower Str. 133, Tel. (03831) 3569 390, Fax: (03831) 3569 39 199
E-Mail: rezeption@hotel-ruegenblick.de, Internet: www.hotel-ruegenblick.de

Genießen Sie erholsame Tage in unserem barrierefreien Nichtraucherhotel. Unser Haus liegt unmittelbar am Strelasund in einer parkähnlichen Anlage, die natürlich auch barrierefrei zu erleben ist. Mit 90 Betten in 44 großzügigen Zimmern unterschiedlichster Kategorie werden wir Ihren Ansprüchen sicher gerecht. Das **Qualitätssiegel für barrierefreien Tourismus des Landes M-V** tragen wir als eines der ersten Häuser unserer Stadt. Seit 2015 tragen wir zudem das bundesweite Prüfsiegel „Reisen für alle", das die bundesweiten Standards für Barrierefreiheit dokumentiert.

Unsere Zimmerausstattung entspricht einem 3-Sterne-Standard. Direktwahltelefon, Kabel-TV und kostenfreier Internetzugang gehören zu unserem Standard. Ein anspruchsvolles Frühstücksbuffet servieren wir Ihnen in einem der beiden Frühstücksräume oder gerne auch auf unserer Terrasse. Kostenfreie Parkplätze befinden sich direkt hinter dem Haus.

Der Eingang ist barrierefrei oder über eine kleine Rampe zu erreichen. Frühstücksraum und Restaurant sind stufenlos, Zimmer stufenlos bzw. mit dem Aufzug (Türbreite 90 cm, Tiefe 140 cm, Breite 110 cm). Hilfsmittel können nach Absprache bereitgestellt werden.

Geeignet für Rollstuhlfahrer: 5 großzügige Zimmer mit Du/WC und 2 Appartements. Türbreite der Zimmer und Bad 90 cm, Bewegungsfreiraum in Du/WC 120 x 120 cm. Freiraum links, rechts und vor dem WC 80 cm, Haltegriffe links und rechts neben dem WC. Sitzerhöhung möglich. Duschbereich schwellenlos. Notruf, fest montierter Duschsitz und Duschhocker vorhanden. Das behindertengerechte Appartement hat einen getrennten Wohn- und Schlafraum, Pantryküche und Dusche/WC.

Über unsere umfangreichen Freizeitangebote informiert Sie unsere Rezeption – auf Wunsch senden wir Ihnen gern die Broschüre „Urlaub für alle – barrierefrei durch die Hansestadt Stralsund" zu.

Lage und Sehenswürdigkeiten: Das Hotel liegt direkt im Norden der Stadt, auf dem historischen Gelände der ehemaligen Schwedenschanze. Es ist sehr ruhig und dennoch zentral gelegen. Stralsund ist als Ausgangsort für Wanderungen und für Erkundungstouren über die schöne Insel Rügen bestens geeignet. Mit Auto, Bahn oder Bus haben Sie beste Verkehrsanbindungen in alle Richtungen.

Entfernungen: Stadtmitte 3 km; Apotheke 100 m, Strandbad, Supermarkt und Klinik 500 m, Bahnhof 4 km, Bus Linie 4 100 m, A 20 25 km.

Zimmerpreise: EZ ab 49,- €, DZ ab 65,- €, Frühstücksbuffet für 10,50 €.

Mecklenburg-Vorpommern, Ostsee, **Insel Usedom**

Appartementhaus „Ostseewelle"	17419 Ahlbeck (Seebad) / Insel Usedom
	Mecklenburg-Vorpommern, Ostsee, Insel Usedom

Dirk und Katrin Miedke, Strandstr. 9, Tel. (03836) 204000, Fax: (03836) 202036
E-Mail: info@fewo-ostseewelle.de
Internet: www.fewo-ostseewelle.de

Das Ferienhaus mit 5 Wohnungen befindet sich in der Strandstraße von Ahlbeck - nur wenige Meter von der Strandpromenade und vom idyllischen feinsandigen Badestrand entfernt. Hier finden Sie liebevoll, modern und geschmackvoll eingerichtete Appartements für 2 bis max. 7 Personen. Alle Appartements sind mit hochwertigem Eicheparkett und exklusiven Möbeln ausgestattet. Der eigene Kaminofen rundet das Wohlfühlerlebnis ab.

Alle Wohnungen (Nichtraucherwohnungen) im Ferienhaus haben moderne Küchen, W-LAN, TV/Radio mit CD-Player. Pro Wohnung steht ein Parkplatz zur Verfügung. Wetterfeste Unterstellmöglichkeit für mitgebrachte Fahrräder oder Sportgeräte.

Geeignet für Rollstuhlfahrer: 2 Ferienwohnungen im EG.

Wohnung 1: 68 m², für 4 Personen. Wohnzimmer mit angrenzender, komplett ausgestatteter Küche, 2 Schlafzimmer mit Doppelbett, Bad, Kaminofen und eine Logia.

Wohnung 2: 57 m², für 2 Personen. Wohnzimmer mit angrenzender, komplett ausgestatteter Küche, ein Schlafzimmer mit Doppelbett, Bad, Kaminofen und Logia.

Türbreiten der Zimmer und von Du/WC 94 cm, Bettenhöhe 47cm. Bewegungsfreiraum in Du/WC von Whg. 1 = 100 x 130 cm, Freiraum links und rechts neben WC 40cm, davor 100 cm (in Whg. 2 sind Bewegungsfreiraum in Du/WC und Freiraum neben WC geringer). WC-Höhe 45 cm, Stützgriffe in Whg. 1 links und rechts neben dem WC, Duschbereich schwellenlos befahrbar, Duschhocker vorhanden, Waschbecken unterfahrbar.

Lage/Entfernungen: Zur Ortsmitte 500 m, zur Ostsee 100 m, Einkaufsmöglichkeiten 100 m, Rehaklinik 600 m, Arzt 500 m, Apotheke 600 m, Hallenbad 1,5 km.

Preise: Wohnung I für 4 Personen je nach Saison ab 65,- € pro Tag, Wohnung II für 2 Personen je nach Saison ab 58,- € pro Tag. Bitte rufen Sie uns an, um den ganau zu zahlenden Preis zu Ihrem Wunschtermin zu erfahren.

Mecklenburg-Vorpommern, Ostsee, **Insel Usedom**

MARITIM
Hotel Kaiserhof Heringsdorf

Durch das individuelle Design erhält der Kaiserhof eine helle, freundliche Atmosphäre, die von Gästen sehr geschätzt wird. Das Restaurant Palmengarten ist kommunikativer und kulinarischer Treffpunkt und das Herzstück unseres Hauses, das sie über den Fahrstuhl erreichen können. Sie wohnen direkt an der Strandpromenade und ganz in der Nähe der berühmten Seebrücke von Heringsdorf.
143 elegant und komfortabel eingerichtete Zimmer und Suiten, überwiegend mit Balkon oder Terrasse und Blick auf die Ostsee. Alle Zimmer mit Bad/WC, Föhn, Kosmetikspiegel, Flachbild-TV, Radio, Telefon, Zimmersafe, Minibar und WLAN.

Geeignet für Rollstuhlfahrer:
- 2 Zimmer
- Türbreite 93 cm
- Bettenhöhe 46 cm
- Bewegungsfreiraum in DU/WC 120 x 120 cm
- Freiraum links und rechts neben WC 110 cm
- Beidseitige Haltegriffe
- Dusche schwellenlos befahrbar
- Duschklappsitz
- Waschbecken unterfahrbar
- Verstellbarer Spiegel
- Notruf vorhanden
- Parkplatz und Eingang stufenlos
- Zimmer mit dem Aufzug erreichbar
- Türbreite Aufzug 90 cm (T: 125cm, B: 95cm)

Zimmerpreise: EZ ab 119€ · DZ ab 161€

Wintergarten und Sommergarten (saisonal/witterungsbedingt), Bibliothek mit ca. 2500 Büchern, Piano Bar, Schwimmbad, Saunen, Außenpool (saisonal), Thalasso Internationl Gesundheits- und Wellnesszentrum Vitalgarten, Physiotherapie (kassenärztlich zugelassen), Gästeprogramm (Montag bis Freitag), Veranstaltungsräume bis 650 Personen

Maritim Hotel Kaiserhof · Kulmstraße 33 · 17424 Seebad Heringsdorf · Telefon 038378 65-0
info.her@maritim.de · www.maritim-usedom.de
Ein Hotel der S+S Baugesellschaft Forum mbH · Kloster-Thedinga-Straße 83 · 26789 Leer

Mecklenburg-Vorpommern, Ostsee, **Insel Usedom**

BEST WESTERN Hotel & Restaurant
Hanse-Kogge **** nach DTV

17459 Koserow / Insel Usedom

Mecklenburg-Vorpommern, Ostsee, Insel Usedom

Hauptstr. 58, Tel. (038375) 2600, Fax: (038375) 26077
E-Mail: Reservierung@hotelhansekogge.de
Internet: www.hotelhansekogge.de

Unsere barrierefreie Hotelanlage befindet sich inmitten eines parkähnlichen, mit vielen Kunstwerken gestalteten, Geländes und lässt keine Wünsche offen. Die familiäre Atmosphäre trägt dazu bei, dass Sie sich rundum wohlfühlen werden.

Wir verfügen über **16 behindertengerechte Rollstuhlappartements** und 20 behindertenfreundliche Doppelzimmer (nicht 100% rollstuhlgerecht, aber Zimmer barrierefrei, Dusche befahrbar, Bettenhöhe 53 cm, nicht höhenverstellbar etc.). Außerdem haben wir **5 Zimmer für sehbehinderte Gäste** und **22 Zimmer für hörgeschädigte Gäste**. (Hinweis: Bei allen Zimmern handelt es sich entweder um Doppelzimmer, Suiten oder Appartements).

Mecklenburg-Vorpommern, Ostsee, **Insel Usedom**

Unsere großzügigen und komfortablen Zimmer sind alle mit Dusche, WC, Fön, Telefon, Flatscreen-TV, Minibar, Kaffee- und Teestation und kostenlosen Internetzugang ausgestattet.

Unser 1400 m² großer barrierefreier Bernstein Medical Spa verfügt über ein 32 Grad Celsius warmes Schwimmbad mit Hebelifter für Rollstuhlfahrer, mehrere finnische Blockbohlen Saunen, ein medizinischen Bade- und Kneippbereich, eine Kältekammer mit minus 85 Grad Celsius, Massage und Behandlungsbereiche und verschiedene Wellnessattraktionen. Die unterschiedlichen Räume in mediterranen Farben, nach der chinesischen Organuhr, sind erfüllt von Licht, Klang, Wasser und Luft. Die sinnfrohe Architektur symbolisiert eine Dimension ganzheitlicher Gesundheit und Schönheit, wie sie uns schon aus der Antike bekannt ist.

Das Ostseebad Koserow ist ebenfalls zu großen Teilen barrierefrei. Die **Feriendialyse ist im Ort, ca. 200 m entfernt.** Das ermöglicht vielen Dialysepatienten einen Ferienaufenthalt in diesem Hotel. Das Hotel hält eine moderne **Physiotherapie-Abteilung**, einen **Medical- SPA Bereich**, Kegelbahnen und Sonnenterrassen für seine Gäste bereit.

Lage: Zum Strand sind es ca. 400 m, barrierefreier Zugang ca. 600 m; Apotheke 800 m. Die Straßen bzw. Fußwege lassen sich problemlos mit dem Rollstuhl befahren, Bordsteine sind abgesenkt. Am Strand unterhalb der Dünen wurde ein **Holzlaufsteg speziell für Rollstuhlfahrer** gebaut. **Ein Bademobil für Rollstuhlfahrer** wird durch die Rettungsschwimmer angeboten.

Zimmerpreise nach Saisonzeiten: Einzelzimmer ab 41,- €, Doppelzimmer ab 79,- € und Apartment ab 109,-€. Pkw-Stellplatz 5,- € pro Tag.

Das besondere Angebot: 9 x Übernachtungen mit Halbpension im Best Western Hotel & Restaurant Hanse-Kogge inklusive **Abholung von der Haustür und Heimfahrt im Hotelbus.** Das Hotel wartet seit Jahren mit solchen und ähnlichen speziellen Angeboten für Gäste im Seniorenalter auf. **Im Umkreis von bis zu 700 km werden die Gäste bei Bedarf von zu Hause abgeholt** und wieder nach Hause gefahren. Für diesen Service stehen eigens behindertengerechte Hotelbusse bereit.

Während des 10-tägigen Aufenthalts im Hotel werden täglich Ausflugsfahrten und Veranstaltungen angeboten. Dieses Angebot ist abhängig von den Saisonzeiten ab 527,- € p.P. im DZ zuzüglich ab 189,- € für Abholung p.P. für Hin- und Rückfahrt bis 700 km zu buchen (Änderungen vorbehalten).

Mecklenburg-Vorpommern, Ostsee, **Insel Usedom**

Familien Wellness
Hotel Restaurant Seeklause **** nach DEHOGA   17449 Trassenheide (Ostseebad)

Mecklenburg-Vorpommern, Ostsee, Insel Usedom

Mölschower Weg 1a, Inhaber Herr Frank Römer
Tel. (038371) 2670, Fax: (038371) 267267

E-Mail: rezeption@hotel-seeklause.de
Internet: www.hotel-seeklause.de

Großzügige, ganzjährig geöffnete und familienfreundliche Hotelanlage mit 142 komfortablen, maritimen Zimmern (40 Dop- pelzimmer, 36 2-Raum Apartments, teilweise Balkon/Terrasse, 54 1-Raum Apartments mit Balkon/Terrasse etc.). Weiterhin bieten Ihnen die Piraten-Insel-Usedom (Abenteuer- und Erlebnispark), Fahrstuhl, erlesene Gastronomie, Bar, Sonnenterrasse, Kaminzim-

mer, Freizeiträume, Freiluftspielplatz, Liegewiese und See Erholung und Service. Hauseigener Fahrrad- und Zubehörverleih, Strandshuttle, Bus- und Bahnhofstransfer sowie hohe Kinderermäßigung. Parkplatz ist kostenfrei, wenn ein Behindertenausweis vorliegt. Strand mit Rollstuhlzufahrt. Der Hotelanlage wurde 2008 das **Signet „Qualitätsmanagement Barrierefreier Tourismus"** vom Tourismusverband Mecklenburg-Vorpommern verliehen.

Das maritime Restaurant mit 5 verschiedenen Geträumen, Sonnenterrasse, Wintergarten, Kaminzimmer und Bar verwöhnt Sie mit einem Schlemmerfrühstücksbuffet, einem abwechslungsreichen kalt-warmen Abendbuffet, frische und vitale Küche sowie Kinder- und Seniorengerichte.

Mecklenburg-Vorpommern, Ostsee, **Insel Usedom**

Alle Bereiche der Hotelanlage sind stufenlos erreichbar, Appartements behindertenfreundlich. Die Zimmer sind freundlich und modern mit DU/WC, Haarfön, Sat-TV, Safe, Minibar (gegen Gebühr), Telefon und W-LAN ausgestattet.

Gut geeignet für Rollstuhlfahrer: 4 Apartements. Türbreite: 100 cm, DU/WC 86 cm. Bewegungsfreiraum in DU/WC 100 x 150 cm; Haltegriffe links und rechts neben WC, Freiraum vor WC 60 cm. WC-Höhe 50 cm. Dusche schwellenlos befahrbar, Waschbecken unterfahrbar. Fest montierter Duschsitz, Kippspiegel.

Wellnessinsel: Beauty-Wellness-Fitness auf 2.000 m:^{2} Genießen Sie Entspannung pur, in einer modernen, attraktiven Umgebung. Schwimmbad (8 x 6m) mit Gegenstromanlage, Sprudelbänken, Massagedüsen und Wasserfall, Kinderpool. Saunalandschaft mit Heusauna, finnische Sauna, Tepidarium, Garten mit Sonnendeck. Kraxenöfen, Whirlwanne, Rasul, Salve in terra. Fitness-/Gymnastikraum mit Massageanwendungen, Kosmetikbehandlungen, Packungen und Bäder. 3 Wellnessuiten zum Übernachten (1 Nacht). 2 Außensaunen (Sole und finnische Sauna). 2 Außenruheräume mit Kamin. Großer Saunagarten mit Feuerschale, Außenduschen und Sonnenliegen.

Piraten-Insel-Usedom: Das erwartet Sie und Ihre Familie in unserem Abenteuer- und Erlebnispark auf 13.000 m²: Größtes Matschspielfeld der Insel Usedom. Rabaukenspieldorf, Piratenschiff mit Wasserkanonen, Leuchtturm mit Riesenrutsche, Romantik-Aussichts-Pavillon, Pier mit Relax-Lagune, „Zum Freibeuter" Animation vom Schiffsjungen bis Kapitän, Taverne „Smutje".

Mehr Informationen unter **www.piraten-insel-usedom.de**.

Preise für 2018 und 2019 im Doppelzimmer: Übernachtung mit Frühstück 50,- bis 150,- € pro Pers./Tag. Übernachtung mit Halbpension 72,- bis 180,- € pro Pers./Tag. Übernachtung inklusive Vollpension 83,- bis 200,- € pro Person/Tag. HP = 22,- € p.P./Tag, VP = 33,- € p.P./Tag.

Mecklenburg-Vorpommern, Ostsee, **Insel Usedom**

Casa Familia Usedom
Familienferienstätte Ostseebad Zinnowitz   17454 Zinnowitz / Insel Usedom

Mecklenburg-Vorpommern, Ostsee, Insel Usedom

Dünenstraße 45
Tel. (038377) 770, Fax: (038377) 77505
E-Mail: info@casafamilia.de
Internet: www.casafamilia.de

Das Casa Familia Usedom ist eine Familienferienstätte, welche der Erholung und der Begegnung von Kindern, Jugendlichen, Familien und Senioren dient.

Ebenso ist sie für Seminare, Vereinstreffen, Sport- und Wandergruppen sehr gut geeignet.

Unterkunft: Die Feriengäste wohnen in modern und liebevoll eingerichteten 1- und 2-Bett-Zimmern mit Bad bzw. Dusche/WC (Fernseher und Telefon inkl.), die allen Komfortansprüchen genügen. Viele Räume sind behindertengerecht, Aufzüge sind vorhanden.

Geeignet für Gehbehinderte (bis 300 Personen), Rollstuhlfahrer (32 Personen) und Familien und Gruppen mit geistig Behinderten (300 Personen). **Elektrisch höhenverstellbare Betten** auf Anfrage vorhanden.

Eingang, Rezeption, Frühstücksraum, Restaurant und Zimmer (mit dem Aufzug) sind stufenlos erreichbar. Türbreite vom Aufzug 130 cm (Innenmaße: Tiefe 245 cm, Breite 135 cm).

14 Doppelzimmer sind für Rollstuhlfahrer geeignet: Türbreite 106 cm; Freiraum in Du/WC 130 x 120 cm; Freiraum links neben WC 70 cm, rechts 30 cm, davor 110 cm. Dusche schwellenlos, Waschbecken unterfahrbar, Kippspiegel über Waschbecken. Festinstallierter Duschsitz und stabile Haltegriffe an Dusche, WC und Waschbecken.

Lage: Das Casa Familia Usedom liegt nur 80 m vom Strand entfernt, rollstuhlgerechter Strandabgang in der Nähe. Gegenüber (50 m) liegt das Meerwasserhallenbad der Bernsteintherme - Badespaß für Jung

Mecklenburg-Vorpommern, Ostsee, **Insel Usedom**

und Alt. Zur Ortsmitte 400 m; Arzt 300 m; Bahnhof 800 m; Apotheke 400 m; Krankenhaus 13 km; Dialyse 13 km.

Weitere Angebote des Casa Familia Usedom: Kostenloses WLAN, Bistro mit Sonnenterrasse, Sport- und Fitnessraum mit Ergometer, Laufband und Stepper, Gymnastikraum, Kinderspielzimmer auf jeder Etage, großzügige Spielflächen, Kinder und Freizeitclub Casa Fez und 500 m² Saunalandschaft.

Preis pro Person im Einzelzimmer ab 67,- €; im Doppelzimmer ab 55,- € pro Nacht inklusive vielfältigem Frühstücksbuffet, einem reichhaltigen All-Inclusive Abendbuffet (d.h. Getränke zum Abendessen inklusive) und der täglichen Nutzung des benachbarten Meerwasserhallenbades. Eine ausführliche Preisliste finden Sie im Internet unter **www.casafamilia.de**.

Haus Störtebeker *****

Kontakt: Familie Gaupp, Tel. 0170 - 16 17 203

E-Mail: info@haus-stoertebeker-zingst.de
Internet: www.haus-stoertebeker-zingst.de

18374 Ostseeheilbad Zingst

Mecklenburg-Vorpommern, Ostsee

Bildschönes Haus unter Reet mit zwei exklusiven Ferienwohnungen. EG-Wohnung behinderten- und rollstuhlgerecht (genaue Informationen auf der Homepage, siehe oben).

Klassifizierung mit fünf Sternen nach den Kriterien des Deutschen Tourismusverbandes (DTV). Hochwertige und individuelle Ausstattung.

Die EG-Wohnung ist ca. 100 m² groß, die zweistöckige DG-Wohnung etwa 150 m². Beide Wohnungen verfügen über geräumige Wohn-/Esszimmer. Im EG befinden sich 2 Zweibettzimmer und in der DG-Wohnung 3, davon eines im 1. Stock und zwei im 2. Stock. Jede Wohnung verfügt über zwei Badezimmer (EG mit Dusche und Badewanne, DG mit Dusche und Whirlpool).

Beide Wohnungen sind hochwertig und individuell ausgestattet. Zur Ausstattung gehören unter anderem: Kachelofen, Zentralheizung, Sat-TV, WLAN, HiFi-CD-Anlage, DVD, Telefon/Telefax, Geschirrspülmaschine, Kühlschrank mit Gefrierfach, Mikrowelle, Herd mit Backofen, Dunstabzugshaube, Kaffeemaschine, Toaster, Elektrogrill, Staubsauger, pro Wohnung ein Kinderbett und ein Kinderhochstuhl sowie Gartenmöbel in ausreichender Anzahl. Geschirr ist ebenfalls ausreichend vorhanden. Pro Wohnung steht ein Safe zur Verfügung. Bettwäsche und Handtücher werden gestellt.

DIN-gerechten Wohnung im Erdgeschoss für Behinderte und Rollstuhlfahrer: Alle Räume sind stufenlos erreichbar. Die Wohnung verfügt über breite Flure. Alle Türen sind 95 cm breit. Die Bewegungsfläche im Schlafzimmer beträgt 150 cm x 320 cm. Ein Bett ist elektrisch verstellbar. Der Freiraum vor diesem Bett beträgt 200 cm x 115 cm.

Mecklenburg-Vorpommern, Ostsee, **Insel Usedom**

Die Betthöhe ist 45 cm, bis zur Matratzenoberkante 53 cm. Die Badezimmertür öffnet nach außen. **Badezimmerausstattung:** Höhe WC-Oberkante 52 cm, Bewegungsfläche rechts neben WC 120 cm x 70 cm, links neben WC 32 cm x 70 cm, vor WC 135 cm x 110 cm, vor Waschbecken 150 cm x 150 cm und vor Dusche 105 cm x 105 cm. Die Absatzhöhe vor der Dusche beträgt 1 cm. Duschhocker und fest installierter Duschsitz sind vorhanden, außerdem stabile Haltegriffe in einer Höhe von 85 cm für WC, Waschbecken und Dusche. Das Waschbecken ist unterfahrbar, der Spiegel über dem Waschbecken verstellbar. Zum Garten und zu den Autostellplätzen gelangt man über eine Stahlrampe (Höhe: 21 cm, Länge: 72 cm) oder eben durch die Eingangstür (Schwellenhöhe: 2 cm).

Beide Ferienwohnungen sind mit der höchsten Kategorie „5 Sterne" des Deutschen Tourismusverbandes e.V. bewertet.

Lage: Das Haus Störtebeker liegt an der Ostsee im Ostseeheilbad Zingst auf der Halbinsel Fischland-Darß-Zingst. Sehr ruhige und zentrale Lage: Strand und Ortskern 200 m, Kurmittelhaus und Seebrücke 300 m, Hafen 500 m, Einkaufen ca. 5 Gehminuten.

Preis je nach Saison für die Wohnung im Erdgeschoss 100,- bis 150,- €, im Dachgeschoss 110,- bis 165,- €.

Niedersachsen

Heidehotel Bad Bevensen
der FDS Hotel gGmbH

29549 Bad Bevensen

Niedersachsen, Lüneburger Heide

Alter Mühlenweg 7, Tel. (05821) 959-0, Fax: (05821) 959-160
E-Mail: info@heidehotel-bad-bevensen.de,
Internet: www.heidehotel-bad-bevensen.de

Erlebnis Lüneburger Heide

Das Heidehotel Bad Bevensen ist ein barrierefreies Hotel in der Lüneburger Heide und gehört zur Fürst Donnersmarck-Stiftung. Hier finden Sie beste Voraussetzungen für einen entspannten, aber auch abwechslungsreichen Urlaub.

Wie gewohnt erwartet Sie in Bad Bevensen ein komfortables Urlaubsdomizil - selbstverständlich **barrierefrei für Rollstuhlfahrer** – und die herzliche Gastfreundschaft des freundlichen Hotelteams.

Beginnen Sie den Urlaubstag mit einem leckeren Frühstück von unserem reichhaltigen Buffet und genießen Sie es, einfach mal Zeit zu haben. In unserem neuen - in warmem Licht erstrahlenden Restaurant - erwartet Sie am Abend ein vielfältiges Buffet mit regionalen Gerichten. In der Kaminbar können Sie den Tag bei einem Glas Wein oder einem Eisbecher gemütlich ausklingen lassen.

Zur Erholung steht Ihnen unser **Vital-Zentrum mit Bio-Sauna, Sauna, Dampfbad, Entspannungsräumen und Gymnastikraum** zur Verfügung. Ergänzend bietet Ihnen die Physiotherapiepraxis ein fachlich fundiertes Spektrum verschiedener Gesundheitsanwendungen wie z.B. physiotherapeutische Behandlungen, manuelle Therapien, Massagen oder Wärmebehandlungen.

Das Heidehotel bietet 33 Einzel- und 40 Doppelzimmer, die geschmackvoll und rollstuhlgerecht eingerichtet sind. Die Zimmer verfügen über Telefon, Fernseher und Notruf. Für unterstützende Pflege kann der Kontakt zu einem ambulanten **Pflegedienst** in Bad Bevensen vermittelt werden.

Niedersachsen, Lüneburger Heide

Unser barrierefreies Heidehotel finden Sie in der hübschen Kurstadt Bad Bevensen. Großzügig gestaltete Governmenträume, eine sonnige Dachterrasse und ein schöner Waldgarten ermöglichen einen erholsamen Urlaub in gepflegter Atmosphäre. Zu Ihrer Unterhaltung organisieren wir **Musik- und Vortragsabende** oder laden Sie regelmäßig zum Waldcafe an unserem **rollstuhlgerechten Waldweg** ein. Direkt am Hotel gelegen, können Sie hier die Natur mit allen Sinnen entdecken und genießen.

Umgeben von bunten Wäldern, Feldern, Heideflächen und Auetälern bietet Bad Bevensen alle Vorzüge einer gemütlichen Kurstadt in der Lüneburger Heide. Von hier können Sie spannende Ausflüge unternehmen, die von Rollstuhlfahrern getestet wurden.

Die Jod-Sole-Therme im Kurzentrum ist größtenteils barrierefrei und bietet Entspannung und Wohlbefinden für Körper und Geist. Sie ist besonders für Menschen mit Erkrankungen am Bewegungs- und Gelenkapparat, bei Erkrankungen der Atmungsorgane, Kreislauf- und Gefäßerkrankungen sowie Erschöpfungssyndromen geeignet.

Das Heidehotel eignet sich besonders für Gäste, die in ihrer Mobilität eingeschränkt sind. Gruppen sind willkommen. Das Haus verfügt über mehrere Seminar- und Gruppenräume.

Entfernungen: Stadtmitte 1,5 km; Bahnhof 2 km; Therme, Kurhaus 1,5 km. Interessante Rahmenprogramme werden zu allen Reiseterminen angeboten.

Anreise: Das Heidehotel bietet einen Haus-zu-Haus-Service mit einem rollstuhlgerechten Kleinbus an (Bitte erfragen Sie die Preise im Hotel.) Für Gäste mit Auto gibt es eine Tiefgarage und einen Parkplatz. (nach Verfügbarkeit) Für Bahnreisende: Bad Bevensen ist Bahnstation an der Strecke Hannover-Hamburg.

Preise: Im Doppelzimmer pro Person ab € 45,-, Im Einzelzimmer € 52,- je nach Saison und Zimmerkategorie, Sonderkonditionen für Gruppen

Anfragen und Buchungen: Heidehotel Bad Bevensen der FDS Hotel gGmbH, Tel. 05821/959-0 oder unter www.heidehotel-bad-bevensen.de.

Niedersachsen, Lüneburger Heide

Residenz Dahlke | 29549 Bad Bevensen

Niedersachsen, Lüneburger Heide

Amselstieg 17 - 23
Tel. (05821) 5040, Fax: (05821) 504115
E-Mail: info@residenz-dahlke.de,
Internet: www.seniorenhotel-dahlke.de

Die Residenz Dahlke ist eine kleine aber feine Senioren Wohnanlage, die auf Grund der baulichen und personellen Ausstattung seit 1998 einen auf die Bedürfnisse von Senioren und Behinderten abgestimmten Hotelbetrieb in das Gesamtkonzept integriert hat. Insgesamt stehen **15 komfortabel eingerichtete, große Hotelzimmer (über 30 m², und 2 Suiten mit jeweils 64 m² und 2 Bäder** zur Verfügung.

Die Gästezimmer und Suiten des Hotelbereiches sind komfortabel eingerichtet. Alle Zimmer und Suiten sind großzügig angelegt mit einem senioren- und behindertengerechten Badezimmer mit Duschbad und WC, Balkon oder Terrasse, Großtastentelefon, Kabelfernsehen und Minibar.

Hilfsmittel: Elektromotorisch höhenverstellbare Pflegebetten, Toilettenstühle- und sitze, WC-Erhöhungen; Rollstühle und Rollatoren und Hebelift auf Anfrage vorhanden.

Eigener ambulanter Pflegedienst im Haus.

Niedersachsen, Lüneburger Heide

Verpflegung: Frühstücksbuffet, mittags 3 bis 4 Menüs mit Vollkost, vegetarischem und cholesterinreduziertem Essen; abends á la carte Karte und Abendbuffet, in der Neben- und Zwischensaison Aufschnittbuffet mit Warmkomponente.

Unterhaltungs- und Freizeitangebote: Die Gäste können an allen Hausveranstaltungen kostenfrei teilnehmen: Gymnastik für Senioren, Wassergymnastik (Hauptsaison), Vorträge, Konzerte. Hausbustransfer - auch mit Rollstuhl - kostenfrei 3 x wöchentlich in die Innenstadt und 2 x wöchentlich zum Kurpark (Kurpark nur in der Hauptsaison). Dazu viele interessante Spezialangebote im Rahmen der saisonalen Pauschalprogramme.

Wellness-Angebote: Bewegungsbad mit elektrischem Hebelift, 31°C Wasser; Infrarot-Wärmekabine, Friseur, Fußpflege.

Besonderer Service: Für Paare mit pflegebedürftigem Partner werden viele Entlastungen während des Urlaubs möglich, die von der Pflegekasse mitfinanziert werden wie Kurzzeitpflege, Verhinderungspflege, Tagespflege. Der hauseigene ambulante Pflegedienst erbringt darüber hinaus alle Leistungen der Krankenpflege sowie die Grund- und Behandlungspflege durch qualifizierte Pflegemitarbeiter.

Lage: Die ruhige Lage der Residenz Dahlke in unmittelbarer Nähe des Elbe-Seitenkanals, eingebettet in die landschaftlichen Reize der Lüneburger Heide und die beschau-

Niedersachsen, Lüneburger Heide

liche Stadt Bad Bevensen als anerkanntes Heilbad sind das ideale Umfeld für einen entspannten und geruhsamen Urlaub.

Entfernungen: Ortsmitte 2 km; Apotheke 1 km (aber Zustellservice möglich); Kurhaus und Hallenbad 1,5 km; Freibad 2,5 km. Nur 100 Meter zum Elbe-Seiten-Kanal mit ebenen Wald- und Wanderwegen.

Preise:

Hauptsaison 11.05. bis 28.09.2019
Einzelzimmer   Frühstück   81,-- bis 86,-- Euro
Doppelzimmer   Frühstück   121,-- bis 126,-- Euro
Suite   Frühstück   174,-- Euro
Halbpension p.P./Tag 13,-- Euro, Vollpension p.P./Tag 25,-- Euro

Zwischensaison 04.04. bis 11.05.2019 und 28.09. bis 02.11.2019
Einzelzimmer   Frühstück   65,-- bis 70,-- Euro
Doppelzimmer   Frühstück   99,-- bis 104,-- Euro
Suite   Frühstück   130,-- Euro
Halbpension p.P./Tag 13,-- Euro, Vollpension p.P./Tag 25,-- Euro

Nebensaison 02.01. bis 04.04.2019 und 02.11. bis 20.12.2019
Einzelzimmer   Frühstück   55,-- bis 60,-- Euro
Doppelzimmer   Frühstück   81,-- bis 86,-- Euro
Suite   Frühstück   123,-- Euro
Halbpension p.P./Tag 13,-- Euro, Vollpension p.P./Tag 25,-- Euro

Supersparangebote
11 Tage wohnen - 8 Tage bezahlen = 27% Ermäßigung
02.03. – 13.03. / 13.03. – 24.03. / 24.03. – 04.04. / 02.11 – 13.11.2019
Spezielle Arrangements Weihnachten/Silvester

Seit 22 Jahren eines der empfehlenswertesten Häuser in diesem Verzeichnis für Urlaub, Kuren und Pflege, insbesondere für Senioren und behinderte Personen.

Interessant für pflegende Angehörige: Eigenständige Tagespflege im Zentrum von Bad Bevensen. www.haus-fuer-tagespflege.de

Niedersachsen, Osnabrücker Land, Teutoburger Wald

Hotel Mönter-Meyer   **49196 Bad Laer**

Niedersachsen, Osnabrücker Land, Teutoburger Wald

Winkelsettener Ring 7, Tel. (05424) 9176, Fax: (05424) 7547
E-Mail: info@moenter-meyer.de, Internet: www.moenter-meyer.de

Die Pension hat es sich zur Aufgabe gemacht, auch behinderten Gästen den größtmöglichen Komfort zu bieten. Es werden 64 Zimmer in mehreren Ausstattungen bereitgehalten (alle mit Du/WC, WLAN, Telefon und TV). Verfügbar sind Doppel- und Einzelzimmer mit niedriger Duschtasse und Doppelzimmer mit unterfahrbarer Duschtasse, jeweils mit Balkon oder Terrasse; und ein drittes Bett ist auch kein Problem. Alle Einrichtungen des Hauses sind ohne Treppen erreichbar.

Seminare und Tagungen: Verfügbar sind 6 Räume für je 30 bis 50 Personen. Dank mobiler Trennwände ist eine Vielzahl an Kombinationen möglich, bis hin zum Einzelseminarraum für bis zu 140 Personen.

Informationen für Menschen mit Handicap: Barrierefreier Eingang, 15 Zimmer im Erdgeschoss mit unterfahrbarer Dusche, WC mit Haltegriffen links und rechts, schmalster Durchgang 90 cm, Zugang Nasszelle durch Schiebetüren. 15 Zimmer mit flacher Duschtasse im Ober- bzw. Dachgeschoss (mit Aufzug erreichbar 90 x 135 cm), Haltegriffe, Haltegriff und Klappsitz, 80 cm automatische Teleskoptür. Auf Wunsch kann der Gast ein **elektrisches Pflegebett** (pro Tag 10,50 €) sowie weitere Hilfsmittel wie Toilettenerhöhung, Lifter usw. (Preis auf Anfrage) erhalten.

Service: Auf Wunsch werden Gäste auch von zu Hause oder vom Bahnhof abgeholt und das Gepäck wird selbstverständlich aufs Zimmer gebracht.

Lage & Freizeit: An den Ausläufern des Teutoburger Waldes, im Osnabrücker Land. Inmitten großer Felder und Wiesen, umgeben von gepflegten Anlagen. Auf Wunsch werden individuelle Programme angeboten, speziell für Familien, Senioren oder Behinderte. **Entfernungen:** Ortsmitte, Bus 800 m; Einkaufen, Arzt, Apotheke 500 m; Freibad, Hallenbad 1,5 km.

Preise pro Person und Nacht im **Doppelzimmer** mit Frühstück 33,- € (im EZ 43,- €), mit Halbpension 39,50 € (im EZ 49,50 €), mit Vollpension 46,- € (im EZ 56,- €), Ferienwohnung pro Tag 66,- bis 77,- €, Zusatzzimmer 34,- €. Kinder bis 3 Jahre frei, 4-10 Jahre 14,- €, 11-14 Jahre 20,- €. Aufschlag p.P./Tag für alle barrierefreien Zimmer bzw. Zi. mit Balkon/Terrasse oder Suite 2,- €. Feiertagsaufschlag pro Person (z.B. Ostern, Pfingsten, Silvester usw.) 30,- €.

Niedersachsen, Harz

Plumbohms Bio-Suiten ***** und Hotel ***   38667 Bad Harzburg

Niedersachsen, Harz

Herzog-Wilhelm-Str. 97, Tel. (05322) 3277, Fax: (05322) 2341
E-Mail: info@plumbohms.de, Internet: www.plumbohms.de

Helle lichtdurchflutete, hürdenfreie Räume, Kunst, Balkon oder Wintergarten, Lift, PLUMBOHMS Bio-Suiten und Hotel. Das sind großzügige barrierefreie Ferienwoh-

nungen und Hotelzimmer mit anspruchsvollem Ambiente von hoher baubiologischer Qualität, liebevoll eingerichtet für 2 bis 5 nette Menschen, die sich in ihrem Urlaub einmal etwas ganz besonders Schönes gönnen möchten.

Rundum barrierefreier Zugang ins Hotel und in die Ferienwohnungen. Alle Appartements und Hotelzimmer sind aufs Feinste ausgestattet. Großzügiger Wohn- und Schlafbereich, perfekte **kleine rollstuhlgeeignete Küche**, in allen Suiten echtes Eichenparkett, natürliche Lehmfarben, wertvolle Antiquitäten, Schallplatten mit ausgesuchter Musik, (ent)spannende Urlaubslektüre im gut gefüllten Bücherschrank und originale Kunstwerke.

Darüber hinaus haben die allermeisten Wohnungen auch noch einen **richtigen Kamin** für die romantischen Momente eines unvergesslichen Urlaubs. Parkplatz und Eingang stufenlos, Restaurant und Frühstücksraum mit Rampe, alle Zimmer und Suiten sind stufenlos

Niedersachsen, Harz

über einen Aufzug erreichbar (Türbreite 89 cm, Innenmaße 138 x 93 cm).

Geeignet für Rollstuhlfahrer und mobilitätsbehinderte Menschen: Acht Suiten bzw. Hotelzimmer sind für Rollstuhlfahrer geeignet, 14 für gehbehinderte Menschen. Breite der Türen von Zimmer und Badezimmer 82 bis 95 cm. Bettenhöhe 60 cm. Bewegungsfreiraum in Bad mit Dusche, Wanne und WC 200 x 170 cm. Freiraum rechts neben WC 140 cm, davor 95 cm. WC-Höhe 43 cm. Haltegriff neben dem WC und an der Duschwand vorhanden. **Duschbereich schwellenlos befahrbar**, Waschbecken unterfahrbar. Duschhocker vorhanden weitere Haltegriffe können gern auf Anfrage zusätzlich kostenfrei bereit gestellt werden. Duschrollstuhl/Toilettenstuhl, Aufstehhilfe sowie ein Bettgalgen können gegen eine kleine Gebühr zur Verfügung gestellt werden. Bei Bedarf kann ein **ambulanter Pflegedienst** bestellt werden.

Lage: PLUMBOHMS Bio-Suiten und Hotel liegen direkt an der barrierefreien „Bummelallee" in der Fußgängerzone, unter alten Kastanien und an dem Gebirgsfluss ‚Radau'. Unweit von Soletherme, Nationalpark, Bergbahn und Wandelhalle.

Entfernungen: Einkaufsmöglichkeiten in 200 m Entfernung, Arzt und Apotheke 300 m, Freibad und Hallenbad 300 m, zur Ortsmitte 500 m, Bahnhof 1 km, Krankenhaus 1,5 km.

Das bietet Harzburg für Rollstuhlfahrer: Öffentliche Behinderten-WCs am Bahnhof, im Rathaus, am Berliner Platz, in der Wandelhalle, in der Tourist-Information an der Bergbahn. Einige **Niederflur-Linienbusse** (barrierefrei) in der näheren Umgebung und zu Ausflugslokalen (vorher KVG anrufen unter Tel. 053 22 - 52 017, welcher Bus eingesetzt wird). Das **Taxi-Unternehmen Schreier** (Tel. 053 22-81 21 0) bietet **Ausflugsfahrten für Rollstuhlfahrer** an.

Barrierefrei sind außerdem: Die **Bergbahn-Seilbahn,** das Silberborn-Bad, die **Sole-Therme**, das Bündheimer Schloss, die Wandelhalle (Kurkonzerte, Veranstaltungen etc.) und zahlreiche Geschäfte, Banken, Restaurants und Cafés. **Rollstuhlverleih bzw. Reparaturservice**: Sanitätshaus Färber (Tel. 053 22 - 28 18).

Preise: Zwei-Schläfer-Bio-Suite 130,- € pro Zimmer / 1. Nacht, jede weitere Nacht 100,- €. Vier-Schläfer-Bio-Suite 200,- € pro Zimmer / 1. Nacht, jede weitere Nacht 160,- €. Doppelzimmer 95,- € pro Zimmer / Nacht.

Appartement „Am Seeufer" 26160 Bad Zwischenahn

Niedersachsen, Zwischenahner Meer, Landkreis Ammerland

Meike Hasselhorn, Westerstederstraße 18, 26160 Bad Zwischenahn
Tel. (04403) 71526 E-Mail: horst.hasselhorn@t-online.de

**Internet: http://www.rollstuhl-urlaub.de/
deutschland/niedersachsen/appartement-am-seeufer.php
und www.reisen-fuer-alle.de; www.reiseland-niedersachsen.de**

Liebevoll und gemütlich eingerichtete Ferienwohnung im Erdgeschoß einer großzügigen Wohnanlage. Parkplatz und Eingang stufenlos. Im Haus befindet sich ein Bistro mit Seeterrasse. Die Vorbesitzerin der Wohnung ist Rollstuhlfahrerin. 2017-2020 zertifiziert von „Reisen für alle".

Geeignet für Rollstuhlfahrer: Türbreite von Eingang und Zimmer 84 cm, von Du/WC (Schiebetür) 80 cm. Freiraum in Du/WC 140 x 140 cm. Freiraum rechts neben WC 100 cm, davor 140 cm. Dusche und Waschbecken unterfahrbar. Dusch- und Toilettenstuhl, verstellbarer Kippspiegel, stabile Haltegriffe an Du/WC und Fön vorhanden.

Ein Bett ist elektrisch höhenverstellbar, bei dem zweiten Bett sind Kopf-und Fußteil verstellbar. Bettgalgen vorhanden. Komplette Küchenzeile, Essgruppe, Sitzecke (Sofa ausziehbar, 2 Sessel in Stuhlhöhe), Radio, Kabel-TV. Handtücher und Bettwäsche werden gestellt. Pflegedienst kann nach Absprache vermittelt werden.

Lage: Direkt am See und Yachthafen. Ebene, schöne Wanderwege in unmittelbarer Umgebung. Zur Ortsmitte 1,3 km. Bürgersteige abgesenkt. Die Geschäfte, Restaurants und Kureinrichtungen sind größtenteils ebenerdig.

Preis pro Tag für 2 Personen ab 50,- €.

IRMA

IRMA - INTERNATIONALE REHA- UND MOBILITÄTSMESSE FÜR ALLE
in Hamburg vom 19. bis 21. Juni 2020

Wo? Messe Hamburg, Halle A3, Lagerstraße, 20357 Hamburg

Zugang z.B. über S-Bahn Sternschanze oder U-Messehallen oder andere Stationen in der Umgebung, siehe www.hvv.de. Behindertenparkplätze (gebührenpflichtig) unmittelbar an der Halle A3 / Lagerstraße.
www.irma-messe.de

Weitere Informationen: Info@mobilitaetsmesse.de

Niedersachsen, Nordsee

Apartmenthotel
Aquantis Bensersiel: Küste

26427 Bensersiel / Nordsee

Niedersachsen, Nordsee

Taddigshörn 200
Tel. (04971) 2020, Fax: (04971) 202-800
E-Mail: bensersiel@aquantis.de
Internet: www.aquantis.de

Apartmenthotel mit 96 Wohneinheiten, 230 Betten.

Alle Apartments sind komfortabel und komplett ausgestattet mit Kochnische, Farb-TV, Dusche, WC und Balkon.

Parkplatz, Eingang und Einrichtungen des Hotels sind stufenlos erreichbar.
Badelandschaft mit Kinderplanschbecken, Finnische Sauna, Dampfsauna, Infrarotsauna, Tischtennisraum, Bücherei.

Spezielle Studios (Einraum-Apartments, ca. 32 qm) für Behinderte und Allergiker. Türbreiten in der Anlage zwischen 80 bis 200 cm, Aufzug 80 cm. Das hauseigene Hallenbad (Badelandschaft) mit ca. 30°C Wassertemperatur ist stufenlos erreichbar.

Geeignet für Rollstuhlfahrer, Gehbehinderte und Allergiker. **Vier Studios wurden speziell für Rollstuhlfahrer eingerichtet.**

Türbreiten der Zimmer 85 cm, von Du/WC 100 cm. Freiraum in Du/WC 185 x 112 cm. Freiraum rechts neben WC 100 cm, davor 72 cm.

Dusche und Waschbecken unterfahrbar, festinstallierter Duschklappsitz, verstellbarer Kippspiegel über dem Waschbecken, **stabile Haltegriffe an Dusche und WC vorhanden.** Höhenverstellbare **Pflegebetten** mit E-Motor und Vorrichtung für Galgen.

Niedersachsen, Nordsee

Lage: direkt am Nordseedeich; Ortsmitte, Freibad, Strand, Angeln und Spielplatz 300 m; **Hallenbad im Haus**. Bahn, Apotheke (Apothekenservice von Mo. bis Fr. im Haus), Krankenhaus 20 km; Bus 1 km. Restaurant, Tennis und Praxis eines Allgemein-Mediziners und Badearzt im Ort. Kuranwendungen im nahegelegenen Kurmittelhaus. Wege überwiegend flach, zum Deich steil.

Preise für Studio im Apartmenthotel ab 2 Übernachtungen (Änderungen vorbehalten):

In der Sparsaison 2019 (01.03. bis 12.04. / 28.10. bis 03.11.)
für 1 Person 62,00 € und für 2 Personen 84,00 € pro Nacht.

In der Nebensaison 2019 (12.04. bis 05.07. / 26.08. bis 28.10.)
für 1 Person 66,00 € und für 2 Personen 88,00 € pro Nacht.

In der Hauptsaison 2019 (05.07. bis 26.08.)
für 1 Person 76,00 €, für 2 Personen 99,00 € pro Nacht.

Jede weitere Person + 15,00 € pro Nacht (max. 4 Pers.).

Für weitere Informationen über Preise, Hotelservice und Wohneinheiten **bitte Hausprospekt anfordern**.

Das Apartmenthotel ist vom 01.03. bis 03.11.2019 geöffnet.

Niedersachsen, Nordsee, Ostfriesland

Ferienwohnung „Rehbock"	**26409 Carolinensiel / Nordsee**

Niedersachsen, Nordsee, Ostfriesland

Uferstraße 33
Vermittlung durch: Gerd-Hermann Rahmann, Mühlenstr. 47, 26409 Carolinensiel
Tel. 0162 - 3286209
**E-Mail: info@gastgeber-ferienwohnungen.de
Internet: www.rolli-holiday.de**

**Urlaub in Carolinensiel an der Nordsee
in einer sehr gut ausgestatteten rollstuhlgeeigneten Ferienwohnung.**

Die Wohnung ist 60 qm groß, zuzüglich Gartenterrasse mit Garten. Sie ist mit Sat-TV, CD-Player, Stereoanlage, Geschirrspülmaschine und **Waschmaschine** ausgestattet und komplett eingerichtet. Lediglich Bettwäsche und Handtücher sind mitzubringen. Haustiere sind nicht gestattet. Parkplatz, Eingang, Einrichtungen und Zimmer sind stufenlos oder über eine Rampe zu erreichen; die Türen sind rollstuhlgerecht.

Die Ferienwohnung besteht aus einem großem Wohn-Esszimmer mit Einbauküche, einem Elternschlafzimmer, zwei kleinen Zimmern, Flur, Garderobe, Terrasse und einem **rollstuhl- und behindertengerechten Badezimmer** (Türbreite ca. 82 cm, Größe 4,4 qm). Das Bad ist vorbildlich ausgestattet: Dusche mit stabilem Duschsitz schwellenlos unterfahrbar; stabile Haltegriffe an Dusche und WC vorhanden, Waschmaschine im Bad.

Geeignet für Senioren, Gehbehinderte, Rollstuhlfahrer, Kururlauber, Familien mit Behinderten; bis 4 Personen, Kinderreisebett ist zusätzlich vorhanden.

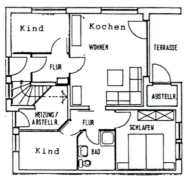

Lage: Zentral, ca. 150 m vom Kurhaus mit Schwimmbad und Spielplatz entfernt; zum Ortszentrum mit Apotheke, Arzt und Einkaufsmöglichkeiten ca. 350 m; zum **Nordseestrand ca. 650 m**, befestigt und flach, alles per Rollstuhl erreichbar.

Preise 55,- und 65,- € pro Nacht in der Nebensaison, Hauptsaison pro Nacht 75,- €.

Wochenangebote außerhalb der Saison auf Anfrage.

Bei einem Rundgang durch die Wohnung unter **www.rolli-holiday.de** finden Sie weitere Infos.

Niedersachsen, Lüneburger Heide

Ferienbauernhof Christian Knoop **** nach DEHOGA
- 1. Kneipp-Gesundheitshof im Celler Land -

29223 Celle

Niedersachsen, Lüneburger Heide

Lachtehäuser Str. 28, Tel. (05141) 930 400, Fax: (05141) 930 402
E-Mail: info@ferienhof-knoop.de, Internet: www.ferienhof-knoop.de

Bauernhof mit 2 komfortablen Rolli-Ferienwohnungen, jeweils 65 qm groß, für je 2 bis 5 Personen. Außerdem 2 weitere Komfort-Ferienwohnungen (**** Sterne) für jeweils 2 bis 5 Personen, nicht behindertengerecht.

Der Hof ist voll bewirtschaftet, mit Milchkühen, kleinen Kälbern, Hühnern, Katzen, Kaninchen und Ponys. Größere Kinder dürfen kostenlos Ponyreiten bei eigenem Putzen und Aufsatteln. Gehen mit in den Stall, dürfen auf dem Trecker mitfahren oder spielen auf der Weide Fußball. Parkplatz bis Eingang alles stufenlos. Das Hofgelände ist mit dem Rollstuhl gut befahrbar.

Geeignet für Gehbehinderte, Rollstuhlfahrer und Senioren. Tür vom Eingang 100 cm breit, Zimmertüren in der **rollstuhlgerechten Ferienwohnung** 100 cm breit, Schiebetür zum Bad 100 cm breit. Freiraum in Dusche/WC 140 x 140 cm, Freiraum rechts neben WC 200 cm, davor 100 cm. Waschbecken und Dusche rollstuhlgerecht unterfahrbar, festinstallierter Duschsitz vorhanden. Stabile Haltegriffe an Dusche und WC vorhanden.

Lage: Der Bauernhof liegt 2 km östlich vom Celler Stadtkern. Einkaufsmöglichkeiten 1 km; Bus 300 m; Bahnhof Celle 3,5 km; Arzt und Tennisplatz 1 km; Apotheke und Krankenhaus 1,5 km; Dialyse 4 km.

Freizeit: In der Umgebung gibt es vielfältige Freizeitmöglichkeiten: Golfplatz in Garßen 3 km; der „Silbersee" ebenfalls in Garßen; Angeln an der Aller oder Lachte 2 km; Erlebnisbad in Celle 3 km. Nur 1 km vom Hof entfernt beginnt ein Naturschutzgebiet, welches mit dem Rollstuhl gut erreichbar und befahrbar ist.

Besichtigen Sie die Stadt Celle mit historischer Altstadt und Hengstparade, nutzen Sie die Möglichkeiten zum Radwandern, Reiten oder Kutsche fahren. Bis zum Celler Schloß sind es nur 2,5 km und zum Naturschutzgebiet Schweinebruch 1 km.

Kneipp-Gesundheitshof: Der Hof ist der erste „Vom Kneipp-Bund e.V. anerkannte Gesundheitshof" im Celler Land. Für kneippsche Anwendungen stehen Ihnen Armtauchbecken, Fußtretbecken, Gießschlauch und Fachlektüre zur Verfügung. Sauna auf dem Hof ist nutzbar. Massage, Krankengymnastik usw. auch auf Rezept möglich.

Preise und weitere Informationen im Internet unter www.ferienhof-knoop.de.

Niedersachsen, Nordsee, UNESCO-Weltnaturerbe „Niedersächsisches Wattenmeer"

Dünenhof Ferienhotel   27476 Cuxhaven

Niedersachsen, Nordsee, UNESCO-Weltnaturerbe „Niedersächsisches Wattenmeer"

In den Dünen 2
Tel. (04723) 7123-0, Fax: (04723) 7123-4030
E-Mail: ferienhotel@duenenhof.org
Internet: hotel.duenenhof.org

Das Dünenhof Ferienhotel ist eine der wenigen komplett barrierefreien Hotelanlagen in Deutschland und damit das ideale Reiseziel für Menschen mit und ohne Behinderungen an der Nordsee.

Sehr gut geeignet für Rollstuhlfahrer und Gehbehinderte, auch für Gruppen: Alle Gästebereiche sind mit dem Rollstuhl problemlos erreichbar. Aufzüge mit entsprechenden Türbreiten sind vorhanden.

Zimmer: Insgesamt stehen 21 rollstuhlgerechte und 33 für gehbehinderte Menschen geeignete Zimmer (Bad mit Duschwanne) zur Verfügung. Alles Nichtraucherzimmer. Alle rollstuhlgerechten Zimmer sind individuell ausgestattet: Türen von Zimmer und Badezimmer 82 bis 99 cm breit. Bettenhöhe 40 bis 50 cm. Bewegungsfreiraum im Bad 150 x 150 cm. Freiraum links oder rechts neben WC 100 cm mit Haltegriff links oder rechts, je nach Zimmer verschieden. Freiraum vor dem WC 100 cm.

Niedersachsen, Nordsee, UNESCO-Weltnaturerbe „Niedersächsisches Wattenmeer"

Dusche schwellenlos befahrbar, Waschbecken unterfahrbar. **Ein externer Pflegedienst** kann bei Bedarf bestellt werden.
Vor Ort können verschiedene Hilfsmittel ausgeliehen werden, wie z.B. **Rollstühle, Handbike, Rollator, Bettlifter, Bettgalgen,** u.v.m. Bitte geben Sie bei Buchung Ihren Bedarf an. Kompetente Mitarbeiter beraten Sie bei Ihren Unterbringungs- und Mobilitätswünschen und helfen bei der Gestaltung eines passenden Arrangements. Es stehen Tagungs- und Aufenthaltsräume zur Verfügung. **Praxis für Physiotherapie im Haus.**

Freizeitangebote des Hauses: Hallenbad mit Lifter, Sauna. Kegelbahn, blindengerecht. Minigolfanlage, Boulebahn, Kinderspielplatz.

Lage und Ausflüge: Das Dünenhof Ferienhotel im Ortsteil Berensch liegt in nahezu unberührter Landschaft auf einer natürlichen Düne direkt am Deichvorland und dem **UNESCO-Weltnaturerbe Niedersächsisches Wattenmeer**. Ruhig gelegen, aber dennoch nah zu allen Einrichtungen der Stadt Cuxhaven und den Stränden in Sahlenburg, Duhnen oder Döse.

Der Sandstrand in Sahlenburg ist in ca. 15 Min. mit dem Fahrrad, Handy-Bike oder Auto erreichbar. Die Wege im Hotelgelände sind überwiegend flach, kleinere Höhendifferenzen sind mit flachen Steigungen zu überwinden. Die Wege um das Hotel und zu den Sandstränden sind fest und flach und nur am Deich mit Steigungen. Die Wege in Wald und Heide sind zum Teil sandig.

Für Rollstuhlfahrer empfehlenswert auch das **Fischereimuseum „Alte Liebe",** das **Auswandererhaus** und eine **Weserrundfahrt** in Bremerhaven; **Moorbahnfahrt** durch das Ahlenmoor, **Naturmuseum Niederelbe** bei Neuhaus.

Preis pro Person/Tag im Doppelzimmer mit Halbpension ab 57,- €, mit Vollpension ab 67,- € (Preise Stand 2018). Hausprospekt und ausführliche Preisliste für Familienappartements, Kinderermäßigung und Gruppenermäßigung auf Anfrage.

Niedersachsen, Nordsee, UNESCO-Weltnaturerbe „Niedersächsisches Wattenmeer"

Hotel Restaurant „Wattenkieker"	27476 Cuxhaven

Niedersachsen, Nordsee, UNESCO-Weltnaturerbe „Niedersächsisches Wattenmeer"

Inh. B. Rausch und A. Rausch-Carstens
Am Sahlenburger Strand 27, Tel. (04721) 2000, Fax: (04721) 200200
E-Mail: info@wattenkieker.de, Internet: www.wattenkieker.de

Schönes, komfortables Hotel, direkt am Strand gelegen, mit großzügigen, geschmackvoll eingerichteten Zimmern. Parkplatz stufenlos, Eingang mit Rampe, Frühstücksraum und Restaurant stufenlos, Zimmer mit dem Aufzug stufenlos erreichbar. Türbreite vom Aufzug 90 cm (Tiefe 145 cm, Breite 110 cm).

Geeignet für Gehbehinderte und Rollstuhlfahrer: 1 Komfort-Zimmer ist nach DIN 18024/25 rollstuhlgerecht. Türbreiten 80 bis 95 cm. Freiraum in Du/WC 150 x 150 cm. Freiraum links neben WC 70 cm, rechts 38 cm, davor 100 cm. Dusche und höhenverstellbares Waschbecken unterfahrbar. Duschhocker, Kippspiegel und stabile Haltegriffe an Dusche und WC vorhanden. Verstellbarer Lattenrost im Bett. Bett mit Aufrichter und elektrisch verstellbarem Lattenrost.

Lage: Das Hotel liegt **direkt am Strand**. Der Deich und der Strand sind ohne Stufen über Steigungen zu erreichen. Die Wege und die Umgebung sind flach. Die Wege im Wald und die Wanderwege am Meer sind fest. Die Wege in Feld und Heide sind teilweise sandig.

Entfernungen: Zur Stadtmitte 7 km; Arzt, Apotheke 2 km; Einkaufen und Freibad 100 m; Spielplatz 1 km; Krankenhaus 7 km; Tennisplatz und Tennishalle 6 km.

Preis für ein seeseitiges rollstuhlgerechtes Komfort-Doppelzimmer (34 qm groß) 165,- € pro Übernachtung in der Hauptsaison inkl. Frühstück.

Niedersachsen, Nordsee, UNESCO-Weltnaturerbe „Niedersächsisches Wattenmeer"

Ferienwohnung „Kleine Auszeit" 27476 Cuxhaven-Duhnen

Niedersachsen, Nordsee, UNESCO-Weltnaturerbe „Niedersächsisches Wattenmeer"

Residenz Hohe Lith (4.02), Cuxhavener Str. 25, 27476 Cuxhaven-Duhnen

Vermieter: Meike und Karsten Wehrmann Tel.: 05745 / 911251 Fax: 05745 / 911252

E-Mail: hohe.lith@t-online.de
Internet: www.duhnen-ferienwohnung-hohe-lith.de

Neue, komfortable und rollstuhlgerechte Ferienwohnung „Kleine Auszeit" in der Residenz „Hohe Lith" für 4-6 Pers. (79 qm) mit **Schwimmbad und Sauna im Haus.** Parkplatz und Wohnung sind stufenlos und per Lift erreichbar. Türbreite vom Lift 98 cm (Tiefe 150 cm, Breite 90 cm).

Geeignet für Rollstuhlfahrer, Menschen mit eingeschränkter Mobilität und Allergiker. Die gemütlich eingerichtete Ferienwohnung verfügt über folgende Ausstattung:

Ein Schlafzimmer mit Doppelbett (eines mit **Hebepflegerahmen** und **wahlweise mit Bettgalgen**), Kleiderschrank und TV.

Ein Schlafzimmer mit Boxspringbetten (auch getrennt stellbar), Kleiderschrank und TV.

Ein großer Wohnraum mit TV, DVD-Player, Musikanlage, voll ausgestattete Küchenzeile, separater Eßplatz und bequemer Doppelbettcouch.

Rollstuhlgerechtes Badezimmer mit Bewegungsfreiraum von 150 x 250 cm, mit großer Dusche 150 x 150 cm), Haltegriffen und Duschsitz. Unterfahrbares Waschbecken mit einsehbarem Spiegel. Toilette mit Haltgriffen (links Winkelgriff an der Wand, rechts Klappgriff). Freiraum rechts und vor dem WC 200 cm. WC-Höhe 48 cm.

Separate Gästetoilette, Abstellraum. Großzügiger Balkon (mit stufenlosem Zugang). Alle Türen sind (mit Ausnahme zum Gäste-WC und zum Abstellraum) 1 m breit. Zwei **Pflegedienste vor Ort** können bei Bedarf angefordert werden.

Lage: Die Residenz Hohe Lith liegt direkt hinter dem Deich inmitten des Freizeit-und Erholungsgebietes Cuxhaven-Duhnen. Die Umgebung ist flach und gut befahrbar. Für Freizeitaktivitäten gibt es hier sehr viele Möglichkeiten.

Entfernungen: Die Nordsee ist nur 100 m entfernt (mit Rollstuhl in 350 m). **Überquerung des Deiches ohne Barrieren** über Rampe am Steinmarner Freibad mit **barrierefreiem Zugang zum Strandkorb**; Rolli-WC in der Nähe.

Viele Einrichtungen sind schnell zu erreichen: Bäcker am Campingplatz 300 m, Ortsmitte mit Einkaufsmöglichkeiten, Arzt und Apotheke 1 km; Bahnhof in Cuxhaven 6 km; Krankenhaus 6,5 km; Freibad 300 m; Hallenbad im Haus; rollstuhlgerechte Restaurants im Ort. Weitere Informationen liegen in der Wohnung bereit.

Preis: Je nach Saison für eine Woche bei Belegung von 2-4 Personen zwischen 432,- € und 944,- €. Endreinigung, Nutzung von Schwimmbad und Sauna, Strandkorb von Mai-September sind inklusive. Bettwäsche und Handtücher können wahlweise dazu gebucht werden. Für genaue Angaben – auch bei Aufenthalten unter einer Woche- stellen Sie gern eine Anfrage.

Niedersachsen, Harz

GDA Hotel Schwiecheldthaus ★★★ Superior DEHOGA 38640 Goslar

Niedersachsen, Harz

Schwiecheldtstr. 8-12, Tel. (05321)312-0, Fax: (05321) 312-4499
Kostenlose Service-Nummer: 0800 362 34 44
E-Mail: **schwiecheldthaus.goslar@gda.de**
Internet: **www.hotel-schwiecheldthaus.de**

Lage: Zentrale, aber dennoch ruhige Lage mitten in Goslarer Altstadt, in unmittelbarer Nähe zum Marktplatz. Kino, Museen und Fußgängerzone mit Fachgeschäften und Cafés sind nur 100 m entfernt.

Unterkunft: Einzigartiges Gebäudeensemble, komponiert aus historisch bedeutenden Fachwerkhäusern und modernen Ergänzungsbauten. Unter dem Dach des Schwiecheldthauses sind Seniorenwohnen und Hotel vereint. Erleben Sie die familiäre, persönliche Atmosphäre in einem gehobenen Ambiente. **Die gesamte Anlage ist rollstuhlgerecht.** Alle Einrichtungen des Hauses sind mit Aufzügen erreichbar. Die Rezeption ist täglich von 7:00 bis 21:30Uhr besetzt. Außerhalb dieser Zeit ist eine **Rufbereitschaft** in der Anlage. Öffentliche Behindertenparkplätze befinden sich direkt vor der Tür. Weitere Parkplätze sind auf dem Innenhof, an der Dependance und in einer Entfernung von 100 Metern verfügbar. (Gegen Gebühr - Reservierung wird empfohlen).

So wohnen Sie: Alle Appartements sind rollstuhlgerecht gestaltet und komfortabel eingerichtet. Die Betten sind erhöht, bei Bedarf stellen wir Ihnen **höhenverstellbare**

Niedersachsen, Harz

Pflegebettrahmen zur Verfügung. Alle Badezimmer sind mit unterfahrbarem Waschbecken versehen. Weiter verfügen die Appartements über eine Küchenzeile, Flat Screen-TV, Wasserkocher uvm.

WC-Haltegriffe zum Teil an den Wänden fest montiert oder individuell an zu bringen, einhängbare oder mobile Duschsitze verfügbar. Appartements teils mit separatem Schlafraum vorhanden (für mitreisende Betreuungsperson).

Essen & Trinken: Reichhaltiges Frühstücksbuffet mit warmen Komponenten. Bei Vollpension Mittagessen warm, Abendessen kalt. Halbpension abends als 3-Gang-Menü. Ebenfalls finden Sie zahlreiche Cafés und Restaurants in unmittelbarer Nähe.

Freizeitangebote: Wellness- und Wohlfühlbereich mit Massageraum, Ruhebereich, Fitnessgeräte, Gymnastikraum, Sauna und Infrarotkabine. Türen zur Sauna und Infrarotkabine haben eine Breite von 80 cm. Duschbereich barrierefrei zugänglich. Auf

Wunsch bieten wir Massagen und Kosmetikbehandlungen in unserer exklusiven Wohlfühlwelt oder extern an.

Pflege: Assistenz bei der Pflege bis zur Betreuung pflegebedürftiger Angehöriger (Verhinderungspflege). Wenn Sie gemeinsam verreisen und während des Aufenthaltes einmal eine Auszeit benötigen – genießen Sie den besonderen Service unseres Pflegepersonals.

Aktuelles: In unserer Dependance „Graf Schwicheldt" stehen unseren Gästen sechs hochwertig und modern eingerichtete barrierefreie Wohlfühl-Appartements, zum Teil mit Dachterrasse, zur Verfügung. In unserem Bankettraum richten wir gern Ihre Feierlichkeiten aus.

Sehenswürdigkeiten: Die Altstadt befindet sich unmittelbar vor der Haustür. Goslar gehört mit seiner 1000-jährigen Bergbaugeschichte im „Rammelsberg" zum UNESCO Weltkulturerbe und zählt neben der Kaiserpfalz zu den bekanntesten Sehenswürdigkeiten. Im Harz sind zahlreiche Ausflugsziele mit dem Rollstuhl erreichbar, selbst der Brocken – die höchste Erhebung im Norden Deutschlands – kann mit der historischen Brockenbahn von Rollstuhlfahrern erklommen werden.

Preise: Übernachtung inkl. Frühstück im Einzel-Appartement ab 85,- €, im Doppel-Appartement inkl. Frühstück ab 94,- € (2 Personen), Halbpension pro Person 22,- €, Vollpension pro Person 28,50 €.

Niedersachsen, Nordsee, Ostfriesische Nordseeküste

Deichhof Leeshaus **** 26736 Hamswehrum-Krummhörn

Niedersachsen, Nordsee, Ostfriesische Nordseeküste

Doris u. Peter Schöningh, Leeshauser Str. 12, Tel. (04923) 7211, Fax: (04923) 990526
E-Mail: info@leeshaus.de, Internet: www.deichhof-leeshaus.de

Gönnen Sie sich eine Atempause in der Natur auf dem Deichhof Leeshaus. Wir haben einen **vollbewirtschafteten Bauernhof mit vielen Tieren und Ackerbau**. Die individuell und geschmackvoll ausgestatteten modernen Ferienwohnungen sind mit **** Sternen (nach TIN) sowie dem DLG-Gütezeichen ausgezeichnet worden. Große Türen zwischen Wohnzimmer und Terrasse geben Ihnen das Gefühl, draußen zu leben.

Geeignet für Einzelreisende, Familien und Gruppen: Gehbehinderte bis zu 12 Personen, **Rollstuhlfahrer** (5 Personen), **geistig beeinträchtige Personen** (bis zu 15 Mitreisenden). Großer zusätzlicher stufenloser Aufenthaltsraum mit anschließender Küche. Türbreiten 88 bis 100 cm, Dusche und Waschbecken sind unterfahrbar, 2 stabile Haltegriffe an der Toilette, mobiler Duschstuhl, Bettenhöhe bis 50 cm, Bettenbreite bis 160 cm, Kopf- und Fußteil sind verstellbar. Parkplatz und gesamte Hofanlage stufenlos.

Lage: 200 m vom Nordseedeich entfernt. Der Deich ist auf der See- und auf der Landseite befahrbar, bietet somit einen sehr großen Aktionsradius ohne Schwellen. Das Ortszentrum Pewsum (Arzt, Apotheke, Einkäufe aller Art) ist 6 km entfernt. Die ortsansässigen Pflegedienste können bei Bedarf vermittelt werden.

Besonderer Servive: Handicapped - Aktiv - VIP (kostenlos):
- Ausführliche Informationen über die hiesigen Veranstaltungen, Museen und Lokale.
- "Möbel rücken", d.h. wir stellen gerne die Sofas etc. um, damit Sie sich besser bewegen können.
- Vermittlung von Pflegezusatzgeräten über einen Anbieter aus Emden.
- Vermittlung von Pflegediensten.
- Handtuchpaket für jeden Gast.
- Bezogene Betten.
- Brötchenservice bis an die Wohnungstür.

Preis pro Tag: 40,- bis 80,- €, abhängig von der Wohnung, Anzahl der Personen und Verweildauer. Die Preise verstehen sich inklusive Endreinigung, Küchenhandtücher, Bett- und Tischwäsche sowie den Nebenkosten für Strom, Wasser und Gas. Frühstück auf Wunsch möglich. Ermäßigung in Vor- und Nachsaison.

Niedersachsen, Stader Geest, Altes Land

Kino-Hotel Meyer Am Klosterpark   21698 Harsefeld

Niedersachsen, Stader Geest, Altes Land

Marktstr. 17-23, Tel. (04164) 81460, Fax: (04164) 3022
Internet: www.kino-hotel.de, E-Mail: info@kino-hotel.de

„Hier merkt man gar nicht, dass man behindert ist"
(**Kommentar eines Rollifahrers**)

45 Hotelzimmer, größtenteils mit dem modernen Fahrstuhl erreichbar. 9 Zimmer befinden sich im komplett barrierefreien Erdgeschoss. Öffentliche rollstuhlgerechte Waschräume befinden zusätzlich im Erdgeschoss.

Sehr gut geeignet für bis zu 60 Gehbehinderte und bis zu 17 Rollstuhlfahrer. Bettenhöhe mindestens 55 cm. 3 große Zimmer speziell für Rollstuhlfahrer ausgestattet. (Haltegriffe, Sitz in der Dusche, ...).

Freizeit: Das vielfach ausgezeichnete Kino ist ebenerdig und vollständig befahrbar. Und auch die hauseigene Bundeskegelbahn kann dank „Kegelhilfen" bespielt werden.

Lage: Im ruhigen Harsefelder Ortskern, direkt am 5 ha großen Klosterpark. Mittig zwischen Buxtehude, Stade und dem Alten Land gelegen - der perfekte Ausgangspunkt, um die Region zu erkunden. Auch Hamburg und Bremen sind vom Kino-Hotel sehr gut erreichbar.

Preise: Einzelzimmer ab 49,- € und Doppelzimmer ab 89,- € inkl. Frühstück.

Niedersachsen, Nordsee, Ostfriesische Nordseeküste

„Nannis Huuske"	**26736 Krummhörn-Rysum**

Niedersachsen, Nordsee, Ostfriesische Nordseeküste

Am Armtje 3, Tel. (04927) 912085

E-Mail: nannishuuske@yahoo.de, Internet:www.nannishuuske.de

Im Herzen des idyllischen Warftendorfes Rysum befindet sich unsere liebevoll eingerichtete Ferienwohnung. Die Wohnung mit 90 m² ist für 2 bis 4 Personen geeignet, **alles barrierefrei und optimal für Rollstuhlfahrer** und Gehbehinderte geeignet. Ein **Pflegebettrahmen** ist vorhanden. Die Türen sind 94 cm breit.

Großzügiges Badezimmer mit 1,20 m breiter Dusche mit stabilem Duschsitz und Haltegriffen. Großer Parkplatz direkt am Haus. Ein schöner Garten mit einer Sonnenterrasse und einem festen Grill lädt zum Verweilen ein.

Der Ort: Rysum ist ein altes ostfriesisches Runddorf, das seinen Charme behalten hat. Die Kirche verfügt über die älteste Orgel Europas und auch die historische Mühle mit Teestube liegt in unmittelbarer Nähe. Sowohl eine gut geführte Gastronomie als auch ein Bäckerladen liegen keine 2 Minuten entfernt.

Lage: 15 km entfernt von der Seehafenstadt Emden, die mit ihrer Kunsthalle, dem OTTO-HUUS und dem Hafen einiges zu entdecken hat. Das malerische Fischerdorf Greetsiel liegt 17 km entfernt; dort kann man mit Krabbenkuttern auf Fahrt gehen.

Krankengymnastik und Massagen sind als Hausbesuch oder in der Praxis (5 km entfernt) möglich.

Der Preis pro Tag liegt je nach Saison zwischen 50,- und 65,- €. Genauere Informationen erhalten sie auf unserer Homepage oder per Telefon.

„Hof Am Turm" *** / **** / ***** nach DTV   26736 Krummhörn-Pilsum

Niedersachsen, Nordsee, Ostfriesische Nordseeküste

Detert Itzenga, Zum Diekskiel 1, Tel. und Fax: (04926) 473
E-Mail: hofamturm@gmx.de
Internet: www.hof-am-turm.de

Der „Hof am Turm" in schöner Alleinlage bietet einen wunderbaren Blick auf den Deich und den berühmten rot-gelben Pilsumer Leuchtturm. Der großzügig angelegte Garten lädt zum Entspannen ein und bietet den Gästen auch die Möglichkeit für einen geselligen Abend im Gartenhäuschen oder auf der Terrasse. Die Gäste haben die Wahl: 4 Ferienwohnungen, ein Ferienhaus und drei Doppelzimmer. Für Fußgänger bzw. Begleitpersonen ist die Wohnung im Turm ein einmaliges Erlebnis, vor allem wegen der phantastischen Aussicht. Die Wohnung im Turm erstreckt sich Raum für Raum vom Erdgeschoss bis hinauf zum Dachgeschoss.

Geeignet für Rollstuhlfahrer: Die 66 m² große Wohnung für 2 Personen mit großer Wohnküche, schönem geräumigen Bad und eigener Terrasse bietet alles, was man für einen entspannenden Urlaub braucht. Ausstattungsmerkmale: Fünf Sterne, rollstuhlgerecht, ein Schlafzimmer, Fußbodenheizung, Fernseher und Stereoanlage, Spülmaschine, unterfahrbare Küchenzeile, Waschmaschine, großes Bad, eigene Terrasse. **Parkplatz und Eingang stufenlos erreichbar.** Türen von Eingang, Zimmer und Du/WC 100 cm breit. Bettenhöhe 50 cm, Bewegungsfreiraum in Du/WC 200 x 200 cm, Freiraum links und rechts neben WC 90 cm, davor 220 cm. WC-Höhe 50 cm. Haltegriffe links und rechts neben WC. Dusche schwellenlos befahrbar, Waschbecken unterfahrbar. Festmontierter Duschsitz und Kippspiegel vorhanden. Pflegedienst kann bei Bedarf angefordert werden.

Lage: Einzellage, Umgebung flach, zum Deich sind es 1,7 km, zum Dorf Pilsum 500 m. Zur Ortsmitte mit Restaurant, Arzt, Apotheke, Hallenbad 4 km; Bahnhof, Freibad, Krankenhaus 22 km.

Ausflüge: Lohnenswert sind Spaziergänge in der Deich- und Wattenmeerlandschaft, der Besuch vieler alter Baudenkmäler Ostfrieslands mit uralten Kirchen, historischen Gulfhöfen und Wasserschlössern. Auch Norden, Aurich, Leer, Emden und andere Städte sind lohnenswerte Ausflugsziele.

Preis für die rollstuhlgerechte Ferienwohnung in der Nebensaison (01.11. - 15.03.) 50,- € pro Nacht, in der Hauptsaison 55,- €. Preise für die übrigen Ferienwohnungen je nach Größe und Saison 42,- bis 65,- € pro Nacht inkl. bezogene Betten, Handtücher und Endreinigung. Übernachtung mit Frühstück für Pensionsgäste ab 28,- € pro Nacht. Auf Wunsch erhalten auch Gäste der Ferienwohnungen Frühstück. Brötchenservice bieten wir ebenfalls an.

Niedersachsen, Wendland, Naturpark Elbhöhen-Wendland

Regenbogen-Hof   29459 Mützen

Niedersachsen, Wendland, Naturpark Elbhöhen-Wendland

Familie Graeff, Tel. (05844) 1792
E-Mail: regenbogen-hof@t-online.de, Internet: www.regenbogen-hof.de

Eine Freizeit, ein **Urlaub in allen Farben des Regenbogens** ist bei uns möglich - für große und kleine Gruppen, für Ihre Familie oder für Sie allein.

Obwohl im Norden gelegen, mit einem Hauch karibischem Flair. Mini-Playa, Strandbar und „Wellnessinsel". Camping möglich. Rollstuhlgerecht und rollstuhlgeeignet. Unsere Zimmer / Sanitärbereich sind ebenerdig mit breiten Türen und unterschiedlich groß.

Frisch zubereitete Mahlzeiten. Grillabend u.v.m...
Ein bunter Cocktail voller Möglichkeiten.

Rufen / klicken Sie uns an! Wir senden Ihnen gerne ein Angebot und Informationen.

Lage: 2,5 km nach Clenze mit Arzt, Apotheke, Dialyse, Freibad, Massagepraxis, Kirche, Museum, Bioladen, Supermärkte, Restaurant...

Preise für Übernachtung mit Vollpension ab 45,- bis 57,- €; Kinderpreise auf Anfrage. Selbstversorgung, Übernachtung mit Frühstück oder Halbpension möglich.

Niedersachsen, Ostfriesland, Südliche Nordsee

Ferienhaus „Deichschlösschen" ***** **26553 Neßmersiel**

Niedersachsen, Ostfriesland, Südliche Nordsee
Westerdeicherstr. 121
Vermieter: Familie Breslauer, Hofäckerstr. 19, 73066 Uhingen-Holzhausen
Tel. (07161) 352874, Handy 0172 - 7659290 oder 0170 - 8528714

E-Mail: breslauer@t-online.de, Internet: www.breslauer-info.de

Unser exklusives 5***** Ferienhaus „Deichschlösschen" liegt abseits einer Feriensiedlung direkt am Deich, auf einem über 3.500 qm großem Grundstück. Das gesamte Haus ist allergikergerecht (absolutes Rauchverbot) und das Erdgeschoss ist rollstuhlgerecht ausgestattet.

Sehr gut geeignet für Rollstuhlfahrer und Pflegebedürftige:

Alle Türen 98 cm breit. Großes Schlafzimmer, **elektrisches Pflegebett**. Bewegungsfreiraum im Bad 150 x 150 cm. Freiraum links neben WC 120 cm, rechts 30 cm, davor 200 cm. Haltegriff links neben WC, WC-Höhe ca. 50 cm. Hewie-Einhängesitz sowie Dusch- und Toilettenstuhl der Größe „M" vorhanden. Verstellbarer Kippspiegel über dem Waschbecken.

Die Erfahrungen mit unserem schwerstbehinderten Sohn haben uns gezeigt, worauf es ankommt.

Mit seinen etwa 140 m² Wohnfläche auf zwei Ebenen bietet das Ferienhaus auch für große Familien Platz.

Für gehobene Ansprüche lässt die Einbauküche keine Wünsche offen. Ob Herd mit Cerankochfeld und Backofen, Geschirrspüler, Toaster oder Mikrowelle, alles ist da.

Im kleinen Hauswirtschaftsraum neben der Küche finden Sie Waschmaschine und Trockner. SAT-Anlage, Radio und Gartenmöbel sind eine Selbstverständlichkeit.

Außerdem stehen unseren Gästen Kinderbetten, Hochstuhl, Dreirad, Fahrräder Spielplatz, unsere „Deichoase" (großer Spielraum mit Tischtennis und Sandkasten) zur Verfügung; Rollfietsverleih im Haus.

Entfernungen: Zur Ortsmitte mit Einkaufsmöglichkeiten 1,5 km; Arzt, Apotheke 5 km; Krankenhaus 18 km; Bahnhof 15 km.

Preis für die Ferienwohnung je nach Saison, Personenzahl und Aufenthaltsdauer ab 80,- € pro Tag.

Niedersachsen, Nordsee

Haus Seekrabbe	**26506 Norden**

Schulweg 90, Tel.: (04931) 971026 *Niedersachsen, Nordsee, Greetsiel-Krummhörn*
E-Mail: office@nubii.de, Internet: www.ab-an-die-nordsee.de

Unser Ferienhaus „Seekrabbe" befindet sich in einem ruhigen und idyllischem Dorf ohne Massentourismus zwischen Greetsiel und dem Nordsee-Heilbad Norddeich direkt an der Nordseeküste. Das Friesenhaus wurde 2001 gebaut, 2015 renoviert und in allen Räumen mit allergikerfreundlichen Fußbodenbelägen ausgestattet. Es bietet beste Voraussetzungen für einen erholsamen Urlaub an der Nordsee.

Das Ferienhaus bietet eine Ferienwohnung im EG (für Rollstuhlfahrer geeignet) und zwei weitere Ferienwohnungen im 1. und 2. OG. Die Ferienwohnung im EG verfügt über zwei Schlafzimmer, 1 Bad, 1 Küche und ein Wohnzimmer.

Parkplatz und Eingang sind stufenlos erreichbar. Stufe zum Eingang 5 cm (mit Rampe). Türbreite vom Eingang 102 cm, von den Zimmern und dem Badezimmer 83 cm. Bettenhöhe: 2 Betten 44 cm hoch, 1 Bett 53 cm. Bewegungsfreiraum im Bad (mit Badewanne und Dusche) 170 x 170 cm. Freiraum links neben WC 250 cm, rechts 50 cm, davor 200 cm. WC-Höhe 55 cm. Haltegriffe links und rechts neben WC vorhanden. Duschbereich schwellenlos befahrbar. Stabiler Duschhocker, stabile Haltegriffe

an der Duschwand und unterfahrbares Waschbecken mit Teleskopspiegel vorhanden. Ein externer Pflegedienst kann bei Bedarf und Voranmeldung bestellt werden. Ein Pflegebett kann gemietet werden. Internet per Netzwerk und WLAN-Anschluss in allen Räumen mit G4 = 20 Mbit/sec für 5 €/Tag/Zugang.

Lage/Entfernungen: Weg von der Straße zum Haus rollstuhlgeeignet und verkehrsberuhigt, ebenerdig bis zum Haus. Zum Seedeich sind es ca. 500 Meter. Zur Ortsmitte mit Einkaufsmöglichkeiten, Arzt, Apotheke 5 km; Bahnhof 9 km; Hallenbad 10 km; Krankenhaus 15 km.

Erlebnisreiche Tagestouren zu den Nordseeinseln Norderney, Borkum, Baltrum, Langeoog, Wangerooge, Spiekeroog Juist oder ins Binnen-Ostfriesland ist es vom Ferienhaus „Seekrabbe" aus ein Katzensprung. Das Wattenmeer gehört zum geschützten Weltnaturerbe der UNESCO. Bei uns ist die Welt noch in Ordnung und Sie können Ihre Nordseeferien genießen. Gut ausgebaute Fahrradwege ermöglichen interessante Fahrradtouren. Angelfreunde können interessante Fischzüge starten und/oder eine Kutterfahrt mit Fangmöglichkeit nutzen. Mehr zur Umgebung finden sie im Unterpunkt „Umgebung" auf unserer Internetseite.

Preis für die Ferienwohnung im EG für 4 Personen 120,- € pro Nacht. Die Ferienwohnungen im 1. und 2. OG können zusätzlich gemietet werden (jede FeWo bis 5 Personen, Preis 80,- € pro Nacht).

Niedersachsen, Ostfriesland, Nordsee

Gästehaus Ehmen   26506 Norden-Norddeich

Seegatweg 16-18, Tel. (04931) 8974 *Niedersachsen, Ostfriesland, Nordsee*
E-Mail: info@ehmen-norddeich.de, Internet: www.ehmen-norddeich.de
Eine 2- und eine 3-Personen-Ferienwohnung sowie Gruppenhaus im EG rollstuhlgeeignet. Eine Erdgeschosswohnung für 3 Personen ist für Gehbehinderte geeignet. Eingang über die Terrasse/Garten 1 Stufe; Parkplatz und Zimmer stufenlos erreichbar. Terrasse mit Gartenmöbeln und Grill, Pkw-Einstellplatz, Haustiere erlaubt.

Geeignet für Gehbehinderte, bedingt geeignet für Rollstuhlfahrer: Im Haus Nr. 17 befinden sich zwei nebeneinanderliegende, bedingt rollstuhlgeeignete Erdgeschosswohnungen (jeweils 50 qm groß). Sie können mit 2 oder 3 Personen bewohnt werden. Folgende Räumlichkeiten stehen zur Verfügung: Der Zugang zur Wohnung kann durch eine Rampe erleichtert werden. Ein Schlafzimmer mit 2 oder 3 Betten (davon 2 Betten erhöht), Wohnraum mit Couchgarnitur (Sofa mit einem Sessel), Küchenzeile (vom Wohnraum räumlich leicht abgetrennt). Alle Türen mindestens 68 cm breit.

Badezimmer mit rollstuhlgerechter Nasszelle und WC (erhöht). Duschen und Waschbecken unterfahrbar, Duschrollstuhl erhältlich, Haltegriffe an Dusche und WC vorhanden. Für Rollstuhlfahrer gibt es einen eigenen separaten Spiegel mit Ablage. Badezimmer mit Schiebetür verschließbar. Kostenfreies WLAN.

Lage: Ca. 800 m vom Deich entfernt. Durch das Gartentor kann man die direkte Verbindung zum Dörper Weg nutzen. Ortsmitte, Einkaufen 800 m, Bhf. 2 km; Bus 500 m; Arzt, Apotheke 1 km. Direkt am Park, Ocean-Wave Meerwasserbad rollstuhlgerecht, Seehundstation, ganz in der Nähe ebenerdige Restaurants und Cafés.

Preise: Ferienwohnung 2-3 Personen: Wochenende NS 130,- €, Woche 330,- €, HS Wochenende 170,- €, Woche 470,- €. Gruppenhaus bis 12 Pers.: Wochenende NS 420,- €, Woche 1.220,- €, HS Wochenende 520,- €, Woche 1.570,- €.

Niedersachsen, Oldenburger Land / Oldenburg

Ferienhof Hollwege

26123 Oldenburg

Feldkamp 6, Tel. (0441) 37085, Fax (0441) 384895
E-Mail: m.k-hollwege@t-online.de, Internet: www.hof-hollwege.de

Niedersachsen, Oldenburger Land

Ferien auf dem Bauernhof bieten wir Ihnen auf unserem kleinen, von alten Eichen umsäumten Bauernhof von 1858 im Nordosten der Stadt Oldenburg. **Unsere fünf gemütlichen Ferienwohnungen (eine rollstuhlgerecht) im idyllischen Landschaftsschutzgebiet** der Hunteniederung laden zum Entspannen ein. Genießen Sie das reichhaltige kulturelle Angebot der nahegelegenen Oldenburger Innenstadt, unternehmen Sie **Ausflüge an die Nordseeküste** oder in die Wesermarsch und nehmen Sie am Leben auf dem Bauernhof teil.

Die neu und behindertengerecht umgebaute, ca. 80 m² große Ferienwohnung ist komplett eingerichtet. Geschirrspüler, Waschmaschine und Trockner sind vorhanden. Bettwäsche und Handtücher werden gestellt. Eigene Terrasse und großer Garten mit Ruhezone zum Erholen.

Parkplatz und Eingang sind stufenlos erreichbar. Türbreite vom Eingang 88 cm. Türbreite der Zimmer und von Dusche/WC 94 cm. Bettenhöhe 55 cm **(1 elektrisch höhenverstellbares Bett vorhanden)**. Bewegungsfreiraum im Badezimmer 160 x 180 cm. Freiraum links neben WC 80 cm, rechts 78 cm, davor 200 cm. WC-Höhe 48 cm. Haltegriffe links und rechts neben WC. **Dusche schwellenlos befahrbar**, stabiler Duschhocker und stabile Haltegriffe im Duschbereich vorhanden. Waschbecken mit dem Rollstuhl unterfahrbar. Großer Spiegel bis Waschbeckenoberkante, vom Rollstuhl aus einsehbar. Bei Bedarf kann ein **Pflegedienst** bestellt werden.

Lage/Freizeit: Der Hof liegt am Rand eines Landschaftsschutzgebietes, direkt an der Oldenburger Freizeitroute, mit überwiegend flachen Wegen. Fahrräder können bei uns ausgeliehen werden. **Behindertengerechte Fahrräder** werden am Hauptbahnhof verliehen. Für Kinder gibt es diverse **Spielmöglichkeiten** und **Tiere zum Streicheln** sowie ein **Pony zum Reiten**. Durch die Nähe zum Stadtzentrum (ca. 3,5 km; eine Bushaltestelle ist ca. 300 m entfernt), können Einrichtungen wie **Museen, Theater** und andere **Kulturveranstaltungen** bequem erreicht werden.

Entfernungen: Zum Bahnhof und zum **Freibad** 2,5 km; **Badesee** 4 km; **Hallenbad** 5 km; Einkaufsmöglichkeiten, Arzt, Apotheke 1 km; Krankenhaus 3,5 km, Dialyse 7 km; Nordseeküste 40 km.

Preis für die ca. 80 qm große Ferienwohnung pro Nacht bei Belegung mit 2 Personen 72,- € bis 80,- € inkl. Endreinigung, jede weitere Person 6,- €, Mindestmietdauer 3 Nächte.

Niedersachsen, Lüneburger Heide

HAASEHOF ***   27419 Sittensen

Niedersachsen, Lüneburger Heide, zwischen Hamburg und Bremen

Familie Haase-Richard, Lindenstraße 5, Tel. (04282) 55 77, Fax: (04282) 56 78
E-Mail: info@haasehof.de, Internet: www.haasehof.de

Ferienhof in zentraler und doch ruhiger Lage mitten in Sittensen.

Die komfortabel und geschmackvoll eingerichteten Wohnungen und Ferienhäuser bieten u.a. geräumige, voll ausgestattete Küchen mit Spülmaschine, Esszimmer (teilweise mit eigenem Kamin), Sat-Tv und überdachte Gartenterrassen. Liegewiese und Grillplatz, Spielplatz, Tischtennis, Kicker und Streicheltiere direkt am Ferienhaus.

Parkplätze sind ausreichend vorhanden und zum Ausladen des Gepäcks können Sie direkt bis vor die Haustür fahren.

Den Gästen stehen verschiedene Wohnungsgrößen (30 bis 230 qm) mit 2 bis 30 Betten zur Verfügung.

Geeignet für Familien oder Gruppen mit Rollstuhlfahrern, gehbehinderten und geistig behinderten Urlaubern und deren Betreuer, Kindergruppen mit Erzieher sowie Senioren.

Rollstuhlgerechtes Bauernhaus für bis zu 15 Personen. Türbreite der Zimmer 80 bis 90 cm, zur Dusche/WC 100 cm, Freiraum in Dusche/WC 130 x 130 cm, Freiraum rechts neben WC 100 cm, davor 150 cm. Dusche schwellenlos, Waschbecken unterfahrbar, WC-Höhe 48 cm. Einhängesitz für Dusche, Haltegriffe an Dusche, Waschbecken und WC. **Sozialdienste** können vor Ort genutzt werden und **Pflegebetten** können wir Ihnen nach Bedarf zur Verfügung stellen.

Lage: Der HAASEHOF liegt in der Ortsmitte des Bördeortes Sittensen in einer Sackgasse. Das ebenerdige Hofgelände bietet Gartenanlagen, verschiedenste Freizeitmöglichkeiten und Streicheltiere zum Füttern und Liebhaben. Ortsmitte, Einkaufsmöglichkeiten, Arzt, Apotheke etc. in unmittelbarer Nähe (bis 500 m). Beheiztes Freibad 1 km, Erlebnis- bzw. Hallenbad 15 bis 25 km.

Rollstuhl- und behindertengerechte Ausflugsziele: Moorbahn Burgsittensen, Rollikutsche Lüneburger Heide, Landpark Lauenbrück, Vogelpark Walsrode, Serengetipark, sehenswerte Altstädte (z.B. Buxtehude, Stade), das „Alte Land", die Nord- und Ostseeküste u.v.m.

Preise: Übernachtungspreise pro Wohnung/ Ferienhaus bei 2 bis 15 Personen sind gestaffelt nach Aufenthaltsdauer und Hausgrösse. Pro Nacht zwischen 48,- € und 280,- €.
Einen ausführlichen **Hofprospekt** senden wir Ihnen gerne zu.
Wir, die Familie Haase-Richard, freuen uns auf Ihren Besuch.

Niedersachsen, Emsland

Ferienhof Aa-Schleife *** nach DTV

48480 Spelle

Niedersachsen, Emsland

Familie Maria und Heinz Lambers, Bernard-Krone-Str. 17
Tel. (05977) 928001, Fax: (05977) 928002
E-Mail: info@ferienhof-spelle.de
Internet: www.ferienhof-spelle.de

Der Ferienhof bietet 4 schöne, komplett ausgestattete Ferienwohnungen und einen Tagungs- und Aufenthaltsraum für bis zu 25 Personen.

Die Ferienwohnungen „Alter Bullenstall", „Kälberstall" und der Tagungsraum sind rollstuhlgerecht. Sie sind jeweils 94 qm groß, mit geräumigem Wohn- und Esszimmer, WC, Küche inklusive Spülmaschine, 3 Schlafräumen und Terrasse.

Zur Ausstattung gehören Telefon, W-Lan und Flachbildschirmgeräte. Die Küche ist komplett inkl. Mikrowelle, Kaffeemaschine, Toaster, Wasserkocher, usw. ausgestattet. Bettwäsche, Hand- und Trockentücher werden gestellt. Bettenhöhe variabel verstellbar (52 bis 64 cm). Die Wohnungen sind allergikerfreundlich. Tagungsraum mit DSL und Telefonanschluss - Terrasse - variabeler Bestuhlung - Theke für kleine Feiern - Partyservice, falls gewünscht.

Niedersachsen, Emsland

Geeignet für Rollstuhlfahrer: Parkplatz und Eingang stufenlos erreichbar. Türbreite von Eingang, Zimmer und Du/WC 97 cm. Bewegungsfreiraum in Du/WC 140 x 140 cm. Freiraum links neben WC 200 cm, rechts und links Haltegriff, davor 140 cm. WC-Höhe 50 cm. Dusche schwellenlos befahrbar, Waschbecken unterfahrbar. Duschstuhl vorhanden. **Pflegedienst und alle Hilfsmittel, z.B. Pflegebett, elektr. höhenverstellbare Betten, Lifter, Toilettenaufsatz, Duschstuhl** etc. können für die Gäste vom Ferienhof Aa-Schleife (gegen Gebühr, Preise gerne auf Anfrage) bei einem zuverlässigen Servicedienst organisiert und bestellt werden.

Weitere Angebote: Grillen, Radwandern, Verleih von Rollfietsen, Imkerbesuch, Boot- und Biketouren, Malkurse (auch für Kinder). Brötchenservice.

Für Kinder: Spielplatz mit Spielwiese und Großtrampolin, Nestschaukel, Tischtennis, Kinderbett, Hochstuhl und Zustellbett auf Wunsch, Wickelkommode, Spielzeug (Lego, Trampeltrecker etc.). **Zertifiziert als Familienfreundlicher Betrieb.**

Ausflüge/Freizeit: Burgpark Venhaus, Moorlehrpfad in der „SpellerDose"; Moormuseum Groß Hesepe und Naturzoo Rheine, Erlebnisbäder in Lingen und Ibbenbüren, Kloster Bentlage, Saline Gottesgabe mit Gardierwerk, Feuerwehrmuseum in Salzbergen, Emsflower in Emsbüren, Wind- und Wassermühlen im Umkreis u.v.m.

Lage: Zentral, in ruhiger Umgebung zur Speller Aa, zum Zentrum 600 m. Sanitätshaus gegenüber. Einkaufsmögl., Arzt, Apotheke 500 m; Hallenbad 1 km; See 3 km; Freibad, Bhf. 10 km; Krankenhaus 11 km. Viele, sehr gut ausgebaute Wirtschaftswege in flacher Umgebung. Weiträumiges Hofgelände mit großem Garten.

Preis für eine rollstuhlgerechte Ferienwohnung (mit 3 Schlafräumen) bei Belegung mit 4 Personen für die 1. Nacht 95,- €, für jede weitere Nacht 70,- €; die 5. und 6. Person zahlt je 12,- € pro Nacht. Die beiden Wohnungen im Obergeschoss, 65 qm, für 2Personen, sind nicht rollstuhlgerecht, kosten die 1. Nacht 65,- €, jede weitere Nacht 45,- €. Kinderermäßigung: Kinder bis 12 Jahre 3,- € Ermäßigung.

Wohnen auf Zeit: Seit Anfang 2010 steht Ihnen unser neues **Boardinghaus** mit sechs Apartments zur Verfügung. Jede Wohnung, von der zwei **rollstuhlgerecht** sind, besteht aus einem Wohn- und Esszimmer mit einer voll ausgestatteten Küchenzeile, einem Schlafzimmer und einem barrierefreien Bad. Die Wohnfläche liegt zwischen 32m² und 46 m²; die Wohnungen können jeweils von ein bis zwei Personen bewohnt werden. Unsere Zielgruppe für dieses Haus sind Gäste, die für einen begrenzten Zeitraum eine gemütliche Unterkunft suchen und dem Umzugsstress entgehen wollen. Mindestaufenthalt: 4 Wochen. Preise: ab 115,- € pro Woche.

Niedersachsen, Lüneburger Heide, Südheide

Ferienhof Holste GmbH *** und **** nach DTV
Weetmüller's Hof-Café   **29664 Walsrode OT Nordkampen**

Niedersachsen, Lüneburger Heide, Südheide

Nordkampen Nr. 44, Tel. (05166) 93040, Fax: (05166) 930420, Mobil: 0173 - 6194634
E-Mail: info@ferienhof-holste.de, Internet: www.ferienhof-holste.de

Die Hofanlage „Weetmüller" besteht aus fünf denkmalgeschützten Gebäuden: dem Haupthaus, einem großen Bauernhaus des 17. Jahrhunderts, der großen Scheune, der „Mühle", einem scheunenartigen Mehrzweckgebäude, dem Schafstall und dem Wagenschauer. Im ehemaligen Schafstall sind **zwei 4-Personen-Wohnungen** *** im Erdgeschoss und zwei **2-Personen-Appartements** *** im Dachgeschoss entstanden. Im EG des ehemaligen Mühlengebäudes befinden sich **zwei 4-Personen-Wohnungen** **** und das Hof-Café.

Jede Wohnung ist individuell und exklusiv eingerichtet. Alle Wohnungen sind mit einer kompletten Küchenzeile mit vollwertigem Herd und Backofen ausgestattet und verfügen über SAT-TV und Telefon. Die Wohnbereiche im Erdgeschoss sind ohne Stufen und Schwellen konzipiert und besitzen eine eigene Terrasse mit Gartenmöbeln.

Neben dem direkten Übergang zu Wald und Wiese drückt ein kleiner **Kinderspielplatz** die besondere Kinderfreundlichkeit aus. Einen Lebensmittelmarkt mit Bäckerei finden die Gäste in unmittelbarer Nachbarschaft.

Im Erdgeschoss des ehemaligen Schafstalles befindet sich eine **rollstuhlgeeignete Ferienwohnung.** Parkplatz, Eingangsbereich und alle Räume im Hause sind stufenlos erreichbar.

Geeignet für Gehbehinderte, Rollstuhlfahrer und Familien mit Menschen mit geistiger Behinderung (bis max. 4 Personen). Freiraum in DU/WC 170 x 300 cm. Freiraum links neben WC 160 cm, rechts 75 cm, davor 150 cm. WC-Höhe 43 cm. Dusche schwellenlos, Waschbecken unterfahrbar. Verstellbarer Kippspiegel, Notruf, festinstallierter Duschsitz und stabile Haltegriffe an Dusche und WC vorhanden. Herd und Spüle in der Küche sind unterfahrbar.

Lage: Nordkampen ist mit seiner reizvollen bäuerlich geprägten Landschaft ein Paradies für Ausflüge in die freie Natur. Flache und gut ausgebaute Wirtschaftswege ermöglichen auch rollstuhlgebundenen Personen eine Exkursion durch ausgedehnte Kiefernwälder, weite Ackerflächen und Moorwiesen.

Entfernungen: Zur Ortsmitte 3 Min., Einkaufen 2 Min., See 10 Min.; Arzt 7 km, Freibad, Hallenbad, Apotheke, Krankenhaus, Dialyse und Bahnhof 15 km. Die Wege im Dorf und der Umgebung sind flach und gut ausgebaut.

Preis für eine Ferienwohnung pro Tag 60,- bis 75,- €.

Niedersachsen, Lüneburger Heide, Südheide

Ferien-Hof Meinerdingen *** nach DTV	29664 Walsrode-Meinerdingen

Niedersachsen, Lüneburger Heide, Südheide

Familie Behrens-Sandvoss, Dorfallee 1, Tel. (05161) 72002, Fax: (05161) 910477
E-Mail: post@hofmeinerdingen.de
Internet: www.hof-meinerdingen.de (bitte das Langzeit-Video anschauen).

Vollbewirtschafteter alter Bauernhof am Rande eines Landschaftsschutzgebietes zwischen Walsrode und Fallingbostel. Der Hof wurde vom Landwirtschaftsministerium besonders ausgezeichnet:„Inklusion – barrierefrei integriert in das Dorf". Gewinner des Wettbewerbs gemeinsam mit der Kirchengemeinde Meinerdingen in der Nachbarschaft.

Sehr ruhige Lage. Viele Streicheltiere warten auf Gäste.

Insgesamt sieben Ferienwohnungen, davon drei rollstuhlgeeignet, klassifiziert mit 3 Sternen. Die Wohnungen haben Kabel-TV, zum Teil Küchenzeile mit Geschirrspülmaschinen, Gartenmöbel, Haushaltsräume mit Waschmaschine und Trockner. Haustiere dürfen auf Anfrage mitgenommen werden. Ein rustikaler Aufenthaltsraum befindet sich im Bauernhaus mit Einbauküche (bis 30 Personen). Frühstück- und Brötchenservice wird angeboten.

Geeignet für Gehbehinderte, Rollstuhlfahrer und Menschen mit geistiger Behinderung. **Das große Fachwerkhaus** hat 4 sep. Wohnungen, insgesamt 18 Betten und ist **für Gruppen** besonders gut geeignet. Oder 2mal Haushälfte mit 4 bis 5 Schlafzimmern für kleinere Gruppen. Großer Garten, Gartenlaube, Grill, viel Platz, Kinderspielplätze, Kinderfahrzeuge, Trampolin und ruhige Lage.

3 Wohnungen sind rollstuhlfreundlich (2 sind bereits rollstuhlgerecht klassifiziert) und zum Teil mit **Pflegebetten** ausgestattet. Ein Lifter ist vorhanden Türbreiten der Zimmer und von Du/WC 82 cm. Bewegungsfreiraum links und rechts neben WC 20 bzw. 120 cm, davor 70 bzw. 90 cm. Dusche schwellenlos befahrbar, Waschbecken unterfahrbar. Verstellbarer Kippspiegel, festinstallierter Duschsitz und stabile Haltegriffe an Dusche und WC vorhanden. **Ambulante Pflegedienste** und weitere **Reha-Technik** können vor Ort bestellt werden.

Lage, Freizeitangebote, Ausflüge: Der Hof liegt am Ortsrand neben der kleinen, berühmten Heidekirche und dem Kirchcafé. Dort finden nette Veranstaltungen mit Live-Musik auf der Kirchwiese statt. Backtheater im Heidebackhaus, Heidefläche und Golfplatz im Dorf. Einkaufen, Bahnhof, Arzt, Apotheke, Krankenhaus, Dialyse 3km; Freibad, Hallenbad, Kurpark 4 km. **Kutschfahrten für Rollstuhlfahrer** sind möglich. Flache Wege, gutes Wander- und Radfahrwegenetz. Der Weltvogelpark Walsrode, Serengeti-Park und Heidepark Soltau sind schnell erreichbar. Kostenloses Baden im Strandbad Düshorn möglich, Clubkarte für das Soltauer Thermalbad vorhanden. Auch das Spielzeugmuseum und Felto, die Filzwerkstatt, sind in Soltau jetzt für Rollstuhlfahrer geeignet.

Preis pro Tag je nach Größe der Wohnung: für den ersten Tag 110,- bis 125,- €; ab dem zweiten Tag 60,- bis 80,- €/4 bis 6 Personen/Haus. Gerne schicken wir Ihnen Prospekte postalisch zu.

Niedersachsen, Nordsee, Ostfriesische Nordseeküste / Grafschaft Bentheim

---

Gasthof Zum Deichgrafen *** nach DEHOGA   26434 Wangerland / Minsen-Förrien

Niedersachsen, Nordsee, Ostfriesische Nordseeküste

Förriener-Loog 13, Tel. (04426) 99000, Fax: (04426) 990099
E-Mail: info@gasthof-zum-deichgrafen.de
Internet: www.gasthof-zum-deichgrafen.de

Familiär geführtes Haus mit 3-Sterne-DEHOGA-Klassifizierung in ruhiger Lage mit 24 ferienfreundlich eingerichteten Zimmern mit Du/WC, Telefon und Sat-TV, teilweise mit Balkon. Parkplatz, Eingang, Frühstücksraum, Restaurant und Zimmer im EG stufenlos erreichbar. Die Gastronomie im Deichgrafen bietet eine reichhaltige Mittags- und Abendkarte sowohl mit bekannten wie auch lukullischen Spezialitäten des Landstriches. Fisch, Muscheln und Krabben so frisch wie sonst nirgendwo.

Geeignet für Gehbehinderte und Rollstuhlfahrer: **2 Zimmer sind rollstuhlgerecht.** Türbreite der Zimmer und von Du/WC 100 cm. Freiraum in Du/WC 120 x 140 cm. Freiraum rechts neben WC 83 cm, davor 110 cm. Dusche und Waschbecken unterfahrbar. Festinstallierter Duschsitz und stabile Haltegriffe an Dusche und WC vorhanden. Bettenhöhe 63 cm.

Lage: Nordsee 3,5 km. Das Haus liegt auf der höchsten Warft des Wangerlandes in der Nähe der friesischen **Nordseebäder Horumersiel und Schillig**. Einkaufsmöglichkeiten, Arzt, Apotheke 4 km. Das Haus bildet den idealen Ausgangspunkt für Radtouren an den nahe gelegenen Deich und in die weite friesische Landschaft.

Preis pro Person inkl. Frühstück 34,50 bis 55,50 €; Halbpension zzgl. 18,80 €; Preise für Ferienwohnungen auf Anfrage.

Ferienhof Garbert   49849 Wilsum

Niedersachsen, Grafschaft Bentheim

Familie Garbert, Am Fertenbach 3, Tel. (05945) 678, Fax: (05945) 670
E-Mail: garbert@ferienhof.com, Internet: www.ferienhof.com

150 Jahre altes, liebevoll restauriertes Bauernhaus in absoluter Alleinlage, unmittelbar an der niederländischen Grenze, mit 7 komplett ausgestatteten **Nichtraucher-Ferienwohnungen, 3 rollstuhlgerecht**, 80 qm groß. Das 10.000 qm große parkähnliche Hofgelände liegt 150 m von der Straße entfernt und hat einen Privatweg zum Hof. Er befindet sich in traumhafter Alleinlage inmitten von Wiesen und Wäldern, direkt an einem Bach, dem "Fertenbach".

Parkplatz, Eingang, Garten und die Ferienwohnungen im EG sind stufenlos erreichbar. Für die Gäste stehen zur Verfügung: gemütlicher Frühstücksraum, Grill, Terrasse, Liegewiese, Fahrradverleih, Angelmöglichkeiten, Waschmaschine. Gemeinschafts-

Landferienhof Garbert

★★★★

Traumurlaub auf einem 4-Sterne-Ferienhof

- Gepflegtes und sehr großzügiges Anwesen in Alleinlage
- Ideal auch für Familientreffen und Gruppen bis 40 Personen
- 7 gemütliche FEWO**** im Landhausstil, Nichtraucher, für 5-6 Personen mit 2-3 Schlafzimmern, rollstuhlgerechte Wohnungen, Frühstück im Café, Gemeinschaftsraum (Billard, Kicker), separates Spielzimmer, W-LAN-Internet
- Neu! Backen im Holzbackofen im renovierten Backhaus. Wir verwöhnen Sie mit selbstgebackener Pizza, Flamkuchen, Brot ... Oster- und Weihnachtsbäckerei für Kinder und Erwachsene.

Bauernhofleben für die Kinder:

Pferde, Ponys, Streicheltiere, Riesentrampolin, Heuscheune viele Fahrzeuge, Treckerfahren, Treckersurfen – nicht nur für Kinder, Mithilfe auf dem Bauernhof, Mensch-ärgere-dich-nicht auf einem 4x4 m großen Spielfeld, Fahrradverleih, 8m lange Wippe und vieles, vieles mehr...

Wünschen Sie persönliche Informationen? Schreiben Sie uns oder rufen Sie uns an:
Landferienhof Garbert   Am Fertenbach 3   49849 Wilsum   Tel.: 05945 678 Fax: 670
E-Mail: garbert@ferienhof.com   www.ferienhof.com

raum mit Billard, sep. Spiel- und Bastelzimmer. **3 Ferienwohnungen sind für Rollstuhlfahrer geeignet.** Türbreiten der Zimmer 80 bis 100 cm, von Du/WC 100 cm. Freiraum in Du/WC 120 x 140 cm. Freiraum links neben WC 30 cm, rechts 90 cm, davor 150 cm. Dusche und Waschbecken unterfahrbar, Spiegel in Rollstuhlhöhe. Bettenhöhe 45 cm.

Beispiel: Die 4-Sterne FEWO Milchkammer für 5 Personen (80 qm) befindet sich im EG und ist rollstuhlgerecht ausgestattet. Die Wohnung verfügt über Wohnraum mit Einbauküche (Geschirrspüler, Mikrowelle und E-Herd, Backofen), Essecke und Sitzecke mit Sat-TV, Radio, Stereo-Anlage mit DVD Player, Telefon, Internet über W-Lan, 1 Schlafzimmer mit Doppelbett, 1 Schlafzimmer mit Einzelbett und Etagenbett.

Übernachtungspreise in der FeWo (bis 5 Pers.) 70,- bis 90,- €. Ein ausführlicher Hausprospekt mit Preisliste kann angefordert werden.

Hof Heinemann   27798 Wüsting

Niedersachsen, Weser-Ems Gebiet, Oldenburger Land

Neuenweger Reihe 18, Tel. (04484) 958218, Fax: (04484) 959897
E-Mail: bettina@hofheinemann.de, Internet: www.hofheinemann.de

Unser Ferienhof ist ideal für Einzelreisende, Familien und Gruppen. Das Gästehaus bietet in sieben Gästezimmern Platz für bis zu 14 Personen. Es gibt mehrere Aufenthaltsräume mit Sat-TV, Video und DVD. W-Lan ist verfügbar.

Weiterhin vermieten wir zwei Ferienwohnungen für jeweils 4-5 Personen.

Die Schlafzimmer des Ferienhauses und der Ferienwohnungen sind überwiegend mit **Pflege-, und elektrisch höhenverstellbaren Betten** ausgestattet, beim Bau der Badezimmer haben wir darauf geachtet, dass Rollstuhlfahrer darin gut zurechtkommen. Die Waschbecken sind unterfahrbar, stabile Haltegriffe an Dusche und WC sind vorhanden. Türbreiten der Zimmer 98 cm, Freiraum in Dusche 140 x 140 cm, vor und neben dem WC 120 cm. Einen **Patientenlifter** sowie Duschstühle stellen wir zur Verfügung. Bei Bedarf sind wir gerne dabei behilflich einen **externen Pflegedienst** zu bestellen.

Freizeitangebote für Erwachsene und Kinder: Auf dem rollstuhlgerechten Außengelände (landw. Resthof) gibt es einen großen Nutz- und Blumengarten, ein Streichelzoo mit Kaninchen, Ziegen und Hühnern, eine Spielscheune mit Tischtennisplatte und anderen Spielen, Fahrräder, Trettrecker, Go-Carts und ein großes Trampolin. Weiterhin organisieren wir wöchentliche Grillabende.

Die Umgebung ist flach mit vielen Radwegen, ideal auch für Spazierfahrten mit Rollis.
Lage/Entfernungen: Inmitten der typischen norddeutschen Landschaft, am Ortsrand von Wüsting. Zur Ortsmitte mit Einkaufsmöglichkeiten, Bahnhof und Arzt 1 km, Einkaufsmöglichkeiten auch auf dem Hof (Hofladen mit Produkten der Saison), Apotheke 5 km, Krankenhäuser 8 km, Freibad und Hallenbad 10 km. **Oldenburg 8 km, Bremen**

Niedersachsen, Weser-Ems-Gebiet, Oldenburger Land

35 km (beide Städte sind auch gut mit dem Zug erreichbar), **Nordsee 50 km**, Niederlande 70 km. Diverse Freizeit- und Tierparks in der näheren Umgebung.

Preis pro Person im Ferienhaus: Übernachtung inklusive Frühstück 39,00 €. Halb- und Vollpension auf Anfrage.

Preise für die Ferienwohnung: Übernachtung ab 65,00 €. Frühstück, Halbpension oder Vollpension möglich. Bettwäsche und Handtücher auf Anfrage.

Nordrhein-Westfalen

Nordrhein-Westfalen, Münsterland

Barler Ferienhof ****
Herbert Eilers

48683 Ahaus-Wüllen

Nordrhein-Westfalen, Münsterland

Barle 7, Tel. (02561) 81383, Fax: (02561) 86422
E-Mail: info@ferienhof-eilers.de, Internet: www.ferienhof-eilers.de

Fünf behindertengerechte Ferienwohnungen in einem alten, restaurierten Bauernhaus aus dem Jahre 1772, etwa 100 m von der Hofanlage entfernt.

Zum Ferienhof gehören Ponys, Hühner, Enten, Hunde, Katzen und Ziegen.

Die ganzjährig mietbaren **Ferienwohnungen** eignen sich besonders gut **für Rollstuhlfahrer, Familien, Schulklassen und Senioren**. Familie Eilers hatte selbst einen Sohn als Rollstuhlfahrer und kennt die Schwierigkeiten, eine geeignete Ferienunterkunft zu finden. In den hochwertig ausgestatteten Wohnungen vermitteln die rustikalen, alten Eichenbalken eine gemütliche Atmosphäre.

Alle Türen sind mindestens 100 cm breit; Ein- und Zugänge stufenlos; **Zimmer und Badezimmer sind rollstuhlgerecht**; Badezimmer (Dusche, Waschbecken, WC) mit Bewegungsfreiraum für Rollstuhlfahrer von 250 x 250 cm (Idealmaße). Haltegriffe an Dusche, Waschbecken und WC sowie stabiler (abnehmbarer) Duschsitz vorhanden. Dusche mit dem Rollstuhl unterfahrbar. **Die Badezimmer sind absolut rollstuhlgerecht eingerichtet**. **Seniorenbetten** sind ebenfalls vorhanden.

Lage: Ortsmitte, Apotheke und Einkaufen 2,5 km; Bus 1,5 km; Krankenhaus, Bewegungsbad, Angeln 5 km; Bhf. 6 km; Freibad 3,5 km; Tennishalle 4 km; Spielplatz und Grillplatz am Hof. Feriendialyse in Ahaus (6 km).

Preis für eine Ferienwohnung pro Tag bis 4 Personen ab 65,- €.

Für Familien mit Kindern wegen der guten Spielmöglichkeiten auf dem Gelände besonders gut geeignet. Außerdem gibt es eine Bewegungshalle, die das Reiten auch bei schlechtem Wetter ermöglicht.

Nordrhein-Westfalen, Münsterland

Ferienhof Rustemeier	**48341 Altenberge**

Nordrhein-Westfalen, Münsterland

Entrup 169, Tel. (02505) 1285, Fax: (02505) 94298
E-Mail: info@ferienhof-rustemeier.de
Internet: www.ferienhof-rustemeier.de

Gepflegter Backsteinbauernhof mit schönen Stallungen, Reiten auf eigenem Reitplatz sowie Kutschfahrten.
Station des Integrativen Reitweges: insgesamt fünf Aufstiegsrampen entlang des integrativen Reitweges, damit Rollstuhlfahrer auf's Pferd kommen und wieder absitzen können.

Auf dem Ferienhof gibt es eine Liegewiese, Schaukel und einen Grillplatz sowie vor allem viele Tiere zum Streicheln und Füttern (Schweine, Hühner, Pferde, Ponys, Esel, Kaninchen).

Es gibt insgesamt acht Ferienwohnungen und vier Doppelzimmer. Alle Ferienwohnungen haben komplett eingerichtete Küchen mit Kaffeemaschine, Mixer, Backofen und Toaster, Tischdecken, Trockentücher. Auf Wunsch erhalten Sie Kinder- und Zustellbetten, Bettwäsche und Frotteetücher, Kinderspielzeug, Spielesammlung, Hochstuhl.

Auf Wunsch verwöhnen wir Sie in unserer schönen Bauerndiele mit Kamin mit Köstlichkeiten aus der westfälischen Küche.

Geeignet für Gehbehinderte (5 Pers.), **Rollstuhlfahrer** (4 bis 5 Pers.) und Familien mit behinderten Angehörigen (**Gruppen bis 20 Personen**). 1 Ferienwohnung rollstuhlgerecht; sehr gut ausgestattet. Türbreite von Zimmer und Du/WC 100 cm. Freiraum in Du/WC 140 x 150 cm. Freiraum links neben WC 100 cm, rechts 80 cm, davor 200 cm. Dusche und Waschbecken unterfahrbar. Festinstallierter Duschsitz, Kippspiegel und stabile Haltegriffe an Dusche und WC vorhanden. Parkplatz und Eingang stufenlos.

Lage: Altenberge ist eine gemütliche Landgemeinde mit sehr guten Einkaufsmöglichkeiten, stimmungsvollen Gaststätten, Hallen- und Freibad, Tennis- und Reithalle, Skateboardanlage und jahrhundertealten Bauernhöfen und Sehenswürdigkeiten. Zur Ortsmitte sind es 5 km. Einkaufen, Freibad, Hallenbad 5 km.

Preis für eine Ferienwohnung pro Tag für bis zu 4 Personen 90,- €.

Nordrhein-Westfalen, Teutoburger Wald

Bauernhofpension „Waldmühle" — 32694 Dörentrup-Hillentrup

Nordrhein-Westfalen, Teutoburger Wald

Christian Frevert, Waldmühlenweg 1, Tel. (05265) 262, Fax: (05265) 6597
E-Mail: c.frevert@t-online.de
Internet: www.bauernhofpension-waldmuehle.de

Der Bauernhof (mit DLG-Gütezeichen) befindet sich in ruhiger Lage direkt am Wald und ist seit dem Jahre 1600 im Familienbesitz. Bewirtschaftet werden 160 Morgen Acker, Weiden und Wald. Zum Hof gehören Pferde, Rinder, Schweine und Kleinvieh. Ponyreiten wird angeboten. Spielplatz am Haus. Hofeigenes Gästeprogramm.

Den Gästen steht außerdem ein Hallenbad (10 x 5 m, 27 °C) mit Jetstream, Sauna und Solarium zur Verfügung. Des Weiteren ein großer Garten mit Liegewiese und ein Kneipptretbecken.

Der Bauernhof verfügt über Einzel-, Doppel- und Mehrbettzimmer mit Du/WC sowie Ferienwohnungen. Parkplatz, Eingang, Frühstücksraum, Garten und 4 Zimmer im EG sind stufenlos erreichbar. Zum hauseigenen Hallenbad 6 Stufen.

Geeignet für Gehbehinderte (bis 35 Personen), für Rollstuhlfahrer (4 Personen) und für Familien mit geistig Behinderten. **1 Zimmer mit Du/WC sowie eine Ferienwohnung sind rollstuhlgerecht.** Türbreiten vom Zimmer und von Du/WC 100 cm. Dusche und Waschbecken unterfahrbar. Festinstallierter Duschsitz sowie stabile Haltegriffe an Du/WC und Waschbecken vorhanden. Bettenhöhe 48 cm. Zusätzlich 3 Zimmer sind für Rollstuhlfahrer bedingt geeignet, weil die Badezimmer nicht rollstuhlgerecht sind.

Lage: Ruhige Waldrandlage; Ortsmitte, Einkaufen, Bus 100 m; Arzt 1,5 km; Apotheke, Kuranwendungen, Freibad 2 km; Bahnhof, Krankenhaus 8 km. Örtlich **Pflegedienst**.

Preis pro Person und Nacht bei Vollpension für Erwachsene ab 62,- €, für Kinder 8-12 Jahre ab 44,- € und für Kinder von 2-7 Jahre ab 34,- €. Einzelzimmerzuschlag pro Nacht 10,- €.

Nordrhein-Westfalen, Ruhrgebiet, Dortmund

Hotel NeuHaus *** DEHOGA   44135 Dortmund

Nordrhein-Westfalen, Ruhrgebiet

Agnes-Neuhaus-Str. 5, Tel. (0231) 557026510, Fax: (0231) 557026511
E-Mail: info@dasneuhaus.de, Internet: www.dasneuhaus.de

Unser 2010 neu eröffnetes Hotel mit seinen 22 modernen Zimmern und 6 Tagungs- und Konferenzräumen ist das erste und einzige 3-Sterne-Integrationshotel in Dortmund.

Es liegt in zentraler Innenstadtlage und fußläufig zur Einkaufsstraße, zum Hauptbahnhof und vielen kulturellen Highlights, die unsere Stadt zu bieten hat.

Zum Verbund der Embrace-Hotels gehörend, ist unser Hotel entsprechend besonders behindertengerecht ausgestattet und stellt sich selbst den Herausforderungen einer beruflichen und sozialen Integration von Menschen, mit einer geistigen, körperlichen oder psychischen Behinderung.

Das Hotel NeuHaus ist etwas Besonderes, da bei uns auch Menschen mit Behinderung arbeiten, mit viel Charme und Herzlichkeit, aber auch absolut professionell und kompetent. Darauf legen wir viel Wert und tragen diese Philosophie weiter, in allem was wir für unsere Gäste tun.

Unser Hotel ist ein ideales Stadt-Hotel, für Geschäftsleute genauso, wie für Individualreisende und Touristen. Die Besonderheit ist, dass wir nicht nur behindertenfreundlich ausgerichtet sondern auch familienfreundlich gestaltet sind.

Wie alle Integrationshotels definieren wir uns über unseren besonders warmherzigen Service und unser hohes Maß an Qualität. **Der Mensch steht bei uns im Mittelpunkt** und die Bedürfnisse und Wünsche unserer Gäste stehen daher in unserem Fokus. Jeder soll sich bei uns wohl fühlen und uns mit einem guten Gefühl wieder verlassen.

Nordrhein-Westfalen, Ruhrgebiet, Dortmund

Die 22 Zimmer sind modern und freundlich gestaltet. Telefon, W-LAN Highspeed-Internetanschluss und Kabel-TV gehören bei uns ebenso zu unserer Zimmer-Grundausstattung, wie unser Schlafkomfort mit antiallergischen Betten, unseren hochwertigen Matratzen und verschiedenen Kopfkissen nach Wahl.

Für Gäste mit Rollstuhl haben wir 4 behindertengerecht ausgestattete Zimmer, mit viel Platz und Komfort für ihre Bedürfnisse. Überzeugen Sie sich gerne selbst. Direkt vor dem Hotel befinden sich **2 Behindertenparkplätze**. Eingang und Frühstücksraum sind stufenlos erreichbar. Rezeption und die Zimmer sind mit dem Aufzug stufenlos erreichbar. Türbreite vom Eingang 105 cm, vom Aufzug 90 cm (Tiefe 140 cm, Breite 140 cm). Türbreite der Zimmer und von Du/WC 100 cm. Bettenhöhe 55 cm.

Badezimmer: Freiraum in Du/WC 125 x 125 cm, Freiraum links neben WC 100 cm, rechts 40 cm, davor 140 cm. WC-Höhe 50 cm. Dusche schwellenlos befahrbar, stabile Haltegriffe links und rechts neben dem WC und an der Duschwand sowie Duschhocker vorhanden. Waschbecken unterfahrbar, verstellbarer Kippspiegel und Notruf mit Lichtsignal vorhanden. Bei Bedarf kann ein **externer Pflegedienst** angefordert werden.

Tagungen: Das Hotel bietet alles, was Sie für Ihre erfolgreiche Tagung benötigen. Lichtdurchflutete und multifunktionale Tagungsräume legen den Grundstein für erfolgreiche Events. Alle Räumlichkeiten liegen auf einer Etage, sind über kurze Wege miteinander verbunden und haben einen freien Zugang zur Dachterrasse, ideal für Pausen im Freien. Tageslicht ist in allen Räumlichkeiten ebenso selbstverständlich, wie die Ausstattung mit modernster Tagungstechnik und ein Ambiente, in dem sich alle Teilnehmer einer Veranstaltung wohl fühlen können.

Lage: Zur Stadtmitte 500 m, der Flughafen Dortmund (12 km) ist in 20 Minuten erreichbar, die Messehallen und das Westfalenstadion in Dortmund (4 km) in nur 7 Minuten und der Hauptbahnhof (1 km) in nur 3 Minuten. Einkaufsmöglichkeiten, Arzt und Apotheke 500 m, Krankenhaus 2 km.
Zimmerpreise: EZ ab 75,- €, DZ ab 100,- € pro Nacht inkl. Frühstück.

Waschbecken unterfahrbar. Festinstallierter Duschsitz und stabile Haltegriffe an Dusche, Waschbecken und WC vorhanden. Kippspiegel und Notruf.

Lage: Zentral und verkehrsgünstig in Düsseldorf **in der Nähe der Düsseldorfer Messe** gelegen. Zum Zentrum 5 km; Bahnhof 8 km, Flughafen 2 km.

Zimmerpreise: EZ 93,- € bis 325,- €; DZ 127,- bis 365,- € pro Nacht inkl. Frühstücksbüffet.

Nordrhein-Westfalen, Münsterland, Dreiländersee

Appartement-Hotel Restaurant Seeblick 48599 Gronau

Nordrhein-Westfalen, Münsterland, Erholungsgebiet Dreiländersee

Brechter Weg 15, Tel. (02562) 5307, Fax (02562) 3174
E-Mail: team@seeblick-gronau.de, Internet: www.seeblick-gronau.de

Unser Appartementhotel am Dreiländersee bietet Ihnen **3 rollstuhlgerechte Appartements** (75 m²) mit jeweils 2 getrennten Schlafzimmern, einem großzügigen Wohnbereich, einer Küche, einem barrierefreien Bad und kleiner Außenterrasse. Alle Appartements sind indi-

viduell und geschmackvoll eingerichtet und bieten Platz für bis zu 4 Personen. Haustiere sind bei uns auch herzlich willkommen.

6 Wohnungen, ein Ferienhaus und 3 Suiten (Ein-Raum-Appartements), mit viel Liebe eingerichtet, stehen Ihnen zur Verfügung. Die Wohnungen im Erdgeschoss sind senioren- und rollstuhlfahrergerecht ausgestattet. Sie sind 75 qm groß und verfügen über max. 4 Schlafplätze. Jede Wohnung verfügt über eine große Terrasse zum Entspannen. Alle Wohnungen sind mit Einbauküche mit Ceranherd, Kühl-/Gefrierschrank, Mikrowelle, Spülmaschine, Kaffeemaschine, Wasserkocher, Toaster, Töpfe, Geschirr, Föhn sowie Waschmaschine und Trockner ausgestattet. Flat TV und Radio stehen im Wohnzimmer bereit. Kostenlose Parkplätze sind ausreichend vorhanden.

Ob Halbpension, Vollpension oder auf einen Kaffee mit hausgemachtem Kuchen - lassen Sie sich in unserem angrenzenden Restaurant mit Wintergarten und Seeterrasse kulinarisch verwöhnen. Der Parkplatz und die rollstuhlgerechten Appartements sind ohne Stufen erreichbar. Am Haupteingang gibt es eine Rampe für Rollstuhlfahrer.

Die drei rollstuhlgerechten Appartements befinden sich jeweils im Erdgeschoss. Die Türen der Zimmer und Badezimmer sind 80 cm breit. Die Betten sind 60 cm hoch (es gibt auch **elektrisch höhenverstellbare Betten**). Der Bewegungsfreiraum im Bad beträgt ca. 90 x 90 cm. Freiraum links neben WC 110 cm, davor 100 cm, WC-Höhe 45 cm (Toilettenaufsatz vorhanden).

Nordrhein-Westfalen, Münsterland, Dreiländersee

Der Duschbereich ist schwellenlos befahrbar, stabiler Duschhocker und Haltegriffe sind vorhanden. Das Waschbecken ist mit dem Rollstuhl unterfahrbar. Ein externer **Pflegedienst** kann bei Bedarf bestellt werden.

Lage / barrierefreie Ausflugsmöglichkeiten: Unser Appartementhotel liegt direkt am Dreiländersee in Gronau, einem Naherholungsgebiet im Dreiländereck Nordrhein-Westfalen, Niedersachsen und der Niederlande. Der ca. **3 Kilometer lange Rundweg um den See ist ebenerdig, für Rollstuhlfahrer geeignet** und führt vorbei an einem Badesee, einer Minigolfanlage und an einem Tretbootverleih. Alle 200 m gibt es eine Bank zum Ausruhen. In direkter Nähe befindet sich ebenfalls das Naturschutzgebiet Gildehauser Venn mit seiner außergewöhnlichen Moor- und Heidelandschaft.

Entfernungen: Zum Seeufer 30 m, zur Ortsmitte von Gronau 6 km, Einkaufsmöglichkeiten 3,5 km, Apotheke 4 km, Arzt 4,6 km, Krankenhaus 6,5 km, Bahnhof 5 km, Hallenbad 6 km, Freibad 7 km.

Radwandern: Eine hervorragende Möglichkeit, das Münsterland auf eigene Faust bzw. auf Rädern zu entdecken, bieten die hindernisfreien 20 bis 50 Kilometer langen Touren im Kreis Borken, die auf ihre Eignung für Rollfiets, Dreirad und Handbike getestet wurden.

Museum: Das europaweit einzigartige **Haus der Rock- und Popgeschichte** direkt in Gronau erzählt die Kulturgeschichte der Popgeschichte im 20. Jahrhundert, unterstützt durch modernste technologie. Ganz bewusst stellt sich das Museum als neues Forum der Popkultur und ihrer künstlerischen Vielfalt vor.

Einkaufsmöglichkeiten: In 15 Minuten sind Sie am Designer Outlet Ochtrup und können in über 65 Shops Designer- und Lifestylemarken 30 bis 70% günstiger einkaufen. Die Nähe zur niederländischen Grenze lädt zur Shoppingtour in der Stadt Enschede ein, die in 20 Minuten erreichbar ist. Dienstags und samstags ist ein Ausflug auf den Markt in Enschede zu empfehlen.

Schwimmen und Entspannen: Die Bentheimer Mineraltherme im Kurort Bad Bentheim ist in 20 Minuten erreichbar und bietet einen **Hebelifter** am Sole- und Therapiebad.

Preis für ein Appartement pro Nacht (Stand 2016): bei Belegung mit 2 Personen bei einem Aufenthalt von 1 bis 3 Tagen 85,- €, 4 bis 7 Tage 75,- € und ab 8 Tage Aufenthalt 70,- €. Jede weitere Person / Nacht 8,- €.

Zubuchbare Leistungen (Preis pro Person/Tag, Stand 2016): Frühstück 10,90 €, Halbpension 20,90 €, Vollpension 30,90 €. Preise für Kinder auf Anfrage. Hunde pro Tag 7,- €. Weitere Pauschalangebote und Arrangements auf Anfrage.

Nordrhein-Westfalen, Münsterland, Dreiländersee

Ferienhof Laurenz   48599 Gronau

Nordrhein-Westfalen, Münsterland, Erholungsgebiet Dreiländersee

Am Fürstenbusch 20, Tel. (02562) 3100, Fax: (02562) 97264
E-Mail: info@ferienhof-laurenz.de, Internet: www.ferienhof-laurenz.de

Ferienhof direkt am Waldrand.

6 komfortable Ferienwohnungen, ca. 63 qm groß, mit schönen, hellen, gemütlichen Räumen, 2 Schlafzimmer, ein gepflegtes Bad mit ebenerdiger Dusche und Toilettengriff, einer eigenen Diele, einem Abstellraum und einem Wohnbereich mit gemütlicher Couch und TV.

Eine eigene Terrasse mit Gartenmöbel rundet den Komfort ab. Wasch- und Trocknungsmöglichkeiten auf Anfrage.

Viele Spielmöglichkeiten, Treckerfahren, Ponyreiten, Grillhütte, Lagerfeuerplatz, Abenteuerspielplatz und Hüpfkissen. Viele Tiere zum Streicheln und anschauen wie zum Beispiel Pferde, Kühe, Schweine, Hunde, Kaninchen und Schafe.

Nordrhein-Westfalen, Münsterland, Dreiländersee

Geeignet für Rollstuhlfahrer, Senioren, Menschen mit körperlicher oder geistiger Behinderung und Familien; (**Gruppen bis 30 Personen**). Parkplatz, Eingang, Speiseraum, Garten und die Wohnungen sind stufenlos erreichbar. Die Wohnungen sind ebenerdig und **alle für Rollstuhlfahrer geeignet**: Türbreite der Zimmer und von Du/WC 92,5 cm. Freiraum in Du/WC 180 x 280 cm. Waschbecken unterfahrbar. Duschhocker und stabile Haltegriffe an Dusche und WC vorhanden.

In unserem Speiseraum (rollstuhlgerechte Toiletten, Hof ist ebenerdig) können Sie sich bei einem ausgiebigen Frühstück, einer riesen Kuchenauswahl und einem großen und leckeren Abendessen verwöhnen lassen.

Einkauf: Kleine Andenken, Postkarten und Marmeladen können Sie bei uns einkaufen.

Lage: Idyllische Waldlage, inmitten eines der schönsten Erholungs- und Naturschutzgebiete, direkt am Dreiländereck, nahe der holländischen Grenze. Arzt, Apotheke, Dreiländersee, Marienkapelle, Rock und Pop Museum, Lagagelände, Tierpark Gronau und noch viele weitere schöne Ausflugsziele erreichen Sie in Kürze. Der Ferienhof und die Umgebung sind ebenerdig, die Wege befestigt.

Preise: In einer Ferienwohnung ab 62,00 € pro Person/Nacht inkl. Halbpension, ab 80,00 € pro Person/Nacht inkl. Halbpension Plus (zusätzlich Kaffee und Kuchen und Getränke beim Abendessen) und alle Nebenkosten.

1999 zum beliebtesten Ferienhof in NRW von den Lesern von „Raus aufs Land" gewählt. **DLG Ferienhof des Jahres** 1998, 2000, 2002, 2005, 2012 und 2016.

Weitere Informationen im Internet unter www.ferienhof-laurenz.de.

Nordrhein-Westfalen, Münsterland, Dreiländersee

5 Sterne Ferienwohnungen „Am Dreiländersee" *****   48599 Gronau

Nordrhein-Westfalen, Münsterland, Erholungsgebiet Dreiländersee

Brechter Weg 23-25, Tel. (02562) 5272, Fax: (02562) 252 91
E-Mail: fewo@mantke.de, Internet: www.ferienwohnungen-mantke.de

12 Exklusive 5-Sterne Ferienwohnungen, davon 4 rollstuhlgerecht, im kleinen Dreiländereck von Nordrhein Westfalen - Niedersachsen (500 m) und den Niederlanden (1.000 m). **Die Ferienwohnanlage befindet sich inmitten eines der schönsten Erholungs- und Naturschutzgebiete, direkt am See**, umgeben von Wald und Wiesen, Heide und Moorlandschaften. Freuen Sie sich auf Zeit zur Muße und Entspannung, denn besondere Ruhe genießen Sie hier in dieser Parklandschaft des Münsterlandes. Naturspaziergänge und Radwandern auf hervorragend angelegten, ebenen Wegen, und interessante Ausflugsziele bieten sich Ihnen an. Erleben Sie auf unserer Seeterrasse den einzigartigen Sonnenuntergang über dem Dreiländersee.

Die 12 hellen und gemütlichen Ferienwohnungen sind überaus hochwertig und geschmackvoll eingerichtet. Alle Wohnungen sind allergikerfreundlich (komplett Fliesen, Staubsaugeranlage, keine Haustiere etc.) und Nichtraucherwohnungen (Rauchen auf dem Balkon/Terrasse möglich). Sie bieten Ihnen einen großen Wohnraum mit gemütlicher Federkern-Couchgarnitur, SAT-TV, Video und Radio-CD, einen geräumigen Esstisch und eine angrenzende Terrasse bzw. Balkon.

Fußbodenheizung in allen Räumen, elektrische Jalousien, elektr. Markisen und vieles mehr. Jede Ferienwohnung ist mit zwei Doppel-Schlafzimmern ausgestattet, eines mit super bequemen Tempurmatratzen, das andere mit hochwertigen Volllatexmatratzen auf verstellbaren Lattenrosten, geräumigem Kleiderschrank und einem Funkradiowecker. Das helle und in modernem Design gestaltete Bad verfügt über eine begehbare Dusche und einen Handfön.

In der komplett eingerichteten Küche finden Sie eine Spülmaschine, Mikrowellenherd, Umluftbackofen mit Ceranfeld, Kühlschrank mit Gefrierfach, Eierkocher, Wasserkocher, Mixer, Toaster, Kaffeemaschine, Töpfe, Pfannen, Porzellan und Gläser; Auflaufformen, Salatschüsseln und Grillbesteck. Reinigungsmittel wie Spülmaschinentabs, Spülmittel, Spül- und Trockentücher liegen bereit.

Geeignet für Rollstuhlfahrer, auch für Familien und **Gruppen**: 4 Ferienwohnungen im Erdgeschoß. Die Türbreite der Zimmer beträgt hier 95 cm. Jede Ferienwohnung verfügt über zwei Doppelschlafzimmer mit einer Bettenhöhe von 54 cm; verstellbaren Lattenrosten, in jeder Erdgeschosswohnung ist ein **Pflegebettrahmen** vorhanden!

Das Bad bietet einen Bewegungsfreiraum von 110 x 150 cm. Freiraum links neben WC 25 cm, rechts 55 cm (2 Wohnungen umgekehrt) davor 150 cm. WC-Höhe 46 cm, verschiedene Sitzerhöhungen (5 cm - 20 cm, teilw. mit zusätzlichen Armlehnen) sowie Toilettenstühle sind vorhanden. Die große Dusche ist schwellenlos befahrbar,

Nordrhein-Westfalen, Münsterland, Dreiländersee

Duschstühle mit Rücken- und Armlehnen stehen bereit; das Waschbecken ist unterfahrbar. Stabile Haltegriffe an WC und Dusche, zusätzlich steht ein mobiler Haltegriff (Sauggriff) zur Verfügung sowie ein Rollator (Gehwagen). Ein **Pflegedienst** kann bei Bedarf bestellt werden. **Weitere Hilfsmittel** können über ein örtliches Sanitätshaus geliehen werden.

Zu jeder Ferienwohnung gehört ein Parkplatz bzw. Carportstellplatz. Auch Sonnenliegen stehen für unsere Gäste breit.

Einen Fahrradverleih betreiben wir direkt am Haus; neben Erwachsenenrädern in versch. Größen verleihen wir auch Kinderfahrräder in versch. Größen sowie Kindersitze. Radfahrkarten der Umgebung halten wir stets vor.

Der große, herrlich angelegte Garten, der Grillpavillon und die Seeterrasse mit dem wunderschönen Blick über den Dreiländersee laden zu einem gemütlichen Aufenthalt ein. Selbstverständlich sind alle Einrichtungen rund um unsere Ferienwohnungen ohne Barrieren und mit dem Rollstuhl befahrbar. Die malerischen Wanderwege um den **Dreiländersee**, in das **Naturschutzgebiet „Gildehauser Venn" mit seiner urigen Heide- und Moorlandschaft** sowie alle Wanderwege bis in die Niederlande hinein sind ebenerdig. Auch die anliegenden Cafés und Restaurants sind mit dem Rollstuhl bequem befahrbar.

Freizeit: Der Dreiländersee zeichnet sich seit Jahren durch eine sehr gute Wasserqualität aus. Hier kann man Schwimmen, Surfen, Segeln und Tretbootfahren. Der große Kinderspielplatz und die Minigolfanlage befinden sich ebenfalls direkt am See. Auf dem nahe gelegenen Reiterhof kann am Reitunterricht teilgenommen oder auch Planwagenfahrten gebucht werden.

Das direkt neben unseren Ferienwohnungen gelegene **Restaurant „Seeblick"** bietet neben Frühstück, abwechslungsreichen Mittagsmenüs, hausgebackenen Kuchenspezialitäten auch ein hervorragendes Abendessen, (Frühstück, Halbpension und Vollpension, auch über uns buchbar). Ganz in der Nähe befinden sich ein Bauernhofcafé mit rustikalen Spezialitäten und eine Tennishalle.

Lage: Die Anreise erfolgt bequem über die Autobahnen A 30 und A 31. Sie sind ca. 10 Minuten nach Abfahrt von beiden Autobahnen am Ziel.

Zur Ortsmitte 5 km; Einkaufen, Arzt, Apotheke 4 km; Bahnhof, Hallenbad 5 km; Krankenhaus 7 km, Dialyse 25 km. Die Stadt Gronau zeigt sich äußerst rollstuhlfahrerfreundlich wie auch das im August 2004 eröffnete erste Deutsche Rock'n Popmuseum Deutschlands in Gronau komplett barrierefrei ist.

Der Preis für eine Ferienwohnung wird nach Personenzahl gestaffelt und ist im Internet oder telefonisch zu erfragen.

Ein außerordentlich „behindertengerechtes" Angebot, bei dem nicht nur die Unterkunft topp ist, sondern auch das Umfeld stimmt!

Alte Lübber Volksschule — 32479 Hille

Nordrhein-Westfalen, Mühlenkreis Minden-Lübbecke

Hauptstr. 165, Tel.: (05734) 7066, Fax: (05734) 6656712
E-Mail: info@alte-luebber-volksschule.de, Internet: www.alte-luebber-volksschule.de

Die „Alte Lübber Volksschule" ist ein integratives Gästehaus, das preisgünstige Übernachtungs- und Tagungsmöglichkeiten bietet.

Seit Januar 2014 ist die „Alte Lübber Volksschule" ein anerkannter Integrationsbetrieb in der Trägerschaft der Lebenshilfe Lübbecke e.V., das heißt, im Team arbeiten Menschen mit Handicap. **Gruppen** finden in dieser Tagungsstätte ideale Bedingungen für ihre Bildungsveranstaltungen und für die gemeinsame Freizeitgestaltung. Es gibt 2 große Tagungsräume und einen gemütlichen Aufenthaltsraum. Die schöne Landschaft und das Gemäuer einer mehr als 100 Jahre alten Dorfschule sorgen für eine Atmosphäre des Wohlbehagens. Familien und Einzelpersonen, die die Attraktionen der westfälischen Mühlenstraße genießen wollen, können ebenfalls den Service des Hauses nutzen.

Das Haus ist rollstuhlgerecht ausgestattet. Insgesamt gibt es 42 Betten, aufgeteilt in 21 Doppelzimmer. 2 Zimmer haben jeweils 2 separate Schlafräume (für Gäste mit Handicap und Betreuer) und teilen sich je ein barrierefreies Bad. 90% des Hauses sind barrierefrei, die restlichen 7 DZ sind nur durch eine Treppe erreichbar. Alle Zimmer sind mit TV, W-Lan, Dusche und WC ausgestattet.

Parkplatz, Eingang, Empfang und Frühstücksraum sind stufenlos erreichbar. 3 rollstuhlgerechte Zimmer befinden sich im EG, 3 im 1. OG (mit dem Aufzug erreichbar). Türbreite vom Aufzug 90 cm (Innenmaße: Tiefe 143 cm, Breite 94 cm).

Geeignet: 6 Zimmer sind für Rollstuhlfahrer konzipiert, 6 weitere Zimmer für gehbehinderte Gäste. Türbreite der Zimmer und von Du/WC 93 cm, Bettenhöhe 50 cm, 2 Pflegebetten sowie ein mobiler Toiletten/Duschstuhl und ein Lifter sind im Haus vorhanden. Weitere Hilfsmittel können vermittelt werden. Bewegungsfreiraum in Du/WC 150 x 150 cm. Freiraum links neben WC 40 cm, rechts 147 cm, davor 160 cm. WC-Höhe 50 bis 53 cm, Haltegriffe links und/oder rechts neben WC vorhanden. Duschbereich schwellenlos befahrbar, beweglicher Duschsitz und waagrechte Haltestange im Duschbereich vorhanden. Waschbecken unterfahrbar. Ein externer Pflegedienst kann bei Bedarf bestellt werden.

Lage: Am Rande des Wiehengebirges. Einkaufsmöglichkeiten 2 km, Apotheke 1 km, Arzt 3 km, Krankenhaus 11 km, Badesee 7 km, Bahnhof 13 km.

Freizeitangebot: Attraktives Gartengelände mit Sitzecken, Ruhezonen und Spielwiese, Kicker und Tischtennis, Spiele-Sammlung, angrenzender öffentlicher Spielplatz, Erlebnisbäder, Freibad und Sportplätze sind in wenigen Minuten per Pkw erreichbar, Fahrradverleih kann vermittelt werden. Weitere reizvolle Ausflugsmöglichkeiten finden Sie auf unserer Homepage.

Preise: Übernachtung pro Person ohne Frühstück ab 27,50 €, mit Frühstück ab 34,50 €, mit Vollpension ab 47,- €. Einzelzimmerzuschlag im DZ 10,- €. Zuschlag für einzelne Übernachtung 5,- €/Nacht.

Seminarräume: Konferenzraum für 30 Pers. pro Tag 55,- €, für 50 Pers. 88,- € pro Tag. Catering und Tagungstechnik zu günstigen Preisen (auf Anfrage).

Nordrhein-Westfalen, Niederrhein

Ferienwohnungen "Müllers-Hof"   **47906 Kempen-St. Hubert**

Nordrhein-Westfalen, Niederrhein

Familie Müllers-Heymer, Escheln 26 - 28, Tel.: (02152) 69 08, Fax: (02152) 96 77 29
E-Mail: info@ferienwohnungen-kempen.de
Internet: www.ferienwohnungen-kempen.de

Raus aus dem Alltag, raus an den Niederrhein: Urlaub auf dem Müllers-Hof!

Die 4 wunderschönen Ferienwohnungen in einer ehemaligen Scheune des Müllers-Hofes bieten jeden Komfort für entspannten und erholsamen Urlaub am Niederrhein. Trotz ruhiger und ländlicher Lage sind in kürzester Zeit Ausflugsziele im Ruhrgebiet, den Niederlanden und kulturell interessante Städte wie z.B. Düsseldorf und Krefeld zu erreichen.

Die beiden Wohnungen "Sattelkammer" und "Haflingerbox" im Erdgeschoss sind **rollstuhlgeeignet**. Sie verfügen über eine Wohnfläche von ca. 45 m² mit einem Schlafraum (zwei Betten), eine große Wohnküche mit Herd, Kühlschrank, Mikrowelle und Geschirrspüler, sowie ein großes behindertengerechtes Badezimmer mit begehbarer Dusche.

Die beiden Wohnungen "Kutscherhaus" und "Futterkiste" im Obergeschoss sind behindertenfreundlich, sie verfügen über die gleiche Komfortausstattung wie die Erdgeschosswohnungen.

Zu jeder Wohnung gehört eine ebenerdige Terrasse, der großzügig angelegte Garten mit festgemauertem Grillpavillon steht zur allgemeinen Verfügung. Der rollstuhlbefahrbare Seminarraum mit offenem Kaminofen bietet Platz für ca. 30 Personen.

Geeignet für Rollstuhlfahrer und Gehbehinderte. **Ausstattung:** Die Wohnungen im Erdgeschoss besitzen einen separaten schwellenfreien Eingang, die Türbreite beträgt 100 cm. Schlafzimmer sehr groß; auch Bettenlifter einsetzbar, **Betten für Lifter unterfahrbar.** Sehr große Badezimmer; die Freifläche beträgt 150 x 180 cm. Dusche schwellenlos befahrbar. Ein Duschstuhl (Höhe 48 cm) **und Duschlifter** ist vorhanden. Das WC (Höhe 46 cm) ist vorne und von der rechten Seite aus frei anfahrbar, Haltegriffe rechts und links erleichtern das Umsetzen vom Rollstuhl. Das Waschbecken ist unterfahrbar, der Kippspiegel in Sitzposition einsehbar. Der seitliche Freiraum am Bett (Höhe 50 cm) beträgt 180 cm, bei Bedarf können die **Betten elektrisch höher gestellt** werden. Zusätzlich ist ein **Pflegebett** vorhanden. Bei Bedarf kann ein **Pflegedienst** angefordert werden. Der Parkplatz befindet sich direkt am Haus.

Lage: Ruhig und ländlich gelegen, Geschäfte für den täglichen Bedarf sowie Ärzte, Apotheken und Restaurants 3 km; Stadt Kempen (Bahnhof/Krankenhaus/ Schwimmbad) 8 km; Krefeld 15 km. Ebene Landschaft, gut befahrbare Feld- und Wanderwege, Niederrheinroute (ca. 2.000 km Radwegenetz) überwiegend auch befahrbar für Rollstuhlfahrer

Preise: FeWo für 2 Pers./Nacht 60,- € (Einzelübernachtung 80,- €). Zustellbett 15,- € pro Nacht; Kinder unter 3 Jahren frei; Hund 8,- € pro Nacht.

Jedes Jahr kommen viele zufriedene Rollstuhlfahrer als Stammgäste.

Nordrhein-Westfalen, Tecklenburger Land

DRK Freizeit- und Schulungsheim
für Menschen mit und ohne Behinderungen   49497 Mettingen

Träger: DRK Ortsverein Mettingen e.V. Nierenburger Str. 35, 49497 Mettingen
Tel. (05452) 3899
E-Mail: drk-mettingen@web.de, Internet: www.ferien-behinderung.de

Ein ehemaliger Bauernhof wurde zu einer Begegnungsstätte für Menschen mit und ohne Behinderung barrierefrei umgebaut. Die frisch renovierte Begegnungsstätte liegt in ruhiger Lage unmittelbar zum idyllischen Ortskern.

Alle Räume des Hauses sind behindertengerecht eingerichtet und bieten Übernachtungsmöglichkeiten für 20 Personen, verteilt auf 6 Schlafzimmer. Zusätzlich 1 Schlaf/Wohnraum für 1 Person.

Im Obergeschoss befinden sich neben den Fremdenzimmern drei Bäder mit Duschen und WC sowie ein Wohlfühlbad mit Regendusche, **Pflegeliege** und einer **Duschliege**. Drei Zimmer sind mit insgesamt **4 Pflegebetten** ausgestattet. Ein mobiler **Pflegelifter** steht auch zur Verfügung.

Ein Snoezelenraum wurde zur besonderen Entspannung eingerichtet.

Im Erdgeschoss sind vorhanden: eine ca. 200 qm große Deele, eine Kaminecke, die Küche, ein Besprechungszimmer, ein Gesellschaftsraum, Sanitärräume und zwei barrierefreie WC. Der Aufzug ist, wie alle Sanitärräume und alle Zimmer, mit dem Rollstuhl befahrbar. Sitzgruppen und ein Pavillon mit Grillecke stehen den Hausgästen im Außenbereich zur Verfügung.

Im Ort und in der näheren Umgebung werden zahlreiche Freizeitmöglichkeiten angeboten: Hallenbad, Freibad, Planwagenfahrt, Schifffahrt, Museen, Tierpark, Freilichtbühne, Märchenwald, Minigolf(Pit-Pat) u. v. m. Zur sportlichen Betätigung stehen eine Kegelschiene, eine rollstuhlgerechte Tischtennisplatte(Polybat) sowie ein Kicker zur Verfügung. W-Lan vorhanden.

Der Ortskern mit seinen vielfältigen Einkaufsmöglichkeiten ist ca. 300 m entfernt.

Angebot: Unterkunft und Verpflegung oder Halbpension (aus der hauseigenen Küche) ab 33,- €.

Für Menschen mit Handicap, Senioren, Gruppen, Schulklassen und Ferienfreizeiten etc. sehr gut geeignet.

Nordrhein-Westfalen, Hochsauerland, Naturpark Arnsberger Wald

Matthias-Claudius-Haus	59872 Meschede-Eversberg

Nordrhein-Westfalen, Hochsauerland, Naturpark Arnsberger Wald

Matthias-Claudius-Weg 1, Tel. (0291) 5499-0, Fax: (0291) 5499-99
E-Mail: info@matthias-claudius-haus.de
Internet: www.matthias-claudius-haus.de

Die Ferien- und Tagungsstätte Matthias-Claudius-Haus der Diakonie Ruhr-Hellweg liegt herrlich eingebettet im Naturpark Arnsberger Wald und bietet beste Voraussetzungen für Gruppenfahrten, Freizeiten, Tagungen und Seminare, Familienferien oder Klassenfahrten.

44 komfortable Einzel-, Doppelzimmer und Apartments mit Du/WC auf vier Wohnebenen.

Im Haus befinden sich sechs unterschiedlich große **Gruppen- und Tagungsräume**, ein Sport- und ein Bastelraum, zwei Teeküchen und ein gemütlicher Begegnungsbereich mit offenem Kamin. Des Weiteren stehen ein umfangreiches angebot, Klavier, Tischtennisplatte, Kicker und ein **kostenfreies W-LAN-Netz** zur Verfügung.

Die großzügige Außenanlage bietet Kinderspielplatz, Sportwiese, Lagerfeuer- und Grillplatz, Ruhezonen mit Sitzbänken, **Hochseilgarten**, Kletterturm und **Walderlebnisparcours**.

Geeignet für Familien und **Gruppen** mit Gehbehinderten, Rollstuhlfahrern und Menschen mit geistiger Behinderung.

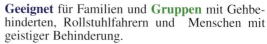

9 rollstuhlgerechte Zimmer und Apartments mit bis zu 25 Betten. Freiraum in Bad/WC 100 x 200 cm. Freiraum links oder rechts neben WC 90 cm, davor 120 cm. Dusche und Waschbecken unterfahrbar. Verstellbare Kippspiegel und stabile Haltegriffe an Dusche, WC und Waschbecken vorhanden.

Lage: Im Arnsberger Wald am Rande des Bergstädtchens Eversberg; Einkaufen 2 km; Bus 1 km; Bhf., Hallen- und Freibad 6 km.

Preis pro Person im DZ mit Vollpension: Erwachsene ab 46,- €; Jugendliche (10 bis 17 Jahre) ab 33,50 €; Kinder (3 bis 9 Jahre) ab 26,50 €; Kleinkinder (bis 2 Jahre) ab 10,- €. Gruppenpauschalen auf Anfrage.

Wilhelm Kliewer Haus — 41169 Mönchengladbach

Nordrhein-Westfalen, Naturpark Maas-Schwalm-Nette, Hardter Wald

Ungermannsweg 8, Tel.: (02161) 57457-0, Fax: (02161) 57457-99
E-Mail: mail@wkh.nrw
Internet: wilhelm-kliewer-haus.de

Unser Gäste- und Tagungshaus Wilhelm Kliewer liegt mitten im Naherholungsgebiet Hardter Wald, am Rande des internationalen Naturparks Maas-Schwalm-Nette. Es trägt den Namen des langjährigen Beigeordneten und Referenten für Wohlfahrts- und Sozialwesen der Stadt Mönchengladbach Wilhelm Kliewer. Im Jahr 2005 übernahmen

wir als die Neue Arbeit Integrationsunternehmens GmbH (NAI) das Haus vom Jugendamt der Stadt. Unser in Mönchengladbach ansässiges Sozialunternehmen investierte seitdem mehrere Millionen Euro (Stand 2017) und baute das Wilhelm Kliewer Haus in mehreren Schritten zu einer modernen Begegnungsstätte um, in der Unternehmen, Bildungsträger, soziale und karitative Einrichtungen sowie Familien gleichermaßen ideale Bedingungen zum Tagen, Feiern und Entspannen vorfinden.

Seit vielen Jahren ist unser Haus bei kirchlichen, karitativen und sozialen Spitzenverbänden als Ort für Begegnungen ebenso beliebt wie bei Bildungsträgern, Vereinen und Schulen. Gleich mehrere gute Gründe sprechen dafür: Im Naherholungsgebiet Hardter Wald liegen wir idyllisch abgeschieden und sind doch zugleich leicht erreichbar.

Unsere neuen und neu gestalteten modernen **Seminarräume** und gut ausgestatteten Gästezimmer werden ergänzt durch ein **attraktives Freizeitangebot** mit Hochseilpark und Kletterturm auf unserem Gelände – die ideale Verbindung zwischen Naturidylle mit professionellem Ambiente für gelungene Ferienfreizeiten, Gruppen- und Klassenfahrten, Tagungen oder Fortbildungen, Sport- und Trainingslager. Damit nicht genug: Bei uns stimmen Preis und Leistung.

Gastronomie: Unser Team sorgt dafür, dass Sie sich rundum wohl fühlen. Das beginnt am frühen Morgen mit einem ausgedehnten Frühstücksbüffet für unsere Übernachtungsgäste. Wir

Nordrhein-Westfalen, Naturpark Maas-Schwalm-Nette

bieten Ihnen ein umfangreiches Angebot an Speisen mit hoher Qualität. Unsere moderne Küche legt besonderen Wert auf gesunde, abwechslungsreiche und schmackhafte Gerichte: vom rheinisch deftigen Büffet über mediterrane Tapas bis zu vegetarischen und veganen Köstlichkeiten. Auf Wunsch berücksichtigen wir auch religiöse Speisevorschriften.

Barrierefreiheit: Ideal sind unsere Übernachtungsmöglichkeiten auch für Gäste mit Mobilitätseinschränkungen, denn **das Wilhelm Kliewer Haus ist barrierefrei und geräumig ausgebaut**. Insgesamt 138 Gäste, Groß und Klein, können hier übernachten und den schönen wohltuenden Ausblick auf die umgebende Natur des Hardter Waldes genießen. Parkplatz, Haupteingang, Rezeption, Frühstücksraum & Restaurant sowie die Behindertenzimmer im EG und der Aufzug (Türbreite 90 cm) sind stufenlos erreichbar. Innenmaße vom Aufzug: Tiefe 140 cm, Breite 108 cm.

Doppelzimmer

Unsere neuen und neu gestalteten Gästezimmer bieten die besten Voraussetzungen für einen erholsamen Aufenthalt und einen entspannten Schlaf. Alle Einbett-, Zweibett- und Mehrbettzimmer sind hell, freundlich und geschmackvoll eingerichtet und verfügen nach Neubau und Renovierung über einen hohen Standard. Sie sind allesamt mit eigenem Bad, TV und WLAN ausgestattet.

Mehrbettzimmer

Für Rollstuhlfahrer geeignet sind 3 Zimmer. Türbreite der Zimmer und Badezimmer 93 cm. Bettenhöhe 47 cm. Bewegungsfreiraum in Dusche/WC 150 x 220 cm. Freiraum links neben WC 140 cm, rechts 78 cm, davor 220 cm. WC-Höhe 48 cm; Haltegriffe links und rechts neben WC vorhanden. Duschbereich schwellenlos befahrbar, stabiler Duschhocker und Haltegriffe an der Duschwand. Waschbecken mit dem Rollstuhl unterfahrbar; Kippspiegel und Notruf vorhanden.

Lage und Entfernungen: Das Wilhelm Kliewer Haus liegt inmitten eines großen Außengeländes im Hardter Wald am Rand des Naturparks Schwalm-Nette. Gute Verkehrsanbindung an die Autobahn. Zur Ortsmitte mit Einkaufsmöglichkeiten 1,1 km; Arzt, Apotheke 1,4 km; Krankenhaus 8,4 km; Bahnhof 9,5 km; Freibad und Hallenbad 11,5 km.

Preise pro Person/Nacht im EZ ab 66,50 €, im DZ ab 41,50 €.

Nordrhein-Westfalen, Paderborner Land, Ostwestfalen-Lippe

IN VIA HOTEL *** nach DEHOGA   33098 Paderborn

Nordrhein-Westfalen, Paderborner Land, Ostwestfalen-Lippe

Giersmauer 35
Tel.: (05251) 2908-31, Fax: (05251) 2908 68
E-Mail: rezeption@inviahotel.de
Internet: www.invia-hotel.de

Das größte Computermuseum der Welt, der kürzeste Fluss Deutschlands, reizvolle Auenlandschaften, eine mittelalterliche Kaiserpfalz, ein imposanter Dom – Sie sollten Paderborn und seine angebotsreiche Umgebung kennen lernen. Das in der Innenstadt von Paderborn gelegene **barrierefreie IN VIA Hotel***** liegt ruhig und verkehrsgünstig, sodass es den idealen Ausgangspunkt für Ihre Aktivitäten bildet. Erholung bietet Ihnen das im Haus gelegene **Massage-Studio** mit einer breiten Palette von **Wellnessmöglichkeiten**.

In Ihren Zimmern erwartet Sie ein modernes Design, u. a. durch Flachbild-TV mit einer großen Auswahl an TV- und Radio-Kanälen, sodass Sie auch im Urlaub in der Champions League und Bundesliga über unser kostenfreies SKY-Angebot immer bestens informiert sind.

Lassen Sie uns Ihren Städtetrip ebenso wie auch Ihren Urlaub zu einer besonderen Zeit für Sie machen.

Der Weg vom Parkplatz zum Haupteingang ist stufenlos (Rampe); Eingang und Rezeption sind barrierefrei. Das Culinarium und die Zimmer sind mit dem Aufzug erreichbar. Türbreite des Aufzugs: 90 cm (Innenmaße: Tiefe 130 cm, Breite 110 cm).

Geeignet für Rollstuhlfahrer sind 4 Zimmer mit Du/WC, weitere 6 Zimmer stehen für gehbehinderte Gäste zur Verfügung.

Türbreite der Zimmer und Du/WC 94 cm. Bettenhöhe ca. 50 cm. Bewegungsfreiraum in Du/WC 150 x 150 cm.

Freiraum links und rechts neben WC 95 cm, davor 150 cm; WC-Höhe 50 cm.

Duschbereich schwellenlos befahrbar, stabiler Duschhocker und Haltegriffe an der Duschwand sind vorhanden. Waschbecken unterfahrbar, Notruf vorhanden.

Nordrhein-Westfalen, Paderborner Land, Ostwestfalen-Lippe

Gastronomie: Im Culinarium finden Frühstück, Mittagessen, Nachmittagskaffee und Abendessen statt. Sie haben freie Auswahl in Buffetform. Diätische Speisen werden ebenfalls angeboten. Das Bistro ist rund um die Uhr geöffnet. Hier finden Sie kalte Getränke, Kaffee-Spezialitäten und Snacks für den kleinen Hunger zwischendurch.

Das IN VIA Hotel ist barrierefrei. Es verfügt über rollstuhlgerechte Aufzüge mit Zugang zur Rezeption, zu allen Seminarräumen und Hotelzimmern, zur Kapelle und zum Bistro. Das Culinarium verfügt darüber hinaus über selbstöffnende und –schließende Automatiktüren. Bei Bedarf kann ein **Pflegedienst** bei der Caritas bestellt werden.

Entfernungen: Zur Ortsmitte 300 m; Einkaufsmöglichkeiten, Arzt, Apotheke 200 m; Krankenhaus 300 m; Hallenbad 400 m; Freibad 1,2 km; Bahnhof 1,5 km

Preise: Einzelzimmer ab 68,- €; Zweibett-/Doppelzimmer ab 96,- €.

Fahrschule Brinkmann: Während Sie in unseren rollstuhlgerechten oder behindertenfreundlichen Zimmern wohnen, kümmern sich unsere Partner gerne um Tagesaktivitäten. Uli Brinkmann (Foto links) hat sich mit seiner (Ferien-)Fahrschule auf das Autofahren mit Handicap spezialisiert.

Der Golfplatz im Haxterpark kann gleichberechtigt von Golfern mit und ohne Behinderung bespielt werden. Auch haben Sie die Möglichkeit, die barrierefreien Angebote des HNF, dem größten Computermuseum der Welt, zu nutzen.

Handbike-Touren: Die Philosophie der **Speedy Reha-Technik GmbH** ist es, Rollstuhlnutzer mit Hilfe von Handbikes mobiler und unabhängiger zu machen. Nutzen Sie Ihre Zeit in Paderborn, um sich mit einem Speedy-System für Ihren Rollstuhl vertraut zu machen. Die umliegende Landschaft bietet ideale Bedingungen dazu.

Weitere Informationen finden Sie auf folgenden Internetseiten:
www.invia-hotel.de   www.mobilitaetstraining.com   www.speedy.de

Rheinland-Pfalz

Rheinland-Pfalz, Eifel, Ahr

Ferienwohnung Am Kapellchen	53498 Bad Breisig

Rheinland-Pfalz, Eifel, Ahr

M. Reifferscheid-Wahl, Rheineckerstr. 25, Tel. (02633) 97969, Fax: (02633) 472152
E-Mail: am-kapellchen@gmx.de
Internet: www.ferienwohnung-am-kapellchen.de

Sehr gute und komplett ausgestattete behindertengerechte Ferienwohnungen zu einem sehr fairen Preis, mit zahlreichen Behindertenhilfsmitteln, die sogar kostenlos zur Verfügung stehen. Zwei gemütliche, komfortable Ferienwohnungen (EG und 1. OG) bis 8 Personen belegbar.

Ferienwohnung im EG: Rollstuhlgerecht nach DIN 18025, 95 qm Nichtraucher, 2 Schlafzimmer, 1 Wohn-/Esszimmer, Einbauküche, SAT-Anlage, **elektrische Pflegebetten,** Türbreiten je 98 cm, großes Bad mit Badewanne und befahrbarer Dusche, unterfahrbares Waschbecken. Bewegungsfläche im Bad: 118 x 300 cm, links neben WC 40 cm, davor 120 cm, PKW-Stellplatz, neue überdachte Terrasse.

Hilfsmittel: Elektr. Lifter, Duschstuhl, Duschrollstuhl, Duschgriff, Toilettensitzerhöhung, Fernsehsessel mit Aufstehhilfe, Antidekubitus-Matratzen, Mini-Track, Rollator, E-Rollstuhl, Handbike sowie Fahrräder stehen kostenlos zur Verfügung.

Ferienwohnung im OG: behindertengeeignet, 68 qm, 1 Schlafzimmer, 1 Wohn-/Esszimmer mit Schlafempore, behindertengerechte Duscheinrichtung, EBK, SAT-TV, Balkon, PKW-Stellplatz, Nichtraucher.

Zusätzlich 1 Nichtraucher-Doppelzimmer (Bettenhöhe 50 cm) mit behindertengerechter Duscheinrichtung nach DIN 18025, unterfahrbarem Waschbecken sowie Duschrollstuhl. Freifläche im Bad 250 x 140 cm. Für 2 Pers. inkl. Frühstück 45,- € pro Tag.

Lage: Im Süden von Bad Breisig, ruhig aber verkehrsgünstig, am Fuße der Burg Rheineck. Ortsmitte 2,5 km; Einkaufen 1 km; Arzt/Bädereinrichtung 2 km; Apotheke 2 km.

Preis für die Ferienwohnung im EG, 95 m² für 2 Pers. 55,- € (jede weitere Person 10,- €) pro Tag inkl. Nebenkosten und Endreinigung.

Preis für die Ferienwohnung im OG, 68 m² für 2 Pers. 45,- € (jede weitere Person 10,- €) pro Tag inkl. Nebenkosten und Endreinigung.

Reichhaltiges Frühstück für 6,00 € pro Person im separaten Frühstücksraum.

Service / Urlaub & Pflege: Einkaufs- und Fahrservice vor Ort. **Pflegerische Versorgung nach Vereinbarung.** Nach vorheriger Absprache, können wir für Sie Ihre Anwendungen buchen. **Auf Wunsch auch Abholung von zu Hause.**

Rollstuhlgerechte Ausflugsziele in der näheren Umgebung: Im Ort: Römer-Therme, Thermalschwimmbad mit rollstuhlgerechter Umkleide und Dusche sowie Lifter am Becken. **Andernach:** Höchster Kaltwasser-Geysir der Welt. **Bad Neuenahr:** Neuenahrer Brauhaus (mit Rolli-Toilette). **Königswinter:** SEA-LIFE (Das mystische Aquarium). **Koblenz:** das Gelände der Bundesgartenschau 2011. **Bonn:** Bundeskunsthalle, Haus der Geschichte sowie weitere Museen. **KD-Schifffahrt:** Ausflüge mit rolligerechten Schiffen auf dem Rhein (auf Wunsch Zubringer-Fahrt). **Maria-Laach:** Benediktiner-Kloster und See. **Nürburgring:** Rennsport-Zentrum. **Rolandseck:** Arp-Museum. Weitere Ausflugsziele auf der Internet-Seite.

Sehr engagierter, besonders empfehlenswerter Betrieb! Gute Beratung, auch wenn es um die Kostenübernahme für Urlaub & Betreuung/Pflege durch die Kostenträger (Krankenkasse/Pflegekasse, usw.) geht, z.B. Verhinderungspflege.

Rheinland-Pfalz, Eifel, Ahrtal

Kurhaus Klement ***	53474 Bad Neuenahr

Rheinland-Pfalz, Ahrtal

Fam. Schneider, Mittelstr. 84-89, Tel. (02641) 9468-0, Fax: (02641) 1864
E-Mail: haus-klement@t-online.de, Internet: www.haus-klement.de
Beihilfefähig. Einzel-/ Doppelzimmer (Dusche, WC, Telefon, Sat-TV, Radiowecker, Safe), überwiegend Balkon, Aufenthaltsräume, Lifte, Dachterrasse, 2000 qm großer Garten mit Liegewiese, hauseigenes Hallenbad (31 °C).

Stufenloser Eingang, Parkplatz, Einrichtungen und Zimmer stufenlos erreichbar. Türbreite: Eingang 100 cm, Zimmer 100 cm, Bad/WC bis 120 cm.
Geeignet für Rollstuhlfahrer, Gehbehinderte, Senioren und Kurgäste. Türbreite der Zimmer 100 cm, von Du/WC 110 cm. Dusche und Waschbecken unterfahrbar. Stabile Haltegriffe an Dusche und WC. Duschhocker, rutschfeste Matten für die Dusche; eigene Rollstühle, erhöhte Betten etc. vorhanden.
Besonderer Service: Abholservice von zu Hause.
Indikationen: Diabetes, Übergewicht, Magen- und Darm-Stoffwechsel, degenerative rheumatische Erkrankungen, Bandscheibenschäden, Gelenkverschleiß, Herz-Kreislauferkrankungen, Diät, alle Kassen. **Kein Kurzwang**.
Lage: Zentrum und Kurpark 500 m; Arztpraxis, Apotheke, Kuranwendungen und Bewegungsbad (31 °C) im Haus. Wege befestigt, örtliche Umgebung flach. Der Kurpark, die Spazierwege entlang der Ahr und die Fußgängerzone sind sehr gut mit dem Rollstuhl befahrbar.
Preise: Hausprospekt und **günstige Pauschalangebote** können angefordert werden; Übernachtung wahlweise mit Frühstücksbüfett, Halb- oder Vollpension.

Rheinland-Pfalz, Rheinhessen, Rhein

Pension im Bergrestaurant Waldeck *** Superior   **55218 Ingelheim am Rhein**

Rheinland-Pfalz, Rheinhessen, Rhein

Waldeck 1, Tel. (06725) 4313, Fax: (06725) 5964
E-Mail: pension.waldeck@t-online.de
Internet: www.restaurant-pension-waldeck.de

Mit 3-Sternen-Superior vom DEHOGA ausgezeichnete Pension mit 7 liebevoll und komfortabel eingerichteten Zimmern in idyllischer Waldrandlage in individuellem Stil. Die ruhigen, hellen Gästezimmer werden nur an **Nichtraucher** vermietet. Sie verfügen alle über Dusche, WC, TV und z.T. mit herrlichem Panoramablick in den Rheingau.

Das Bergrestaurant mit zwei verschieden großen Räumen für bis zu 130 Personen lässt keine Wünsche offen. Ideal für alle erdenklichen Feierlichkeiten, Betriebsfeiern und Familienfeste. Die Gartenterrasse bietet einen herrlichen Blick in den Rheingau.

Parkplatz stufenlos. Eingang 5 Stufen mit Rampe. Frühstücksraum und rollstuhlgerechtes Restaurant stufenlos.

Geeignet für Rollstuhlfahrer. 1 Zimmer mit Singleküche mit Kaffeemaschine. Türbreite vom Zimmer 100 cm; Schiebetür zu Du/WC 80 cm. Bettenhöhe 52 cm. Bewegungsfreiraum in Du/WC 190 x 190 cm. Freiraum links neben WC 35 cm, rechts 135 cm, davor 130 cm. Haltegriff rechts neben Duschsitz und Strickleiter über dem WC. WC-Höhe 54 cm. Dusche schwellenlos befahrbar. Waschbecken unterfahrbar. Festmontierter Duschwandsitz, Spiegel bis auf Waschbeckenrand.

Lage: Idyllische Waldrandlage, Zimmer mit Panoramablick und eigenem Vorgarten, inmitten von Weinbergen gelegen. Heimische und exotische Tiere auf dem Gelände (Tiger-Garten Waldeck; besonders sehenswert!). Zur Ortsmitte von Ingelheim 4 km; Arzt, Apotheke 4 km; Krankenhaus, Bhf., Freibad und Hallenbad 5 km.

Zimmerpreise: EZ von 55,- bis 75,- € + 7,50 € Frühstück. DZ 75,- bis 95,- € + 15,- € Frühstück für 2 Personen.

Idealer Ausgangspunkt für Ausflüge in den Rheingau.

Rheinland-Pfalz, Hunsrück

Hotel-Restaurant Waldesblick F★★★★ zertifiziert vom DTV — 56288 Lahr

Luhnhofweg 1, Tel. (02672) 91280, Fax: (02672) 912822
E-Mail: info@waldesblick.de, Internet: www.waldesblick.de

Natürlich Urlaub... bietet Ihnen unser ruhig, verkehrsarm und in Waldnähe gelegenes Hotel im Hunsrück. In unmittelbarer Nähe zur Mosel finden Sie bei uns ein familien- & kindgerechtes Angebot für alle Altersgruppen.

Komfortable Apartments mit 4*, moderne Hotelzimmer mit 3 Sternen Superior, Restaurant, Terrasse, Sauna, Liegewiese und Grillplatz, Spielplatz, Spielscheune & Spielzimmer mit Pool-Billard, Kicker und Tischtennis, eigene Erzeugnisse – ein rundes Angebot, familiär geführt, mit herzlicher Atmosphäre. Erwandern Sie unsere Natur oder entdecken Sie die einmalig reizvolle und vielfältige Kulturlandschaft von Hunsrück, Mosel, Rhein, Eifel und Nahe – für unvergessliche Momente und herrliche Erinnerungen.

Nach einer Komplettrenovierung unseres Hotels im Frühjahr 2018 bieten wir **zwei rollstuhlgerechte Doppelzimmer-Komfort**, 30-35 qm groß, davon 6 qm Bad, WC-Höhe 48 cm. Zimmertür und Badschiebetür 98 cm breit, mit Mini-Bar, Kaffee-/Teestation, Safe, TV, Tablet-PC und Balkon. Betthöhe: 45 bzw 50 cm. Die Zimmer sind mit

Rheinland-Pfalz, Hunsrück

Doppelzimmerer-Komfort

Doppelzimmerer-Komfort

einem Aufzug erreichbar (Türbreite 90 cm, Kabinenmaß 110 x 140 cm), haben **ebenerdige Duschen** und unterfahrbare Waschtische. Haltegriffe sind selbstverständlich vorhanden.

Apartment Abendrot

Unser Apartment Abendrot befindet sich im Erdgeschoss unseres Gästehauses, verfügt über 100 qm und ist rollstuhlgerecht. Die drei Bäder haben ebenerdige Duschen, unterfahrbare Waschtische und Haltegriffe. Die Toiletten haben eine Sitzhöhe von circa 48 cm und verfügen neben einem Griff wandseitig über einen zusätzlichen Klappgriff zur Raummitte. In einer Dusche ist ein Duschsitz fest an der Wand montiert. Ein Duschhocker steht ebenfalls zur Verfügung.

Apartment Abendrot

Zwei Schlafzimmer verfügen über normale Doppelbetten, das dritte Schlafzimmer hat drei unterfahrbare Seniorenbetten (wovon zwei in der Regel zusammen stehen).

Auf Wunsch steht ein hauseigenes **Pflegebett** zur Verfügung!

Rezeption und Restaurant sind stufenlose erreichbar.

Apartment Abendrot

Gruppen, Kurzurlauber, Senioren und Motorradfahrer sehr willkommen.

In unserem Restaurant bieten wir Ihnen 80 À-la-carte-Sitzplätze, kombiniert mit einer Kinderecke.

Restaurant

Unser Restaurant ist bekannt für seine frische, geschmackvolle, **saisonale und regionale Küche** mit Obst und Gemüse aus dem eigenen Garten und Wild aus heimischen Wäldern. Das Fleisch beziehen wir vom Metzger im Ort. Während die Eltern in Ruhe ihr Essen genießen, können alle jungen Restaurantgäste unser **Spielzimmer**, den **Spielplatz** und die **Spielscheune** mit unserem Fahrzeugangebot (Kindertrettraktoren und GoKarts) nutzen.

Lage: zur Ortsmitte 150 m; Bahnhof, Arzt, Apotheke, Einkaufsmöglichkeiten, Freibad, Hallenbad und Mosel 11 km.

Interessante Ausflugsziele: Burg Kastellaun, Burg Eltz, Burg Pyrmont Roes, Festung Ehrenbreitstein in Koblenz, Schloss Stolzenfels, Dom mit Stiftsmuseum in Karden, Schieferbergwerk in Mayen, Lavadome in Mendig, Edelsteinmuseum in Idar-Oberstein, Kloster Maria Laach.

Spielwiese

Preise 2019: EZ ab 65,- €, DZ Komfort ab 105,- €, Apartment bis 6 Pers. ab 250,- € pro Nacht inklusive Frühstück. Ab 4 Übernachtungen gewähren wir Ermäßigungen, Apartment auch als Selbstversorger möglich.

Rheinland-Pfalz, Eifel, Laacher See

Hotel Hansa ***   56743 Mendig

*** Drei Sterne Komfort verliehen durch den Hotel- und Gaststättenverband und die Rheinland-Pfalz Tourismus GmbH

Rheinland-Pfalz, Eifel, Laacher See

Laacher-See-Straße 11, Tel. (02652) 97080, Fax: (02652) 970813
E-Mail: info@mendigHANSAhotel.de, Internet: www.mendigHANSAhotel.de

Komfortable Gästezimmer mit Dusche, WC, Haarfön, teils Bidet, Direktwahltelefon, Flachbild-TV sowie WiFi-/WLAN-Internetanschluss, Minibar, Zimmersafe, Sitzecke, Schreibtisch. Klimatisierte Frühstücksräume, reservierter Parkplatz für Gäste mit Rollstuhl, Garagen, überdachter Hoteleingang, Hotelhalle und rollstuhlgerechte Hotelzimmer stufenlos erreichbar.

Geeignet für Rollstuhlfahrer, Gehbehinderte und Familien. Alle Türen mindestens 80 cm breit. Großer Sanitärraum mit ebenerdiger Dusche, festinstallierter Duschklappsitz, Halte-

griffe in der Dusche, am WC und neben dem Waschtisch. Waschbecken unterfahrbar, Handbrause am Waschbecken, verstellbarer Kippspiegel, erhöhtes WC, rutschfeste Bodenfliesen R13, zweites Festtastentelefon im Badezimmer. Freiraum neben WC 140 x 150 cm. Erhöhtes Doppelbett mit zwei getrennten Lattenrosten, Kopfteil per Hand verstellbar.

Lage: Zum Zentrum, Arzt und Apotheke 1 km, Bahnhof 2 km. Behindertengerechtes Freibad „Vulkanbad" mit Behinderten-WC 200 m entfernt, hoteleigene 18-Bahnen Minigolfanlage, VULKAN Brauerei & Brauhaus sowie Vulkanmuseum LAVA DOME 500 m. **3 km zur Klosteranlage Maria Laach** und Naturschutzgebiet Laacher See (barrierefrei und befestigte Wege). Weitere barrierefreie Einrichtungen im Vulkanpark Osteifel sowie im Umkreis von 30 km an Mosel, Rhein & Ahr.

Zimmerpreise: EZ ab 72,- €; DZ ab 94,- € inkl. Frühstücksbüfett. Sonderpreise ab 1 Woche Aufenthalt.

Referenzen: Marco Polo Reisen, ADAC-Hotel, Varta-Guide, Aral Schlummeratlas.

Vorbildliche rollstuhlgeeignete Ausstattung; daher zahlreiche Rollstuhlfahrer als Stammgäste.

Rheinland-Pfalz, Eifel, Laacher See

Seehotel Maria Laach ****　　　　　　　　　　**56653 Maria Laach / Glees**

**** Vier Sterne Komfort verliehen durch den Hotel- und Gaststättenverband und die Rheinland-Pfalz Tourismus GmbH

Rheinland-Pfalz, Eifel, Laacher See

Am Laacher See, Tel. (02652) 584500, Fax: (02652) 584522
E-Mail: seehotel@maria-laach.de
Internet: www.seehotel-maria-laach.de

Schönes und komfortables Hotel, neben der Benediktinerabtei Maria Laach im Naturschutzgebiet am Laacher See gelegen.

Das Hotel verfügt über 69 moderne Zimmer, alle mit Du/WC oder Bad/WC, Fön, Telefon, Sat-TV, Schreibtisch. Außerdem eine hoteleigene Konditorei, ein Hallenbad mit Wintergarten sowie Sauna und Dampfbad.

Parkplatz und Eingang (mit Rampe), Frühstücksraum, Restaurant, Hallenbad und die Zimmer mit dem Aufzug stufenlos erreichbar.

Geeignet für Gehbehinderte und Rollstuhlfahrer: 2 Doppelzimmer rollstuhlgerecht. Türbreiten der Zimmer und von Dusche/WC 81 cm. Freiraum in Du/WC 130 x 145 cm. Freiraum links neben WC 210 cm, davor 110 cm. Die Dusche ist barrierefrei befahrbar, das Waschbecken unterfahrbar. Festinstallierter Duschsitz und stabile Haltegriffe an Du/WC und Waschbecken sowie Spiegel bis Waschtischoberkante sind vorhanden.

Lage: Ruhige Lage im Naturschutzgebiet. Zur A 61, Ausfahrt Mendig/Maria Laach 2 km. Empfehlenswert: ein Ausflug zum barrierefreien Geysir-Zentrum in Andernach.

Zimmerpreise: EZ ab 85,- €; DZ ab 135,- € inkl. Frühstück. Wochenend- und Pauschalarrangements auf Anfrage.

Sehr freundlich und zuvorkommend geführtes Hotel; sehr beliebt wegen seiner unmittelbaren Nähe zur Benediktinerabtei Maria Laach - Barrierefreier Zugang der Abteikirche.

Rheinland-Pfalz, Mittelrhein

Ringhotel Haus Oberwinter ***S   54324 Remagen

Rheinland-Pfalz, Mittelrhein

Am Unkelstein 1a, Tel. (02228) 600400, Fax: (02228) 6004054
E-Mail: hotel@haus-oberwinter.de, Internet: www.haus-oberwinter.de

Herzlich Willkommen am Romantischen Rhein im Ringhotel Haus Oberwinter Remagen-Bonn

Eingangsbereich, Weg mit Handlauf

Restaurant

Kaminzimmer

Genießen Sie Ihren Aufenthalt in traumhafter Lage und mit atemberaubender Aussicht auf den Romantischen Rhein und die Erpeler Ley oberhalb von Unkel. Unser 3 Sterne Superior Ringhotel Haus Oberwinter liegt ruhig und doch verkehrsgünstig, auf der Rheinhöhe zwischen Remagen und Oberwinter, unweit von Bonn, Siebengebirge und Ahrtal.

Das Hotel wurde auf dem Gelände des ältesten Basaltsteinbruchs Europas oberhalb des Mittelrheins erbaut und verfügt über 50 Zimmer, **Schwimmbad**, Sauna und Fitnessraum sowie Restaurant mit RheinTerrasse. In unserem Bankettraum „Wintergarten" oder unserem Restaurant "Am Unkelstein" mit RheinTerrasse bieten wir Ihnen eine angenehme Atmosphäre für Feierlichkeiten von Geburtstagen, Kommunionen, Konfirmationen, Hochzeiten, Ehejubiläen, Betriebs- und Weihnachtsfesten bis hin zu Ausflugs- und Wandertouren.

Unsere kreative Küche und unser freundlicher und herzlicher Service sind Garanten für ein kulinarisches Erlebnis.

Rollstuhlgerechte Hotelzimmer und barrierefreies Restaurant mit RheinTerrasse: Eine Rampe führt Sie vom Parkplatz direkt in unser Hotel zur Rezeption. Unser Hotel verfügt

Doppelzimmer Comfort

Doppelzimmer Superior deluxe

Panoramablick

über einen Aufzug, der Sie von der Hotellobby direkt zu Ihren Zimmern bringt. Es stehen **19 rollstuhlgerechte Hotelzimmer** zur Verfügung. Neben extra breiten Türdurchgängen bieten wir Ihnen hier ein rollstuhlgerechtes, ebenerdiges Badezimmer.

Die Türen der rollstuhlgerechten Zimmer sind 93 bis 116 cm breit, die Badezimmertüren 93 cm. Bewegungsfreiraum in den rollstuhlgerechten Badezimmern 150 x 150 cm; Freiraum links neben dem WC 30 cm, rechts 100 cm, davor 120 cm. Haltegriffe links und rechts neben dem WC. WC-Höhe 49 cm. Fest montierter Duschsitz und stabile Haltegriffe an der Dusche. Waschbecken rollstuhlgerecht unterfahrbar, Kippspiegel vorhanden. Bei Bedarf kann ein Pflegedienst im Ort bestellt werden.

- Hotellobby, Restaurant und Tagungsräume sind barrierefrei
- Das Haus verfügt über einen Lift (Tür 90 cm / Fläche 119 cm x 119 cm)
- Die beschriebenen Zimmer sind natürlich stufenlos
- Die Bad- und Zimmertüren sind mindestens 93 cm breit
- Zwei Zimmer verfügen über extra breite Türen (116 cm) für Elektrorollstühle
- Bäder sind geräumig und mit ebener, befahrbarer Dusche, sowie speziellen Haltevorrichtungen und Duschsitz ausgestattet. Fläche ca. 250 cm x 250 cm
- Betthöhe 53 cm, teilweise höhenverstellbar

Terrasse mit Rheinblick

Lage/Entfernungen: Das Hotel liegt auf einem Berg mit Ausblick auf den Rhein. Die Anfahrt sollte daher mit Pkw oder Taxi vom Bahnhof Remagen aus erfolgen. Das Areal um das Hotel ist ebenerdig.

Die Rheinpromenade Remagen lädt zu Spaziergängen am Rhein ein und ist für Rollstuhlfahrer geeignet; ebenso das Arp-Museum und die Winzergenossenschaft Mayschoß. Zur Ortsmitte mit Einkaufsmöglichkeiten, Arzt und Apotheke sind es 2,5 km; zum Bahnhof, Krankenhaus und Freibad 3,5 km.

Kurzurlaube und Arrangements am Mittelrhein: Genießen Sie ein Wochenende oder Ihren **Urlaub als Alleinreisender, Paar, Gruppe** oder mit einer Reisegesellschaft oder Busgruppe am romantischen Mittelrhein. Im Umkreis von 50 km erwarten Sie die Römerstadt Remagen mit dem Brücken-Museum, die Beethoven-Stadt Bonn, die Domstadt Köln, das Ahrtal mit der Stadt Bad Neuenahr-Ahrweiler sowie Weinfeste in Dernau, Ahrweiler, Mayschoß und Rech. Außerdem Koblenz mit dem Deutschen Eck und der Seilbahn zur Festung Ehrenbreitstein, die Bunte Stadt Linz am Rhein, die Eifel mit der Formel 1 Strecke Nürburgring und das Siebengebirge mit dem Drachenfels und dem Petersberg. Der Romantische Mittelrhein ist immer eine Reise wert.

Preise: Einzelzimmer pro Nacht ab 60,- €, Doppelzimmer ab 95,- € inkl. Frühstück. Bitte erfragen Sie unbedingt in Ihrer Reservierungsanfrage die Verfügbarkeit unserer Rollstuhlfahrer geeigneten Hotelzimmer.

Rheinland-Pfalz, Unesco Welterbe Mittelrhein, Tal der Loreley, Rhein

---

Weinhotel „Landsknecht" *** superior   56329 St. Goar am Rhein

Rheinland-Pfalz, Unesco Welterbe Mittelrhein, Tal der Loreley, Rhein

Familie Lorenz & Nickenig, Aussiedlung Landsknecht 4-6
Tel. (06741) 2011, Fax: (06741) 7499
E-Mail: info@hotel-landsknecht.de
Internet: www.hotel-landsknecht.de

Gemütliches, direkt am Rhein gelegenes Hotel mit behindertengerechter Toilette im EG und mit 21 geschmackvoll eingerichteten Zimmern. Eingang 2 Stufen mit Rampe; Frühstücksraum, Restaurant und 8 Zimmer im Erdgeschoss sind stufenlos erreichbar.

Geeignet für Gehbehinderte, bedingt geeignet für Rollstuhlfahrer mit Begleitung. Türbreiten der Zimmer 90 cm, von Du/WC 70 cm. Freiraum in Du/WC 120 x 126 cm, Freiraum vor dem WC 120 cm, nicht seitlich anfahrbar (behindertengerechte Toilette im EG); Duschen teils bodengleich, teils Einstiegshöhe 15 cm, Duschhocker und Haltegriff an der Dusche. Waschbecken ist unterfahrbar, Spiegel auf Sitzhöhe. WC-Höhe 50 cm (auf Wunsch Sitzerhöhung). Spezielle Infos über barrierefreies Reisen finden Sie auf der Homepage (oder bitte anfordern).

Im Restaurant wird eine regionale und saisonale frische Küche angeboten. Dabei richtet sich das Angebot immer nach dem, was die Natur gerade gibt und was aktuell in besonderer Güte verfügbar ist.

Auszeichnungen:
- Top Ten der Weinhotels Deutschland Falstaff 2018
- Varta 2016
- Schlemmeratlas und Schlummeratlas 2018
- Welterbegastgeber „Oberes Mittelrheintal"
- Haus des besten Schoppens 2018

Lage: Direkt am Rhein, Wege flach; zur Ortsmitte 2 km.
Zimmerpreise: EZ 65,- bis 85,- €; DZ 85,- bis 170,- €.

Rheinland-Pfalz, Saar, Obermosel, Dreiländereck

HOTEL SAAR GALERIE GmbH ***   54439 Saarburg

Rheinland-Pfalz, Saar, Obermosel, Dreiländereck

Heckingstr. 12-14, Tel. (06581) 92960, Fax: (06581) 929650
E-Mail: info@hotel-saar-galerie.de
Internet: www.hotel-saar-galerie.de

In diesem familienfreundlichen Haus finden Sie Nichtraucher- und Allergikerzimmer. Einige Hotelzimmer haben Verbindungstür, sind behinderten- und rollstuhlgerecht eingerichtet. Sie wohnen in sehr großzügigen, geschmackvoll eingerichteten Zimmern. Jedes der 33 Doppelzimmer mit Dusche und WC hat Telefon, Kabelfernsehen und Internetanschluss.

Parkplatz, Eingang, Rezeption, Frühstücksraum, und die Zimmer sind stufenlos erreichbar. Türbreite vom Aufzug 90 cm (Tiefe 215 cm, Breite 94 cm).

Geeignet für Rollstuhlfahrer: 1 Zimmer mit Dusche/WC ist rollstuhlgerecht. Türbreite von Zimmer und Badezimmer 94 cm. Bettenhöhe 50 cm. Freiraum links neben WC 40 cm, rechts 130 cm, davor 130 cm. Haltegriffe links und rechts neben dem WC. Dusche schwellenlos befahrbar, Waschbecken unterfahrbar. Duschwandsitz und verstellbarer Kippspiegel über dem Waschbecken vorhanden.

Lage: Kaum fünf Gehminuten entlang **Saarburgs „Klein-Venedig",** und Sie sind im malerischen und historischen Zentrum mit seinem imposanten Wasserfall. **Zur Ortsmitte (mit dem Rollstuhl gut erreichbar,** flache Wegstrecke) mit Einkaufsmöglichkeiten, Arzt, Krankenhaus sind es 200 m; Apotheke im Haus; Freibad / Hallenbad nur 20 m entfernt; Bahnhof 1 km; Messezentrum 20 km; Flughafen 35 km.

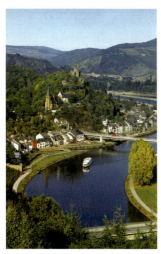

Freizeit & Ausflüge: In direkter Nähe des Hauses (20 m) können Sie sich in einem Hallen- und **Freizeitbad (für Rollstuhlfahrer zugänglich)** mit Sauna und Solarium entspannen. **Eine Schiffsfahrt auf der Saar lässt Sie die schöne Landschaft aus neuem Blickwinkel erleben.** Tagesausflüge ins nahegelegene Luxemburg, nach Metz in Frankreich oder in Deutschlands älteste Stadt Trier bieten sich im Dreiländereck an. Auf Wunsch stellt Ihnen das Hotel gerne ein individuelles, abwechslungsreiches Programm für Ihren Aufenthalt zusammen.

Tagungen/Seminare: Das Hotel bietet Räumlichkeiten für Tagungen, Konferenzen, Firmen- und Familienfeiern für etwa 100 Personen. Es gibt gegen eine kleine Gebühr genügend Stellplätze im eigenen Parkgeschoss, bequem mit dem Panoramaaufzug zu erreichen.

Zimmerpreise: EZ ab 60,- €, DZ ab 90,- €.

Heilsbach	
Bildungs- und Freizeitstätte	66996 Schönau/Pfalz

Rheinland-Pfalz, Wasgau, Pfälzer Wald

An der Heilsbach 1, Tel. (06393) 8020, Fax: (06393) 802 288
E-Mail: heilsbach.schoenau@t-online.de, Internet: www.heilsbach-schoenau.de

Die Heilsbach Bildungs- und Freizeitstätte versteht sich als multifunktionale und altersübergreifende Einrichtung. Die Heilsbach bietet als **vollständig barrierefreie Einrichtung** (Aufzüge und Türöffner in allen Gebäuden) mit über 130 Betten **ideale Bedingungen für Seminare und Freizeiten für Gruppen Erwachsener, Jugendlicher und Kinder mit und ohne Behinderung.** Die Türen der Aufzüge sind 101 cm breit (Innenmaße: Tiefe 220 cm, Breite 130 cm).

Das 2011 renovierte Walburga-Hauses verfügt über barrierefreie Bäder (davon **acht rollstuhlgerecht** nach DIN 18040-2). Jedes Zimmer ist mit einem Telefon ausgestattet.

Das Sophie-Scholl-Haus mit seinen Drei- und Vierbettzimmern sowie zwei Schlafsälen ist speziell auf die Bedürfnisse der Jugend ausgerichtet. Es verfügt über **sechs rollstuhlgerechte Bäder.** Insgesamt stehen **14 nach DIN 18040-2 ausgestattete Badezimmer** zur Verfügung. Die Türen der rollstuhlgeeigneten Zimmer und Badezimmer sind 101 cm breit. Bettenhöhe 51 (elektr. höhenverstellbare Betten vorhanden). Der Duschbereich (150 x 150 cm) ist schwellenlos befahrbar, festmontierter Duschsitz und stabile Haltegriffe an der Dusche sind vorhanden. Waschbecken unterfahrbar.

Auf dem **80.000 m² großen, parkähnlichen Gelände** der Heilsbach finden sich viele schöne Möglichkeiten, Sport zu treiben, Freizeit zu genießen und sich zu entspannen.

Geboten wird unter anderem:
- Verschiedene Sportanlagen: Rasenfußballplatz (Typ C) mit Aschenbahn, Spielfelder für Fußball, Tennis, Volleyball und Basketball, Tischtennisplatten
- Außenschwimmbad mit barrierefreiem Einstieg mit Haltegriffen (Einstiegshilfe).
- Kneippanlage, Spielplatz, Spazierwege (Weiher, Bildstock etc.).

Lage: Die Heilsbach Bildungs- und Freizeitstätte liegt in unmittelbarer Nähe zur französischen Grenze im Wasgau, der Teil des Biosphären-Reservats Pfälzerwald-Nordvogesen ist. In parkähnlicher Lage in einem Seitental zwischen den Ortschaften Schönau und Fischbach, umgeben von Misch- und Nadelwäldern, bietet die Heilsbach optimale Voraussetzungen für Freizeiten und Seminare aller Art.

Entfernungen: Zur Ortsmitte 2 km; Einkaufsmöglichkeiten, Arzt 7 km; Apotheke 10 km; Bahnhof 30 km; Krankenhaus 31 km. Kaiserslautern (70 km), Karlsruhe (65 km), Landau (45 km), Ludwigshafen (90 km), Saarbrücken (95 km), Speyer (75 km). Felsland Badeparadies in Dahn (ca. 19 km). Südpfalz-Therme in Bad Bergzabern (ca. 28 km). Burg Fleckenstein in Fleckenstein (ca. 7 km Fußweg). Burg Berwartstein in Erlenbach bei Dahn (ca. 17 km).

Preise pro Person/Übernachtung im EZ, DZ und Mehrbettzimmer inkl. Frühstück, wahlweise auch mit Halb- oder Vollpension für Familien, Gruppen, Gruppen mit Gemeinnützigkeit und kirchliche Gruppen senden wir Ihnen auf Anfrage gerne zu.

Besonders empfehlenswerte Freizeitstätte für Kinder-, Jugend- und Erwachsenengruppen.

Haus Wildstein

56841 Traben-Trarbach

Rheinland-Pfalz, Mosel

Wildbadstr. 246, Tel. (06573) 1239, Fax: (06573) 716

E-Mail: info@haus-wildstein.de, Internet: www.haus-wildstein.de

Die Anlage Haus-Wildstein befindet sich auf einem 4,3 Hektar großen parkähnlichen Areal in naturbelassener Umgebung im schönen Kautenbachtal nahe der Mosel-Therme im Traben-Trarbacher Ortsteil Bad Wildstein.

Der alte Baumbestand, der direkte Zugang zum über das Grundstück verlaufenden Bachlauf sowie die über das großzügige Grundstück verteilten Spazierwege und eine Grillhütte sorgen für ein ideales Umfeld um den Alltagsstress hinter sich zu lassen.

Im mineralwasserführenden Bach haben wir eine Kneipp-Anlage (Wassertreten) eingerichtet.

Parkplatz, Eingänge sowie alle Zimmer des eingeschossigen Gebäudes sind stufenlos erreichbar. Die Dachterrasse ist per Lift stufenlos zugänglich. Türbreite vom Lift 90 cm (Innenmaße: Tiefe 140 cm, Breite 110 cm).

Geeignet für Rollstuhlfahrer sind 4 Ferienwohnungen. Parkplatz in unmittelbarer Nähe des Wohnungseingangs. Türbreite der Zimmer und von Du/WC 90 cm. Bettenhöhe 52 cm. Bewegungsfreiraum in Du/WC 150 x 150 cm. Freiraum neben WC auf einer Seite 30 cm, auf der anderen 120 cm, davor 150 cm. WC-Höhe 48 cm. Haltegriffe links und rechts neben WC sowie Fernauslöser-WC-Spülung vorhanden.

Duschbereich schwellenlos befahrbar, **höhenverstellbarer und seitlich verschiebbarer Wandduschsitz** sowie stabile Haltegriffe an der Duschwand vorhanden. Höhenverstellbares Waschbecken, unterfahrbar. Eine Ferienwohnung ist mit einer unterfahrbaren und **höhenverstellbaren Küche** sowie einem höhenverstellbaren Esstisch ausgerüstet. Bei allen Türen und Fenstern sind die Griffe niedrig angebracht und somit auch im Sitzen zu erreichen. Auch Schalter und Steckdosen sind im Sitzen zu erreichen. Bei Bedarf kann ein **Pflegedienst** bestellt werden. Der Umbau der Wohneinheiten von Haus-Wildstein erfolgte in Anlehnung an die DIN18040-2:2011-09.

Weitere Informationen bezüglich der Maßnahmen zur Barrierefreiheit erhalten Sie unter **www.haus-wildstein.de/Barrierefreiheit**.

Entfernungen: zur Mosel sowie zur Ortsmitte mit Einkaufsmöglichkeiten, Arzt und Apotheke 3 km; die Moseltherme (1 km entfernt) ist auch für Rollstuhlfahrer geeignet. Krankenhaus 24 km.

Preis für FeWo bis 4 (bzw. 5) Personen: 1. Nacht 120,- € ; ab 2. Nacht 85,- €/Nacht.
Preis für FeWo bis 6 Personen: 1. Nacht 175,- €; ab 2. Nacht 125,- €/Nacht.
Preise inkl. Endreinigung. Preisnachlass ab 8 Nächte. Haustier gegen Aufpreis erlaubt.

Besonders empfehlenswertes Haus - vorbildlich barrierefrei!

WEINGUTSHOTEL SANKT MICHAEL

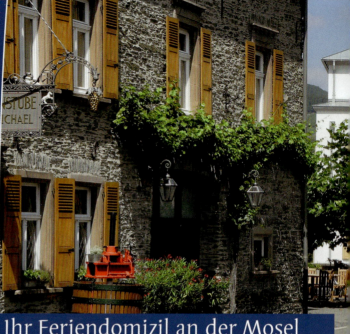

Ihr Feriendomizil an der Mosel

Weingutshotel mit 400-jähriger Tradition. Eigenes Weingut mit Edelobstbrennerei im Haus. Großzügiger, kostenloser Parkplatz direkt am Hotel, Tiefgarage gegen Gebühr.

Eingang, Restaurant und Frühstücksraum sind stufenlos erreichbar. Nichtraucherhaus.

Das Stammhaus ist geeignet für Gehbehinderte und Familien mit geistig Behinderten. Ein Doppelzimmer der Dependence liegt im Parterre und ist rollstuhlgerecht.

Im neuen Gästehaus mit Aufzug sind alle 13 Doppelzimmer barrierefrei. Drei Bäder sind rollstuhlgerecht. Die übrigen zehn Zimmer sind für Gehbehinderte geeignet. Alle Zimmer verfügen über Moselblick und Bäder mit Tageslicht. Weitere Details auf Anfrage.

Ein Sanitätshaus ist für Lieferung spezieller Hilfs- und Pflegemittel bei Bedarf verfügbar. Ebenso kann ein Pflegedienst angefordert werden.

Weingutshotel Sankt Michael · Michael Quint · D-54487 Wintrich

Lage: am Ortsrand mit Blick zur Mosel. Zur Ortsmitte mit Einkaufsmöglichkeiten 300 m; Arzt, Apotheke 5 km; Freibad, Hallenbad, Krankenhaus 10 km.

Der Preis mit reichhaltigem Frühstück am Büffet und Drei-Gang-Abendmenü aus unserer Frische-Küche beträgt je Person für zwei Nächte € 179, für drei Nächte € 239, für vier Nächte € 309 und für sieben Nächte plus eine Nacht gratis, also für acht Übernachtungen n u r € 529.

Der Zuschlag im neuen Domizil beträgt € 10 pro Person und Nacht – dort sind keine Haustiere erlaubt.

Unser besonderes Angebot: Wir bieten Ihnen fünf Nächte im Stammhaus übernachten mit vier Mal Drei-Gang-Halbpension ab € 319 an oder im neuen Gästehaus für € 369 – Anreise sonntags.

Moselweinstraße 4 · info@erbhof-st-michael.de · www.erbhof-st-michael.de · Tel. +49 (0) 6534 - 233

Hotel-Restaurant „Igeler Säule" ***S

54298 Trier-Igel

Rheinland-Pfalz, Mosel

Triererstr. 41, Tel. (06501) 9261-0, Fax: (06501) 9261-40
E-Mail: info@igelersaeule.de
Internet: www.igelersaeule.de

Gemütliches Familienhotel an der Stadtgrenze von Trier, direkt an der bekannten „Igeler Säule" aus dem 3. Jahrhundert n. Chr. gelegen.

Das Hotel verfügt über 50 Betten in 27 freundlich eingerichteten Zimmern, alle mit Dusche/WC, Sat-TV, Radio, Telefon sowie Fön ausgestattet. Lift und **ein behindertengerechtes Zimmer** sind selbstverständlich vorhanden. Konferenzräume bis 80 Personen, Schwimmbad, Sauna und Hotelterrasse. W-LAN kostenfrei im gesamten Haus verfügbar.

Ein gemütliches Restaurant mit saisonaler frischer Küche und regionalen Spezialitäten, Diätkost. Eingang Restaurant, Frühstücksraum und Zimmer sind stufenlos erreichbar.

Barrierefreie Toilette im Erdgeschoss / Restaurantbereich.

Ein Appartement für 5 Personen, 55 m², bedingt rollstuhlgeeignet, 2 Schlafzimmer, Diele, großes Bad, Dusche nicht für Rollstuhlfahrer befahrbar, Terrasse.

Geeignet für Rollstuhlfahrer: Ein Zimmer. Türbreite 100 cm, Bettenhöhe 50cm. Freiraum in Du/WC 180 x 350 cm. Freiraum links neben WC 300 cm, rechts 40 cm, davor 95 cm. WC-Höhe 48 cm. Dusche schwellenlos, Waschbecken unterfahrbar, Festinstallierter Duschsitz und stabile Haltegriffe an Dusche, WC und Waschbecken.

2 Behindertenparkplätze direkt vor dem Hoteleingang.

Lage: Einkaufen 50 m; Arzt, Apotheke 2 km; Bahnhof 200 m. Hallenbad, Sauna im Haus.

Zimmerpreise: Einzelzimmer 75,- bis 90,- €; Doppelzimmer 99,- bis 120,- € inkl. Frühstücksbuffet. Appartement 185,- €.

Saarland

Saarland, Dreiländereck

Ferienwohnung Familie Heisel   **66693 Mettlach**

Saarland, Dreiländereck

Familie Heisel, Scheffelstr. 28, Tel. (06868) 1072 oder 0151 - 17026277
E-Mail: bemaheisel@gmx.de

Ferienwohnung (**Nichtraucherwohnung**) in schöner, ruhiger Südlage mit Garten, Liegewiese und Grillplatz.
Die Wohnung hat einen separaten Eingang, einen Wohnraum (Bettcouch) mit Essplatz und Küchenzeile, ein großes Schlafzimmer, Dusche/WC. Die Räume sind modern eingerichtet mit guter Ausstattung. Sat-TV, Selbstwahltelefon, Internetzugang, Mikrowelle, große Terrasse mit Gartenmöbeln. Kinderbett möglich. Fahrräder und Waschmaschine können mitbenutzt werden. Ein weiteres Zweibettzimmer und ein Doppelzimmer mit Dusche/WC kann zusätzlich gemietet werden.

Geeignet für Rollstuhlfahrer und Familien mit geistig Behinderten. Parkplatz, Eingang, Terrasse und die gesamte Wohnung sind stufenlos. Grundriss kann zugeschickt werden. Bettenhöhe 55 cm; Türbreiten von Zimmer und Du/WC 95 cm. Freiraum in Du/WC 140 x 160 cm, Freiraum links neben WC 150 cm, rechts 65 cm, davor 160 cm. Bodeneinlauf - Dusche ohne Schwelle; Waschbecken unterfahrbar. Festinstallierter Duschsitz und stabile Haltegriffe an Dusche und WC vorhanden. Küchenzeile unterfahrbar. Ein externer **Pflegedienst** kann bei Bedarf beauftragt werden.

Lage: Die FeWo befindet sich in einem Einfamilienhaus in sehr ruhiger Wohnlage. Zur Ortsmitte mit Einkaufen 500 m; Arzt, Apotheke, Rehaklinik mit Schwimmbad 3 km; Freibad 10 km; Krankenhaus und Dialyse 12 km; zum Saarradweg 2 km; zum Moselradweg 15 km; flache Wege, z.T. asphaltiert; hügelige Landschaft mit viel Wald.
Der **Baumwipfelpfad** mit seinem 42 m hohem Aussichtsturm und dem Blick auf die Saarschleife ist für Rollstuhlfahrer befahrbar.

Preis für die FeWo pro Tag 37,- € inkl. Wäsche und Endreinigung. Zweibettzimmer und Doppelzimmer zusätzlich auf Anfrage.

Sachsen

Waldpark Grünheide 08209 Auerbach

Sachsen, Vogtland

Rautenkranzer Str. 5
Tel. (03744) 83730, Fax: (03744) 837311
E-Mail: info@waldpark.de
Internet: www.waldpark.de

In einer der schönsten Ferienregionen Deutschlands bietet der Waldpark Grünheide auf einem 18 Hektar großen Gelände (auf 730 Meter Höhe gelegenen Lichtung) **ideale Voraussetzungen für Familien-, Ferien- und Sportfreizeiten** (auch für den Behindertensport) sowie beste Bedingungen für ein Trainingslager im Breitensportbereich, für ein Probenlager für Musik- und Kulturvereine, für Klassen- und Schulfreizeiten und für Seminare.

Das engagierte Mitarbeiterteam unterstützt Sie gerne bei der Organisation Ihres Aufenthaltes. Träger dieser Einrichtung ist der Verein Kindererholungszentrum Waldpark Grünheide e.V. (KiEZ).

Das von Wäldern umgebene Areal besteht aus Gästehäusern, Ferienwohnungen, Zeltplatz, Bungalows und Sommerhütten sowie einer großzügig angelegten Sportanlage im Outdoorbereich mit einem Kletterpark, Rasen- und Kunstrasenplatz und Volleyball- und Beachvolleyballplätzen. Außerdem gibt es eine 3-Felder-Sporthalle, 2 Bahnen Bowlinganlage, einen Boulderboden, einen Indoor-Spielplatz (mit Handicap-Schaukel), eine Saunalandschaft, Ski- und Schlittenverleih, Rodelhang, Wanderwege und gespurte Loipen sowie einen nahegelegenen Badesee. **Perfekte Urlaubsbedingungen, auch und vor allem für Kinder und Jugendliche.**

Parkplatz, Eingang (Türbreite 95 cm), Rezeption und Frühstücksraum sind stufenlos erreichbar. Zimmer mit dem Aufzug (Türbreite 100 cm) stufenlos erreichbar.

Geeignet für Rollstuhlfahrer: 20 Zimmer mit 2 Einzelbetten und 2 herunterklappbaren Zusatzbetten mit DU/WC, davon sind 4 Zimmer rollstuhlgerecht und 15 Zimmer barrierefrei mit dem Aufzug erreichbar und für Gehbehinderte geeignet. Türbreite der rollstuhlgeeigneten Zimmer 95 cm, von Du/WC 95 cm. Bettenhöhe 48 cm. Bewegungsfreiraum in Du/WC 245 x 250 cm, Freiraum links neben WC 95 cm, rechts 55 cm, davor 150 cm. Haltegriffe links und rechts neben WC vorhanden. WC-Höhe 48 cm. Dusche schwellenlos befahrbar, festmontierter Duschsitz vorhanden. Waschbecken unterfahrbar. Ein externer Pflegedienst kann bei Bedarf angefordert werden.

Lage: Zur Ortsmitte von Auerbach mit Einkaufsmöglichkeiten, Arzt und Apotheke 7km, Bahnhof 8 km, Freibad und Krankenhaus 5 km, Badesee 1 km, Hallenbad 35 km.

Preise für Unterbringung im Gästehaus pro Nacht für Erwachsene inkl. Bettwäsche und Frühstück 27,90 €, Halbpension 33,80€, Vollpension 39,70 €. Preise für Kinder ab 6 Jahre inklusive Bettwäsche und Frühstück 24,90 €, Halbpension 29,70 €, Vollpension 34,80 €. Preise für Kinder 3-6 Jahre inklusive Bettwäsche und Frühstück 18,20 €, Halbpension 21,40 €, Vollpension 24,60 €.

Weitere Informationen auf Anfrage oder im Internet unter **www.waldpark.de**.
Für Familien, Gruppen, Schulklassen und Sportvereine besonders empfehlenswert!

Sachsen, Sächsische Schweiz, Osterzgebirge

Hotel „Am Heidepark"	01744 Dippoldiswalde

Sachsen, Sächsische Schweiz, Osterzgebirge

Am Heidepark 11, Tel. (03504) 625 5101, Fax: (03504) 625 5002
E-Mail: info@hotelamheidepark.de, Internet: www.hotelamheidepark.de

Das Hotel „Am Heidepark" liegt inmitten eines Naherholungsgebietes am Stadtrand von Dippoldiswalde. Im Sommer kann in der nahe gelegenen Talsperre Malter ein kühles Bad genommen werden und im Winter bildet die „Dippser Heide" die Möglichkeit zum Wintersport. Viele Ausflugsziele des Erzgebirges liegen in unmittelbarer Nähe.

Das Hotel wurde Ende 2000 fertiggestellt und lädt mit seinen geräumigen 13 Doppelzimmern (zwei davon mit der Möglichkeit zur Aufbettung) und einem Dreibettzimmer zum Übernachten und zum Verweilen ein.

Alle Zufahrten zum Hotel und seinen Räumlichkeiten sowie zum Restaurant sind barrrierefrei eingerichtet. So können auch Menschen, die in ihrer Bewegungsfreiheit eingeschränkt sind, hier ihren Urlaub verbringen. **Alle Räume sind nach DIN behindertengerecht gestaltet.**

Der Weg vom Parkplatz zum Eingang, Rezeption, Frühstücksraum und Restaurant ist stufenlos. Die Zimmer sind mit dem Aufzug (Türbreite 90 cm, Tiefe 128 cm, Breite 125 cm) stufenlos erreichbar.

Das hauseigene Restaurant im Hotel „Am Heidepark" bietet in moderner Land- und Cafehausatmosphäre abwechslungsreiche regionale und saisonale Küche. Im Sommer können Sie ihr Essen auch auf der Terrasse genießen. Feierlichkeiten jeder Art für bis zu bis 100 Personen können organisiert werden.

Geeignet für Rollstuhlfahrer: 14 Zimmer mit Du/ WC. Zu jedem Zimmer gehört neben TV, Radio und Balkon eine Sanitärzeile mit Dusche. Alle Standardzimmer der Kategorie 2 haben eine kleine Küchenzeile mit Kühlschrank, Kochgelegenheit und Geschirr. So lässt sich preisgünstig Familienurlaub erleben. Alle Zimmer der Kategorie 1 sind frisch renoviert, haben Fernblick und verfügen auch über einen Kühlschrank.

Für Gäste, die mit dem PKW anreisen, stehen ausreichend Parkplätze zur Verfügung. Türbreite vom Zimmer und Du/WC 97 cm. Bewegungsfreiraum in Du/WC 120 x 120 cm. Freiraum links neben WC 120 cm, rechts 25 cm, davor 160 cm. WC-Höhe 49 cm, Haltegriffe am WC bei 3 behindertengeeigneten Zimmern vorhanden.

Duschbereich schwellenlos befahrbar, fest montierter Duschsitz und Duschhocker vorhanden. Waschbecken unterfahrbar.

Entfernungen: Zur Ortsmitte 1 km; Einkauen 200 m; Arzt, Apotheke, Krankenhaus 500 m; Freibad und Hallenbad ca. 5 km; Badesee 500 m.

Zimmerpreise pro Nacht je nach Kategorie und Aufenthaltsdauer inklusive Frühstück: EZ 57,00 €, DZ 69,50 €, Dreibettzimmer (Familienzimmer) 85,00 €.

Sachsen, Sächsisches Elbland, Dresden

Hotel Martha Dresden   01097 Dresden

Sachsen, Sächsisches Elbland, Elbe

Nieritzstr. 11, Tel. (0351) 81760, Fax: (0351) 8176-222
E-Mail: rezeption@hotel-martha.de
Internet: www.hotel-martha.de

Das gesamte Hotel mit dem Frühstücksrestaurant im Biedermeierstil, der Sommerterrasse, dem lichtdurchfluteten Wintergarten, dem Tagungsraum „Gustav Nieritz" sowie dem Abendrestaurant im Gewölbekeller ist barrierefrei gestaltet.

Die 50 Zimmer, teilweise im Biedermeierstil gestaltet, sowie 2 Appartments bieten Ihnen zeitgemäßen Standard. 33 Doppelzimmer, 17 Einzelzimmer, 2 Appartments, Betten mit verstellbarem Kopf- und Fußteil, Dusche/Bad und WC, Telefon, TV, Radio, kostenfreies W-Lan.

3 Zimmer sind unter Berücksichtigung der DIN 18024 rollstuhlfahrerfreundlich gestaltet.

Das Restaurant ist mit dem Aufzug erreichbar. Der Tagungsraum „Gustav Nieritz" mit 60 m² bietet Platz für 20 Personen und ist modern ausgestattet mit Leinwand, Beamer, Flipchart, Pinnwänden, Overhead-Projektor, Telefon- und Faxanschluss sowie W-Lan.

Lage: Zentral und ruhig auf der Neustädter Elbseite im Dresdner Barockviertel zwischen dem Albertplatz und dem Palaisplatz, nahe zur Königsstraße. 5 Minuten vom Bahnhof Neustadt, **15 Minuten zu Fuß bis zur Semperoper, Dresdner Schloss und Frauenkirche**, 7 km zum Flughafen, 5 km zur Autobahn.

Preise für Rollstuhlfahrer/Behinderte:
Rollstuhlfahrer zahlen für die ersten 3 Übernachtungen im Doppelzimmer einen Rollstuhlfahrer-Sonderpreis von nur 92,- € pro Nacht (inkl. Frühstück) und im Einzelzimmer 82,- €. Ab der 4. Nacht gelten die Listenpreise.

Rollstuhlfahrer zählen seit Jahren zu den zufriedenen Stammgästen in diesem Hotel.

Sachsen, Erzgebirge

Berghotel Drei Brüder Höhe *** superior   **09496 Marienberg**

Sachsen, Erzgebirge

Familie Knabe, Drei Brüder Höhe 1, Tel. (03735) 6000, Fax: (03735) 60050
E-Mail: info@3bh.de, Internet: www.3bh.de

Zwischen den Bergstädten Marienberg und Wolkenstein lädt unser Haus, abseits von Hektik und Verkehr, zum Verweilen ein. Genießen Sie die erzgebirgische Ruhe und Gastlichkeit im 3 Sterne Superior Hotel. Hier Urlaub machen, heißt direkten Kontakt zur Natur spüren und Entspannung finden. Schon der 24,8 m hohe Aussichtsturm lohnt für eine Anreise.

Zu unsere Ausstattung gehören 2 Bowlingbahnen, **vier barrierefreie Zimmer**, zwei Seminarräume, schattiger Biergarten und Grillplatz. Am Haus führen die Europäischen Wanderwege 1 und 3 vorbei und bilden eine gute Ausgangslage für Wanderer. Der Seniorchef Harry Knabe, begeisterter Wanderer, steht mit Rat und Tat zur Seite.

Parkplatz, Eingang (Türbreite 100 cm), Frühstücksraum und Restaurant sowie Wintergarten, Biergarten und Grillplatz sind stufenlos erreichbar. Die Zimmer sind mit dem Aufzug barrierefrei zugänglich. Türbreite vom Aufzug 87 cm.

Geeignet für Rollstuhlfahrer: 4 Zimmer. Dusche schwellenlos befahrbar, stabiler Wandduschsitz und Haltegriffe vorhanden (Haltegriff links neben WC; WC von vorne anfahrbar. Kippspiegel über dem Waschbecken; Waschbecken unterfahrbar.

Lage: Zur Ortsmitte 2,2 km; Einkaufsmöglichkeiten, Arzt, Apotheke, Bahnhof 2 km; Hallenbad 3 km; Krankenhaus 12 km. Das **Thermalbad im Kurort Warmbad** bei Wolkenstein ist nur 5,8 km entfernt und verfügt über einen Hebelifter am Schwimmbecken. Hier trifft sich auch regelmäßig eine Selbsthilfegruppe der Rheumaliga. Die **Knappschafts-Klinik Warmbad** liegt in ca. 6 km Entfernung. **Motorradmuseum im Schloss Augustusburg:** Eine der größten Motorradausstellungen in Europa, in dem aus dem 15. Jahrhundert stammendem Jagd- und Lustschloss, lässt Bikerherzen höher schlagen. Im **Schloß Wildeck** können Sie die Geschichte des Motorradbaus in Zschopau erforschen und andere Ausstellungen in kürzlich restaurierten Räumen bestaunen.

Zimmerpreise: EZ ab 50,- €, DZ ab 70,- € inkl. Frühstück. Die barrierefreien Doppelzimmer kosten pro Nacht je nach Saison für 2 Personen inkl. Frühstück 70,- bis 90,- € und als Einzelzimmer 59,- bis 70,- €. Kinder im Zimmer der Eltern bis 3 Jahre frei; Kinder 4-11 Jahre 12,- €, 12-15 Jahre 18,- € (nur im Komfortzimmer möglich). Kinder bis 15 Jahre im eigenen Zimmer zahlen 60% des Zimmerpreises. Rabatte: Online - Buchungs-Rabatt 5%; Langzeitrabatt ab 6 Nächten 5 %, ab 11 Nächten 10%. W-LAN kostenlos. Biker willkommen!

Aufpreis für Halbpension (3-Gang-Wahlmenü) 16,50 €, für Vollpension (Wahlgericht Mittag/3-Gang-Wahlmenü Abend) für 24,50 €. Hunde erlaubt, pro Nacht ohne Futter 6,- €.

Sachsen, Sächsisches Elbland, Nähe Dresden

Hotel garni Sonnenhof *** DEHOGA   01468 Moritzburg OT Reichenberg (bei Dresden)

Sachsen, Sächsisches Elbland

August-Bebel-Str. 69, Tel. (0351) 8305527, Fax: (0351) 8305469
E-Mail: info@hotelgarnisonnenhof.de
Internet: www.hotelgarnisonnenhof.de

Besonderer Höhepunkt einer Reise nach Sachsen ist der Besuch von Dresden, dem schönen „Elbflorenz" und seiner reizvollen Umgebung.

In unserem familiär geführten Haus in ruhiger, verkehrsgünstiger Lage und ländlicher Idylle erwarten Sie 17 liebevoll eingerichtete Komfortzimmer und herzliche Gastlichkeit.

Alle Zimmer sind mit Dusche/WC, Minibar, Telefon, Flachbild-TV und W-Lan-Anschluss ausgestattet und haben teilweise Balkon.

Parkplatz stufenlos, Eingang mit Rampe, Frühstücksraum und das behindertengerechte Zimmer im EG sind stufenlos erreichbar.

Geeignet für Rollstuhlfahrer: 1 Zimmer. Türbreite von Zimmer und Du/WC 95 cm. Freiraum in Du/WC 200 x 250 cm. Freiraum links neben WC 30 cm, rechts 120 cm, davor 110 cm. Dusche und Waschbecken unterfahrbar. Duschhocker und stabile Haltegriffe an Dusche, WC und Waschbecken vorhanden. Bettenhöhe 48 cm.

Lage: Inmitten des alten Dorfkerns. Einkaufen 800 m; Arzt, Freibad 2 km.

Zimmerpreise inkl. Frühstück: EZ 49,- bis 59,- €; DZ 75,- bis 85,- €.

Sachsen, Erzgebirge

Hotel Regenbogenhaus   09599 Freiberg

Sachsen, Erzgebirge

Brückenstraße 5, Tel. (03731) 79850, Fax: (03731) 798529
E-Mail: Hotel-Regenbogenhaus@t-online.de
Internet: www.Hotel-Regenbogenhaus.de

Das Hotel ist auf behinderte Gäste besonders gut vorbereitet, da alle Bereiche des Hauses barrierefrei gestaltet sind. Das Restaurant bietet ein reichhaltiges Frühstücksbüfett, Halb- und Vollpension. Bei Feierlichkeiten und Veranstaltungen aller Art werden **regionale und internationale Spezialitäten** serviert. Diätgerichte sind ebenfalls möglich. Für **Tagungen bis zu 50 Personen** stehen 3 modern ausgestattete Seminarräume zur Verfügung.

Geeignet für Rollstuhlfahrer, Gehbehinderte, Allergiker, Familien bzw. **Gruppen** mit geistig Behinderten. **11 Komfortzimmer sind rollstuhlgerecht nach DIN 18040**. Die Zimmer haben Dusche, WC, Sat-TV und Telefon. **2 Zimmer sind für Allergiker** geeignet.

Alle Türen sind 100 cm breit. Betten mit verstellbarem Kopf- und Fußteil und auf Wunsch höhenverstellbar. **Pflegebetten**, Wannenlift und Patientenlifter auf Vorbestellung und gegen Gebühr. In allen Zimmern ist ein Kleiderlift im Schrank.

Vorbildlich rollstuhlgeeignete Badezimmer in zwei Doppelzimmern: höhenverstellbare, mit dem Rollstuhl unterfahrbare Waschbecken. Bewegungsfreiraum in Du/ WC 150x 150 cm. Freiraum rechts neben WC 90cm, davor 150 x 150 cm. WC-Höhe 48cm, Haltegriffe am WC. Die Dusche ist schwellenlos befahrbar.

Zusätzlich gibt es zwei Apartments für 4 bzw. 5 Personen (49 und 55 qm) mit zwei getrennten Schlafräumen, Dusche/WC, Sat-TV, Telefon und einer kleinen Küche. Diese sind besonders für Familien und nur bedingt für Rollstuhlfahrer geeignet.

Ausflüge: Zum Kennenlernen der Silberstadt Freiberg und ihrer Umgebung ist ein Drei-Tages-Pauschalprogramm buchbar. Zu Ostern, Weihnachten und Silvester werden verschiedene Arrangements angeboten. Unsere halbjährigen Veranstaltungskalender veröffentlichen wir im Internet.

Das Hotels bietet in **Zusammenarbeit mit anerkannten Pflegediensten** eine Feriendialyse, physiotherapeutische Anwendungen, die Fortführung von zu Hause begonnenen Therapien und ein Notfallprogramm in Freiberg an.

Urlaub & Pflege: Der Betreuer kann zusammen mit dem zu Pflegendem den Urlaub verbringen und je nach gewünschter Häufigkeit die Pflege einem anerkannten Pflegedienst übertragen. Bei Vorliegen einer Pflegestufe ist die Erstattung der Kosten über die zuständige Pflegekasse möglich. Dies muss vor Reiseantritt geklärt sein.

Lage: Verkehrsgünstig und dennoch ruhig am Stadtrand von Freiberg unweit des Hospitalwaldes. Die direkte Umgebung ist eben; die Wanderwege im Wald sind ohne Steigungen erreichbar.

Zimmerpreise je nach Aufenthaltsdauer und Saison: EZ 71,- bis 75,- €, DZ 91,- bis 95,- €. Gruppenrabatt ab 15 Personen, Kinderermäßigungen. Ausführliche Preisliste auf Anfrage.

Sehr gutes Preis-Leistungs-Verhältnis. Besonders empfehlenswerte Einrichtung für Familien, Gruppen und für Urlaub & Pflege.

Rollstuhl-Kurier

Die Zeitschrift für Rollstuhlfahrer und mobilitätsbehinderte Menschen

Themenschwerpunkte

- Reisetipps und Reiseberichte für Rollstuhlfahrer
- Aktuelle Nachrichten und Berichte über Veranstaltungen
- Aktuelles vom Reha-Markt
- Testberichte über Pkw-Umbauten
- Private Kleinanzeigen (für Abonnenten kostenlos)
- Rabatte für Leserinnen und Leser bei ausgewählten Hotels und Gruppenreisen

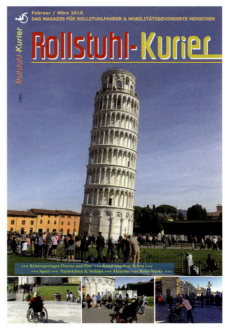

Erscheinungsweise:
4 mal jährlich

Auf Wunsch senden wir Ihnen gerne ein kostenloses Probeheft
Abo-Preis 28,00 Euro / Jahr
bei Bezug innerhalb Deutschlands
(Stand 2018/2019)

Escales-Verlag
Talstr. 58, 77887 Sasbachwalden
Tel.: (07841) 684 11 33
E-Mail: info@escales-verlag.de
Internet: www.escales-verlag.de

Sachsen, Leipzig

Seaside Park Hotel Leipzig ★★★★   04109 Leipzig

Sachsen

Richard-Wagner-Str. 7, Tel. (0341) 98520, Fax: (0341) 9852750
E-Mail: info@parkhotelleipzig.de, Internet: www.parkhotelleipzig.de

Als Grand Hotel im Jahr 1913 eröffnet und 2017 komplett renoviert, besticht das Park Hotel heute als modernes Innenstadthotel mit Tradition. Genießen Sie unseren zuvorkommenden Service mit Herz und eine Atmosphäre zum Wohlfühlen. Lassen Sie Ihre Seele baumeln im Park Hotel Leipzig.

Erst die Arbeit, dann das Vergnügen? Wir beraten Sie gern zu Ihrer Tagung oder Veranstaltung in unseren sechs hochmodernen Bankett- und Tagungsräumen für 10 bis 100 Personen. Eingänge sind stufenlos.

Unser Geheimtipp: Genießen Sie ein saftiges Steak vom Lavagrill im Ambiente eines historischen Luxusspeisewagens. Nur bei uns, im Restaurant STEAKTRAIN.

Restaurant und Zimmer sind mit dem Aufzug stufenlos erreichbar. Türbreite vom Aufzug: 90 cm (Tiefe 140 cm, Breite 110 cm). W-LAN im gesamten Haus für Hotelgäste kostenfrei verfügbar.

Geeignet für Gehbehinderte und Rollstuhlfahrer: **2 Zimmer rollstuhlgerecht.** Türbreiten der Zimmer: 95 cm, von Du/WC 90 cm. Freiraum in Du/WC 180 x 160 cm. Freiraum links neben WC 60 cm, rechts 100 cm, davor 160 cm. Dusche und Waschbecken unterfahrbar. Notruf, festinstallierter Duschsitz und stabile Haltegriffe an Du/WC und Waschbecken.

Lage: Mitten im historischen Zentrum von Leipzig, direkt gegenüber des Hauptbahnhofs. Flughafen Leipzig 18 km, Flughafen Dresden 90 km. Arzt 300 m, Apotheke 80 m, Krankenhaus und Dialyse 4 km.

Zimmerpreise: Standard-EZ ab 95,- €; Standard-DZ ab 115,- €; Superior-EZ ab 110,- €; Superior-DZ ab 130,- €; Junior-Suite ab 150,- €; Suite ab 180,- €. Seaside Frühstücksbuffet für 16,- €.

Exklusivität zu vernünftigen Preisen; gemütliche Atmosphäre; ideal für Stadtbesichtigungen.

URLAUB IN SACHSEN OHNE BARRIEREN

Detailgetreue und zuverlässige Angebotsbeschreibungen schaffen Reisevertrauen und Urlaubsfreude. Die kostenfreie Broschüre „Sachsen Barrierefrei" stellt Ihnen 80 barrierefreie Unterkünfte und 463 barrierefreie Kultur- und Freizeiteinrichtungen in allen sächsischen Ferienregionen und den Städten Dresden, Leipzig und Chemnitz vor. Den Schwerpunkt bilden touristische Ziele, vor allem aus dem Kunst- und Kulturbereich. Alle Angebote finden sie auch in der Online-Datenbank www.sachsen-barrierefrei.de.

Kontakt
Tourismus Marketing Gesellschaft Sachsen mbH
Bautzner Straße 45–47 · 01099 Dresden
Tel. 0351-491700 · info@sachsen-tour.de
www.sachsen-barrierefrei.de

SACHSEN. LAND VON WELT.

Sachsen, Oberlausitz

Martinshof Rothenburg Diakoniewerk	02929 Rothenburg / Oberlausitz

Sachsen, Oberlausitz, Landkreis Görlitz

Mühlgasse 10, Tel. (035891) 38145, Fax: (035891) 38266
E-Mail: bruederhaus@martinshof-diakoniewerk.de
Internet: www.martinshof-diakoniewerk.de

Besuchen Sie die Niederschlesische Oberlausitz im östlichen Zipfel Sachsens und seien Sie unser Gast. Das Martinshof Rothenburg Diakoniewerk hat sich unter dem Motto „Unter einem Dach Lebensräume teilen und gestalten" zur Aufgabe gemacht, vor allem denjenigen Unterstützung und Raum zum Leben zu geben, die einen besonderen Hilfebedarf haben, sei es durch Krankheit, Behinderung oder seelische Beeinträchtigungen.

Unsere Bildungs-Begegnungsstätte, das Brüderhaus, liegt direkt am Oder-Neiße-Radweg und dem Froschradweg in einer grünen Parkanlage. Der gesamte Martinshof ist auf die Bedürfnisse von Menschen mit Handicap eingestellt, alle Bereiche sind stufenlos erreichbar. In unserem Gästebereich erwarten Sie 13 Einzel- und 7 Doppelzimmer. Alle sind komfortabel ausgestattet und verfügen über Bad mit Dusche, Minibar, Telefon, TV, WLAN und sind über einen Aufzug erreichbar.

Parkplatz, Haupteingang, Frühstücksraum, Restaurant und hauseigenes Bewegungsbad sind stufenlos erreichbar. Rezeption und alle Zimmer sind mit dem Aufzug barrierefrei erreichbar. Türbreite vom Haupteingang 150 cm, vom Aufzug 90 cm (Tiefe 150 cm, Breite 110 cm).

Geeignet für Rollstuhlfahrer: 2 Doppel- und zwei Einzelzimmer sind rollstuhlgerecht. Weitere 7 Doppel- und 13 Einzelzimmer sind stufenlos mit dem Aufzug erreichbar und für gehbehinderte Gäste geeignet. Bettenhöhe in den DZ 53 cm, in den EZ 49 cm. Türbreiten der DZ 94 cm, in den Badezimmern 76 cm. Türbreiten der EZ 93 cm, in den Badezimmern 93 cm. Bewegungsfreiraum in den Badezimmern der DZ 150 x 130 cm, der EZ 120 x 120 cm. Freiraum links neben dem WC in den DZ 150 cm, in den EZ 120 cm. Freiraum rechts neben dem WC in allen Badezimmern 10 cm. Freiraum vor dem WC 110 cm in den DZ, 120 cm in den EZ. WC-Höhe in den DZ 54 cm, in den EZ 50 cm. Duschbereich in allen rollstuhlgerechten Badezimmern schwellenlos befahrbar, stabile Duschstühle und Haltegriffe sind vorhanden und die Waschbecken sind unterfahrbar.

Für Gruppen und Individualreisende verfügt der Martinshof über einfache Unterkünfte, die allerdings nur bedingt für Rollstuhlfahrer geeignet sind. Hier können Sie sich auf Wunsch selbst verpflegen.

Für Konferenzen, Workshops und Festlichkeiten bieten wir im Brüderhaus moderne Tagungsräume mit Technik, eine stilvolle Bibliothek und einen Saal, je nach Größe Ihrer Veranstaltung. Alle Räume sind für Menschen mit eingeschränkter Mobilität barrierefrei nutzbar.

Mit Speis und Trank versorgt Sie „Martins Küche". Sie können Ihr Zimmer wahlweise mit Frühstück, Halb- oder Vollpension buchen. Ab 17.00 Uhr können Sie sich im italienischen Spezialitäten-Restaurant „Enoiteca Martini" mit jahreszeittypischen Leckereien verwöhnen lassen.

Zur Erholung stehen Ihnen unsere Sauna, ein kleines Bewegungsbad, Physiotherapie und Kegelbahn auf Anfrage zur Verfügung. Ruhe finden Sie außerdem in unserer offenen Kapelle.

Der Martinshof ist idealer Ausgangspunkt für Ausflüge nach Görlitz, Bautzen oder Breslau, in den Fürst-Pückler-Park in Bad Muskau, die Erlichthof-Siedlung in Rietschen oder die Waldeisenbahn in Bad Muskau.

Entfernungen: Zur Ortsmitte Rothenburg ca. 5 Minuten, dort gibt es Einkaufsmöglichkeiten und eine Apotheke, Medizinischen Versorgungszentrum im Martinshof sowie kleiner Einkaufsladen. Bahnhof 6,3 km, Krankenhaus 12 km.

Unser Angebot „Urlaub im Martinshof - für Menschen mit Handicap" umfasst einen Aufenthalt von 5 Tagen in komfortablen Zimmern inkl. Frühstück, Mittagessen/Lunchpaketen, Abendessen; Eintritt und Parkführung im Fürst-Pückler-Park oder Paddeln auf der Neiße; Eintritt, Führungen und Essen in der Erlichthofsiedlung in Rietschen; Besuch des Bauernhofmuseums Rothenburg und Nutzung des Bewegungsbades. Die komplette Angebotsbeschreibung erhalten Sie auf Anfrage.

Zimmerpreise: Komfort-Bereich: EZ 45,- €, DZ 60,- €. Einfacher Bereich: EZ 25,- €, DZ 40,- €.

Seien Sie herzlich willkommen und genießen Sie die besondere Atmosphäre des Martinshofs.

Sachsen, Oberes Erzgeirge

Gasthaus Zur Rosenaue

09488 Thermalbad Wiesenbad

Sachsen, Oberes Erzgebirge

Inh. Ronny Bernstein, Schulstr. 7
Tel. (03733) 56480, Mobil: 0151 - 4265 1557
E-Mail: info@rosenaue.de
Internet: www.rosenaue.de

Dieses für Rollstuhlfahrer geeignete Gasthaus in Thermalbad Wiesenbad liegt nur 100 m vom schönen **Thermalkomplex „Mirquidi" (für Rollstuhlfahrer)** mit Kurpark und Kureinrichtungen entfernt.

Unser Haus verfügt über 11 Doppelzimmer (7 Aufbettungen möglich), 2 Zweibettzimmer, 4 Einzelzimmer und 1 Dreibettzimmer, die alle mit Dusche, WC, TV und Fön ausgestattet sind. W-Lan kostenlos. Alle Zimmer sind Nichtraucherzimmer. Außerdem bietet Ihnen unser Haus einen gemütlichen Gastraum mit 45 Plätzen sowie für Familienfeierlichkeiten ein Frühstücks- bzw. Vereinszimmer mit 20 Plätzen.

Der Gastraum sowie 3 Gästezimmer im Erdgeschoss sind barrierefrei bzw. rollstuhlgerecht ausgestattet. Der Parkplatz für Pkws befindet sich direkt am Haus. Im Sommer lädt ein ruhiger Grillplatz direkt hinter dem Gasthaus und ein Biergarten mit 12 Sitzplätzen zum verweilen ein.

Das Nichtraucherrestaurant ist Montag, Mittwoch, Donnerstag von 11:30 bis 13:30 Uhr und ab 17:30 Uhr für Sie geöffnet; bis 20:30 Uhr warme Küche. Freitag, Samstag und Sonntag: von 11:30 bis 13:30 Uhr warme Küche, 14:00 Uhr Kaffee und Kuchen mit selbstgebackenem Kuchen bis 17:00 Uhr, dann bis 20:30 Uhr warme Küche. Dienstag Ruhetag. Sie werden mit gutbürgerlichen Gerichten und ausgezeichneten erzgebirgischen Speisen verwöhnt. Hier kocht die Chefin noch selbst, mit frischen Kräutern aus dem eigenen Kräutergarten. Im Rezeptionsbereich wurde für die Gäste eine Raucherecke eingerichtet.

Der Weg vom Parkplatz zum Eingang ist stufenlos und führt barrierefrei durch das Restaurant zu Rezeption, Frühstücksraum, Restaurant und Zimmer (am Haupteingang 2 Stufen).

Geeignet für Rollstuhlfahrer: 3 Doppelzimmer mit Du/WC. Schranktüren 180° zu öffnen, Klei-

Sachsen, Oberes Erzgebirge

derbügelaufhänger zum Ausziehen. Bettenhöhe 52 cm. Die Türbreite der rollstuhlgeeigneten Zimmer beträgt 90 cm, die Türen von Dusche/WC sind 94 cm breit. Die Fläche im Bad beträgt 160 x 150 cm, im Duschbereich 130 x 124 cm. Neben dem WC 90 cm Freiraum. WC-Höhe 42 cm, **Toilettenaufsatz** vorhanden. Dusche schwellenlos befahrbar, Waschbecken unterfahrbar. Haltegriffe bzw. Haltestangen an der Dusche, am WC und am Waschbecken. **Duschsitz, Kippspiegel** und Notruf vorhanden. Lichtschalter 80 cm tief. Zusätzlich sind zwei Einzelzimmer barrierefrei erreichbar und für Gehbehinderte geeignet. Ein **externer Pflegedienst** kann bei Bedarf angefordert werden.

Lage: Das Gasthaus liegt nur 100 m vom schönen **Thermalkomplex „Mirquidi" (das Konzept der ganzen Klinik ist für Menschen mit Behinderung aufgebaut)** entfernt, mit seinem schön angelegten Kurpark, einem Kräutergarten und Seniorenparcours. Zur Ortsmitte mit Einkaufsmöglichkeiten 300 m, Bahnhof 200 m, Apotheke und Krankenhaus (in Annaberg) 6 km.

Der Ort Thermalbad Wiesenbad liegt im Übergangsgebiet vom mittleren zum oberen Erzgebirge in einer Höhe von rund 430 Metern über dem Meeresspiegel, was angesichts des Erzgebirgskammes keine Höhe ist. Dennoch entbehrt Thermalbad Wiesenbad nicht des Gebirges mit Hügeln und Felsen. Auch nicht des Wassers, denn es liegt in der breiten Talmulde, die die Zschopau durchfließt. Auf den Berghängen beiderseits des Flusses steht schöner Fichtenwald mit Inseln von Laubbäumen, die in der ganzen Pracht ihrer Herbstfärbung leuchten.

Bei Ausflügen sollten Rollstuhlfahrer eine Begleitperson, einen Zusatzantrieb für den Rollstuhl oder einen leichten E-Rollstuhl haben.

Kuren, Rehabilitation: Seit 1955 werden in **Thermalbad Wiesenbad** in modernen Kureinrichtungen Folgeschäden nach spinaler Kinderlähmung und der Bechterewschen Krankheit behandelt. Das **Gesundheitszentrum Miriquidi mit Kurklinik, Kurmittelhaus und Thermalbad** „Therme Miriquidi" bietet Rehabilitation, Prävention, Gesundheitsurlaub und Wellness.

Heilanzeigen Orthopädie und Neurologie: Behandlungen nach orthopädischen Operationen, Unfallverletzungen und Amputationen; Arthrosen, Osteoporose, chronische rheumatische Erkrankungen, Morbus Bechterew, Behandlungen nach Schlaganfall, Muskelerkrankungen, Kinderlähmung Polio, frisch operierte Hüfte, Knie usw..

Preise im Gasthaus Rosenaue pro Person/Übernachtung inkl. Frühstück im Einzelzimmer 43,- €, im Doppelzimmer 37,- €, im Dreibettzimmer 38,- €, Kinder 6 bis 12 Jahre 22,- €, bis 5 Jahre frei (bei Unterbringung im Zimmer der Eltern). Haustiere auf Anfrage (5,- € pro Nacht). Zuschlag bei Kurzaufenthalt

Sachsen, Oberes Erzgebirge

(1 Nacht) 5,- € pro Person, Preisermäßigung ab 5 Nächte Aufenthalt. Ausführliche Preisliste und Pauschalangebote auf Anfrage (Prospekt anfordern) oder im Internet unter www.rosenaue.de. Halbpension auf Anfrage 16,50 € p.P.

Besonders empfehlenswertes Haus: Sehr gut in Preis und Leistung, ideale Nähe zu den Bade- und Kureinrichtungen, beste Lage für Ausflüge ins Erzgebirge. Das Gasthaus hält **Informationen für Rollstuhlfahrer** bereit, welche Sehenswürdigkeiten auch im Rollstuhl erkundet werden können. Zum Beispiel Annaberg (Sankt Annenkirche), Besucherbergwerk Markus Röhling (bedingt für Rollstuhlfahrer geeignet), Frohnauer Hammer, Manufaktur der Träume (im Oktober 2010 eingeweiht), Schönfeld (Modellbahnland Erzgebirge), Augustusburg, Oberwiesental-Fichtelberg (28 km).

Außerdem bietet das Haus abwechslungsreiche Veranstaltungen (**Tanzabende**, Programme in der Vorweihnachtszeit, zu Silvester, usw.). Von Mai bis Oktober Grillabende am neuen Grillplatz. Anreise bis 14.00 Uhr oder ab 17.00 Uhr, andere Zeiten auf Anfrage möglich.

Sachsen-Anhalt

Sachsen-Anhanlt, Halle

Dorint Charlottenhof Halle (Saale) **** superior	**06108 Halle (Saale)**

Sachsen-Anhalt

Dorotheenstraße 12, Tel. (0345) 2923-0, Fax: (0345) 2923-100
E-Mail: info@halle-charlottenhof@dorint.com
Internet: www.dorint.com/halle

Um das Lieblingshotel eines Weltpolitikers, wie Hans-Dietrich Genschers zu werden, braucht es mehr als nur ein stilvolles Ambiente und Komfort. Dazu bedarf es auch einer Mitarbeiterfamilie, welche mit Herzenswärme und Engagement dem Gast alle Wünsche von den Augen abliest und genau das finden Sie im 4 Sterne Superior, Dorint Charlottenhof Halle (Saale) mit seinem einzigartigen Jugendstilinterieur.

Die 166 voll klimatisierten Nichtraucher-Zimmer und Suiten bieten allen Komfort den man sich nur wünschen kann, sowohl für Geschäftsreisende als auch für Familien mit Kindern und Haustieren, Menschen mit körperlichen Einschränkungen, Allergikern und Erholungssuchende.

Das Hotel ist auch ein idealer Ort für Veranstaltungen jeglicher Art – dafür stehen Ihnen traumhafte Salons und Tagungsräume, überwiegend über den Dächern der Stadt zur Verfügung. In unserem Vital-Club finden Sie alles zur Entspannung und sportlichen Betätigung. Unsere Küche bietet Ihnen Gaumenfreuden mit regionalen und internationalen Köstlichkeiten vom Feinsten.

Barrierefreier Weg vom Parkplatz zum Hotel. Haupteingang, Rezeption, Frühstücksraum und Restaurant im EG und alle Zimmer in den Etagen mit dem Aufzug stufenlos erreichbar. Türbreite vom Aufzug 101 cm (Innenmaße: Tiefe 203 cm, Breite 109 cm).

Geeignet für Rollstuhlfahrer: 1 Zimmer ist rollstuhlgerecht, weitere 166 Zimmer sind für Gehbehinderte geeignet und ebenfalls mit dem Aufzug stufenlos erreichbar. Türbreite vom rollstuhlgerechten Zimmer 90 cm, von Du/WC 93 cm. Bewegungsfreiraum in Dusche/WC 146 x 400 cm. Freiraum links neben WC 20 cm, rechts 160 cm, davor 117 cm. WC-Höhe 52 cm, Haltegriff rechts neben WC. Duschbereich mit festmontiertem Wandsitz und stabilen Haltegriffen schwellenlos befahrbar. Waschbecken mit Kippspiegel unterfahrbar, Notruf vorhanden. Bei Bedarf kann ein externer **Pflegedienst** bestellt werden.

Lage: Im Mittelpunkt einer einzigartigen Kulturlandschaft liegt die Händelstadt Halle an der Saale, das größte architektonische Flächendenkmal und zugleich grünste Großstadt Deutschlands. Lassen Sie sich vom Reichtum an Kultur und Geschichte der über 1.200-jährigen, 230.000 Einwohner und 20.000 Studenten zählenden, zu 53% Wasser- und Grünfläche bestehenden, an zwei Flüssen liegenden, zwei traumhafte Burgen besitzenden, auf sieben Hügel erbauten, aus zehn Naturschutzgebieten bestehenden und mit einer unerschöpflichen kulturellen Vielfalt beschenkten Universitäts- und Musikstadt verzaubern.

Sachsen-Anhanlt, Halle

Umgebungsbeschreibung: Das Dorint begrüßt Sie in nur wenigen Minuten vom Hauptbahnhof entfernt. Es ist es ein optimaler Ausgangspunkt für Ihre Entdeckungsreise durch die Händelstadt. Mit der **barrierefreien Straßenbahn** erreichen Sie fast alle Sehenswürdigkeiten der Saalestadt.

Entfernungen: Bahnhof 200 m; Apotheke 300 m; Einkaufsmöglichkeiten und Arzt 500 m; Hallenbad 600 m; Stadtmitte 800 m; Krankenhaus 1 km; Freibad 1,2 km.
Zimmerpreise: EZ ab 91,- €, DZ ab 120,- €.

Schleswig-Holstein

Schleswig-Holstein, Nordsee, **Insel Amrum**

Sütjers Hüs ★★★ nach DTV	**25946 Süddorf / Insel Amrum**

Schleswig-Holstein, Nordsee, Nordseeinsel Amrum

Familie Annette + Hans-Uwe Kümmel, Hark-Olufs Wai 1, Tel. (04682) 968942
E-Mail: kuemmel-amrum@t-online.de
Internet: www.suetjers-hues-kuemmel.de und www.schusters-haus.de

"Sütjers Hüs" bedeutet „Schusters Haus" - das **traditionsreiche „Schusterhaus"** mit seiner sehr netten, lesenswerten Geschichte (nachzulesen auf der Internetseite des Hauses) befindet sich in Süddorf auf Amrum. Nach umfangreichen Umbau- und Renovierungsmaßnahmen stehen den Gästen neue, gemütlich eingerichtete Ferienwohnungen zur Verfügung, eine auch für Rollstuhlfahrer, mit einem vorbildlich angepassten, barrierefreien Badezimmer.

Geeignet für Rollstuhlfahrer und Gehbehinderte: Parkplatz und Eingang der rollstuhlgeeigneten Ferienwohnung „Sütjers Wenang" mit 70qm Wohnfläche sind stufenlos erreichbar. Türbreite vom Eingang der Ferienwohnung, der Zimmer und von Du/WC 94 cm. Bettenhöhe 62 cm.

Großes Badezimmer: Bewegungsfreiraum in Du/WC 310 x 273 cm. Freiraum links neben WC 80 cm, rechts 97 cm, davor 2 m. WC-Höhe 47 cm. Dusche schwellenlos befahrbar, festmontierter Duschwandsitz und Duschhocker vorhanden. Waschbecken unterfahrbar. Ganzkörperspiegel vom Boden 160 x 48 cm groß. Kosmetikspiegel über dem Waschbecken.

Weitere Extras: Lichtschalterhöhe 85 cm, Schiebetür zum Schlafzimmer, Kleiderstange tiefer gesetzt, extra Arbeitsplatte in der Küche (unterfahrbar), breiter Flur.

Lage, Entfernungen: Restaurant (rollstuhlzugänglich) in der Nähe. Einkaufen beim Edeka in Wittdün ohne Schwellen. Einkaufsmöglichkeiten bei insgesamt 4 Edeka Märkten auf der Insel; abends ab 18.00 Uhr wird die Ware auf Wunsch sogar kostenlos in die Ferienwohnung gebracht. Zur Ortsmitte von Nebel 1,5 km; **Fähranleger** 4 km; Einkaufen 1,5 km; Arzt und Apotheke 4 km; Krankenhaus

Schleswig-Holstein, Nordfriesland, Nordsee

auf der Insel Föhr. **Meerwasser-Wellenbad** mit Saunalandschaft und Fitness-Bereich in Wittdün (3 km). Außerdem in Wittdün das **Gesundheitszentrum** „Amrum Spa" mit Bädern, Inhalationen, Massagen, **Krankengymnastik** und Atemtherapien. Es gibt flache, gute Wege über die ganze Insel.

Strandbereich: Der Weg zum Strand führt über **rollstuhlgeeignete Wege** (Bürgersteig, Teerweg, Bohlenweg = Holzsteg) bis fast zum Wasser. Rollifahrer können direkt am Bohlenweg aufgestellte Strandkörbe mieten. Die Amrum-Touristik bietet außerdem **Strandrollstühle** an, die den Einstieg ins Wasser erleichtern. Die Wege zum Strand sind geteert. **Anreise und Ausflugsschiffe:** Die Busse, die zu jeder Fähre kommen, haben eine Hebebühne die der Fahrer bei Bedarf für Rollstuhlfahrer und Kinderwagen ausfahren kann. Somit sind auch die An- und Abreise und die täglichen Fahrten über die Insel ohne Auto gewährleistet. Bei den **Ausflugsschiffen** gibt es eine Rampe für Rollstuhlfahrer. Empfehlenswert sind Ausflüge zu den Halligen (z.B. Hallig Hooge). Beim Anleger für die Überfahrt von Dagebüll nach Amrum gibt es eine hydraulische Hebebühne, die sich genau der Fähre anpasst und somit Tide unabhängig ist.

Preis für die rollstuhlgerechte Ferienwohnung pro Tag je nach Saison 85,- bis 135,- € inkl. aller Nebenkosten, Endreinigung, W-Lan, Hand- und Duschtücher, Geschirrtücher, Tisch- und Bettwäsche. Handtücher für den Strand sind selbst mitzubringen. Bei Buchungen unter 5 Übernachtungen werden 25,- € Aufpreis berechnet.

Ferienhaus Herzmuschel & Felsenauster   **25899 Dagebüll**

Schleswig-Holstein, Nordfriesland, Nordsee

Vermietung: Wiebke Volquardsen, Schulweg 4, 25866 Mildstedt
Büro: 0 48 41 / 904 15 61, Mobil: 0170 / 77 98 150
E-Mail: info@unsere-kueste.de
Internet: www.unsere-kueste.de

Besuchen Sie uns im familienfreundlichen Ort Dagebüll mit seinem bewachten Badestrand am grünen Deich, mit seinen vielen Wanderwegen direkt am Wasser, mit den vielen Unternehmungsmöglichkeiten an Land und auf dem Wasser.

Von Dagebüll aus starten die Fähren zu den Inseln Föhr und Amrum, so dass Sie bequem zu Fuß oder mit dem Fahrrad die Inseln in einem Tagesausflug besuchen kön-

Schleswig-Holstein, Nordfriesland, Nordsee

nen. Auch die Halligen können Sie von Dagebüll aus per Schiff oder bei Ebbe zu Fuß besuchen. Lassen Sie sich das Wattenmeer mit seiner Welt in geführten Wattwanderungen näher bringen.

Unsere luxuriös ausgestatteten, ebenerdigen und **rollstuhlgerechten 5-Sterne-Ferienhäuser** lassen keine Wünsche offen für einen erholsamen und unvergesslichen Nordseeurlaub. Einen Steinwurf entfernt von der Nordsee finden Sie ein Zuhause, das mit allem Komfort (z. B. großes Badezimmer, Sauna, Kaminofen) ausgestattet ist.

Wir legen sehr viel Wert darauf, dass Sie sich von Ihrem ersten Urlaubsmoment erholen können, deshalb ist uns eine persönliche Begrüßung bei Ihrer Ankunft und bei Bedarf auch eine individuelle Betreuung und Beratung während Ihres Aufenthalts wichtig. Auf Wunsch können wir Ihnen auch Frühstück in nahe gelegenen Gastronomiebetrieben anbieten.

Diese Ferienhäuser eignen sich auch besonders für gehbehinderte Gäste und/oder Rollstuhlfahrer. Alle Zimmertüren sind Schiebetüren, die Haustür ist auch elektrisch (per Fernbedienung) zu bedienen. Die Küche ist unterfahrbar, höhenverstellbar und ist komplett auf Rollstuhlfahrer ausgelegt. Sie verfügt u. a. über eine Dunstabzugshaube mit Fernbedienung und einem Backofen mit versenkbarer Tür. Die Schlafzimmer sind zusätzlich je mit einem TV ausgestattet. In einem der beiden Schlafzimmer ist das Lattenrost elektrisch verstellbar und mit einem Lifter unterfahrbar. In den Schlafräumen, der Sauna und im Badezimmer befindet sich ein Notruf-System.

Die befahrbare Sauna mit der Liege-/Sitzfläche in Rollstuhlhöhe sorgt für einen entspannten Wellness-Urlaub! Zusätzlich ist das Haus auch mit einem Telefon (Flatrate ins deutsche Festnetz) ausgestattet.

Beschreibung: 1-4 Personen, 90 qm Wohnfläche, 2 Schlafzimmer mit je 1 TV, Bettwäsche und Handtücher, komfortabel ausgestattete, höhenverstellbare Küche mit Geschirrspüler, Kühlschrank mit ***Gefrierfach, 4-Platten-Herd mit Ceranfeld, Backofen, Mikrowelle, Essecke, Wohnzimmer mit SAT-TV, Blue-Ray-DVD-Player, Kaminofen, Schlafzimmer: jeweils Doppelbetten (180 x 200, eines davon höhenverstellbar und auch für Lifter unterfahrbar), Badezimmer mit geräumiger, befahrbarer Dusche, Duschsitz, Duschhocker und bei Bedarf zusätzlich einem Duschrollstuhl, WC mit 2 klappbaren Haltegriffen, Sauna, 1 separates WC, WLAN, Waschmaschine, Trockner, mit 80 cm hohem Zaun umgrenzter Garten, 2 Pkw-Stellplätze.

Zusätzliche Ausstattung: Duschhocker, Duschrollstuhl, Toilettensitzerhöhung, höhenverstellbares Bett, verstellbarer Lattenrost, Bettgalgen, interner Notruf

Die beiden Häuser sind vom DTV mit „rolli-plus" ausgezeichnet und von der TASCH mit „Reisen für alle" zertifiziert worden.

Mietpreis: ab 89,- € pro Nacht. Während der Hauptsaison vermieten wir unsere Häuser immer von Samstag bis Samstag.

Schleswig-Holstein, Nordseeküste, Halbinsel Eiderstedt

Ferienhaus Garding **** — 25836 Garding

Schleswig-Holstein, Nordseeküste, Halbinsel Eiderstedt

Vermietung: Inge Reimer, Vor den Höfen 15, 21493 Grove

Tel: (04151) 866 88 88 Fax: (04151) 89 69 34

E-Mail: info@ferien-garding.de, Internet: www.ferien-garding.de

Im Luftkurort Garding (Schleswig-Holstein, Nordfriesland, in der Mitte der Halbinsel Eiderstedt) wurde im Jahr 2010 ein rollstuhlgerechtes Ferienhaus erbaut, das mit einer Fläche von 140 Quadratmetern bis zu sechs Personen Platz bietet. Das Ferienhaus "Garding" liegt in einem ruhigen Wohngebiet. Die Umgebung ist flach, die Wege sind eben und daher für Rollstuhlfahrer bequem zu befahren. Das Haus wurde als Vier-Sterne-Haus klassifiziert und hat die **Auszeichnungen "Rolli plus"** und "Kinderplus" erhalten.

Vom befestigten Parkplatz aus erreicht man den Hauseingang stufenlos über einen gepflasterten Weg. Alle Türen im Haus sind 100 cm breit, das gesamte Haus wird durch eine Fußbodenheizung versorgt. Die Fenster sind mit Insektengittern versehen. Der Hausflur hat eine Breite zwischen 140 und 150 cm. Küche mit ausziehbaren Unterschränken mit Geschirr, Töpfen und Pfannen, einem 150-Liter-Kühlschrank, einem 44-Liter-Gefrierschrank und einem Geschirrspüler. Die Kochinsel hat ein 90 cm breites Ceranfeld und einen Backofen. Außerdem sind Kaffeemaschine, Eierkocher, Handrührgerät und Mikrowelle vorhanden.

Wohnzimmer mit Esstisch für bis zu sechs Personen, zwei Sofas, ein LCD-Fernseher mit SAT-Anschluss, ein DVD-Recorder und eine Stereoanlage, W-LAN, kostenfreier Telefonanschluss, Bücher und Spiele für alle Altersgruppen. Der Tisch kann für Rollstuhlfahrer erhöht werden. Höhenverstellbare Kinderstühle stehen auf Wunsch zur Verfügung. Vom Wohnzimmer führt ein schwellenfreier Ausgang auf die Terrasse mit sechs Gartenstühlen, einem Tisch und zwei Liegen. Hinter dem Haus befindet sich eine Liegewiese mit Wäschespinne.

Zwei Schlafzimmer, beide für Rollstuhlfahrer geeignet, mit Doppelbetten (180 x 200 cm), Bettenhöhe 50 cm. Alle Betten sind mit **elektrisch verstellbaren Lattenrosten** ausgestattet (Liegefläche kann bis auf 80 cm erhöht werden). Der Seitenabstand ermöglicht dem Rollstuhlfahrer den Zugang von beiden Seiten. Kinderzimmer mit Kojenbett (90 x 200 cm) und einem ausziehbaren Bett (90 x 190 cm).

Das rollstuhlgerechte Bad hat einen automatischen Türöffner und verfügt über eine 150 x

Schleswig-Holstein, Nordseeküste, Halbinsel Eiderstedt

150 cm große bodengleiche Dusche mit einer 52 cm hohen Sitzbank sowie Stützgriffen. Das WC ist 50 cm hoch und hat an beiden Seiten klappbare Stützgriffe. Die Armatur am unterfahrbaren Waschtisch ist ausziehbar. Der Spiegel über dem Waschtisch ist kippbar. Föhn und Waschmaschine sind im Bad vorhanden. Duschstuhl oder Duschrollstuhl stehen nach Absprache kostenfrei zur Verfügung. Ein zusätzliches Gäste-WC ist vorhanden, jedoch nicht für Rollstuhlfahrer geeignet.

Im Gartenhaus stehen vier Fahrräder zur Verfügung, eigene Fahrräder können im Gartenhaus untergestellt, weitere Fahrräder in Garding gemietet werden.

Lage und Umgebung: Das Ferienhaus "Garding" befindet sich in einem gewachsenen Wohngebiet in Garding. Die Wege um das Haus herum sind befestigt, ebenso der Übergang zum Grillplatz und zum Spielplatz hinter dem Haus.

Der Luftkurort Garding hat etwa 2.750 Einwohner und ist der Mittelpunkt der Halbinsel Eiderstedt. Gut sortierte Supermärkte sind auch mit dem Rollstuhl erreichbar. Jeden Dienstag findet der Wochenmarkt statt. **Die Nordseeküste** ist in sieben bis 13 Kilometern Entfernung zu erreichen. Sankt Peter Ording liegt in unmittelbarer Nähe. **Therapieanwendungen** sind sowohl in Garding als auch in St. Peter Ording möglich. Als **Pflegedienst** ist die Diakonie in Garding tätig. **Hilfsmittel** können beim Sanitätshaus Krämer in St. Peter Ording oder in Tönning ausgeliehen werden.

Am riesigen Strand in St. Peter gibt es vier Badestellen, die alle weit auseinander liegen. Der Strand in Ording kann mit dem Pkw erreicht werden oder zu Fuß über einen Holzsteg. Es gibt zwar an keiner Badestelle einen Zugang mit befestigtem Weg direkt bis zum Wasser, aber in St. Peter kann man mechanische und elektronische **Strandrollstühle ausleihen**. Diese haben Ballonreifen und lassen sich durch den Sand schieben bzw. mittels Joystick gesteuert fahren.

Das **Multimar-Wattforum** in Tönning ist rollstuhltauglich und vermittelt viele Informationen über das Watt und die Nordsee. Weitere Informationen im Internet unter www.tz-eiderstedt.de oder www.st.peter-ording.de.

Entfernungen (Angaben jeweils für den Pkw): Zur Ortsmitte und zum Markt 800 m, Bahnhof 1.300 m, Einkaufen 1.300 m, Arzt 800 m, Apotheke 1.000 m, Krankenhaus 12,5km, Freibad 13,5 km, Hallenbad 13,7 km, Meer (Nordsee) 7,5 bzw. 13,7 km. Die Fußwege zu den genannten Zielen, auch rolligerechte, sind oft kürzer.

Preise 2019 für das Ferienhaus pro Tag in der Neben-, Zwischen- und Hauptsaison 55,- bis 120,- € inklusive Endreinigung, Bettwäsche und Handtücher bei einem Aufenthalt von 7 Tagen.

Schleswig-Holstein, Ostsee

Villa Olga - Die Grömitzer Urlaubswelt-	**23743 Grömitz**

Schleswig-Holstein, Ostsee

Wicheldorfstr. 17.
Vemieter: UKS-Immobilien GmbH & Co.KG, Erna-Blencke-Weg 13,
30559 Hannover, Tel. (0511) 1615 643, Fax: (0511) 1615 647

E-Mail: dieter.schnare@t-online.de
Internet: www.groemitzer-urlaubswelt.de

Neue, schöne, barrierefreie Ferienwohnungen in Grömitz, nur 200 m entfernt vom feinsandigen, breiten und 8 km langen Strand und der 3 km langen Strandpromenade mit harmonischen Gärten, Ruhezonen und phantasievollen Strandspielplätzen.

Geeignet für Rollstuhlfahrer: Die Ferienwohnungen befinden sich in einem 2011 fertiggestellten, komplett barrierefreien Neubau mit stufenlosem Eingang; großer Fahrstuhl ins 1. oder 2. OG. Dort erwartet Sie ein jeweils ca. **65 qm großes barrierefreies Feriendomizil** mit einem modernen, hochwertigen und gemütlichen Ambiente.

Türbreite vom Eingang 120 cm, vom Aufzug 100 cm (Tiefe 150 cm, Breite 120 cm), der Zimmer und Badezimmer 90 cm. Bettenhöhe nach Bedarf, **elektrisch höhenverstellbare Betten** vorhanden. **Rollstuhlgerechtes Badezimmer** mit bodengleicher Dusche und Fußbodenheizung.

Beide Wohnungen bieten große Bewegungsfreiheit in allen Räumen. Bewegungsfreiraum in Du/WC 200 x 200 cm. Freiraum links neben WC 50 cm, rechts 100 cm, davor 200 cm, WC-Höhe 45 cm, Haltegriff am WC. Duschbereich ohne Schwellen befahrbar,

Schleswig-Holstein, Ostsee

Duschhocker und Haltegriff vorhanden. Waschbecken unterfahrbar. In jeder Wohnung befinden sich 2 Schlafzimmer mit jeweils 2 Betten. Im Wohnraum zusätzlich ein Bettsofa mit 2 Schlafplätzen, LCD-Flachbild-TV, DVD-, CD-Player, Stereoanlage und kostenloser Internetzugang. Offene Küche, komplett ausgestattet mit E-Herd mit 4 Ceranfeldern, Backofen, Mikrowelle, Kühlschrank mit Gefrierfach, Geschirrspüler und Geschirrausstattung für 6 Personen. Jede Wohnung mit 2 Balkonen, ohne Schwellen erreichbar. Parkplatz, Waschmaschine und Trockner zur kostenlosen Nutzung.

Folgende **Hilfsmittel** können gegen Gebühr zur Verfügung gestellt werden: Rollstuhl, Rollator, **Toilettensitzerhöhung mit Armlehnen**, Duschhocker, Duschstuhl, Duschrollstuhl, diverse Handgriffe, Betterhöhungen, **elektr. Krankenbett, Betttisch und mobiler Patientenlifter**. Auch ein **ambulanter Pflegedienst** steht zum Einsatz bereit.

Lage/Umgebung: Attraktive Geschäfte, kleine Boutiquen, gastfreundliche Restaurants und gemütliche Cafés finden Sie in unmittelbarer Umgebung. In nur 300 m Entfernung erwartet Sie die „Grömitzer Welle", das Erlebnisbad mit Wellnessbereich und der Kurabteilung. Im Hause ist ein Bäcker mit Tagescafe. Apotheke, Ärzte und ein Supermarkt sind nebenan. Auch für den bewegungseingeschränkten Gast sind diese Dinge weitestgehend ebenerdig zu erreichen. Der Weg zum Strand / Seebrücke ist leicht ansteigend, ohne Stufen, kein Deich.

Entfernungen: In der Ortsmitte, Einkaufsmöglichkeiten, Arzt und Apotheke 50 m. Zur Ostsee 250 m, Hallenbad 200 m, Bahnhof und Krankenhaus 10 km.

Preise 2018/2019 pro Wohnung/Tag für 2 Personen inkl. Bettwäsche, Hand- und Geschirrtücher in der Nebensaison 1. Tag 174,- €, ab dem 2. Tag 99,- € vom 07.01. bis 15.03. und 01.11. bis 19.12. In der Zwischensaison 1. Tag 185,- €, ab dem 2. Tag 110,- € vom 16.3. bis 31.05. und vom 16.09. bis 31.10. In der Hauptsaison 1. Tag 210,- €, ab dem 2. Tag 135,- € vom 01.06. bis 15.09. und zu Ostern, Himmelfahrt und Pfingsten. Jede weitere Person pro Tag 15,- €, Kinder bis 16 Jahre 10,- € (maximal 6 Personen). Kleine Haustiere, maximal 1 Tier: 5,- € pro Tag. Tourismusbeitrag in Grömitz pro Tag 1,70 € bis 3,- € je nach Saison.

Schleswig-Holstein, Ostsee

DAT FRIEDABÄCKER HUS **** nach DTV   **24361 Groß Wittensee**

Schleswig-Holstein, Hüttener Berge, Ostsee

Karen Teske, Dorfstraße 38, Tel. (04356) 996839, Fax: (040) 3195684
E-Mail: info@friedabaecker.de, Internet: www.friedabaecker.de

Das Dorf Groß Wittensee wurde 1327 erstmals urkundlich erwähnt. Hier, direkt am Wittensee gelegen, steht „Dat Friedabäcker Hus", eine ehemalige Bäckerei von 1904 mit zwei gemütlichen, rolligerechten Ferienwohnungen, saniert und neu ausgestattet im November 2012.

Ferienwohnung **„Groote Jung" 86 qm,** mit 3 Zimmern für 4 Personen plus Gästebett für 2 Personen. Ferienwohnung **„Lütte Deern",** 67 qm, mit 3 Zimmern für 2 Personen plus Gästebetten für 2 Personen. Beide Ferienwohnungen verfügen über W-LAN, SAT-TV, Hifi-Kompaktanlage, Safe, Waschmaschine, Geschirrspüler, Mikrowelle, Wellnessdusche, Fön, Kleinkinderausstattung, eigene Terrasse mit Grill.

Beide Ferienwohnungen sind für Rollstuhlfahrer geeignet, bieten bequemen Einstieg in die Betten, die Küchen haben abgesenkte, mit dem Rollstuhl unterfahrbare Arbeitsbereiche, die das Arbeiten erleichtern. Der Parkplatz befindet sich direkt vor dem Haus, auch der Weg zwischen Parkplatz und Ferienwohnungen wurde barrierefrei gestaltet. Türbreiten der Zimmer und Badezimmer 96 cm.

Bettenhöhe 50 cm. Höhenverstellbares Bett **(Pflegebett)** kann bei Bedarf bestellt werden (Kranken- oder Pflegekasse übernimmt ggbf. Kosten; muss vor dem Urlaub beantragt werden).

Bewegungsfreiraum in Dusche/WC ca. 130 x 140 cm. Freiraum links neben WC 105 cm, davor 200 cm. Haltegriffe links und rechts neben WC vorhanden (WC mit hochstellbaren Haltegriffen (Sitzhöhe 50 cm - Toilettenaufsatz auf Bestellung). Duschbereich schwellenlos befahrbar, fest montierter Duschsitz und stabile Haltegriffe an der Dusche vorhanden. Waschbecken unterfahrbar, Spiegel vom Rollstuhl aus einsehbar.

Lichtschalter in Sitzhöhe, Fensteröffnungen in niedriger Höhe, niedrige Kleiderstangen, Busch Jaeger Service-Steckdosen (Stecker lassen sich leichter aus Steckdosen

Schleswig-Holstein, Ostsee

nehmen), Bewegungsmelder in den Eingangsbereichen. Bei Bedarf kann ein externer Pflegedienst bestellt werden.

Lage: Die Hüttener Bergwelt bietet Ihnen unendliche Weiten: Vom Wipfel des Aschbergs (98 Meter Höhe + neuer Aussichtsturm) reicht der Panoramablick über die Norddeutsche Tiefebene bis hin zur 8 km entfernten Ostsee. Der Zugang zum Wittensee (Badesee, 50 m) ist stufenlos erreichbar mit leichtem Gefälle. Einkaufsmöglichkeit im Kaufmannsladen nebenan 20 m, Apotheke 50 m, Arzt 100 m, weitere Arztpraxen (Chiropraxis, Heilpraxis, Physiotherapeut, Zahnarzt) im Umkreis von 500 m. Krankenhaus 10 km, Freibad, Hallenbad und Ostsee 8 km.

Rollstuhlgeeigneter Strand in Eckernförde: Nur acht Kilometer von Groß Wittensee entfernt liegt Eckernförde. Die Stadt wurde 2011 mit dem „Goldenen Rollstuhl" ausgezeichnet und zeigt sich sowohl in der Innenstadt als auch im Strandbereich barrierefrei, was das Entdecken des Ostseebads erheblich erleichtert. Für ein uneingeschränktes Urlaubserlebnis am Strand bietet die Stadt **spezielle Strandkörbe für Rollstuhlfahrer** sowie spezielle **Strandrollstühle**. Weitreichende Informationen zur Barrierefreiheit und zu besonderen Einrichtungen der Stadt für Menschen mit Handicap finden Sie auf der Webseite des Ostseebads Eckernförde www.eckernfoerderbucht.de.

Sport und Freizeit auch für Rollstuhlfahrer: Die Region rund um Groß Wittensee geht nicht nur im Rahmen der Barrierefreiheit auf die Bedürfnisse von Rollstuhlfahrern ein, sondern bietet sogar tolle Sport- und Freizeitmöglichkeiten an. Der Zugang zum **Wellenbad in Eckernförde** ist ebenso einfach wie zum **Hochseilgarten Altenholz**, der einen speziellen **Rolliparcours** gestaltet hat. Mehrere Mitarbeiter des Hochseilgartens sind speziell darauf geschult, Besuchern mit einer entsprechenden Einschränkung ein sportliches Erlebnis zu ermöglichen. Oder versuchen sie es doch mal mit **Fußballgolf auf Gut Sorgwohld** bei Owschlag! Ein Besuch lohnt sich in jedem Fall – und vielleicht beschert Ihnen der Urlaub im Norden ein neues sportliches Hobby!

Preise: Ferienwohnung „Groote Jung" (86 m²) die erste Nacht 148,- €, die Folgenächte pro Nacht 98,- €. Ferienwohnung „Lütte Deern" (67 m²) die erste Nacht 128,- €, die Folgenächte pro Nacht 78,- €. Kaution 150,- €. Hundegebühr pauschal 40,- €, der zweite Hund pauschal 20,- €." Preise inkl. Endreinigung.

Auf unserer Website **www.friedabaecker.de** sind jetzt virtuelle Besichtigungen der Ferienwohnungen möglich! Bitte schauen Sie sich alles ganz genau an!

Schleswig-Holstein, Ostsee

Haus Utkiek F ★★★★★ nach DTV   23774 Heiligenhafen

Schleswig-Holstein, Ostsee

Graswarderweg 2, Haus 32b, Reservierung/Buchung: Tel. 01525 - 9981075
E-Mail: post@ostsee-ferienhaus-heiligenhafen.de
Internet: www.ostsee-ferienhaus-heiligenhafen.de

An der nordöstlichen Spitze des Strand Resorts Heiligenhafen liegt – ruhig und etwas für sich – das neu erbaute reetgedeckte 5-Sterne-Zwillingshaus "Utkiek" in exponierter Lage mit durchgängig freien Blickrichtungen auf Dünen, Strand und Ostsee. Richtung Westen bahnt sich die große Erlebnis-Seebrücke ins Meer. Östlich umgibt das Haus das Ostseewasser mit dem unmittelbar angrenzenden Naturschutzgebiet Graswarder, und nach Süden hat man den großen Marina-Yachthafen vor sich.

Das Haus ist für zwei bis acht Personen geeignet, insbesondere auch **für Familien mit einem Rollstuhlfahrer**, denn Zuwegung wie auch untere Etage sind barrierefrei und rollstuhlgerecht nutzbar. Die Möblierung ist durchweg hochwertig und ansprechend im dezenten, modern-maritimen Stil.

Lese-/Schlafraum und Bad im EG sind rollstuhlgerecht. Angrenzende Nord-Terrasse Richtung Ostsee ist mittels Rampe auch von außen zugänglich. Türbreite von Zimmer und Dusche/WC 95 cm. Ein Bett (Größe 140 x 200 cm, Höhe 55 cm), das als Sofa zurückgebaut werden kann. Bei Bedarf Haltegriff über dem Bett. In dem Raum kann auch ein gemietetes Pflegebett genügend Platz finden.

Bewegungsfreiraum im Bad 150 x 150 cm. Freiraum rechts neben dem WC 90 cm, links 30 cm, davor 150 cm. WC-Höhe 50 cm. WC beidseitig mit Stützklappgriffen ausgestattet. Befahrbare Dusche mit Haltestange, Duschsitz und Duschstuhl, unterfahrbares Waschbecken etc. In Sitzposition einsehbarer Spiegel. Rutschhemmende Fliesen als Bodenbelag.

Weiter verfügt das EG über einen großen Eingangsbereich und ein Gäste-WC. Besonders einladend ist der offene, geräumige und lichtdurchflutete Wohn- und Essraum (inkl. großer Küchenzeile). Panoramafenster mit einzigartigem Blick auf das Ostseewasser und Graswarder mit seinen historischen Villen. Von der gemütlichen Sofaecke

Schleswig-Holstein, Ostsee

mit Kaminofen und Sessel hat man durch die raumhohe Fensterfront den maritimen Yachthafen vor sich. Davor die große Süd-Terrasse. Hauseigener Strandkorb an der Ostseite.

Im Obergeschoss befinden sich drei Schlafräume sowie ein komfortables Badezimmer (WC/Badewanne, große Dusche, Waschmaschine), von dem aus man einen herrlichen Ausblick auf Graswarder und die Fehmarnsundbrücke hat. Das Haus verfügt über einen eigenen Pkw-Stellplatz unmittelbar an der barrierefreien Zuwegung zum Haus.

Lage: Strand (50 m), Seebrücke, Yachthafen oder die Einkaufs- und gastronomischen Möglichkeiten im Strand Resort sind nah gelegen. Im Sommer befindet sich neben der Seebrücke (Entfernung 250 m) ein rollstuhlgerechter Weg bis zur Wasserlinie am DLRG-Badestrand. Auch der Fischereihafen und das historische Stadtzentrum von Heiligenhafen sind in ca. 10 Minuten fußläufig zu erreichen. Die Wege sind barrierefrei, so dass sich alle Ziele auch für Rollstuhlfahrer problemlos ansteuern lassen.

Freies WLAN im Haus sowie Eintrittskarten, welche die kostenlose Nutzung des SPA-Bereichs (Sauna/Pool) und der Kinderspielwelt im Aktiv-Hus Heiligenhafen ermöglichen, runden das Angebot ab.

Weitere Informationen zum Haus und eine tolle Panorama-Webcam finden Sie auf der eigenen Website www.ostsee-ferienhaus-heiligenhafen.de.

Preis pro Nacht je nach Saison 189,- bis 310,- Euro (erste Nacht 329,- bis 450,- Euro). Bei Belegung von nur bis zu 4 Personen Sonderpreise auf Anfrage. Haustier pro Nacht 10,- Euro Aufpreis. Im Preis sind Bettwäsche, Hand- und Gebrauchstücher, Endreinigung sowie Verbrauchskosten enthalten.

Langzeitbucherrabatt: 14 = 13 und 21 = 19. In der Nebensaison zusätzlich 7 = 6.

Schleswig-Holstein, Ostsee

Ferienwohnung „An der Vogelfluglinie" **** 23774 Heiligenhafen

Schleswig-Holstein, Ostsee

Familie Manske-Nüßlein, Grauwisch 43, Tel. (04362) 502350
E-Mail: sterne@ferienwohnung-manske.de
Internet: www.ferienwohnung-manske.de

Sie wollen sich im Urlaub wohlfühlen: Die 4* Ferienwohnung "An der Vogelfluglinie" lädt dazu ein sich zu erholen. Liebevoll eingerichtet, befindet sich die **barrierefreie FeWo** - mit schöner, 20 m² große Terrasse mit Fernblick auf den Fehmarnsund - in einem Einfamilienhaus. Seit 2009 verweilen Urlaubsgäste mit besonderen Ansprüchen in dieser zugewandter Atmosphäre, um ihre freie Zeit an der Ostsee zu genießen.

Wunderbar geeignet ist die Wohnung für 2 Personen, auch 3. bzw. 4. Person sind möglich (extra Ausziehsofa im Wohnraum). **2 Pflegebetten** im Holzdekor sorgen für einen erholsamen Schlaf (mit Fernbedienung elektrisch verstellbar, mobil, bei Bedarf Aufrichthilfe und Seitengitter).

Auch der Sanitärbereich ist barrierefrei und großzügig bemessen: Bewegungsfreiraum in Du/WC (158 x 135cm), Freiraum links neben WC 50 cm, rechts 75 cm, davor 160 cm, WC-Höhe 48 cm, zwei schwenkbare Haltegriffe neben WC; Dusche (100 x 200 cm).

Ein fahrbarer Dusch/Toilettenstuhl ist ebenso vorhanden wie ein höhenverstellbares Waschbecken mit Spiegel. Zudem erwartet Sie eine allergikerfreundliche, nikotin- und haustierfreie Wohnumgebung. Eine zugewandte, persönliche und freundliche Atmosphäre runden den Aufenthalt ab.

Zur Altstadt (Einkaufsmöglichkeiten, Arzt, Apotheke) und Seebrücke sind es ca. 1200 m, zum Binnensee 500 m, **Dialyse** in 11 km, **zum Ostseestrand 1,5km über rolligeeignete Wege**. Informationen über Ausflugsziele mit dem Rollstuhl finden Sie in der FeWo.

Unser besonderes Angebot: Alltagsunterstützung, Ernährungs- und Gesundheitskurse (Krankenkassenbeteiligung möglich). Gern übernehmen wir vorab für Sie die Vermittlung und Terminierung für sowohl ambulante Pflegedienste als auch für weitere Therapeuten. **Patientenlifter** und faltbarer Rollstuhl kann gegen geringe Gebühr gestellt werden. Besuchen Sie gern unsere Homepage oder rufen Sie an.

Preis ganzjährig 2019 pro Nacht für 1 bis 2 Personen: 97,- €. 3. und 4. Person auf Nachfrage. Preise sind inkl. Bettwäsche, Hand- und Geschirrtücher.

Schleswig-Holstein, Ostsee, Kiel

Hotel Birke Kiel
Ringhotels und Mitglied bei Wellness Hotels & Resorts   **24109 Kiel**

Schleswig-Holstein, Ostsee

Martenshofweg 2-8, Tel. (0431) 5 33 10, Fax: (0431) 5 33 13 33
E-Mail: info@hotel-birke.de
Internet: www.hotel-birke.de

Das Hotel hat vom Reichsbund e.V. eine Auszeichnung für die behindertengerechten Zimmer erhalten.

Geeignet für Rollstuhlfahrer: Zwei Zimmer mit Du/WC sind rollstuhlfreundlich ausgestattet.

Stufenlos erreichbare Bereiche des Hotels (rollstuhlgerechte Fahrstühle): Parkplatz (kostenpflichtig), Eingang, Hotelhalle, Rezeption, Restaurant, Hotelbar, Terrasse, Gesellschafts- und Konferenzräume, Birke Spa mit Schwimmbad und Saunarium.

Ihr Hotel Birke liegt verkehrsgünstig und im Grünen, nur ca. 10 Autominuten vom Zentrum der Landeshauptstadt Kiel entfernt. Gleich hinter dem Hotel liegt das Hasseldieksdammer Gehölz und kleine reetgedeckte Bauernhäuser und Katen in typisch norddeutschem Ambiente.

79 gemütliche Zimmer (mit Dusche oder Bad/WC, Fön, Kosmetikspiegel, Telefon, Modem-Anschluss, W-LAN, Sat-TV - teilweise klimatisiert) in warmen Tönen und Hölzern - und ruhig. Auf norddeutsche Art eben, wie auch die grünweißen Strandkörbe auf der Terrasse und im Kreativgarten, um Sonnenstrahlen zu tanken. Wellnessbereich Birke Spa auf 700 m².

Das Fischers Fritz Restaurant mit offener Show-Küche serviert fangfrischen Fisch, saisonale Spezialitäten von „Vor und hinterm Deich" und ein reichhaltiges Frühstücksbuffet „Norddeutscher Art".

Lage: zum Zentrum/Bahnhof 5 km; Einkaufen 1 km; Bus 100 m; Arzt 500 m; Apotheke 700 m; Krankenhaus 2,5 km.

Zimmerpreise inkl. Frühstücksbuffet: EZ ab 113,- €; DZ ab 165,- €, Zustellbett 40,- € (Kinder bis 6 Jahre kostenlos); Hausprospekt und Arrangementpreise auf Anfrage oder unter www.hotel-birke.de.

Schleswig-Holstein, Nordfriesland, Nordsee

Urlaubs- und Früchtehof Schmörholm — 25917 Leck

Hof Schmörholm 1
Tel. (04662) 2580
Fax: (04662) 885950
E-Mail: hof-schmoerholm@foni.net
Internet: www.hof-schmoerholm.de

Der Schmörholm-Hof wurde als einer der ersten Betriebe für „Reisen für Alle" zertifiziert. Drei von sieben Ferienwohnungen sind barrierefrei.

Die beiden 5-Sterne-Ferienwohnungen „Landluft" und „Raue See" haben je 85 qm, **sind barrierefrei, kinder- und rollstuhlgerecht**, geeignet für jeweils für 2-6 Personen (Neubau 2010). Moderne, tolle Doppelhaushälfte mit herrlichem Blick auf die Wiesen von der eigenen Terrasse aus (mit Strandkorb). Geräumige Wohnküche, 3 Schlafzimmer (1x Doppelbett, 1x 2 Einzelbetten, 1x Etagenbett). Die FeWo „Kräuterwiese" ist ebenfalls rollstuhlgerecht, aber etwas kleiner.

Großes Bad mit Fliesenmalerei, **ebenerdiger großen Dusche**, WC mit allen notwendigen Halterungen, ein Gäste-WC sowie ein eigener Abstellraum. Im Haus befindet sich ein Spielzimmer für die Kinder. Im Wellnessbereich steht eine Sauna kostenlos zur Verfügung. Zusätzlich ist die Wohnung mit Telefon ausgestattet.

Die Maße für die Ferienwohnungen „Landluft" und „Raue See": Türbreiten der Zimmer 95 cm, von Du/WC 107 cm. Bettenhöhe 47 cm. Elektrischer Lattenrost und **3 elektr. verstellbare Pflegebetten**. Bewegungsfreiraum in Du/WC 200 x 175 cm.

Schleswig-Holstein, Nordfriesland, Nordsee

Freiraum links neben WC 52 cm, rechts 170 cm, davor 175 cm. WC-Höhe 47 cm. Haltegriffe links und rechts neben WC. Duschbereich schwellenlos befahrbar. Stabiler Duschstuhl, Duschrollstuhl und Haltegriffe an der Duschwand vorhanden. Waschbecken unterfahrbar. Außerdem sind Toilettenstuhl und Hebelift vorhanden. Notruf über Telefon möglich. Bei Bedarf kann ein **externer Pflegedienst** angefordert werden. Ebenfalls rollstuhl- bzw. behindertengerecht sind der Klettergarten „Filu" und das Schwimmbad.

Lage: Ortsrandlage; hauptsächlich befestigte Wege auf dem Hof, mit dem Rolli kann man den Ortskern (2 km) gut erreichen.

Entfernungen: zur Ortsmitte mit Einkaufsmöglichkeiten, Arzt, Apotheke 2 km; Krankenhaus 11 km; Hallenbad 400 m; Bushaltestelle 700 m; Nordsee 25 km.

Aktivitäten/Freizeit: Therapeutisches Reiten in 200 entfernter Halle (Infos auf unserer Homepage); Tischtennis, viele Tiere, **Treckerkutschfahrt**.

Ein tolles Angebot wartet auf die Kinder, die Urlaub auf unserem Hof machen, ein toller Spielplatz, eine Strohspielscheune in der Holzpferd "Eddi" wartet, Tischtennis, großes "Mensch ärgere Dich nicht" und Trampoline.

Für Erwachsene und Kinder stehen Fahrräder(2 Kindersitze + 1 Anhänger) und diverse Trettrecker, Roller, Bobby-Cars und Go-Carts bereit.

Viele liebe Tiere: 3 Ponys, Kaninchen und Meerschweinchen, Katzen, Hund Fleki,

Enten und Wachteln, Hühner und die frechen Ziegen, Moritz und Hope. An verschiedenen Wochentagen bieten wir Euch ein wechselndes Familienprogramm, die Treckerkutschfahrt mit Opa Brodersen ist immer ein unvergessliches Erlebnis für groß und klein aber auch Ponyreiten und Stockbrotbacken gehören zu den Highlights auf unserem Hof.

Preise für Doppelhaus-Wohnung "Landluft" und "Raue See" je nach Saison und Anzahl der Personen 60,- € bis 168,- € pro Nacht. Haustiere auf Anfrage.

Ausführliche Preise und weitere Informationen unter www.hof-schmoerholm.de

Schleswig-Holstein, Ostsee

Ferienwohnung A+A Jungk 23730 Neustadt-Pelzerhaken/Ostsee

Schleswig-Holstein, Ostsee

Auf der Pelzerwiese 24
Vermieterin: Andrea Jungk, Harzburger Weg 22, 22459 Hamburg
Tel. 0173 - 4813786, Fax: (040) 40132458
E-Mail: andreasjungk@alice-dsl.de, Internet: www.1a-ostseeblick.de

In dem ehemaligen Funk- und Fernmeldeturm der Marine ist seit Mai 2008 das Wassersportzentrum Pelzerhaken fertig gestellt. Hier liegt eine **rollstuhlgerechte Ferienwohnung** im 1. Stock des Gebäudes. **Die Wohnung wurde speziell für einen Rollstuhlfahrer geplant.** Sie ist über eine Rampe mit geringer Neigung und einen geräumigen Fahrstuhl zu erreichen.

Im Wohnzimmer mit seinen 30 qm befindet sich eine offene, gut anfahrbare **Küchenzeile** mit Geschirrspülmaschine, Mikrowelle und Umluftherd mit Cerankochfeld.

Des Weiteren gibt es ein kleines Zimmer (10 qm) mit 2 Betten, sowie das größere Schlafzimmer mit einem Doppelbett, welches über elektrisch verstellbare Lattenroste verfügt. Hier aufzuwachen, den Sonnenaufgang hautnah mitzuerleben und schon mal einen Blick auf die Ostsee zu riskieren ist ein einmaliges Erlebnis.

Vom Wohnzimmer aus gelangt man niveaugleich auf den 10 qm großen Balkon. Von diesem und vom Wohnzimmer aus kann man den **Panoramablick auf die Ostsee** genießen. Ein besonderes Erlebnis ist es, in der Abendsonne den Fährverkehr von und nach Travemünde zu beobachten oder bei klarem Wetter seinen Blick auf die Mecklenburgische Küste zu richten.

Im Keller selbst (leider nur zu Fuß erreichbar) stehen Ihnen Waschmaschine und Wäschetrockner gegen geringes Entgelt zur Verfügung.

Geeignet für Rollstuhlfahrer: Türbreite vom Hauseingang über 100 cm, vom Aufzug 90 cm (Tiefe 210 cm, Breite 110 cm), von Zimmer und Du/WC 80 cm. Bettenhöhe 50 cm. Das Duschbad ist schwellenlos befahrbar und verfügt über alle Einrichtungen, die ein Rollifahrer benötigt. Bewegungsfreiraum in Du/WC 150 x 185 cm. Freiraum links neben WC 30 cm, rechts 118 cm, davor 100 cm. WC-Höhe 48 cm. Haltegriffe links und rechts neben WC. Dusche schwellenlos befahr, mit höhenverstellbarem Duschwandsitz. Waschbecken unterfahrbar. Der Spiegel ist auf Rollstuhlhöhe montiert. In Neustadt (3 km) kann ein Pflegedienst bei Bedarf bestellt werden.

Entfernungen: Zur Ortsmitte von Pelzerhaken mit Einkaufsmöglichkeiten 500 m, zur **Ostsee 100 m**, Bahnhof 3 km, Arzt, Apotheke, Krankenhaus 4 km, Dialyse 18 km.

Freizeitangebote: Im Erdgeschoss des Gebäudes befindet sich die Segelschule. Direkt gegenüber am Strand können Sie im Café den Blick über die Ostsee genießen. Die nähere Umgebung ist flach. Die direkt zugängliche ca. 3 km lange **Promenade ist gut mit dem Rolli aber auch mit dem Handbike zu befahren.** Ein rolligerechter Strandzugang (beim DLRG), Restaurants und Geschäfte sind in wenigen Minuten zu erreichen.

Preis für die Ferienwohnung in der Hochsaison pro Tag 85,- bis 100,- €, in der Nebensaison 65,- bis 75,- €.

Schleswig-Holstein, Naturpark Aukrug

Erholungs- und Ferienstätte „Tagungshaus Nindorf" e.V.	**24594 Nindorf**

Schleswig-Holstein, Naturpark Aukrug

Osterree 1, Tel. (04871) 1518, Fax: (04871) 7385
E-Mail: tagungshaus.nindorf@paulssen.de
Internet: www.tagungshaus-nindorf.de

Das rollstuhlgerechte Tagungshaus liegt im Erdgeschoss und ist auf der gesamten Grundfläche schwellenlos für Rollstuhlfahrer befahrbar.

Alle Türen mindestens 90 cm breit. Von 9 Bädern sind 5 ohne Einschränkung rollstuhlgerecht. In der Küche sind alle wichtigen Bereiche vom Rollstuhl aus erreichbar. Es stehen zusätzlich **2 Gruppenräume** (50 qm) und 1 Bewegungsraum mit **Bühne und Kamin** (120 qm) zur Verfügung. Auch alle **Spielgeräte** im Außenbereich sind über gepflasterte Wege anfahrbar.

Geeignet für Gruppen mit Rollstuhlfahrern und anderen Behinderten, insbesondere für **Behindertenfreizeiten, Kindergartenfreizeiten, Familienfreizeiten, Seminare,** Tagungen usw. 3 Zimmer mit 5 Betten, 2 Zimmer mit 4 Betten, 1 Dreibett- und 4 Zweibett-Zimmer. Mobiler Pflegedienst möglich. Es befindet sich immer nur eine Gruppe im Haus.

Preis pro Übernachtung/Person bei Selbstverpflegung 14,- €. Vollpension für Erwachsene und Jugendliche 37,- €; Kinder bis zum 12. Lebensjahr 30,- €. Hausprospekt und ausführliche Preisliste auf Anfrage. **Besonders empfehlenswertes Haus für Gruppen.**

Schleswig-Holstein, Nordsee, nordfriesische Halbinsel

Thormählenhof *** Meike Thormählen	25845 Nordstrand

Schleswig-Holstein, Nordsee, nordfriesische Halbinsel

Alter Koog Chaussee 6, Tel. (04843) 27901 oder 01578 - 6016366
E-Mail: Thormaehlenhof@t-online.de
Internet: www.thormaehlen-nordstrand.de und www.behinderten-hotels.de/Thormaehlen

Unser Bauernhof liegt auf einer Warft inmitten von Getreidefeldern. Wir bieten Ihnen 5 allergikergeeignete Fewos für 2 bis 4 Pers., Familien-Fewo bis 6 Pers. im OG. Alle haben separate Eingänge, möbl. Terrasse, Parkplatz vor der Tür, sind ausgestattet mit W-Lan, Sat-TV und CD-Radio uvm. Blumen- und Kräutergarten, Tischtennis, Spielplatz, Trampolin, Grill und Fahrradschuppen. Gemeinschaftsraum mit Spielecke, Kickertisch, Darts und Billard im OG. Kinderbett und Hochstuhl können gestellt werden

Die Wohnungen Norder- und Süderoog sind rollstuhlgerecht: 60 qm groß, Türen 98 cm breit, Fußboden- und Zentralheizung. Freiraum in Du/WC 200 x 300 cm, neben dem WC 150 cm, davor 250 cm. WC erhöht, Waschbecken unterfahrbar, Dusche befahrbar, Haltegriffe vorhanden. Bett 39 cm hoch, Erhöhung auf 55 cm möglich. Bei Bedarf kann ein **höhenverstellbares Pflegebett** gemietet werden (30,- €).

Im Umkreis von 2 km: Badestelle, Wattrollstühle, Hafen, Weltnaturerbe Wattenmeer, Einkaufen, Bäcker, Gastronomie, Kur und Wellness, Sauna, Arzt. Das Nordstrander Hallenbad verfügt über Fahrstuhl, Rolligerechte Umkleidekabine und Lifta f.d. Einstieg ins Becken. Nächstes Krankenhaus 20 km. Bushaltestelle am Hof.

Preise: 60,- € / Ü für 2 Personen, jede weitere Pers. + 5,- €, Wäschepaket und Endreinigung inkl. Vom 01.10.-30.05. Ab 7 Tage 15% Rabatt, bis 3 Tage +30,-€. Anreise ab 15:00 Uhr, Abreise bis 10:00 Uhr.

Wir freuen uns auf Sie, Ihre Familie Thormählen.

Schleswig-Holstein, Ostholstein, Lübecker Bucht, Ostsee

Hof Ulrich   **23626 Offendorf - Ratekau**

Schleswig-Holstein, Ostholstein, Lübecker Bucht, Ostsee

Seekamp 3, Hendrik Peter Ulrich, Tel. 0172 - 9952737
E-Mail: info@hofulrich.de, Internet: www.hofulrich.de
Hof Ulrich bietet **sechs Ferienwohnungen und -appartements für bis zu 6 Personen,** die in die ehemaligen Stallungen eingebaut wurden, sowie **ein gemütliches Blockhaus** für bis zu 5 Personen. Die Wohnungen und das Blockhaus sind im nordischen Kiefernstil eingerichtet und zum Teil behindertengerecht.

Angebot für Kinder: Auf dem Hof gibt es Katzen, Hunde, Hühner und zwei Ponys. Außerdem gibt es einen großen Spielplatz mit Schaukeln, Sandkiste, Kinderbagger und Kettcars.

Ausstattung: Zwei Ferienappartements mit Du/WC für bis zu 4 Personen sind **rollstuhlgerecht eingerichtet**. Zimmertüren und Badezimmertüren sind 100 cm breit. Der Freiraum im Bad/WC beträgt 200 x 200 cm. Abstand links neben WC 80 cm, rechts 100 cm, vor dem WC 200 cm. Dusche und Waschbecken sind unterfahrbar. Duschhocker und stabiler Haltegriff an der Dusche und dem WC sind vorhanden.

Lage: Im Naturschutzgebiet des Hemmelsdorfer Sees mit eigenem Bootsliegeplatz. Badeanstalt mit DLRG-Aufsicht und großer Kinderspielplatz im Dorf. Apotheke und andere Einkaufsmöglichkeiten 2 km; Tennisplatz und Tennishalle 4 km; Bahnhof, Thermalbad, Ostsee 8 km; Dialyse 10 km.

Preise: Die Preise sind inkl. Heizung, Strom, Wasser, Bettwäsche und einem morgendlichen Brötchenservice und liegen je nach Saison und Größe zwischen 60,00 € und 80,00 € die Nacht. Waschmaschinennutzung ist gegen Gebühr möglich.

Schleswig-Holstein, Ostsee, Halbinsel Schwansen

| **Horst-Mummert Haus** | **24398 Schönhagen / Ostsee** |

Schleswig-Holstein, Ostsee, Halbinsel Schwansen

Vermietung: Verein zur Förderung behinderter Menschen im Kreis SL-FL e.V.
Tel.: (04621) 997055, Fax: (04621) 997056
E-Mail: info@fed-sl.de, Internet www.fed-sl.de

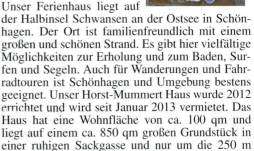

Unser Ferienhaus liegt auf der Halbinsel Schwansen an der Ostsee in Schönhagen. Der Ort ist familienfreundlich mit einem großen und schönen Strand. Es gibt hier vielfältige Möglichkeiten zur Erholung und zum Baden, Surfen und Segeln. Auch für Wanderungen und Fahrradtouren ist Schönhagen und Umgebung bestens geeignet. Unser Horst-Mummert Haus wurde 2012 errichtet und wird seit Januar 2013 vermietet. Das Haus hat eine Wohnfläche von ca. 100 qm und liegt auf einem ca. 850 qm großen Grundstück in einer ruhigen Sackgasse und nur um die 250 m vom Strand entfernt. **Die Strandpromenade kann auch von Rollstuhlfahrern befahren werden.** Am Strand befinden sich ein großer Parkplatz, ein großer Spielplatz und eine Behindertentoilette.

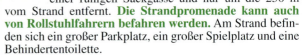

Das Haus ist ebenerdig und schwellenfrei und daher auch für Rollstuhlfahrer bestens geeignet. 3 Schlafräume sind vorhanden, 1 mit einem **elektr. Pflegebett und Personenlifter**, 1 mit Doppelbett und 1 mit Bett mit Ausziehteil. Insgesamt kann das Haus von 5 Personen bewohnt werden. Die Mitnahme von Haustieren ist auf Nachfrage möglich.

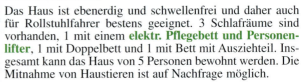

Im Badezimmer gibt es eine befahrbare Dusche (Fläche 150 x 150 cm). Haltegriffe sind in der Dusche und am WC angebracht. Das Badezimmer hat außerdem eine Fußbodenheizung. Die Wohnküche ist ca. 40 qm groß und komplett eingerichtet inklusive Geschirrspüler. Im Wohnzimmer steht ein Fernseher mit SAT-Anschluss zur Verfügung. Waschmaschine und Trockner befinden sich im Hauswirtschaftsraum. Auf dem Grundstück befindet sich auch ein Carport mit Abstellraum (z.B. für Fahrräder).

Preise: Während der Saison ist das Haus nur wochenweise (Sa - Sa) buchbar aber außerhalb der Saison auch tageweise. Der Wochenpreis beträgt 350,- € inkl. Strom, Gas und Wasser. Wer tageweise bucht zahlt 65,- € pro Übernachtung inkl. Strom, Gas und Wasser. Zu den vorgenannten Preisen kommt lediglich noch die von der Gemeinde erhobene ganzjährige Kurabgabe hinzu. Sonderpreise gelten für die Monate November bis einschließlich März. Bettbezüge und Handtücher sind mitzubringen.

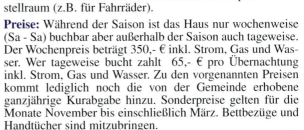

Weitere Informationen und Bilder sowie Buchungen unter **www.fed-sl.de**.

Schleswig-Holstein, Nordfriesland

Landurlaub auf dem Andresenhof *****	
Hans-Christian und Birgit Andresen GbR	**25917 Sprakebüll**

Schleswig-Holstein, Nordfriesland

Birgit & Hans-Christian Andresen GbR, Hauptstr. 32, Tel. (04662) 2258, Fax: (04662) 70128
E-Mail: andresenhof@versanet.de, Internet: www.andresenhof.de

Unser Hof mit den 4 Ferienhäusern liegt zwischen der Nord und Ostsee und der Grenze zu Dänemark. Auf dem Ferienhof sind die Ziegen, Hunde, Ponys und Katzen zu Hause; gern dürfen Sie auch ihren Hund mitbringen.

Unser Kühe und Kälber werden biologisch gehalten und das Fleisch im Hofladen unserer Tochter in Sprakebüll verkauft: **www.johannsens-hofladen.de**.

Auszeichnungen: Die Häuser sind mit 5 Sternen, dem Kinder-Plus-Zeichen, dem Gütezeichen der Landwirtschaftskammer, dem DLG-Zeichen und dem Rolli-Plus-Zeichen geprüft worden.

Ausstattung: Vier rollstuhlgerechte, im skandinavischen Stil gebaute und eingerichtete gemütliche Holzhäuser (90 und 110 qm) mit großer Wohnstube mit Kaminofen, Sat-TV, Radio und Telefon. Komplett eingerichtete Küche mit Geschirrspüler und großem Tisch zum Essen und Spielen. Du/ WC, Sauna, Waschmaschine, **Kleinkinderausstattung**.

Für Abwechslung auf dem Hof sorgen außerdem eine Tischtennisplatte, ein Grillplatz, ein Spielplatz mit Trampolin, Fußballkicker, sieben Kettcars, Fahrräder und vieles mehr.

Sehr gut geeignet für Gehbehinderte und Rollstuhlfahrer. Familien mit geistig Behinderten sind willkommen.

Alle Türen über 90 cm breit, Parkplatz, Eingang, Garten und Zimmer sind ohne Stufen, Sauna in Haus 2, 3 und 4 sind mit dem Rolli einfahrbar. Dusche befahrbar, verschiedene Duschhocker und Duschrollis vorhanden, Haltegriffe an Dusche/WC/Waschbecken, Kippspiegel, Waschbecken 80 cm hoch, WC 42 cm hoch. WC-Sitzerhöhung, **Pflegebettrahmen u. Pflegebett** können gratis gebucht werden. **Unterfahrbare Küche** in 2 Häusern.

Lage: Umgebung flach, Einkaufen, Arzt, Apotheke, Freibad, Erlebnisbad, Tennis, Golf 8 km, Dialysezentrum 20 km, zur **Nordsee**, zur **Ostsee** und nach Dänemark jeweils ca. 30 km. Der Ferienhof ist somit idealer **Ausgangspunkt für Tagestouren zu den Inseln und Halligen**, Flensburg und vieles mehr. Ein **Kletterpark** im Nachbarort ist auch für Rollstuhlfahrer geeignet. Infos unter **www.klettern-leck.de**. Weitere Informationen finden Sie auch unter **www.erlebnistouren-nordfriesland.de**.

Preis für ein Ferienhaus/Tag, in der Hauptsaison 100,- € (für 4 Pers.) bis 110,- € (für 6 Pers.), in der Nebensaison 90,- € (4 Pers.) bis 100,- € (6 Pers.) inkl. Bettwäsche und Handtücher. Ein Hund 30,- € pro Woche. Das Rauchen im Haus ist nicht gestattet.

Schleswig-Holstein, Nordsee, *Insel Sylt*

Ferienwohnung Annegret Kohn   25980 Sylt OT Tinnum

Schleswig-Holstein, Nordseeinsel

Am Grenzkrug 14
Tel. (04651) 23965, Fax: (04651) 9366122
E-Mail: kohn52@web.de
Internet: www.kohn-sylt.de

Zwei rollstuhlgeeignete Ferienwohnungen für bis zu 4 Personen. Parkplatz am Haus, Eingänge stufenlos.

Geeignet für Rollstuhlfahrer. Türbreite Zimmer und Du/WC 90 cm. Freiraum in Du/WC 160 x 350 cm; vor dem WC 120 cm. Dusche und Waschbecken unterfahrbar. Kippspiegel, festinstallierter Duschsitz und stabile Haltegriffe an Du/WC.

Lage: Das Haus liegt an der Grenze zu Alt-Westerland mit viel Natur. Der südlich gelegene Garten ist mit dem Rollstuhl befahrbar und bietet Sitzecken und Strandkörbe. Außerdem gibt es ein Gartenhaus zur gemeinsamen Nutzung mit den anderen Gästen und zum Grillen (stufenlos befahrbar). Der Strand ist in 20 Minuten (ca. 3 km) über rollstuhlgeeignete Wege erreichbar. Einkaufsmöglichkeit (Aldi) in 5 Minuten, Ortsmitte in 15 Gehminuten erreichbar.

Preis für die FeWo pro Tag ab 2019 für 2 Personen ab 65,- €, jede weitere Pers. zzgl. 10,- € pro Tag. Nichtraucherwohnung, keine Haustiere.

Schleswig-Holstein, Ostsee

Ferienzentrum und Seminarhaus „Theodor-Schwartz-Haus"

23570 Travemünde-Brodten

Schleswig-Holstein, Ostsee

Wedenberg 2-4, Tel. (04502) 8622-0, Fax: (04502) 86 22-19
E-Mail: tsh@awo-sh.de, Internet: www.theodor-schwartz-haus.de

Familienfreundliches Ferienzentrum mit behaglichen Zimmern und Apartments, einem parkähnlichen Gelände und viel Platz in gemütlichen Aufenthaltsräumen.

54 Zimmer und Apartments mit Du/WC, TV und Küchenzeile. Sauna, Hauskneipe, Fahrradverleih, Gartenmöbel, großes Parkgelände.

Für Kinder gibt es viel Platz zum Toben, einen schönen **Kinderspielplatz** und ein **Kinderspielhaus**. Ein idyllischer Lagerfeuerplatz, die hauseigene Sauna und ein Beachvolleyballfeld runden das Freizeitangebot ab. Auch Haustiere sind nach Absprache willkommen.

Gut geeignet für Rollstuhlfahrer und Gehbehinderte. Rezeption, Speisesaal, Strohdachhaus und Aufenthaltsräume sind stufenlos erreichbar. **16 rollstuhlgerechte Apartments**. Türbreite von Apartment und Du/WC 93 cm. Bewegungsfreiraum in Du/WC 160 x 160 cm. Freiraum links neben WC 140 cm, rechts 30cm, davor 120 cm. WC-Höhe 43cm. Dusche schwellenlos, Waschbecken unterfahrbar. Duschhocker und stabile Haltegriffe an Dusche und WC vorhanden.

Gastronomie: Wahlweise Frühstück, Halbpension oder Vollpension. Im Sommer nur Halbpension möglich. Alle Mahlzeiten in Buffetform.

Seminare und Familienfeier: Moderne Seminartechnik ist vorhanden. Bufetts nach Wunsch: vom Schmalzbrot bis zu einem exklusiven Bufett.

Lage: In idyllischer Umgebung nahe des Brodtener Steilufers der Ostsee, Landschaftsschutzgebiet, unweit der Badeorte Timmendorfer Strand und Niendorf. Zur Ortsmitte von Travemünde sind es 3 km.

Preise 2019: Pro Erwachsener/Tag inkl. Frühstücksbüfett von November bis März ab 36,- €, von April bis Oktober ab 43,- €.

Preise inklusive Halbpension in der Zeit von November bis März ab 45,- €, April bis Oktober ab 52,- €. Vollpension Nov. bis März ab 52,- €, April bis Okt. ab 59,- €.

Kinder 2 bis 6 Jahre mit Frühstück 16,- bis 19,- €; HP von 20,- bis 23,- €; VP von 24,- bis 27,- €. **Kinder 7 bis 11 Jahre** mit Frühstück von 19,50 bis 23,50 €; HP von 24,50 bis 28,50 €; VP von 29,50 bis 33,50 €. **Kinder 12 bis 15 Jahre** mit Frühstück von 25,- bis 30,- €; HP von 31,- bis 36,- €; VP von 37,- bis 42,- €.

Besondere Angebote auf Anfrage.

Schleswig-Holstein, Ostsee

Ferienhof Wisch 24217 Wisch / Ostsee

Schleswig-Holstein, Ostsee

Friederike v. Gellhorn, Wisch, Moor 7, Tel. (04344) 1246, Fax: (04344) 815-4313
E-Mail: info@ferienhof-wisch.de, Internet: www.ferienhof-wisch.de
Ferien an der Ostsee - Ferien auf dem Lande.

Im schönen Schleswig-Holstein zwischen Laboe und Schönberg (Probstei) finden Sie unseren ehemalige Bauernhof, der zu einem Ferien- und Seminarhaus umgestaltet wurde.

Gruppen verschiedener Größen mit Menschen mit Behinderung, Rollstuhlfahrer und Familien mit Kindern sind bei uns herzlich willkommen. Sie können in der ruhigen Alleinlage unseres weitläufigen Ferienhofes einen erholsamen Urlaub verbringen.

Behindertenvereine, Wohngruppen und Gruppen von Behindertenwerkstätten zählen zu unseren zufriedenen Stammgästen.

Verpflegung: Alle Unterkünfte verfügen über eine Küche. Auch Gruppen können sich so auf Wunsch im eigenem Ess- und Wohnraum selbst verpflegen. Wir bieten zudem insbesondere Gruppen Verpflegung in Form von Frühstück und warmer Mahlzeit an.

Freizeit / Ausflüge: Unseren ehemaligen Bauernhof beleben immer noch viele Tiere. Das große Highlight sind unsere Pferde, die auch für Reiten und Kutschfahrten geeignet sind. (Kutsche für Rollstuhlfahrer ist vorhanden). Gäste können täglich unsere Esel, Schafe, Kaninchen, Puten, Gänse und Enten füttern und auf Wunsch auch pflegen. Zudem sind eine Sauna, Dreirad und Tischtennisplatte vorhanden. Lagerfeuer und Grillen auf dem Hof sind möglich. Ein neunsitziger Bus steht nach Absprache zur Verfügung.

Strand nur 2 km vom Hof entfernt: Der kilometerlange und kurtaxefreie Strand in Heidkate ist ein herrlicher Sandstrand mit einem weiten, ebenen Hinterland und liegt nur 2 km vom Hof entfernt. Das Wasser wird nur langsam tief, sodass man bequem planschen und toben kann.

Auf dem Deich kann man wunderbar spazieren, radeln und Drachen steigen lassen.

Preise auf Anfrage. Für Gruppen besonders günstige Angebote.

Für große Gruppen mit Menschen mit Behinderung besonders gut geeignet.

Schleswig-Holstein, Nordsee, Nordfriesland

Ferienhof Kerstin-T. Jürgensen **** nach DTV
- Ferienhof für Menschen mit Handicap -
25842 West-Bargum / Nordsee

Schleswig-Holstein, Nordsee, Nordfriesland

Dörpstraat 3, Tel. (04672) 776630, Fax: (04672) 776631
Internet: www.behindertenferien-nordsee.de
E-Mail: kerstin.tj@t-online.de

Der Ferienhof für Menschen mit Handicap wurde nach neuesten Erkenntnissen des barrierefreien Wohnens geplant und 2000/2001 umgebaut.

Der Bauernhof unter Reetdach verfügt über 40 Betten, zumeist in Doppelzimmern verteilt, mit geräumigen, behindertengerechten Bädern.

Geeignet für Gehbehinderte (Gruppen bis 40 Personen), **Rollstuhlfahrer (Gruppen bis 40 Personen)** und Familien/ Gruppen mit Schwerstbehinderten und geistig Behinderten (bis 40 Personen).

Kleine und große Gruppen mit Handicap sind von März bis November herzlich willkommen.

21 Zimmer (max. 40 Betten; Einzel-, Doppel- und Dreibettzimmer) sind rollstuhlgerecht. Türbreite 100 cm, Bettenhöhe 50 cm. **Höhenverstellbare Betten und Pflegebetten vorhanden, Bettgitter bei Bedarf.**

Freiraum in Du/WC 150 x 200 cm. Freiraum links neben WC 100 cm, rechts 100 cm, davor 200 cm. WC-Höhe 48 cm. Dusche schwellenlos, Waschbecken unterfahrbar. **Duschhocker, Duschrollstühle, Duschliegen, Lifter** und stabile Haltegriffe an Dusche und WC vorhanden.

Neu: 1 rollstuhlgerechtes App. für Selbstversorger mit kleiner Küche für maximal 4 Personen und ein großes Appartement für maximal 7 Personen.

Freizeitangebote für Jung und Alt: Streichelzoo (Ziegen, Schafe, Esel, Katzen, Hühner, Pony), Kutschfahrten, Tischtennis, Fahrräder, Dreiräder, Kettcars, Tretroller, 2 Rollfiets, Billard, Kicker, Grillmöglichkeiten, Spielplatz, Riesenschaukel außen, Hängematte, Snuzzle-Ecke, TV-Räume und Kino-Raum im Stall.

Lage: Zur Nordsee 15 bis 20 km; zur Ortsmitte mit Einkaufsmöglichkeiten, Arzt, Apotheke und Bahnhof 2 km, Freibad, Hallenbad und Krankenhaus 15 km; Wege befestigt und ebenerdig, ohne Barrieren. Dänemark 30 km.

Preis pro Person/Übernachtung inkl. Frühstücksbüfett 34,- €.
Für Familien und Gruppen besonders gut geeignet.

Thüringen

Hotel Zur guten Quelle *** superior	99595 Brotterode-Trusetal
	Thüringen, Rennsteig am Inselberg

Schmalkalder Str. 27, Tel. (036840) 340, Fax: (036840) 34111
E-Mail: hotel.quelle@t-online.de, Internet: www.hotel-quelle.de

Familiengeführtes Hotel mit großer Wellnesslandschaft, einer attraktive Saunaanlage mit Solarium und Therapieangeboten, ein Fitnessbereich sowie eine Bundeskegelbahn. Anfahrt mit PKW oder Bus bis direkt vor den Hoteleingang. Das Hotel liegt zentral, aber ruhig im bekannten Erholungsort Brotterode im Thüringer Wald. Zwischen Großem Inselsberg und Trusetaler Wasserfall, nur wenige Wanderkilometer vom schönen Rennsteig entfernt, bietet das familiengeführtes Ferienaktivhotel ideale Voraussetzungen für einen erholsamen Wander- oder Winterurlaub.

Die großen und variablen Veranstaltungsräume bieten optimale Bedingungen für Tagungen, Seminare, Betriebs- und Familienfeiern bis 160 Personen. Im Außenbereich steht Ihnen die größte vom Guinness-Buch der Rekorde bestätigte Dreifelder-Großschach-Terrasse und der Quellepark zur Verfügung.

Parkplatz, Eingang, Rezeption, Frühstücksraum, Restaurant, Kegelbahn, Wellness- und Fitnessbereich sind stufenlos erreichbar. Breite Eingangstür, die automatisch öffnet, ohne Stufen. Die Zimmer sind mit dem Aufzug (Türbreite 90 cm) barrierefrei erreichbar. Innenmaße vom Aufzug: Tiefe 100 cm, Breite 130 cm.

Sie wohnen in bequemen und ruhigen Zimmern oder Suiten mit Dusche oder Bad, WC, Fön, Kabel-TV und Telefon (teilweise Balkon). In unserem Haus stehen insgesamt 80 Betten zur Verfügung. 1 Zimmer ist rollstuhlgerecht.

Geeignet für Rollstuhlfahrer: ein Zimmer mit Du/WC. Türbreite des Zimmers und von Du/WC 95 cm. Bewegungsfreiraum in Du/WC 130 c 130 cm. Freiraum links neben WC 50 cm, rechts 60 cm, davor 100 cm. WC-Aufsatz und Haltegriff rechts neben WC vorhanden. Duschbereich schwellenlos befahrbar. Fest montierter Duschsitz und stabile Haltegriffe an der Duschwand vorhanden. Waschbecken unterfahrbar, Kippspiegel über dem Waschbecken.

Entfernungen: Apotheke 400 m; Arzt, Freibad/Hallenbad 500 m; Bahnhof und Krankenhaus 20 km.

Freizeit: Von Brotterode aus lassen sich viele interessante Ausflugsziele in kurzer Zeit erreichen. Vorbildlich markierte Wanderwege mit gemütlichen Ausflugsgaststätten laden ganzjährig ein. Zur sportlichen Betätigung steht Ihnen ein Fitnessbereich mit modernen Trainingsgeräten in hellen, luftigen Räumen zur Verfügung. Tischtennis kann bei jedem Wetter in unserem Tischtennisraum gespielt werden. In unserer Kegelbahn vereinen sich sportliche Betätigung und geselliges Beisammensein zu erholsamen Stunden, auch für Vereine. Aber auch der "Hirnmuskel" kann trainiert werden. Im Außenbereich steht Ihnen unsere Drei-Felder-Großschachanlage zur Verfügung.

Zimmerpreise: EZ ab 55,- €, DZ ab 90,- € pro Nacht. Außerdem werden attraktive Wochen- und Wochenendepauschalen angeboten, siehe www.hotel-quelle.de.

Thüringen, Nationalpark Hainich

Schlosshotel Am Hainich ***   99820 Hörselberg-Hainich OT Behringen

Thüringen, Nationalpark Hainich

Hauptstraße 98, Tel. (036254) 85090, Fax: (036254) 850949
E-Mail: info@schlosshotel-am-hainich.de
Internet: www.schlosshotel-am-hainich.de

Urlaub in liebevoller Atmosphäre unter dem Motto „Urlaub für alle".

Das Schlosshotel am Hainich befindet sich in der Gemeinde Hörselberg-Hainich, zentral im Ortsteil Behringen, am Rande des Nationalparks Hainich. Von hier aus bestehen ideale Bedingungen zu Fuß, per Rad oder mit der Pferdekutsche den Hainich zu erkunden.

Der **Nationalpark Hainich**, seit 2011 **UNESO Naturwelterbe**, verzaubert durch seine faszinierende, unberührte Landschaft mit selten Pflanzen- und Tierwelt. Hier lautet die Devise: „Natur – Natur sein lassen".

Das bekannteste Ausflugsziel ist der **Baumkronenpfad**, der in dieser Form wohl einzigartig in Deutschland ist, denn es gibt einen behindertengerechten Fahrstuhl, der auch mobilitätsbehinderte Gäste auf den Pfad bringt. Er

Thüringen, Nationalpark Hainich

führt in 24 m Höhe rund 500 Meter weit durch die Wipfel der Bäume. Hier finden sich zahlreiche Erläuterungen zur Natur.

Aber auch andere Ausflugsziele in die nähere und weitere Umgebung Thüringens, wie beispielsweise Eisenach, Bad Langensalza, Gotha und Erfurt, ermöglichen eine abwechslungsreiche Gestaltung für den Aufenthalt.

Das Schlosshotel am Hainich wurde 2005 liebevoll und sachkundig durch die Gemeinde Hörselberg-Hainich, zu einem barrierefreien Hotel restauriert. Seither bietet das Schlosshotel Menschen mit oder ohne Handicap die Möglichkeit unbeschwert Urlaub und Freizeit zu genießen.

Das barrierefreie Hotel bietet 25 Hotelzimmer, welche davon 18 als barrierefreie Zimmer eingerichtet sind. Einzel- und Doppelzimmer sowie Appartements sind komfortabel ausgestattet und können nach den individuellen Wünschen der Gäste und Reisegruppen ausgestattet werden. Aufbettungen sind jederzeit möglich und Parkplätze stehen ausreichend zur Verfügung.

Das Schlosshotel verfügt über **Konferenzräume bis 50 Personen** und moderne Tagungstechnik. Aktuellen Tagungspauschalen finden Sie auf www.schlosshotel-am-hainich.de. Gerne organisieren die Mitarbeiter individuelle Rahmenprogramme nach Absprache.

Zimmerpreise für das Jahr 2019: Einzelzimmer 60,- € pro Nacht, Doppelzimmer 86,- € pro Nacht, Appartement 89,- € pro Nacht, Aufbettung 25,- € pro Person/Nacht. Halbpension 18,- € pro Tag, Vollpension 26,- € pro Tag, Haustier 7,50 € pro Nacht.

Besonderer Service: Pflegebetten und weitere Hilfsmittel, Pauschalangebote, Organisation und Durchführung von Tagungen.

Das Hausprospekt und Infomaterial erhalten Sie gerne unter 036254 85090 oder per E-Mail an info@schlosshotel-am-hainich.de.

Thüringen, Thüringer Wald, Rennsteig

AWO SANO Thüringen gGmbH
Ferienzentrum Oberhof   98559 Oberhof

Thüringen, Thüringer Wald, Rennsteig

Zellaer Str, 48, Tel. (036842) 281-0, Fax: (036842) 281-55
E-Mail: info@ferienzentrum-oberhof.de
Internet: www.ferienzentrum-oberhof.de

Freuen Sie sich auf einen aktiven und erholsamen Urlaub im Thüringer Wald zu jeder Jahreszeit, auch als Skiurlaub mit Kindern oder als Wanderurlaub für groß und klein.

Das Ferienzentrum Oberhof ist eine gemeinnützige Einrichtung und wendet sich besonders an Kinder, Jugendliche und Familien. Gemeinnützig bedeutet, dass die familienfreundlichen Preise keine Mehrwertsteuer enthalten und wir so besonders Familien mit mittleren oder kleinen Einkommen unterstützen können.

Je nach dem, in welchem Bundesland Sie wohnen, kann es einen öffentlichen Zuschuss zu Ihrer Urlaubskasse geben. Voraussetzungen/Beispiele: Sie haben das 75. Lebensjahr vollendet; Sie haben einen ärztliche Bestätigung für die besondere Erholungsbedürftigkeit;   Sie sind schwerbehindert. Wir informieren Sie gern detailliert darüber. Anhand von vier Kriterien können wir feststellen, ob wir Ihnen die Mehrwertsteuer erlassen können.

Das Ferienzentrum ist auch für Menschen mit Behinderung geeignet. Parkplatz, Eingang Türbreite 192 cm), Rezeption, Frühstücksraum und Restaurant sind stufenlos erreichbar. Alle Zimmer sind mit dem Aufzug (Aufzugstüre 90 cm breit, Tiefe 140 cm, Breite 110 cm) ohne Barrieren zu erreichen.

Geeignet für Rollstuhlfahrer sind 8 Zimmer, für Gehbehinderte 20 Zimmer (mit dem Aufzug stufenlos erreichbar). Türbreite der rollstuhlgeeigneten Zimmer 81cm, von Du/WC 81 cm. Bettenhöhe 50 cm, elektrisch höhenverstellbare Betten vorhanden. Bewegungsfreiraum in Du/WC 200 x 200 cm. Freiraum links neben dem WC 60 cm, rechts 35 cm, davor 200 cm. Haltegriff links und rechts neben dem WC sowie Toilettenaufsatz vorhanden.

Dusche schwellenlos befahrbar, festmontierter Duschsitz, stabiler Duschstuhl und Haltegriffe an der Duschwand vorhanden. Waschbecken unterfahrbar. **Rollstuhlgerechte Sauna** im Haus.

Thüringen, Thüringer Wald, Rennsteig

Lage: Oberhof liegt in einer Mittelgebirgslandschaft auf einem Hochplateau. Die Umgebung ist leicht hügelig, die Wege sind asphaltiert. Das Ferienzentrum Oberhof liegt direkt am Rennsteig, bis zum Ortskern sind es nur 10 Minuten zu Fuß – Waldmobile stehen kostenlos zur Verfügung.

Ausflugsziele, Aktivitäten: Tobiashammer in Ohrdruf, Meininger Theater, Märchenhöhle Walldorf, Waffenmuseum Suhl, Naturkundemuseum Gotha, Exotarium Oberhof, Hochseilgarten Oberhof, Wintersportausstellung Oberhof.

Angebote für Familien und Sportbegeisterte: Große Wiese, Spiel- und Kleinsportplatz, Rodelhang und Skilifte in der Nähe des Ferienzentrums, Biathlonstadion, Bob- und Rennschlittenbahn, Sprungschanzen, Skilanglaufhalle, Alpinhang. Umfangreiches Wander-, Loipen- und Mountainbikestreckennetz. Wellness- und Gesundheitsangebote, H2 Oberhof Wellnessbad, Rennsteiggarten, Sagway-Touren.

Buchbar sind Einzel-, Doppel-, Mehrbett- und Familienzimmer sowie Familienappartements. Insgesamt 70 moderne Zimmer (davon 8 rollstuhlgerecht) für Einzelreisende, Familie, Jugendgruppen, Klassen und Vereine als Einzel-, Doppel- und Vierbettzimmer mit Dusche/WC und TV. Familienzimmer mit separaten Schlafräumen. Sport- und Fitnessraum, Kinderspielzimmer, Sauna- und Gesundheitsbereich, Gymnastikraum. Halb- und Vollpension buchbar. Nichtraucherhaus kostenloses WLAN, Fahrradraum und Fahrradverleih, Pkw- und Busparkplätze.

Preise pro Person/Nacht vom 03.03. bis 22.12.2019 (in Klammern der nicht begünstigte Preis): **Erwachsene** inkl. Frühstück 36,- € (41,- €), inkl. Habpension 47,- € (54,- €), inkl. Vollpension 54,- € (62,- €). **Kind 9-15 Jahre** inkl. Frühstück 25,- € (28,- €), inkl. Habpension 33,- € (37,- €), inkl. Vollpension 39,- € (44,- €). **Kind 3-8 Jahre** inkl. Frühstück 17,- € (19,- €), inkl. Habpension 23,- € (26,- €), inkl. Vollpension 28,- € (32,- €). Kind 0-2 Jahre frei. Parkplatz pro Tag 1,50 € (2,- €). Einzelzimmerzuschlag/Nacht 8,- € (10,- €).

Preise pro Person/Nacht vom 23.12.2018 bis 03.03.2019 (in Klammern der nicht begünstigte Preis): **Erwachsene** inkl. Frühstück 40,- € (46,- €), inkl. Habpension 51,- € (59,- €), inkl. Vollpension 58,- € (67,- €). **Kind 9-15 Jahre** inkl. Frühstück 27,- € (31,- €), inkl. Habpension 35,- € (40,- €), inkl. Vollpension 41,- € (47,- €). **Kind 3-8 Jahre** inkl. Frühstück 20,- € (23,- €), inkl. Habpension 26,- € (30,- €), inkl. Vollpension 31,- € (36,- €). Kind 0-2 Jahre frei. Parkplatz pro Tag 3,- € (4,- €). Einzelzimmerzuschlag 11- € (14,- €).

Urlaub und Pflege - Angebot im Ferienzentrum Oberhof für Angehörige und Demenzerkrankte: Im Ferienzentrum Oberhof haben pflegende Angehörige die Möglichkeit, einen gemeinsamen Urlaub mit ihren an Demenz erkrankten Partnern zu verbringen, ohne 24 Stunden am Tag die volle Verantwortung zu tragen. Ein anerkannter Pflegedienst übernimmt die Betreuung der Erkrankten in einer Gruppe von maximal 10 Personen. Das eröffnet dem Pflegenden, Zeit für sich zu haben, den Thüringer Wald und das Freizeitangebot zu genießen. Die Gruppe der Demenzkranken (Pflegegrade 1, 2 und 3) wird täglich umfassend betreut, nachts besteht eine Rufbereitschaft.

Preisbeispiele für Urlaub & Pflege: 7 Übernachtungen mit Vollpension inkl. Ausflüge und Freizeitaktivitäten, Unterstützung bei der Reiseplanung, Reiserücktritts- und Reiseabbruchversicherung ab 546,- € / Person. **9 Übernachtungen** mit Vollpension ab 693,- € / Person. Der Pflegedienst rechnet im Rahmen der Verhinderungspflege für die 7 Tage 952,- € bzw. 9 Tage 1.165,- € mit der Pflegekasse ab.

Thüringen, Eichsfeld

Bildungs- und Ferienstätte Eichsfeld	37318 Uder

Thüringen, Eichsfeld

Eichenweg 2, Tel. (036083) 42311. Fax: (036083) 42312
E-Mail: info@bfs-eichsfeld.de
Internet: www.bfs-eichsfeld.de, **Facebook:** www.facebook.com/BFSEichsfeld

Wir laden Sie herzlich ein, nach Uder zu kommen, um das Eichsfeld und unser Haus kennenzulernen. Wir sind überzeugt, dass Sie sich bei uns sehr wohlfühlen werden.

Offen für Alle: Herzlich Willkommen sind Familien, Gruppen, Alleinreisende mit körperlich oder geistig behinderten Menschen.

Insgesamt 96 Betten in 53 Zwei- und Einbettzimmern, darunter 20 rollstuhlgeeignete Zweibettzimmer und 8 rollstuhlgeeignete Einbettzimmer. Unsere Angebote garantieren fröhliche Ferien zu wirklich fairen Preisen.

Mehr als Übernachtung und Verpflegung: Ob **Familienurlaub, Gruppenfreizeit oder Tagung** - bei der Organisation und Pogrammgestaltung sind wir auf Wunsch gerne behilflich. Gruppenräume verschiedener Größe und Ausstattung bieten optimale Voraussetzungen für Ihr Programmvorhaben.

In einem großzügigen Außengelände verteilen sich **13 komfortabel eingerichtete**

Thüringen, Eichsfeld

Wohnhäuser mit jeweils 3 bis 5 Zimmern und einem Aufenthaltsraum. Diese kleinen Wohnbereiche ermöglichen Begegnung aber auch Rückzug. 42 Zimmer sind mit eigener DU/WC ausgestattet. Türbreiten der rollstuhlgeeigneten Zimmer und von Du/WC 86 bis 95 cm, Freiraum in Du/WC 120 x 160 cm, Dusche befahrbar und Waschbecken unterfahrbar, Duschsitze vorhanden, Bettenhöhe 55 cm. **Pflegedienst auf Anfrage**. **Abholservice** vom Bahnhof (nach vorheriger Absprache).

Freizeit: Mit rollstuhltauglicher Kegelbahn und Sauna, Außenschach, Billard, Kicker, Darts, **Beachvolleyballfeld, Grill- und Lagerfeuerplatz**, verschiedenen Spiel- und Sitzgelegenheiten im Freien sowie einem wunderschön und liebevoll eingerichteten **Kindergarten** bieten wir Groß und Klein ideale Voraussetzungen für erholsame und erlebnisreiche Tage. Genießen Sie bei Voll- oder Halbpension in angenehmer Atmosphäre Spezialitäten der Eichsfelder Küche, traditionelle Rezepte und saisonale Gerichte.

Drumherum: Mitten in Deutschland gelegen ist das Eichsfeld ein sehens- und erlebenswerter Landstrich. Umgeben von Wiesen und Wald befinden sich unser Haus in ruhiger Ortsrandlage: Zur Ortsmitte und Einkaufen 300 m; Arzt/Apotheke 200 m; Freibad 400 m; Bahnhof 1,5 km; Eichsfeldtherme, Krankenhaus, Dialyse 5 km.

Preise pro Person/Tag: VP ab 48,50 €, HP ab 43,00 €. Ausführliche Preislisten unter **www.bfs-eichsfeld.de**. Weitere Informationen, **Gruppenangebote**, Urlaubsangebote sowie Ausschreibungen für Kursveranstaltungen auf Anfrage.

AG Leichter Reisen - Barrierefreie Urlaubsziele in Deutschland

Arbeitsgemeinschaft „Leichter Reisen - Barrierefreie Urlaubsziele in Deutschland" - Urlaub für Alle in zehn deutschen Regionen -

c/o Erfurt Tourismus und Marketing GmbH
Benediktsplatz 1, D-99084 Erfurt
Tel: (0361) 66 40 202, Fax: (0361) 66 40 199

E-Mail: assistentin@erfurt-tourismus.de
Internet: www.barrierefreie-reiseziele.de

Grenzenlose Reiseerlebnisse bieten die Mitglieder der Arbeitsgemeinschaft "Leichter Reisen - Barrierefreie Reiseziele in Deutschland". Alle Mitgliedsregionen der Arbeitsgemeinschaft bekennen sich deutlich zum Barrierefreien Tourismus für Alle und haben entsprechende Angebote entwickelt. Ob in der Stadt, in den Bergen oder an der See - jede der Urlaubsregionen hat ein unverwechselbares Profil. Natur, Kultur, aktive Erholung oder einfach nur Entspannung - vielfältige Eindrücke sind für die Gäste garantiert. Reiseangebote für Besucher mit Mobilitätseinschränkungen, Hörbehinderungen oder gehörlose Besucher, Gäste mit Sehbehinderungen und blinde Gäste sowie für Menschen mit Lernbehinderungen sind buchbar.

Vielfältige barrierefreie Unterkünfte, Serviceeinrichtungen und Möglichkeiten der aktiven Erholung stehen in diesen Regionen zur Verfügung. Auch für die jüngsten Besucher und die ganze Familie finden Sie dort passende Angebote. Noch vorhandene Barrieren werden in den Regionen aktiv abgebaut. Ziel der Arbeitsgemeinschaft ist es, dass sich alle Gäste in den Mitgliedsregionen wohlfühlen und einen Aufenthalt entsprechend ihrer Wünsche und Bedürfnisse realisieren können.

Folgende reizvolle Regionen laden zu einem Besuch ein:

Die Eifel bietet ein Plus an Urlaubsgefühl, Selbstständigkeit und Lebensqualität für Menschen mit und ohne Handicap. Das Mittelgebirge zwischen Aachen, Köln, Koblenz und Trier besticht durch bizarre Felslandschaften, windungsreiche Flusstäler, tiefe Schluchten, weite Hochflächen, Wald- und Moorlandschaften, Streuobstwiesen, Weinanbaugebiete, einer Vielzahl an vulkanischen Zeitzeugen und dem ersten Nationalpark in Nordrhein-Westfalen. Bereichert wird die natürliche wie kulturelle Vielfalt durch die von Herzen kommende Gastlichkeit NatKo-geprüfter **barrierefreier Nationalpark-Gastgeber**. Barrierefreie Nationalpark-Tore informieren zu Themen rund um den Nationalpark Eifel und eignen sich als Ausgangspunkte für Ausflüge in die Natur.

Urfttalsperre. Foto: © Eifel Tourismus GmbH, Dominik Ketz.

AG Leichter Reisen - Barrierefreie Urlaubsziele in Deutschland

Auf der Erfurter Krämerbrücke.
Foto: © ETMG/Barbara Neumann.

Erfurt: Die Stadt Erfurt mit ihrer romantischen mittelalterlichen Altstadt wird geprägt durch das bekannte Ensemble von Dom St. Marien und St. Severikirche. Am Schnittpunkt alter Handelsstraßen wuchs Erfurt im Mittelalter zu einer mächtigen Handels- und Universitätsstadt heran. Vom einstigen Reichtum der Stadt zeugen noch heute die vielen sorgfältig restaurierten Renaissance- und Fachwerkhäuser, die mit zahlreichen Kirchen und Klöstern sowie dem Domberg und der **Krämerbrücke** einen der am besten erhaltenen mittelalterlichen Stadtkerne Deutschlands bilden. Vielfältige barrierefreie Angebote, wie z.B. barrierefreie Stadtführungen oder Stadtrundfahrten durch die historische Altstadt, Unterkünfte entsprechend Ihren individuellen Wünschen oder die zahlreichen barrierefreien Sehenswürdigkeiten stehen zur Verfügung.

Fränkische Gastlichkeit.
Foto: © TV Fränkisches Seenland/Andreas Hub.

Das Fränkische Seenland bietet mit den idyllischen Binnenseen Altmühlsee, Großer und Kleiner Brombachsee, Igelsbachsee und Rothsee ein vielfältiges Angebot für Urlaub, Freizeit und Erholung. Großzügige Rad- und Wanderwege rund um die Seen mit teils nur geringen Anstiegen sowie sonnige Badestrände laden zum Entspannen ein. Ein besonderes Highlight ist eine Seenrundfahrt mit der **„MS-Brombachsee", die als barrierefreier Trimaran** vom Frühjahr bis zum Herbst über das Wasser kreuzt. Die Vogelinsel im Altmühlsee sowie die integrative Umweltstation am Rothsee bieten die Möglichkeit, Natur hautnah zu entdecken. Viele Freizeit- und Dienstleistungsangebote im Fränkischen Seenland können von Menschen mit Mobilitätseinschränkungen genutzt werden. Entdecken Sie die reichhaltige Kultur verbunden mit fränkischer Gastfreundschaft.

Barrierefreier Stadthafen am Senftenberger See.
Foto: © Tourismusverband Lausitzer Seenland, Nada Quenzel.

Lausitzer Seenland: Zwischen Dresden und Berlin entsteht momentan die größte von Menschenhand geschaffene Wasserlandschaft Europas mit mehr als zwanzig neuen Seen. Dazu werden frühere Braunkohle-Tagebaue geflutet. In wenigen Jahren werden zehn Seen durch schiffbare Kanäle miteinander verbunden sein. Bereits jetzt sind die imposanten Landschaften Ziel von Erlebnistouren und Thema mehrerer Radwege. Auf mehreren barrierefreien Rund-

AG Leichter Reisen - Barrierefreie Urlaubsziele in Deutschland

touren können sich nicht nur Radler und Handbiker wohlfühlen. Zu den einzelnen Rundkursen gibt es Informationen zur Wegebeschaffenheit, barrierefreien Einkehr- und Übernachtungsmöglichkeiten an der Strecke und Tipps zu Sehenswertem am Weg. **Blinde und sehbehinderte Radler** können gemeinsam mit ihrem Piloten bei Tandemtouren kräftig in die Pedalen treten. Gäste mit Handicap, die nicht nur an Land, sondern auch auf dem Wasser aktiv sein möchten, fühlen sich am Senftenberger See bestens aufgehoben. Schroffe Mondlandschaften, die noch nicht ganz dem Wasser gewichen sind, können Urlauber auf geführten Touren entdecken.

Magdeburger Dom / Westportal.
Foto: © Magdeburg Marketing, Andreas Lander.

Magdeburg ist Ottostadt. Ein Blick über die Elbe auf den über 800-jährigen, gotischen Dom zeigt noch heute: Magdeburg war für Kaiser Otto den Großen Herzensangelegenheit. Er begründete den ersten Dom, erhob Magdeburg zum Erzbistum. Aber auch Otto von Guericke, der zweite große Otto der Magdeburger Geschichte, hat seine Zeit geprägt. Im Otto-von-Guericke-Zentrum an der Elbe kommen Sie ihm ganz nahe. Mit zahlreichen Sehenswürdigkeiten, wie **Hundertwassers „Grüner Zitadelle von Magdeburg"**, einer über 1.200-jährigen wechselvollen Geschichte, einem umfangreichen Kulturprogramm, Einkaufswelten und Wellness ist eine der ältesten Städte Deutschlands zu jeder Jahreszeit eine Reise wert und barrierefrei zu erleben.

Strandrollstuhl auf Langeoog. © Ostfriesland Tourismus GmbH / Fotograf: Hans-Dieter Budde.

Ostfriesland: Von den Ostfriesischen Inseln bis ins Binnenland erstreckt sich eine Landschaft, die abwechslungsreicher nicht sein könnte. Sandstrände, das Meer und verträumte Kutterhäfen locken auf die Inseln und an die Küste. Hinterm Deich laden historische Windmühlen, Schlösser und Burgen, Moorlandschaften und romantische Parks zum Entdecken ein.

Viele Anbieter auf der gesamten Ostfriesischen Halbinsel haben für ihre Gäste barrierefreie Angebote entwickelt. Erkunden Sie die **Nordseeinsel Langeoog** mit einem **barrierefreien Kutschtaxi**, dem **Rollfiets** oder **Strand- und Wasserrollstühlen**. Im Kurort **Bad Zwischenahn** lohnt sich ein Besuch des Park der Gärten mit Führungen und Erlebnissen für alle Sinne. Und **barrierefreie Wattexkursionen mit Wattmobilen** werden im **Wangerland** geboten.

LEICHTER REISEN
BARRIEREFREIE URLAUBSZIELE IN DEUTSCHLAND

Urlaub für Alle
in zehn deutschen Regionen

EIFEL · ERFURT
FRÄNKISCHES SEENLAND
LAUSITZER SEENLAND
MAGDEBURG · OSTFRIESLAND
HANSESTADT ROSTOCK
RUPPINER SEENLAND
SÄCHSISCHE SCHWEIZ
SÜDLICHE WEINSTRASSE

Wir engagieren uns rund um Ihren Aufenthalt, damit Sie unsere Regionen genießen können. Nutzen Sie unsere barrierefreien Angebote.

▶ **barrierefreie-reiseziele.de**

Fotos: Archiv der Mitglieder der AG Barrierefreie Reiseziele in Deutschland, Nada Quenzel/Tourismusverband Lausitzer Seenland e. V.

AG Leichter Reisen - Barrierefreie Urlaubsziele in Deutschland

Steg am Landhaus Seebeck am Vielitzsee. Foto: © Studio Prokopy.

Ruppiner Seenland: Im Norden Berlins erwartet Sie das Ruppiner Seenland, mit seinen vielseitigen Barrierefreien Reisemöglichkeiten in einer einzigartigen Natur- und Kulturlandschaft. In dieser brandenburgischen Reiseregion finden alle Besucher auf sie zugeschnittene Freizeitaktivitäten, Gastronomieangebote und Unterkünfte (wie zum Beispiel im komplett barrierefreien Seehotel Rheinsberg).

Der Natur ganz nah kommt man, hier im blauen Norden Brandenburgs, auf den über 170 Seen und mehr als 2.000 Km Wasserwegen, entweder mit dem Kanu oder dem **barrierefreien Ausflugsschiff "MS Remus" der Reederei Halbeck**. Bei einem Ausflug im Naturpark-Stechlin-Ruppiner Land kann man ebenfalls entweder im Naturparkhaus in Menz, mit seinem Sinnesgarten, oder bei der Wanderung „Von Moor zu Moor" den Naturraum des Ruppiner Seenlandes barrierefrei und mit allen Sinnen erfahren.

Die Brandenburg-Preußische Vergangenheit und Kultur dagegen, lassen sich beim Besuch der Schlösser und Parks in Oranienburg und Rheinsberg oder bei Stadtführungen wie zum Beispiel in Neuruppin entdecken - der „preußischsten aller Städte" und Heimat von Fontane und Schinkel.
Das Ruppiner Seenland - das Urlaubsparadies für Alle - heißt Sie herzlich willkommen!

Sächsische Schweiz: Der Landschaft der Sächsischen Schweiz wohnt ein Zauber inne. Wer sich ihm einmal hingegeben hat, wird seine Sehnsucht nie mehr los. Herrliche Felsformationen erstrecken sich gen Himmel. Lang gestreckte Tafelberge, markante

AG Leichter Reisen - Barrierefreie Urlaubsziele in Deutschland

Sächsische Schweiz, Elbdampfer im Kurort Rathen, © Achim Meurer.

Vulkankegel und wildromantische Schluchten machen die Sächsische Schweiz zum Naturparadies, von dem große Teile als Nationalpark geschützt sind. Um diese traumhafte Landschaft zu erkunden, gibt es unzählige **Touren für Rollstühle und Handbikes**, von „ganz bequem" bis „anspruchsvoll". Auch die Burgen, Schlösser und Gärten der Region, als Zeugen sächsischer Geschichte, sind zum Großteil barrierefrei zu entdecken. Und nicht zuletzt ist eine Fahrt auf der Elbe mit einem der historischen Raddampfer ein Muss für jeden Urlauber.

Hansestadt Rostock: Eine 800 Jahre alte Hansestadt, ein florierendes Seebad, und uriger Küstenwald: mit ihrer einzigartigen Lage an der Ostsee vereint die Hansestadt Rostock modernes Großstadtleben, maritime Traditionen und eine grüne Umgebung.

Promenade mit dem Leuchtturm Warnemünde. Foto: © Th.Ulrich/TMV.

AG Leichter Reisen - Barrierefreie Urlaubsziele in Deutschland

Backsteinkirchen und bunte Kaufmannshäuser bestimmen das Bild des Stadtzentrums. Geprägt durch das Leben am Wasser präsentiert sich Rostock an jeder Ecke maritim und typisch hanseatisch.

Für einen erlebnisreichen Urlaub an der Ostsee in Rostock bieten sich vielfältige Möglichkeiten. Historische Sehenswürdigkeiten, wie die Marienkirche mit ihrer Astronomischen Uhr, der Aussichtsturm der Petrikirche sowie viele Museen, Kulturstätten und Shoppingangebote sind barrierefrei zugänglich.

Naturerlebnis wartet in der Rostocker Heide, die auch für Handbiking-Touren geeignet ist, und im Seebad Warnemünde befindet sich einer der modernsten barrierefreien Strandaufgänge Mecklenburg-Vorpommerns.

Südliche Weinstraße: Mitten in Deutschland fühlt sich das Leben wie im Süden an: Hier scheint die Sonne nicht nur öfter als anderswo, zwischen Pfälzerwald und Rheinebene wachsen neben Wein auch Feigen, Kiwis, Esskastanien oder Mandelbäume. Malerische Winzerdörfer mit verwinkelten Gassen wechseln sich ab mit sonnigen Weinbergen und den von imposanten Burgen gekrönten Hügeln des Haardtrandes. Der Frühling beginnt hier früher, der Herbst dauert länger – und die Menschen wissen es, zu genießen.

Rollstuhlfahrerin auf der Terrasse von Schloss Villa Ludwigshöhe. Bildquelle: Jacksenn.com; Bildarchiv Südliche Weinstraße e.V.

Die Südliche Weinstraße ist ein Ort, an dem Alle einen komfortablen Urlaub verbringen können. Entdecken Sie ein wahrhaft königliches Lebensgefühl auf Schloss Villa Ludwigshöhe in Edenkoben, das barrierefrei zugänglich ist. Entspannen Sie sich bei einem Bad in der Südpfalz Therme in Bad Bergzabern oder gehen Sie auf Safari und erleben Sie mit Ihrer Familie einen Tag im Zoo in Landau.

Informationen / Kontakt:
Arbeitsgemeinschaft "Leichter Reisen - Barrierefreie Urlaubsziele in Deutschland"
c/o Erfurt Tourismus und Marketing GmbH, Benediktsplatz 1
D-99084 Erfurt, Tel.: (0361) 66 40 202, Fax: (0361) 66 40 199
E-Mail: assistentin@erfurt-tourismus.de, Internet: **www.barrierefreie-reiseziele.de**

ns im Ausland
Kapitel II

Hotels und Unterkünfte im Ausland

Belgien

Hotel MIDDELPUNT 8430 Middelkerke

Belgien, Belgische Küste

Westendelaan 37, Tel. +32 (0) 59 30 70 70
E-Mail: info@middelpunt.be, Internet: www.middelpunt.be/de

Den Charakter eines Hotels kombiniert Middelpunt mit den Annehmlichkeiten einer bestens ausgestatteten **Pflegeeinrichtung**. Als Gast mit einer Einschränkung und/oder einem (hohen) Betreuungsbedarf können Sie hier einen entspannten und angenehmen **Aufenthalt am Meer** in dem schönen Badeort Middelkerke genießen.

Familien oder **Gruppen** bzw. Menschen mit und ohne Behinderung finden hier in **32 rollstuhl- und behindertengerecht ausgestatteten Zimmern** ideale Voraussetzungen für einen unbeschwerten Urlaub an der Küste Belgiens. Alle sind hier herzlich willkommen. **Alle Einrichtungen des Hauses sind barrierefrei erreichbar.** Der Aufzug hat eine Türbreite von 110 cm (Innenmaße: Tiefe 230 cm, Breite 120 cm). Die Zimmertüren sind 110 bis

150 cm, die Badezimmerzimmertüren bis zu 170 cm breit. Alle Betten sind elektrisch höhenverstellbar (59 bis 97 cm). Alle Badezimmer bieten genügend Bewegungsfreiraum für den Rollstuhl (ca. 120 x 170 cm), Freiraum links und rechts neben dem WC 160 cm, WC-Höhe 50 cm. Die Duschbereiche sind rollstuhlgerecht und es sind alle erdenklichen Hilfsmittel (Haltegriffe, Notruf, Duschstühle, Toilettenstühle usw.) vorhanden bzw. können zur Verfügung gestellt werden.

Zur Auswahl stehen **Doppelzimmer und Familienzimmer** für bis 4 bis 8 Personen sowie **Pflegezimmer** mit automatischer Tür und Hebelift. Jedes Zimmer ist mit **2 höhenverstellbaren Pflegebetten**, einem Notrufsystem und einem Kühlschrank ausgestattet und verfügt über ein entsprechend ausgestattetes Badezimmer mit schwellenloser Dusche und unterfahrbarem Waschbecken. Die Zimmer sind mit einem Fernseher, einem Safe, kostenlosem Internetzugang und einem eigenen Balkon ausgestattet (Familienzimmer haben ein gemeinsames Badezimmer und einen Balkon pro 2 Schlafzimmer). In jedem Stockwerk gibt es ein Badezimmer oder eine Infrarotkabine.

Urlaub und Pflege: In Middelpunt können Sie einen sorglosen Urlaub genießen. Für jedes Betreuungsanliegen sucht das Team nach einer geeignete Lösung. Um eine entsprechende Betreuung zu gewährleisten, arbeitet Middelpunt mit Wit-Gele Kruis West-Vlaanderen (**Hauspflegedienst**) zusammen. Außerdem können **Physiotherapeuten** für die Fortsetzung der Behandlungen (auf ärztliche Verordnung) bestellt werden. Mit dem Wit-Gele Kruis als Pflegepartner ist die benötigte Betreuung gewährleistet. Anhand des Pflege-Datenblatts (wird vorher geschickt) wird die Art der Betreuung festgelegt. Auch bei Notfällen in der Nacht ist das Personal einsatzbereit. Um die geeignete Pflege gut einplanen zu können, sollte das Pflege-Datenblatt rechtzeitig (mindestens 4 Wochen vor dem Aufenthalt) zugeschickt werden.

Belgien

Folgende **Hilfsmittel** sind vorhanden (den Bedarf bitte rechtzeitig vor Ankunft anmelden): Badezimmer mit kippbarer Badewanne (an der Rezeption zu reservieren. Relaxsessel (an der Rezeption zu reservieren). Duschsitze, Duschstühle, Duschrollstühle mit Sitzkantelung, Duschrollstühle mit großen Rädern, Toilettenstühle, Dusch-Tragbare, Transfer-, Duschsowie Toilettenhebetücher usw. Um sich zu entspannen, können Sie unsere behindertengerechte **Infrarot Wellness** nutzen. Diese kann auch an der Rezeption gebucht werden.

Das Restaurant bietet Frühstücksbuffet von 8.00 bis 9.30 Uhr, Mittagessen von 12.00 bis 13.30 Uhr (oder Picknick), dreigängiges Dinner von 18.00 bis 19.30 Uhr inklusive Wasser auf dem Tisch, exklusiv alkoholische Getränke und Softdrinks. Das Küchenteam berücksichtigt gerne Ihre Wünsche und verwendet diätetische Lebensmittel, auch glutenfreie Mahlzeiten und Essen für Menschen mit Schluckbeschwerden.

Bar und Restaurant verfügen zudem über eine Außenterrasse mit einem Bocciaplatz für sonnige Tage, eine Lounge und eine Lese-Ecke.

Seminare: Middelpunt verfügt über zwei Konferenzräume mit Tageslicht und kostenlosem WLAN. Zur Verfügung stehen Flipchart, Beamer und Lautsprecheranlage.

Freizeit/Ausflüge: Zwei Rollstuhlfahrräder (eines davon mit elektrischem Zusatzantrieb) sowie normale Fahrräder können gemietet werden, damit Sie die schöne Natur im Hinterland entdecken können. Bei Bedarf werden Rollstühle kostenlos zur Verfügung gestellt.

Lust auf einen Ausflug am Strand? Die Stadt Middelkerke verfügt in der Nähe vom Casino über **Strandrollstühle**. Wir helfen Ihnen gerne bei der Reservierung. In etwa 350 Meter Entfernung gibt es eine **Bowlingbahn**, die auch für Rollstuhlfahrer ausgestattet ist. Außerdem können **Planwagenfahrten** (Rampe für Rollstuhlfahrer) für Familien und Gruppen organisiert werden.

Lage: In der Nähe vom Seedeich (Strand 600 m). Zur Ortsmitte mit Einkaufsmöglichkeiten und Apotheke 400 m, Krankenhaus 10 km, Arzt kommt bei Bedarf ins Haus. Golfplatz 8 km, Freibad 10 km.

Preise pro Person/Nacht im Doppelzimmer mit Frühstück ab 54,- €, im Einzelzimmer mit Frühstück ab 79,- €. Aufpreis für Halbpension pro Person/Tag 20,- €, für Vollpension 35,- €. Babys (0 bis 3 J.) kostenlos, Kinder (4 bis 11 J.) ab 27,- € pro Person/Nacht, Babybett 10,- € pro Nacht. Extra Bett 20,- € pro Nacht. Fast alle Hilfsmittel sind kostenlos, sollten aber bei Bedarf rechtzeitig bei der Anmeldung bzw. vor der Anreise angemeldet werden.

Für Gruppen werden auf Anfrage gerne spezielle Angebote ausgearbeitet. Bitte wenden Sie sich mit Ihrer **Anfrage an info@middelpunt.be zu Händen Frau Carla Clicteur**. Sie können auch telefonisch Kontakt aufnehmen unter +32 (0) 59 307070.

Italien, Südtirol

Hotel Masatsch - come together   I-39052 Kaltern / Südtirol

Italien, Südtirol

Oberplanitzing 30
Tel. (0039) 0471 - 669522
E-Mail: info@masatsch.it
Internet: www.masatsch.it

Hotel Masatsch
come together

living conference education restaurant

Hotel Masatsch

Das Hotel - anders wohnen: Das Hotel - anders wohnen: Das Hotel Masatsch liegt im sonnigen Oberplanitzing bei **Kaltern in Südtirol**. Inmitten von Weinbergen und südlicher Vegetation erwartet Sie ein Hotel mit einem besonderen Flair: Erleben Sie eine Unbefangenheit, die Sie vielleicht noch nie erlebt haben und die Ihnen das angenehme Gefühl vermittelt, als Gast willkommen und auch als Mensch mit besonderen Bedürfnissen erwünscht zu sein.

Gästezimmer

Ihr Zimmer nach Wunsch: Das Hotel Masatsch verfügt über 34 großzügige und komfortabel eingerichtete Hotelzimmer mit oder ohne Balkon, sowie Suiten im Pavillon mit einem 2. Schlafzimmer im Obergeschoss und französischem Balkon. Alle Zimmer sind Nichtraucherzimmer.

Die barrierefreien Badezimmer verfügen wahlweise über befahrbare Duschen oder eine Badewanne. Bei Bedarf steht ein Personenlifter zur Verfügung.

Gästezimmer

Nehmen Sie Platz: Zahlreiche Gaumenfreuden erwarten Sie. Vom reichhaltigen Frühstücksbuffet über die abwechslungsreichen Menüs bis hin zu hausgemachten Torten.

Als Alternative zur Halbpension bietet Ihnen unser a la carte Café & Restaurant Masatsch leichte, regionale und mediterrane Gerichte, die wir Ihnen auf der Sonnenterrasse, im malerischen Innenhof oder im gemütlichen Gewölbekeller servieren; gern auch **glutenfrei**.

Zeit für Körper und Geist: Das Hotel Masatsch hat viel für Ihr Wohlbefinden und Ihre Freizeit zu bieten. Genießen Sie die wohl verdiente Ruhe oder schöpfen Sie Energie beim Wandern, Radfahren oder beim Schwimmen im hauseigenen Pool (32°C).

Badezimmer mit Lifter

BESONDERES: Massagen und Klangtherapie sowie Kinderspielzimmer.

Zimmerausblick

Schwimmbad mit Lifter

Lage: Nur wenige Kilometer von der Landeshauptstadt Bozen entfernt, ist das Hotel sehr leicht über die Brennerautobahn (A22), Autobahnausfahrt Bozen-Süd, weiter über die Schnellstraße Mebo in Richtung Meran, Ausfahrt Eppan, sowie über die bekannte Südtiroler Weinstraße bis kurz vor Kaltern erreichbar. Hier folgt man wenige Kilometer der Mendelpassstraße, um dann nach links in Richtung Oberplanitzing bei Kaltern abzubiegen.

Frühstück

Ausflüge: Obwohl am Ortsrand gelegen, kommt man mühelos zu verschiedenen Ausflugszielen in der Umgebung, wie etwa an den bekannten Kalterer See oder an die traumhaft gelegenen Montiggler Seen, die im Sommer zum Baden einladen. Durch diese malerische Obstbaugegend führen auch viele einfach zu bewältigende Spazier- und Fahrradwege. Der Wanderführer „**Kaltern barrierefrei**" bietet 15 barrierefreie Wanderungen an.

Restaurant

Preise: Nebensaison (01.01.-19.07.2019 und 28.09.-31.12.2019) Übernachtung mit Frühstück pro Person im DZ ab 58,00 €, mit Halbpension ab 75,00 €, mit Vollpension ab 88,00 €.

Stube

Hauptsaison (20.07.-27.09.2019) Übernachtung mit Frühstück pro Person im DZ ab 64,00 €, mit Halbpension ab 81,00 €, mit Vollpension ab 94,00 €. Zuzüglich Ortstaxe 1,20 € pro Person und Nächtigung, ausgenommen Kinder bis 14 Jahre.

Inklusive WINEpass – Mobil-Museumscard
Unsere Gäste fahren KOSTENLOS Bus und Bahn in ganz Südtirol und erhalten Spezialpreise bei Weinverkostungen und Museumsbesuchen, und vieles mehr.

Fragen Sie nach unseren Sonderangeboten!

Sonnenterrasse

Mitarbeiter

Italien, Pflerschtal / Südtirol

Hotel Alpin

I-39041 Gossensass / Pflerschtal / Südtirol

Italien, Südtirol, Pflerschtal bei Sterzing

Ladurns 84, Tel. 0039 0472 770101, Fax: 0039 0472 770027
Ansprechpartner: Albert Außerhofer
E-Mail: info@hotelalpin.it, Internet: www.hotelalpin.it

Neues Familienhotel im Pflerschtal, vom Norden kommend das erste Seitental hinter dem Brenner, das als Geheimtipp für alle Naturliebhaber gilt (bis Sterzing 10 km). Ruhig gelegen in einem kleinen Tal und doch zentral für Ausflüge zu den Dolomiten, nach Meran, zum Kalterer See, nach Bozen (eigener Pkw empfehlenswert), zum Gardasee und vieles mehr. Das Pflerschtal gilt als eines der ursprünglichsten Täler Südtirols.

Das Hotel ist besonders für Familien und Rollstuhlfahrer geeignet.

Alle 30 Zimmer sind zugänglich, **10 Zimmer haben befahrbare Dusche.**
Alle Zimmer mit Dusche oder Badewanne, WC, Bidet, Sat-TV, Telefon, Balkon zur Südseite.

Infos für Rollstuhlfahrer:
- Türbreite Zimmertür 84 cm
- Türbreite Badezimmer 82 cm (geht nach außen auf)
- Duschtasse 100 x 100 cm mit Fliesen bodenbündig
- Freiraum links oder rechts von Toilette 80 cm
- Fertige Betthöhe mit Matratze 55 cm
- Elektrische Betten, elektrischer Lifter auf Anfrage
- Aufzug 140 cm tief - 110 cm breit - Türbreite 90 cm
- Türe zum Balkon 100 cm breit mit 3 cm Schwelle
- Finnische Sauna + Dampfsauna mit 80 cm breiter Tür
- Schwimmbad 30°C mit erhöhten, Einstiegsrand zum Umsetzen 45 cm hoch; elektrischer Hebelifter
- Rollstuhlgerechte Dusche im Schwimmbad

Preis für Halbpension pro Person / Tag je nach Zimmerkategorie und Saison 65,00 bis 90,00 €.

Inklusivleistungen: Frühstücksbuffet, Abendessen mit 4-Gang-Menü, Salatbuffet, kostenlose Benutzung von Hallenschwimmbad 6 x 11 m, 30°C, Kinderbecken, finnischer Sauna, Dampfsauna, Erlebnisduschen, Ruheraum, Kinderspielraum, eigener Raucherraum.
Besonders großzügige Kinderermäßigung.
Spezielle Gruppenangebote im Frühling und im Herbst.

Italien, Brixen / Südtirol

Hotel Jonathan *** superior | I-39040 Natz

Italien, Brixen, Südtirol

Fürstnergasse 21
Tel. (0039) 0472 - 415 066
Fax: (0039) 0472 - 415 014

E-Mail: info@hotel-jonathan.com, Internet: hotel-jonathan.com

Barrierefreier Urlaub in Natz-Schabs in Südtirol
Hotel Jonathan, das sympathische und barrierefreie Hotel in Natz bei Brixen-Südtirol

Die Fachjury von independent L bewertet die Struktur des Hotel Jonathan in Südtirol als "sehr gut zugänglich". Diese dem Haus verliehene höchstmögliche Bewertung wird nur Häusern zuteil, die praktisch normgerecht sind und problemlos nutzbar sind, da sie hinsichtlich des gesamten Basisangebots (Aufenthalt/Verpflegung) und zum Großteil auch hinsichtlich der Zusatzangebote allen vom Fachteam geprüften Anforderungen entsprechen.

Das Hotel Jonathan der Familie Überbacher ist ein **schönes 3-Sterne-Hotel** mit 34 Zimmern. Einige Zimmer wurden **speziell für Menschen mit besonderen Bedürfnissen barrierefrei ausgelegt.**

Das Hotel liegt idyllisch, ruhig und umsäumt von Obstgärten im malerischen Dorf Natz in Südtirol, oberhalb der Kurstadt Brixen. Bereits der Parkplatz ist barrierefrei gestaltet und ein Autostellplatz wird für Sie am Hauseingang reserviert.

In die Eingangshalle gelangt man ohne Hindernisse. Hier befinden sich auch das Restaurant, die Bar und die sonnige Panoramaterrasse. Der Zugang zum Fahrstuhl erfolgt bequem über eine zugängliche Rampe. Mit dem Aufzug kann man sämtliche Räumlichkeiten des Hotels barrierefrei erreichen.

Die Zimmer sind sehr großzügig und die Bäder lassen sich vollständig benutzen. Das Hotel bietet Halbpension, gerne auch spezielle Diätgerichte auf Anfrage sowie vegetarische Speisen. Freibad, Hallenbad und Sauna sind mit Hilfestellung zugänglich.

Der große Pluspunkt im Jonathan: Im Halbpensionspreis bereits enthalten sind kostenlose Eintrittstickets in barrierefreie Museen, täglich freier Eintritt in das Erlebnisbad Acquarena, Fahrten mit geeigneten Bergbahnen sowie unbeschränkte Fahrten mit allen öffentlichen Bussen und mit den Regionalzügen in ganz Südtirol.

Ein barrierefreier Urlaub in Südtirol – das Hotel Jonathan macht es möglich!

Zimmerpreis pro Nacht im Doppelzimmer inklusive Frühstück je nach Saison ab 70,- €.
Mehr Infos und zur Buchung auf unserer Hompage: **www.hotel-jonathan.com**.

Italien, Mittelmeer, San Felice

Centro Ferie Salvatore	I-04017 San Felice Circeo (LT)
	Italien, Provinz Latina, Region Latium

Via Alessandro Manzoni, 20; Tel (0039) 0773 - 54 42 54, Fax (0039) 0773 – 07 00 50
Mobil: (0039) 335-844 50 32

Büro in Deutschland: Reisebüro S. Avagliano
Janssenstr. 20, D-45147 Essen, Tel. (0201) 70 68 95, Fax: (0201) 73 50 68

E-Mail: germany@centroferiesalvatore.com oder: info@centroferiesalvatore.com
Internet: www.centroferiesalvatore.com

Familie Avagliano bietet seit fast 40 Jahren Urlaub für behinderte Menschen in San Felice Circeo an (zwischen Rom und Neapel gelegen). Das "Centro Ferie Salvatore" zählt zu den bekanntesten Urlaubsadressen unter Rollstuhlfahrern und behinderten Menschen in Deutschland. Viele deutsche Rollifahrer zählen zu den Stammgästen, einige verbringen schon seit Jahrzehnten regelmäßig ihren Urlaub bei Familie Avagliano.

Das Centro Ferie Salvatore besteht aus einem Haupthaus und mehreren kleinen Gebäuden mit insgesamt ca. 45 Einzel-, Doppel- und Mehrbett-Zimmern. Alle Zimmer haben ebene Dusche, Haltegriffe neben dem WC und das WC auf Rollstuhlhöhe. Auf Wunsch können weitere **Hilfsmittel** wie Bettgalgen, Strickleiter oder zusätzliche Haltevorrichtungen zur Verfügung gestellt werden. Die Betten sind der Höhe eines Rollstuhls angepasst. Die Zimmer sind einfach aber zweckmäßig ausgestattet. Radio oder TV sind auf den Zimmern nicht vorhanden. Ein Fernsehgerät gibt es im Gemeinschaftsraum, ansonsten finden gesellige Abende in der Topsy-Bar statt, ein angenehm gestaltetes Ambiente, welches auch als Restaurant dient.

Gruppenreisen: Das Ferienzentrum verfügt über ein optimales Angebot und eine optimale Organisation auch speziell für Gruppenreisen. Von Übernachtungen bis hin zu mehrwöchigen Aufenthalten wird Ihnen bei den Vorbereitungen und auch während des Aufenthaltes mit Hilfe zur Seite gestanden. Je nach Gruppengröße und Termin werden

Italien, Mittelmeer, San Felice

Sonderpreise angeboten. Es gibt immer etwas Interessantes für Sie zu tun: der Besuch einer typischen Büffelzucht, ein Tag in der Küche mit dem Koch, ein Tag im Garten mit dem Gärtner sowie diverse Sprachkurse (deutsch/italienisch). Es wird dabei auf Ihre persönlichen Interessen und Bedürfnisse eingegangen.

Ein Privatstrand, der zum Centro Ferie Salvatore gehört, liegt ca. 30 Minuten Fußweg (2,7 km) vom Ferienzentrum entfernt. Mehrmals am Tag werden während der Badesaison kostenlos Transferfahrten mit dem hauseigenen, rollstuhlgerechten Kleinbus vom Ferienzentrum zum Strand durchgeführt. **Am Strand sind alle Liegen auf Rollstuhlhöhe stabilisiert** und haben eine kleine Plattform, die ein müheloses und selbständiges Umsetzen ermöglicht.

Alle Schirme, die Duschen, der Kiosk und die Toiletten sind durch befahrbare Wege verbunden und natürlich rollstuhlgerecht. **Um ins Meer zu kommen** stehen Bademeister mit **Spezialrollstühlen** zur Verfügung. So ist es auch für Rollis möglich, einen sorgenfreien Tag am Strand zu verbringen.

Das Ferienzentrum ist fast das ganze Jahr über geöffnet. **Die Badesaison beginnt etwa Mitte Mai** und endet Mitte Oktober. Viele Gäste kommen aus Deutschland. Behinderte, die nicht alleine zurechtkommen, müssen eine eigene Begleitperson mitbringen.

Mit rollstuhlgerechten Kleinbussen werden Ausflüge, z.B. nach Ponza, Pompeji, Capri oder Rom (auch mit Papstbesuch) angeboten. Rollstuhlfahrer können auch die "Blaue Grotte" auf Capri besichtigen.

Preisbeispiele 2019: pro Tag und Person kostet die Unterbringung im Doppelzimmer inkl. Halbpension mit reichhaltigem Frühstück sowie Lunchpaket und Abendessen je nach Saison zwischen 52,- und 73,- €. EZ-Zuschlag 30 % bis 60 %, Kinderermäßigung wird je nach Alter gewährt.

Anreise: Wer mit dem eigenen Pkw anreist, erhält auf Anfrage Vorschläge für die Route sowie Tipps für rollstuhlgeeignete Hotels für eine Zwischenübernachtung. Reisende können auf Wunsch vom Bahnhof Rom oder vom Flughafen abgeholt werden. (Preis für den Transfer auf Anfrage).

Kenia, Diani Beach

Villa Kusini   Diani Beach

Kenia (Afrika), Diani Beach

Buchung der Villa bei: Steffen Köbler, Bahnhofstraße 9, D-69439 Zwingenberg
Tel. (06263) 1439, Handy: 0171-3533844
E-Mail: traumurlaub-kenia@t-online.de
Internet: www.traumurlaub-kenia.de
https://www.facebook.com/villa.kusini.kenia

Erleben Sie einen traumhaften Urlaub in Kenia in der Villa Kusini und auf einer unvergesslichen Safari durch die Nationalparks!

Familie Köbler besitzt dieses Ferienhaus in Kenia schon über 12 Jahre und hat dies schon mehrere hundertmal Rollstuhlfahrer vermietet. Das Haus wurde rollstuhlfreundlich umgebaut, weil der Bruder von Herrn Köbler über 27 Jahre im Rollstuhl saß. Viele andere Rollstuhlfahrer haben in diesem Haus inzwischen ihre Ferien verbracht sowie wunderschöne mehrtägige Safaris unternommen.

Alle notwendigen Dinge, wie zwei Duschrollstühle, Duschhocker, Sauggriff, Softsitz für die Toilette usw., sind kostenfrei im Haus vorhanden.

Rollstuhlgeeignete Safaris in Kenia / Tansania und Tagesausflüge an der Küste werden mit einem sehr zuverlässigen, deutschsprachigen Safaripartner vor Ort unter Berücksichtigung der persönlichen Bedürfnisse geplant und durchgeführt. Über 15 Jahre zufriedene Safarikunden sprechen für sich. Selbst wenn eine Betreuungsperson vor Ort notwendig ist, kann diese auch vor Ort vermittelt werden.

Der Transfer vom Flughafen Mombasa zur Villa Kusini ist organisiert. Die deutsche Hausverwalterin Anne lebt schon seit mehr als 20 Jahre am Diani Beach und steht den Gästen während des gesamten Aufenthalts als Ansprechpartner zur Verfügung.

Die 160 qm große Villa liegt nur ca. 550 Meter vom Traumstrand Diani Beach des Indischen Ozeans entfernt. Das 1.600 qm große und tropisch bewachsene Grundstück mit hauseigenem Pool liegt in einer exklusiven Anlage mit insgesamt zehn Villen. Der Pool ist ca. 11 x 6 m groß und wird täglich gereinigt. Im Erdgeschoss befinden sich zwei Schlafzimmer, ein Badezimmer und eine Küche. Im Obergeschoss (offene Galerie ist für Rollstuhlfahrer nicht zugänglich) besteht die Möglichkeit zur Nutzung eines weiteren Doppelbetts (z.B. für Begleiter). Bei angenehmen Abendtemperaturen ist das Wohnzimmer die große, einladende Terrasse mit den vielen Sitzgelegenheiten und

Kenia, Diani Beach

traumhaften Blick auf den Pool und den wunderschönen großen tropischen Garten. Hier nimmt man auch seine Mahlzeiten ein.

Das hohe Makuti-Dach sorgt zusammen mit groß dimensionierten Giebelöffnungen für ein angenehmes Raumklima ohne Klimaanlage. Zusätzliche Abkühlung ist in allen Schlafräumen durch Deckenventilatoren gewährleistet.

Alle Betten sind mit Moskitonetzen ausgestattet, und im eingebauten Kleiderschrank eines Schlafzimmers befindet sich ein Safe für ihre persönlichen Wertsachen.

Das Haus ist mit landestypischen Möbeln eingerichtet, und man muss auf den gewohnten europäischen Komfort nicht verzichten. In der Küche sind sämtliche nötigen Elektrogeräte (Herd, Toaster, Kühlschrank mit getrenntem Gefrierfach, Kaffeemaschine, Mixer usw.) vorhanden. Die Lebensmittel sind in Kenia sehr preiswert, und es gibt alles was das Herz begehrt. Es steht den Gästen eine **Köchin** zur Verfügung, die auch noch das Haus putzt. Ein **Gärtner** reinigt täglich den Pool und hält den Garten in Ordnung (im Preis inklusive!). W-LAN Box vorhanden.

Des Weiteren befindet sich auf dem Grundstück ein Nebengebäude mit Abstellräumen, Dusche und Toilette für die Angestellten.

Nach nur wenigen Minuten Fußweg erreichen Sie den fast menschenleeren, feinsandigen **Palmenstrand**. Sauberes Wasser und das vorgelagerte Riff garantieren Ihnen ein traumhaftes Badevergnügen. Für die Gäste im Rollstuhl gibt es einen Zugang zum Diani Beach an einem Hotel in der Nähe (Transfer mit dem Kleinbus kann organisiert werden). Dort steht auch ein **Strandmobil** zur Verfügung und man kann auf einer Liegewiese untern Palmen den Tag so richtig genießen.

Preise: Die Villa kostet bei Belegung mit vier Personen je nach Saison 770,- bis 870,- € pro Woche (max. Belegung 6 Personen). Im Preis enthalten ist die Unterkunft, Personal (Köchin, Putzfrau, Gärtner, Poolreinigung), Bettwäsche- und Handtuchwechsel, Strom, Wasser, Endreinigung. Zuverlässiger, freundlicher Transfer vom und zum Flughafen in Mombasa (bis 3 Personen). Deutschsprachige Hausverwaltung. Weitere Informationen erteilt Ihnen gerne Herr Köbler unter den obigen Kontaktdaten.

Niederlande, Nordseeinsel Ameland

Gruppenhotel Suudwester ****	NL-9161 AH Hollum / Ameland

Kerkpad 4, Tel. (0031) 519 554 632
Fax: (0031) 519 554 222
E-Mail: info@suudwester.nl
Internet: www.suudwester.nl

Niederlande, westfriesische Insel, Nordsee

Der „Suudwester" ist eine vollständig für Senioren und behinderte Menschen angepasste Unterkunft für Gruppen mit 7 bis 27 Personen.

Zusammen mit Haus Piggelmee und/oder Haus Ilsebil sind Gruppe bis 27 Personen möglich. Der Aufenthaltsraum hat eine gemütliche Sitzecke, einen Wintergarten, eine kleine Bar, TV, Stereoanlage, DVD Spieler mit eingebautem Heimkino und verstellbarer Beleuchtung. Der Wintergarten bietet einen phantastischen Blick auf die Dünen.

Die Ausstattung für behinderte Feriengäste umfasst unter anderem einen Patientenaufzug (Plattformlift), Badewanne mit Badelift und Hydromassage, Alarmrufsystem und verschiedenen Pflegebetten. Speziale Hilfsmittel sind auf Anfrage auch möglich.

Parkplatz, Eingang, Rezeption, Frühstücksraum, Restaurant und die Zimmer im EG sind stufenlos erreichbar. Türbreite vom Plateaulift 90 cm (Innenmaße: Tiefe 110 cm, Breite 90 cm).

Geeignet für Rollstuhlfahrer sind 8 Zimmer mit Bad/WC (nicht jedes Zimmer hat ein eigenes Bad/WC). Türbreite der Zimmer und von Bad/WC 90 cm. Bettenhöhe 53 cm (**elektrisch höhenverstellbare Betten vorhanden**). Bewegungsfreiraum in Bad/WC 150 x 150 cm. Freiraum links und rechts neben WC mindestens 50 cm. WC-Höhe 49 cm (Toilettenaufsatz bei Bedarf), Haltegriffe links und rechts vorhanden. Badewanne mit Wannenlifter, stabiler Wandduschsitz oder Duschhocker, höhenverstellbare Duschliege sowie stabile Haltegriffe im Duschbereich vorhanden. Waschbecken unterfahrbar, verstellbarer Kippspiegel und Notruf vorhanden. Bei Bedarf kann ein **externer Pflegedienst** bestellt werden.

Umfangreicher Ferienservice: Der Aufenthalt beim "Suudwester" beinhaltet Selbstversorgung oder Halbpension mit Hotelservice. Das bedeutet, dass auch für Handtücher, Bettwäsche und Reinigung gesorgt wird. Der Kaffee und Tee ist im Preis inbegriffen. Die herrlichen Mahlzeiten sind abwechslungsreich und werden mit viel Sorgfalt zubereitet. Auch Diätwünsche werden berücksichtigt.

Aktivitäten: Falls gewünscht, werden Bootsfahrten, Kutschfahrten, Grillabende und andere Aktivitäten organisiert (auch für Rollstuhlfahrer geeignet), die ihren Urlaub zu einem besonderen Erlebnis werden lassen. Die Umgebung ist rollstuhlfreundlich. Es gibt nur wenig Verkehr und Sie können auch **mit dem Rollstuhl zum Strand.** Der Strand ist ungefähr 800 Meter entfernt.

Lage: Der Suudwester liegt auf der Insel Ameland am Rande des Dorfes Hollum. Sowohl im Dorf als auch am etwa 800 Meter entfernten Strand können die Gäste mit dem Rollstuhl gut zurechtkommen. Am Strand stehen außerdem spezielle **Strandrollstühle** kostenlos zur Verfügung. Weitere Freizeitangebote: Kutschfahrten, Schiffsauflüge zu den Seehunden, Fahrt mit dem Strandexpress.

Entfernungen: zur Dorfmitte mit Einkaufsmöglichkeiten 800 m; zum Strand ebenfalls 800 m; Arzt, Apotheke und Freibad 4 km; Hallenbad 10 km; Krankenhaus auf dem Festland.

Mietpreis pro Nacht 375,00 € (Belegung bis max. 16 Personen - der Preis richtet sich nach Ihren Wünschen und der Personenzahl.)

Halbpension: Mietpreis + 22,50 € pro Person/Nacht. **Vollpension:** Mietpreis + € 30,25 € pro Person/Nacht. Bettwäsche und Handtücher sind inklusive. Kurtaxe 1,65 € pro Person/Nacht, Kaution 230,00 €, Endreinigung 100,00 €.

Niederlande, Overijssel

Ferienpark „Imminkhoeve" ***** NL-8148 PB Lemele

Niederlande, Provinz Overijssel

Lemelerweg 41, Tel. (0031) (0) 572 331284
E-Mail: reserveringen@imminkhoeve.nl, Internet: www.imminkhoeve.nl

Zwischen Flussbett und Hügelrücken erstreckt sich eine Region, in der die Vergangenheit noch lebendig ist.

Mitten in dieser so einmaligen Gegend befindet sich der **5 Sterne Ferienpark für behinderte Gäste „Imminkhoeve"**, mit Unterkünften am Fuß des Lemelerbergs, nur wenige Gehminuten entfernt vom Zentrum des gemütlichen Ortes Ommen.

In dieser Gegend bietet „Imminkhoeve" Ihnen mehr als nur eine gut ausgestattete Urlaubsunterkunft ohne Stufen. Urlaub auf dem Imminkhoeve bedeutet eine aktive Freizeitgestaltung und angenehme Entspannung. Die Gäste können zu ermäßigten Preisen einen unbeschwerten Urlaub genießen.

Der Ferienpark besteht aus sechs separaten Häusern mit eigenem Garten und eigener Terrasse, ist komplett für Selbstversorger eingerichtet und speziell den Bedürfnissen von **Gruppen mit Senioren und behinderten Gästen** ab 7 Personen angepasst. Unser Haus Landhaus ist eine prachtvolle, luxuriöse Ferienunterkunft, die nicht nur als Gruppenunterkunft sondern auch als Hotelunterkunft für den individuellen Urlaub dienen kann.

Freizeitmöglichkeiten innerhalb und außerhalb der Ferienanlage sowie Ausflugsziele gibt es reichlich. Wir helfen Ihnen gerne bei der Organisation; so kann zum Beispiel ein entspannender Abend mit einer Musikgruppe oder einer Bauerntanzgruppe organisiert werden.

Mehr Informationen finden Sie auf unserer Webseite www.imminkhoeve.nl.

Österreich, Burgenland, Neusiedlersee

Landhotel Birkenhof ****   A-7122 Gols

Österreich, Burgenland, Neusiedlersee

Birkenplatz 1, Tel. +43 (0)2173 23460, Fax: +43 (0)2173 234633
E-Mail: info@birkenhofgols.at, Internet: www.birkenhofgols.at

Familiär geführtes Landhotel mit Weingut, Wohlfühl-Oase, Restaurant & großem Garten. Das Hotel verfügt über 30 Zimmer, die alle mit Dusche/Bad, Telefon, Kabel-TV, kostenlosem W-LAN und größtenteils mit Balkon ausgestattet sind; davon sind zwei Zimmer rollstuhlgerecht eingerichtet und stufenlos (über den rollstuhlgerechten Aufzug) erreichbar. Außerdem sind alle Zimmer klimatisiert.

Geeignet für Rollstuhlfahrer: **Zwei Zimmer mit Du/WC sind komplett barrierefrei**. Türbreite der Zimmer und Badezimmer 90 cm, Freiraum in Du/WC 1,5 x 1,5 m; in einem Bad links, im anderen Bad rechts neben dem WC 90 cm. Haltegriffe an Dusche und WC vorhanden. Dusche mit Duschsitz und Waschbecken unterfahrbar. Eine Bettaufstehhilfe steht bei Bedarf zur Verfügung.

Lage: Abseits der Hauptstraße am Ortsrand gelegenes Haus, viel flaches und daher rollstuhlgängiges Umland. Es befinden sich ein Biotop direkt am Haus und der Neusiedler See (Europas größter Steppensee) mit Nationalpark in der näheren Umgebung. Ortsmitte und Arzt 1 km, Flughafen 40 km, Geschäfte, Krankenhaus, Hallenbad und Badesee 7 km, solarbeheiztes Erlebnis-Freibad 300 m.

Preise: Doppelzimmer pro Person ab 67,50 €, Einzelnutzung ab 82,50 €.

Österreich, Tirol, Kaunertal

Hotel Weisseespitze ****

A-6524 Kaunertal
Österreich, Tirol, Kaunertal

Karl Hafele, Platz 30
Tel. (0043) (0) 5475 316, Fax: (0043) (0)5475 316-65
E-Mail: info@weisseespitze.com
Internet: www.weisseespitze.com

Barrierefreies 4** Hotel mit 74 Einzel-, Doppelzimmer und Appartements**, alle geschmackvoll und komfortabel eingerichtet mit Telefon, Sat-TV und mit allen in einem guten 4**** Hotel üblichen Ausstattungsmerkmalen.

30 Zimmer sind für Rollstuhlfahrer barrierefrei ausgestattet. Sie verfügen über ein großes Badezimmer mit seitlich anfahrbarem WC (Haltegriffe am WC), unterfahrbarem Waschtisch und einer Badewanne (Badewannenlifter kann bei Bedarf zur Verfügung gestellt werden). **Sieben Suiten verfügen über eine befahrbare Dusche**; die neugebauten Zimmer sind geschmackvoll eingerichtet und bieten einen tollen Ausblick auf die umliegenden Berge.

Das Hotel wird überwiegend von sportlich ambitionierten Rollstuhlfahrern besucht. Es gibt jedoch auch Hilfsmittel für Schwerstbehinderte. Zu den vorhandenen **Hilfsmitteln** zählen u.a. Pflegebetten, Hebekran und Lifter. Hilfeleistungen, Pflege und Betreuung werden jedoch nicht angeboten.

An der Hotelbar sitzen Rollstuhlfahrer in gleicher Augenhöhe wie der Barkeeper; der Sauna-, Wellness- und Ruhebereich ist ebenfalls für Rollstuhlfahrer konzipiert. Die Sauna ist riesig und kann von 10 Rollstuhlfahrern gleichzeitig genutzt werden.

In den Wintermonaten bietet sich das Hotel für aktive Wintersportler an. Regelmäßig werden **Skikurse für Rollstuhlfahrer** (z.B. Monoski) angeboten. Die Skipisten in der Gegend sind mit dem PKW oder dem hoteleigenen Kleinbus erreichbar und auch für Behinderte perfekt geeignet. Für die Skiliftbetreiber gehören Menschen mit Behinderung zum gewohnten Bild. Die **Kaunertal-Gletscherbahn** und das Bergrestaurant „Weisseeferner" sind **auf Rollstuhlfahrer bestens eingestellt.**

In den Sommermonaten hat das Hotel ein attraktives Ausflugsprogramm zu bieten. Charly Hafele hat ein „Rolli Roadbook" zusammenstellen lassen, welches 50 Vorschläge für Handbiketouren, Almwanderungen und kulturelle Ausflüge bietet.

Preis pro Person/Übernachtung ab € 76,-- bis 113,-- in unseren Suiten. **Preise inkl. 3/4 Verwöhnpension**. Wochenpauschalen und Gruppenpreise auf Anfrage.

Österreich, Kitzbüheler Alpen

Hotel Bräuwirt

A-6365 Kirchberg

Neugasse 9, Tel.: 0043 (0) 5357 2229
E-Mail: info@hotel-braeuwirt.at
Internet: www.hotel-braeuwirt.at

Österreich, Kitzbüheler Alpen

Das Hotel Bräuwirt in Kirchberg ist in der Rolliszene bestens bekannt und sehr beliebt. Es bietet beste Voraussetzungen für einen Erholungsurlaub und für sportliche Aktivitäten, im Sommer wie im Winter. Vorbildliche Internetseite mit vielen Infos für Rollis.

Parkplatz, Eingang, Rezeption, Frühstücksraum und Restaurant (mit unterfahrbaren Tischen) sind stufenlos erreichbar.

Die Zimmer sind mit dem Aufzug barrierefrei zu erreichen. Türbreite vom Hoteleingang 160 cm, vom Aufzug 90 cm (Tiefe 180 cm, Breite 100 cm).

Geeignet für Rollstuhlfahrer sind 17 Zimmer mit Du/WC, 16 weitere Zimmer sind für Gehbehinderte geeignet (barrierefrei mit dem Aufzug zu erreichen). Türbreiten der rollstuhlgeeigneten Zimmer 80 cm, von Du/WC 80 cm. Balkon mit dem Rollstuhl befahrbar. Betten 54 bis

Österreich, Kitzbüheler Alpen

62 cm hoch (**elektrisch höhenverstellbare Betten vorhanden**).

Bewegungsfreiraum in Du/WC 150 x 150 cm, Freiraum links und rechts neben WC 40 cm (auf beiden Seiten Haltegriffe vorhanden), vor dem WC 80 cm. WC-Höhe 44 cm, Toilettenaufsatz vorhanden. Dusche schwellenlos befahrbar, Duschklappsitz vorhanden (in der Höhe verstellbar), Haltegriffe an der Dusche vorhanden. Waschbecken unterfahrbar.

Ein **Pflegedienst** kann vermittelt werden. Elektrische höhenverstellbare **Pflegebetten** mit Bettgalgen gegen Gebühr.

Lage: Das Hotel Bräuwirt liegt im Zentrum von Kirchberg Arztpraxis 20 m, Einkaufsmöglichkeiten und Apotheke 200 m, Krankenhaus 15 km. Nur 150 Meter vom Hotel Bräuwirt entfernt liegt Kirchbergs **malerischer Badesee**, der mit seiner lauschigen Liegewiese und den **rollifreundlichen Anlagen** Badespaß vom Feinsten garantiert, bequem über eine asphaltierte Straße zu erreichen. Daneben befinden sich 4 bestens gepflegte **Tennis-Sandplätze**, wo Sie Ihren Aufschlag perfektionieren können.

Rolliwandern und Handbiketouren: Viele Kilometer bestens erschlossene Wanderwege eröffnen traumhafte Ausblicke und bringen jeden Rollifahrer auf Hochtouren. Bergauf, bergab durch atemberaubende Landschaften. Immer dabei: ein imposantes Panorama! Seit Sommer 2008 wurden von TVB die **Handbikewege** neu auf der Bikekarte ausgeschildert. Handbiketouren nach Brixen, Kitzbühel, Aschau. Auf Anfrage können Sie unseren Tourguide Max Walch buchen, der auch Einschulungen auf dem Handbike anbietet. **Handbike-Verleih** von unserem Partner Alois Praschberger. Der **Badesee Kirchberg** hat eine **Rollstuhlrampe** zum Schwimmen sowie ein rollstuhlgerechtes WC und Dusche. Im Winter gibt es auch für Rollstuhlfahrer beste Voraussetzung für Langlauf und Abfahrtslauf (z.B. Mono-Ski). Und danach relaxen in der großen, **rollstuhlgerechten Sauna** im Hotel Bräuwirt.

Rolli Pauschale 2019 pro Person im Doppelzimmer

	7 Nächte	5 Nächte	3 Nächte
18.05. bis 20.07.2019	€ 489,00	€ 359,00	€ 229,00
20.07. bis 21.09.2019	€ 559,00	€ 409,00	€ 259,00
21.09.bis 20.10.2019	€ 489,00	€ 359,00	€ 229,00

Preise für Sommer 2019 (inkl. Halbpension) pro Person im Doppelzimmer

18.05. bis 20.07.2019	ab € 72,00 exkl. OT
20.07. bis 21.09.2019	ab € 82,00 exkl. OT
21.09. bis 20.10.2019	ab € 72,00 exkl. OT

Österreich, Steiermark, Dachstein

Stadthotel brunner

8970 Schladming

Österreich, Steiermark, Dachstein

Hauptplatz 14, Tel. 0043 36 3687 22513
E-Mail: welcome@stadthotel-brunner.at, Internet: www.stadthotel-brunner.at

Das Designhotel bietet einen unverwechselbaren Anblick, innen wie außen. Seit über 500 Jahren ist das Gebäude mit der Region verbunden. Mit viel Hingabe und dem Wunsch, Neues und Altes in Einklang zu bringen, wurde hier ein Ort der Ruhe, des in-

neren Wachstums erschaffen. Ein besonderes Highlight ist das **Teehaus** sowie das **Spa über den Dächern von Schladming**. Starke Partner wie Stop-the-Water Kosmetik, Soulbottles und Demmers Tee gehören zum Gesamtkonzept und finden sich auch im kleinen Shopbereich wieder. Das Angebot wurde erweitert mit **Jin Shin Yjutsu** und **TCM-Vorträge** über das ganze Jahr

Das gesamte Hotel ist barrierefrei. Parkplatz, Eingang, Rezeption, Frühstücksraum und Restaurant sind stufenlos erreichbar, die Zimmer im 1. und 2. OG und der Spa-Bereich im 3. OG sind mit dem Aufzug barrierefrei zugänglich. Zum Spa-Bereich

Österreich, Steiermark, Dachstein

gehört eine **finnische Sauna mit Panoramablick über die Schladminger Bergwelt**, ein Ruheraum, der gleichzeitig als Yogaraum dient und eine geschützte, **mit Rollstuhl befahrbare Terrasse**. Das **Teehaus**, ebenfalls im 3. OG, ist ideal, um die Ruhe der Berge zu genießen. Im 2. OG befindet sich ein **Massageraum**, wo man bei Massagen und energiereichen Behandlungen neue Kraft tanken kann.

Die Räume und Zimmer sind mit vielen Extras ausgestattet. Zum Beispiel stehen in den Zimmern extra große Betten. Sitzbänke in den Fenstern laden zum Faulenzen ein. Das biorhythmische Lichtkonzept sorgt für zusätzliche Erholung. High-Speed-WLAN steht kostenlos zur Verfügung.

Vier Junior Suiten sind rollstuhlgerecht, weitere 20 Zimmer sind barrierefrei. Die Türen der rollstuhlgerechten Junior Suiten sind 90 cm, der Badezimmer 80 bis 90 cm breit. Die Bettenhöhe beträgt 52 cm. Bewegungsfreiraum im Badezimmer 120 x 120 cm, Freiraum links neben dem WC 200 cm, davor 90 cm, Haltegriff rechts neben dem WC, WC-Höhe 50 cm. Duschbereich rollstuhlgerecht befahrbar. Duschsitz und Haltegriffe vorhanden. Waschbecken unterfahrbar, Spiegel für Rollstuhlfahrer einsehbar, Notruf im Bad vorhanden.

Lage: Das Hotel befindet sich in der Fußgängerzone von Schladming. Sowohl Gondelstation, wie auch Busstation, Wanderwege, Schwimmbäder, Mountainbikestrecken und Shops befinden sich in unmittelbarer Nähe. Die Fußgängerzone ist mit dem Rollstuhl gut befahrbar. Teilweise leichte Steigungen bzw. Gefälle, die Wege sind idR aber keine große Herausforderung für Rolli-Fahrer. Parkplatz direkt vor dem Hoteleingang.

Schladming liegt im westlichsten Eck der Steiermark zur Grenze an Salzburg, am Fuße des Dachstein-Gletschers sowie der Planai. 2013 wurde hier die FIS Alpine Skiweltmeisterschaft ausgetragen. Die komplette Infrastruktur der Bergstadt ist zu Fuß, mit dem Fahrrad oder mit öffentlichen Verkehrsmitteln erreichbar.

Entfernungen: Apotheke 50 m, Arzt 200 m, Freibad und Hallenbad 500 m; Bahnhof und Krankenhaus 1,5 km, Badesee 3 km. Ein Pflegedienst kann bei Bedarf bestellt werden.

Preis pro Person in der barrierefreien Junior-Suite Zimt, je nach Saison im Sommer ab 98,- € und im Winter 2018/2019 ab 123,- € inkl. Frühstücksbuffet, dem gesamten brunner Komfort sowie von Mitte Mai bis Mitte Oktober inkl. aller Leistungen der Schladming-Dachstein-Sommercard. Abendessen, bzw. ganztägig warme Küche in unserem a la carte Restaurant möglich. Attraktive Pauschalangebote im Internet oder auf Anfrage.

Schweiz, Bodensee

Ferienhotel Bodensee
Stiftung Pro Handicap   **CH-8267 Berlingen**

Seestraße 86, Tel. 0041 52 761 36 72   *Schweiz, Thurgau, Bodenseeregion*

E-Mail: info@ferienhotel-bodensee.ch, Internet: www.ferienhotel-bodensee.ch

Das erste barrierefreie Hotel der Schweiz: Entdecken Sie ein völlig neues Hotel. Ein Hotel, das Ernst macht mit der Chancengleichheit zischen Personen mit und Personen ohne Behinderung und für beide Gruppen einen perfekten Rahmen für schöne, erholsame Ferien bietet. Unsere Gäste profitieren von einer 100%barrierefreien, modernen Infrastruktur, die größtmögliche Privatsphäre ermöglicht.
Wir freuen uns darauf, in einem entspannten und heiteren Rahmen Begegnungen zu ermöglichen und Barrieren abzubauen. Herzlich willkommen!

22 für Rollstuhlfahrer geeignete Zimmer: Türbreite der Zimmer und Badezimmer / Dusche/Toilette 120 cm breit. **Bettenhöhe 50 cm (höhenverstellbar)** auf Wunsch mit Seitenlehne und Hebegriff. Alle Zimmer verfügen über ein 4,5 m² großes Badezimmer mit bodenebener Dusche, modernste, rollfähige **Pflegebetten**, Telefon, TV (Flachbildschirm), kostenloses WLAN, Handtücher, Föhn und Pflegeprodukte.

Freiraum links neben der Toilette 30 cm, Rechts 160 cm. Haltegriff links neben der Toilette, Toilettenhöhe 48 cm. Duschbereich schwellenlos befahrbar, fest montierter Duschsitz und stabile Haltegriffe an Duschwand vorhanden. Das Waschbecken ist unterfahrbar. Bei Bedarf kann ein externer Pflegedienst bestellt werden.

Einzelzimmer: Diese Zimmer eignen sich für Einzelreisende/Individualgäste oder Betreuungspersonen. Die Zimmer sind ca. 17 m² groß.

Doppelzimmer: Unsere Doppelzimmer befinden sich auf der Südseite mit Balkon, Blick auf den Garten, und bieten mit ihren 22 m² Platz für zwei Personen oder eine Person mit Rollstuhl. Sie verfügen außerdem über einen sehr großen, hellen Balkon der gemeinschaftlich zugänglich ist.

Deluxe 3- und 4-Bettzimmer: Das Ferienhotel Bodensee verfügt über 1 Deluxe 3-Bett Zimmer (27 m²) mit phantastischen Blick auf den Bodensee und 2 Deluxe 4-Bett Zimmer (37 m²) mit Blick in den Garten. Die Zimmer eignen sich speziell für Familien oder Freundesgruppen, da Sie bequem Platz für 4 Personen bieten.

Zimmerpreise mit Frühstücksbuffet: 14. Okt 2018/2019 bis 31. März 2019/2020 EZ 90,- CHF, DZ 160,- CHF, Deluxe Zimmer 240,- CHF. 01. April bis 30. April 2019 EZ 115,- CHF, DZ 185,- CHF, Deluxe Zimmer 270,- CHF. 01. Mai bis 14. Okt. 2019 EZ 140,- CHF, DZ 210,- CHF, Deluxe Zimmer 300,- CHF. Halbpension Erwachsene 25,- CHF pro Person/Tag, Kinder bis 14 Jahre 20,- CHF. Vollpension: Erwachsene 40,- CHF pro Person/Tag, Kinder bis 14 Jahre 30,- CHF.

Weitere Informationen erhalten Sie direkt bei uns. Wir freuen uns auf Sie!

Spanien, Costa Blanca

Holiday-homes-Thomas   **E-03779 Els Poblets / Alicante**

Spanien, Costa Blanca

Partida Gironets Carrer 13 N° 17, Ansprechpartner: Thomas Wandschneider
Tel.: +49 152 06 29 34 99 oder +34 677 23 05 43
E-Mail: holiday-home-thomas@gmx.de, Internet: www.costablanca-holiday-homes.com

Familie Wandschneider begrüßt Sie hier an den Traumstränden der Costa Blanca mit verschiedenen barrierefreien Ferienhäusern oder Ferienapartments! Wir können hier Behinderte und Gruppen aufnehmen. Zum Beispiel:

Residencial A1-A4

Die Ferienanlage Residencial Thomas wurde erst im Oktober 2018 neu eröffnet. Sie liegt direkt an der beliebten Strandstraße Las Marinas. Von der Anlage haben Sie Meerblick und können an manchen Tagen das Rauschen des Meeres hören.

Die Anlage A1-A4 verfügt über 4 gleiche Reihenferienhäuser mit EG + OG bis 5 Pers. Das EG ist bis 72 cm **rollstuhlgerecht** angepasst worden. Hier befindet sich das ebenerdige Bad, die Küche und der schöne Wohnraum mit Schlafsofa und mit einem Bett (**optional Pflegebett**). Außerdem eine große Terrasse mit festem Außengrill für schöne Stunden. Das OG verfügt über 2 Schlafzimmer und eine weitere kleine Terrasse. Außerdem ein **extra Apartment** im OG bis 4 Personen, z.B. für Ihren Pfleger oder Freunde, die etwas separat wohnen wollen. Ein rollstuhlgerechtes Apartment (bis 2 Pers.) im EG, welches auch als Gruppen-, Tagungs- oder Speiseraum nutzbar ist (bei Reservierung von Gruppen), runden diese Anlage ab.

Preisbeispiel für eine rollstuhlgerechte Ferienwohnung:
Je Haus A1-A4 (**EG**), Größe 37 m², 1 Wohn-/Schlafzimmer, Küche, Bad) bei Belegung mit 1 Person pro Tag je nach Saison **55,- bis 125,- €**.
Je Haus A1-A4 (**EG+OG**), Größe 65 m², 2 Schlafzi, 1 Wohnzi., Küche, Bad) bei Belegung mit 3 Personen pro Tag je nach Saison **65,- bis 135,- €**. Zuzüglich Servicepauschale (für Endreinigung, Bettwäsche, Handtücher) **150 €**.

Für den Sommer 2019 ist hier eine Salzwasserpoolanlage mit Poollifter geplant. Diese Ferienanlage ist auch für **Gruppen bis 28 Personen** geeignet.

Villa Casper

Villa Casper

Villa Brownies

Villa Brownies

In einer weiteren Ferienanlage bieten wir Ihnen 3 barrierefreie, hochwertige Ferienhäuser an, mit einer rollstuhlgerechten Salzwasserpoolanlage mit Poollifter, Rutsche für die Kleinen und einen Whirlpoolbereich zum Relaxen: **Villa Casper oder Villa Körbchen bis 4 Pers. und Villa Brownies bis 7 Pers. nur 700 m vom Meer.** Diese Ferienhäuser sind für den ganz besonderen Urlaub. Sie sind sehr hochwertig ausgestattet und haben viele Extras. Wenn Sie sich etwas besonderes gönnen wollen, dann sind Sie hier richtig.

Von hochwertigen Badezimmern mit befahrbarer Dusche, Whirlpoolwanne, Deckenlifter (gegen Gebühr) zum Teil bis zum Pflegebett, ist alles möglich. Moderne, zum Teil unterfahrbare Küchen mit vielen Küchenmaschinen. Schlafzimmer mit Klimaanlagen (gegen Gebühr), Smart-TV, Fußbodenheizung, Gaszentralheizung, Pelletöfen und Kamine, HD-Smart-TV und DVD-Player. Außenküche mit unterfahrbarem Grill, Warmwasser-Außendusche mit festem Sitz und Stützgriffen.

Optional können Sie viele Hilfsmittel bekommen, u.a. Deckenlifter, Lifter, Pflegebetten, Duschrollstuhl, Handbikes, usw.

Zusätzlich können Sie einen privaten Außenwhirlpool **(22 €/ Tag**, ab 6 Tage buchbar) zubuchen, der als aktiver Rollstuhlfahrer für die besonderen Stunden in der spanischen Sonne einfach zu nutzen ist. Hier können Sie sich verwöhnen lassen.

Preisbeispiel: Preis für ein rollstuhlgerechtes Ferienhaus (Villa Casper, Größe 55 m², 1 Schlafzi, 1 Wohnzi, Küche, Bad) bei Belegung mit 2 Personen pro Tag je nach Saison **85,- bis 139,- €**. zuzüglich Servicepauschale (für Endreinigung, Bettwäsche, Handtücher) **150,- €**.

Gemeinschaftspoolanlage von Villa Körbchen, Brownies, Casper.

Spanien, Costa Blanca

Villa Sonnenschein

Villa Sonnenschein

Die Villa Sonnenschein (bis 8 Pers; weitere Personen auf Anfrage) ist das größte rollstuhlgerechte Ferienhaus. Es ist genauso hochwertig ausgestattet wie Casper, Körbchen und Brownies oben beschrieben, hat aber ein zusätzliches Apartment im OG, einen schönen Wintergarten, einen privaten Salzwasserprivatpool (ohne Lifter) und vieles mehr. Hier müssen Sie auf nichts verzichten.

Unsere Ferienhäuser sind durch das milde Klima und durch die winterfeste Ausstattung ganzjährig nutzbar. Auch zum Überwintern geeignet. Der Eigentümer dieser Anlage ist selbst Rollstuhlfahrer.

Überwinterungsangebot für eine rollstuhlgerechte Ferienwohnung (Residencial Thomas/ Haus A1-A4 (**EG+OG**), Größe 65 m², 2 Schlafzi, 1 Wohnzi, Küche, Bad) pro Tag bei Belegung bis zu 3 Pers. für 60 Tage je nach Saison **ab 1.950,- €** (Stromkosten und Pellets nach Verbrauch).

Miettransporter für Rollstuhlfahrer: Damit Sie auch mobil sind, bieten wir Ihnen die Möglichkeit, diverse behindertengerecht ausgestattete Fahrzeuge als Hausausstattung dazu zu buchen (ab **73,- bis 98,- €/Tag** ab 4 Tage buchbar). Natürlich auch für Gruppen geeignet bis 24 Personen.

Lage, Sport, Ausflüge: Die Ferienhäuser befinden sich weniger als 1km vom Meer entfernt in einem reinen Villenort mit deutschem Supermarkt und Ärzten. Rollstuhlgerechter Strand (kostenloser Strandtransfer) ist nur 4 km entfernt. Viele rollstuhlgerechte Ausflugsmöglichkeiten hält der Eigentümer, der selbst im Rollstuhl sitzt, für Sie bereit. Strandrollstuhl, Jetski, Tauchen, Kanus, Handbiken in den Plantagen, Freizeitparks für Familie und diverse spanische Fiestas. Els Poblets ist durch das besondere Klima und mehr als 300 Sonnentage im Jahr besonders beliebt, auch zum Überwintern.

Wichtige Informationen für Rollstuhlfahrer über sämtliche Türbreiten, Höhen, Breiten der Stützgriffe, Bewegungsflächen, Küchen, Schafzimmer, Außenbereiche usw. sind unter **http://www.holiday-home-thomas.com** zu finden.

Hilfsmittel und Serviceleistungen optional gegen Gebühr buchbar: Deckenlifter (**26 €/Tag**), Pflegebett höhenverstellbar (**13,- €/Tag**), WC-Aufsatz einmalig **30,- €**), Handbike (**25,- €/Tag**) Duschrollstuhl **12,- €** und vieles mehr. Diese Gebühren können Sie zum Teil bei Ihrer Pflegekasse (Verhinderungspflege/ Urlaub) beantragen und erstatten lassen.

Von der **Massage, Physiotherapie sowie Flughafentransfer** von Alicante oder Valencia ist vieles optional möglich. **Auf Wunsch Klimaanlage** (Abrechnung nach Strom-Verbrauch). Flughafentransfer Fahrzeug mit Rampe, 1 Weg ab **195,- €** inklusive 5 Personen.

Eine detaillierte Preisliste senden wir Ihnen auf Wunsch gerne zu. Wir haben viele interessante Angebote und Aktionen, melden Sie sich einfach in unserem neuen Newsletter an.

Spanien, Katalonien, Barcelona

Appartements Mic's Sant Jordi
Barcelona-Enabled

E-08017 Barcelona

Spanien, Katalonien, Barcelona

Via Augusta 269-273, Barcelona, Spanien
Tel. 0034-685052628
E-Mail: info@barcelona-enabled.com
Internet: www.barcelona-enabled.com und www.barcelonadisability.org

Barcelona-Enabled ist stolz darauf, ein neues Konzept barrierefreier Unterkünfte für Personen mit körperlicher Beeinträchtigung anbieten zu können: Mic's Sant Jordi.

Es handelt sich um die erste und einzige Unterkunft in Barcelona, die 32 Ein- und Zweibettapartments - mit vollständig ausgestatteter Küche und Hilfsmitteln - für ein bis drei Personen anbietet.

- Alle Apartments sind vollständig barrierefrei und behindertengerecht ausgestattet
- Pflegerufbereitschaftsdienst 24 Stunden täglich
- Fachkundige Rehabilitationsunterstützung vor Ort
- Große Bandbreite technischer Hilfsmittel
- Ein Teil des Gebäudes besteht aus einem Restaurant mit regionaler Küche

Die 32 rollstuhl- bzw. behindertengerecht ausgestatteten Appartements bestehen aus Küche, Wohnzimmer, voll eingerichtetem Bad und 1- oder 2-Bett-Zimmer für 1 bis 3 Personen. Wohnzimmer und Schlafzimmer mit TV und kostenfreiem W-LAN. **Voll ausgestattete Küche** mit Herd, Kühlschrank und Geschirrspüler. Alle Türen im Gebäude zwischen 90 cm und 120 cm breit. Lift Abmessungen von 120 × 140 cm und 210 x 140 cm. Drei Alarmanlagen pro Wohnung für Notruf, falls Hilfe benötigt wird. Zentralheizung und Fußbodenheizung mit unabhängigen Thermostaten für jedes Zimmer. Klimaanlage.

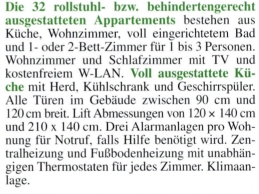

Alle Wohnungen haben mindestens 1 elektrisch verstellbares Bett, ausgestattet mit High-Density-Foam-Matratzen, außerdem eine barrierefreie Dusche mit Seitenschutzleisten und Wandklappsitz. Sitzhöhe vom Duschsitz und vom WC 47 cm. An weiteren technischen Hilfsmitteln stehen kostenlos zur Verfügung: Bett-Racks, Trapezgriff, Luftmatratze, Rollstuhl etc.

Spanien, Katalonien, Barcelona

Weitere Angebote: Gymnastikraum mit **Physiotherapeuten**. Therapeutisch angepasster **Pool**. Mehrzweckraum mit TV und W-LAN für Sitzungen und andere Aktivitäten.

Service: Die Gäste von Mic's Sant Jordi können außerdem (gegen Gebühr) den speziellen Service von **Barcelona-Enabled** in Anspruch nehmen. Die Organisation kümmert sich in Barcelona um behindertengerechte Unterkünfte, um **rollstuhlgerechte Flughafentransfers und Ausflüge** und bietet weitere fachkundige Unterstützung vor Ort für Urlauber mit Handicap.

Lage: Das Gebäude befindet sich in einem ruhigen, vornehmen Wohngebiet in Barcelona. Zahlreiche Bars, Restaurants, Supermärkte und Apotheke liegen ebenfalls in unmittelbarer Nähe.

Barcelona gilt als eine der rollstuhlfreundlichsten Städte Europas. Zahlreiche Buslinien und U-Bahnlinien sind rollstuhlgerecht (!), viele Geschäfte, Einkaufszentren, öffentliche Gebäude, Sehenswürdigkeiten, Sportstätten, Fußgängerzone und Strandpromenade sind für Rollstuhlfahrer sehr gut zugänglich. Direkt vor dem Hotel befindet sich eine für Rollstuhlfahrer zugängliche U-Bahn-Station, mit der man in 12 Minuten zur berühmten La Rambla gelangt, eine 1.258 Meter lange Promenade im Zentrum von Barcelona, die die Plaça de Catalunya mit dem Hafen verbindet.

Preise:

1 Person: 120,00 € pro Apartment/Nacht (40 m²) mit 1 Bett
2 Personen: 179,00 € pro Apartment/Nacht (48-58 m²) mit 2 Betten
3 Personen: 210,00 € pro Apartment/Nacht (62-85 m²) mit 2 Zimmer mit 3 Betten (2+1) und 1 Badezimmer
3 Personen: 245,00 € pro Apartment/Nacht (62-85 m²) mit 2 Zimmer mit 3 Betten (2+1) und 2 Badezimmer
4 Personen: 260,00 € pro Apartment/Nacht (62 m²) mit 2 Zimmer mit 3 Betten (2+2) und 2 Badezimmer

Gruppenpreise (gültig ab 10 Personen):

1 Person: 108,00 € pro Apartment/Nacht (40 m²) mit 1 Bett
2 Personen: 161,00 € pro Apartment/Nacht (48-58 m²) mit 2 Betten
3 Pers.: 210,00 € pro Apartment/Nacht (62-85 m²) mit 2 Zimmer mit 3 Betten (2+1) und 1 Badezimmer
4 Pers.: 234,00 € pro Apartment/Nacht (62 m²) mit 2 Zimmer mit 3 Betten (2+2) und 2 Badezimmer

Alle Preise inklusive Frühstück pro Person pro Tag im hauseigenen Restaurant. **24 Stunden auf Abruf Unterstützung. Kostenlose technische Hilfsmittel** (z.B. Duschstuhl, Hebevorrichtungen etc.).
Bei Fragen rufen Sie bitte an oder schreiben Sie uns - wir sprechen Deutsch!

Spanien, Balearen, Mallorca

| Finca Can Caballera | E-07320 Santa Maria del Camí / Mallorca |

Spanien, Balearen, Mallorca

Vermieter: Marcus Beuck, Tel.: 0034-607145734
E-Mail: beucksanta@web.de, Internet: www.rolli-hotels.de/mallorca

Marcus Beuck ist selbst Rollstuhlfahrer und lebt auf einer Finca in der Nähe des beschaulichen Örtchens Santa Maria del Camí, nur etwa 15 Autominuten von Palma de Mallorca (ca. 20 km) entfernt.

Die Finca Can Caballera befindet sich auf einem herrlichen, 30.000 qm großen Areal mit altem Baumbestand und verfügt über **drei exklusive barrierefreie Ferienapartments**, jeweils ca. 55 qm groß, für jeweils 2 bis 3 Personen geeignet (Schlafzimmer, Wohnzimmer mit Schlafcouch, Küche bzw. Wohnküche), rollstuhlgerechte Dusche/WC. Alle Türen sind breit genug für Rollstuhlfahrer, alle Appartements haben Zentralheizung, Sat-TV, Internetanschluss (W-LAN) und erhöhten Betten ausgestattet. Auf Wunsch stehen ein **elektrisch höhenverstellbares Bett** und weitere Hilfsmittel zur Verfügung.

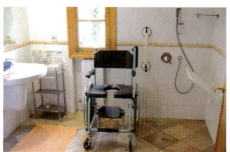

Die Badezimmer haben befahrbaren Duschbereich mit stabilem Duschwand-

Spanien, Balearen, Mallorca

sitz (bei Bedarf auch Duschrolli), unterfahrbare Waschbecken, seitlich anfahrbares WC mit Haltegriffen. Alles ist perfekt und gut durchdacht rollstuhlgerecht ausgestattet.

Die Finca bietet sich für Selbstversorger an; jedes Apartment hat eine eigene, sehr gut ausgestattete **Küche bzw. Wohnküche**. Verpflegung wird nicht angeboten, aber hin und wieder ist ein gemeinsamer Grillabend mit Marcus Beuck und den Gästen durchaus üblich. Gute Restaurants und Einkaufsmöglichkeiten gibt es in Santa Maria del Cami. Empfehlenswert: die „Mühle", nur knapp 1,5 km von der Finca entfernt oder die Pizzeria „Diablito" mit Rolli-WC am Hafen von Portixol, 3 km von Palma entfernt.

Die Finca liegt sehr ruhig, abseits jeglichen Lärms. Gäste sollten sich unbedingt einen Mietwagen nehmen, um flexibel die Insel erkunden zu können. Mietwagen sind auf der Insel vergleichsweise preiswert und können ab Flughafen von Palma de Mallorca (ca. 20 km von der Finca entfernt) gebucht werden; auch behindertengerechte Mietwagen mit Handsteuerung, die aber sehr rechtzeitig reserviert werden müssen.

Der Pool mit Gegenstromanlage ist 12 x 5 m groß und hat einen auf Rollstuhlhöhe gemauerten breiten Steinrand. Man kann sich also vom Rollstuhl aus auf den Poolrand umsetzen und ins Wasser gleiten lassen. Die Poolliegen sind Sonderanfertigungen auf Rollstuhlsitzhöhe.

Zum rollstuhlgerechten Strand von Arenal bei Palma de Mallorca sind es ca. 15 Fahrminuten. Dort gibt es **fünf rollstuhlgerechte Strandabschnitte mit Strandrollstühlen und Helferteams,** z.B. vom Spanischen Roten Kreuz, die den behinderten Gästen kostenlos behilflich sind, mit dem Strandrolli ins Wasser und wieder zurück zu gelangen. Die Promenade bei Arenal und von Palma de Mallorca ist mehrere Kilometer lang und absolut rollstuhlgerecht.

Preis pro Ferienapartment und Tag ab 140,- € inklusive Nebenkosten (Strom, Heizung) plus Endreinigung 65,- €. **Elektrisch höhenverstellbares Pflegebett** (bis 105 cm höhenverstellbar) gegen Aufpreis.

Spanien, Kanarische Inseln, Lanzarote

Ferienwohnungen Frank   Lanzarote

Spanien, Kanarische Inseln, Lanzarote

Vermieter: Gudrun & Paul-Günter Frank, Lemsahler Landstr. 68, 22397 Hamburg
Tel. (040) 608 33 43, Fax: (040) 608 33 44, Mobil: 0172 - 23 53 293
E-Mail: ferienwohnungen-frank@web.de, www.ferienwohnungen-frank.de

Familie Frank bietet neben ihren rollstuhlgerechten Ferienwohnungen an der Ostsee (in Boltenhagen) zusätzlich auch zwei sehr schöne Ferienwohnungen auf Lanzarote an, davon eine für Rollis geeignet.

Sehr erfreulich, denn Ferienwohnungen für Rollstuhlfahrer haben auf der kanarischen Urlaubsinsel Seltenheitswert. Es handelt sich um die Doppelhaushälfte „Los Calamares" 32 B **mit 3 Schlafzimmern und 2 Bädern** sowie 1 Küchen-Wohnraum. Platz genug für 5 bis 7 Personen mit Kleinkind.

Geeignet für Rollstuhlfahrer: Die rolligeeignete FeWo hat schwellenlose Zugänge ins Haus und auf die Terrasse, die Türen sind breit genug gemäß DIN für Rollstuhlfahrer. Zwei Duschen sind befahrbar, ein WC und zwei Zimmer sind ebenfalls für Rollstuhlfahrer geeignet.

Die Ferienwohnungen sind Nichtraucherwohnungen, nur auf der Terrasse darf geraucht werden. Haustiere sind nicht gestattet. Im Mietpreis sind enthalten: Bettwäsche, Handtücher, Strom- und Wasserkosten für alle Personen. Kinderbett und Hochstuhl sind vorhanden. Für jede Wohnung steht eine Waschmaschine und ein Elektrogrill zur Verfügung. Außerdem gibt es in der Anlage einen Gemeinschafts-Pool und einen Tennisplatz. Neu: WLAN.

Wer die Insel erkunden möchte, ist auf einen Pkw angewiesen, der je nach Größe bei Buchung ab 1 Woche 18,- bis 30,- € pro Tag kostet. Es können auch Pkw mit Automatik gemietet werden - der Mietpreis liegt dann etwa 20 % über den herkömmlichen Preisen. Am Flughafen und in Playa Blanca können Rolli-Taxis bestellt werden.

Preise: Die rollstuhlgerechte FeWo kostet bei Belegung mit 1-2 Personen pro Tag 92,- €, mit 3 Personen 98,- €, jede weitere Person 10.- € pro Tag. Für Kinder bis 12 Jahre 5,- € pro Tag. Endreinigung 95,- €. Langzeitangebote auf Anfrage. Daneben gibt es noch eine weitere, ebenfalls schwellenlose Ferienwohnung mit breiten Türen für 2-4 Personen (mit 2 Schlafzimmern). Diese zusätzliche Ferienwohnung hat jedoch kein Behinderten-WC. Weitere Informationen erhalten Sie von Familie Frank.

Spanien, Kanarische Inseln, La Palma

| Finca „La Charquita" | E-38789 Puntagorda / La Palma |

Vermieter: Maria und Herbert Herkommer, El Pinar, E-38789 Puntagorda / La Palma
Tel.: (0034) 922 493259, Fax: (0034) 922 493455
E-Mail: m.h.herkommer@gmail.com
Internet: www.behinderten-hotels/herkommer

Die Finca der Familie Herkommer liegt auf einem 10.000 qm großen Grundstück, welches sich über mehrere Terrassen erstreckt, im ländlichen Dorf Puntagorda im Nordwesten der Kanareninsel La Palma. Es liegt in 600 m Höhe und bietet sich besonders für Gäste an, die Ruhe und Erholung suchen.

Rollstuhlgerechtes Ferienhaus für bis zu 5 Personen. Vom gefliesten Weg zum Haus und von der Terrasse aus blickt man zum Atlantik, hinweg über Mandelbäume, Häuser und Wiesen. Das Haus ist voll ausgestattet, hat einen **Kaminofen**, Telefonanschluss und **DSL-Internet**.

Familie Herkommer spricht Deutsch und hat selbst vier Kinder, weshalb Familien mit Kindern als Gäste stets willkommen sind. Ein freistehendes Appartement und zusätzlich ein kleines Ferienhäuschen, jeweils für zwei Personen, gehören ebenfalls zur Finca. **Ein Pool, eine Sauna, mit großzügigem Wellnessbereich**, große Badewanne, Dauerbrause und beheizbarem Ruheraum, Waschmaschine und Trockner.

Die Wege in der Umgebung des Hauses sind mehr oder weniger eben. Insgesamt ist La Palma aber sehr gebirgig, was Rollstuhlfahrer entsprechend einplanen müssen. Der Transfer vom Flughafen zum Haus, auch mit dem E-Rollstuhl, kann nach Rücksprache organisiert werden, oder es können entsprechende Mietautos reserviert werden.

Preise: Das rollstuhlgerechte Ferienhaus kostet 420,- € pro Woche inklusive Endreinigung.

Spanien, Kanarische Inseln, Teneriffa

Kurhotel Mar y Sol S.L.   **E-38650 Los Cristianos / Teneriffa**

Spanien, Kanarische Inseln

Avenida Amsterdam No. 8, Tel. +34 - 922-750540
E-Mail: info@marysol.org, **Internet:** www.marysol.org
Buchungen auch über: Reiseagentur Mar Y Sol,
Roland Nürnberger, Tulpenweg 1, D-72119 Ammerbuch, Tel. 07073 - 1516.
E-Mail: reiseagentur@marysol.de, **Internet:** www.marysol.de

Das Hotel Mar y Sol zählt zu den bekanntesten und besten rollstuhl- und behindertengerechten Hotels in Europa. Menschen mit und ohne Behinderung sind Gäste dieses Hauses und finden dort eine sichere, entspannte und fürsorgliche Urlaubsatmosphäre.

Im Süden von Teneriffa, in der Gemeinde Los Cristianos mit seinem alten Fischereihafen gelegen und etwa 400 m von der Meerespromenade entfernt, bietet das Hotel über 166 Appartements und Studios unterschiedlicher Kategorie. **Die gesamte Hotelanlage ist rollstuhlgerecht** (auch für Elektro-Rollstuhlfahrer geeignet) und steht unter deutscher Leitung.

Die Gemeindeverwaltung von Los Cristianos hat in den vergangenen Jahren viel für die behinderten Gäste getan. An fast allen Straßenübergängen wurden die Randsteine abgesenkt, rollstuhlgerechte Wege geschaffen und die fast **acht Kilometer lange rollstuhlgerechte Strandpromenade** weiter ausgebaut.

Dazu gehört der **für Behinderte und Rollstuhlfahrer angelegte Strandabschnitt an der Playa Las Vistas** mit Umkleidekabinen und Toiletten zu denen der in Deutschland, Österreich und der Schweiz schon weit verbreitete Euro-Schlüssel passt. Wer noch keinen hat, kann sich kostenlos (gegen Kaution) einen an der Hotelrezeption des Hotels Mar y Sol ausleihen.

An dem rollstuhlgerechten Strandabschnitt gibt es einen speziellen Strandservice, wo die dort positionierten Amphibien-Fahrzeuge (Strandrollis) betreut werden und behinderte Besucher die Möglichkeit haben ins Meer zu gelangen.

Spanien, Kanarische Inseln, Teneriffa

Auch im Hotel selbst hat sich einiges getan. Wer das Haus von früher kennt, wird vieles an positiven Veränderungen vorfinden, angefangen bei der großzügigen Empfangshalle bis hin zu den Premium-Appartements.

Das hoteleigene Restaurant bietet neben Show-Cooking auch unterschiedliche Thementage. Diät- und Allergikerkost gibt es auf Anfrage.

Das Kur- und Therapiezentrum Teralava bietet eine breite Auswahl an manuellen Therapien, wie z.B. Krankengymnastik, Massagen, Lymphdrainage und Chiropraktik, die in lichtdurchfluteten Räumen bei sanfter Entspannungsmusik durchgeführt werden. Darüber hinaus gibt es ein großes Angebot an alternativen Therapien, wie u.a. Akupunktur, Klangschalentherapie, Hot Stone Massage oder Honig- bzw. warme Ölmassagen.

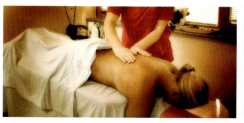

Die zu Teralava gehörende Panoramaterrasse mit Blick auf das Meer wird gerne zum privaten Sonnenbaden und für entspannende Rosenbäder genutzt.

Ein weiteres Highlight im Hotel Mar Y Sol ist die **großzügige Poollandschaft**. Zwei große und ein kleines Becken mit unterschiedlichen Temperaturen und Tiefen bieten sich den Gästen an. Ein großer Pool mit Whirl, Nackenduschen, Massagedüsen und Sauerstoff-Liegemulden mit einer Wassertemperatur von ca. 32° C und einer Tiefe von ca. 130 cm machen sogar das therapeutische Baden zum Vergnügen.

Der zweite große Pool ist mehr für sportliche Gäste gedacht. Bei einer abfallenden Tiefe bis zu ca. 200 cm hat er eine, dem Außenklima angepasste Temperatur. Beide Pools verfügen über einen bequemen **handlaufgeführten Treppenabgang** und natürlich je über einen **Sitzhebelift**. Zudem gibt es einen zweiten Lifter mit Hebetuch, damit auch stark bewegungseingeschränkte Gäste problemlos in das bzw. aus dem Schwimmbad gelangen. Dieser mobile Lifter kann wahlweise an beiden Pools genutzt werden. Der

Spanien, Kanarische Inseln, Teneriffa

kleine Pool hat eine Tiefe von ca. 50 bis 90 cm und dient mit seiner integrierten Gehschule therapeutischen Zwecken, wird aber auch gern von Kindern genutzt.

Die mittlerweile zum Hotel gehörende **Service-Station LeRo** bietet Verleih von Hilfsmitteln (elektrische Betten, Lifter, Dusch-WC-Aufsätze, elektrische Rollstühle, Scooter, Stricker Handbikes, etc.) und verfügt über **individuell buchbare Pflegedienste** durch examinierte Krankenschwestern/Pfleger (Termine sollten möglichst im Vorfeld abgesprochen werden). Darüber hinaus betreut das Pflegeteam von LeRo auch den vom Hotel gestellten **24-Stunden Notfalldienst**. Ca. 70% aller Gäste sind Stammgäste des Hotels, was auf eine besonders hohe Zufriedenheit schließen lässt.

Neben zwei kostenpflichtigen Münz-Computern steht den Hotelgästen im Lesesaal ein kabelloser **Internetzugang (WLAN)** kostenlos zur Verfügung. Darüber hinaus können die Hotelgäste einen individuellen Internetzugang mieten, der ihnen die Möglichkeit bietet, in allen Wohneinheiten sowie im übrigen Hotelbereich hoch band- breitenintensive Internetdienste in Anspruch zu nehmen (ab 2019 gebührenfrei).

Sport: Besonderen Anklang unter den Gästen findet die ca. **530 qm große, rollstuhlgerechte Sporthalle**, die Platz für alle erdenklichen Sportarten bietet (Basketball, Rollstuhl-Rugby, Electric Wheelchair Hockey, Badminton, Boccia, Tischtennis, Breitensport, Slackline, Rollstuhlschaukel, Mobilitätstraining, Rollstuhltanz etc.). Die Sporthalle ist von Montags bis Freitags für alle Gäste frei zugänglich und wird von diplomierten Sporttherapeuten betreut.

Mit diesem Angebot ist das Mar y Sol auch für Trainingswochen von Sport- und Rollstuhlsportgruppen sowie für internationale Wettkämpfe und Turniere wie z.B. den Internationalen Mar y Sol Pokal für **Rollstuhl-Rugby** bestens geeignet, zumal die Sportler bei Bedarf auch die therapeutischen Einrichtungen, Massagen usw. des Hotels in Anspruch nehmen können.

Für Gäste, die gerne die Unterwasserwelt von Teneriffa kennenlernen möchten, werden spezielle **Schnuppertauch-Pakete** (gegen Gebühr) im Pool und am Hausriff beim Strand von Las Vistas angeboten.

Wer als behinderter Gast ins Hotel Mar y Sol kommt, kann sich von der externen Transportfirma OROBUS / VRT mit behindertengerechten Bussen vom nur ca.15 km entfernten Airport abholen lassen. Mit den gleichen Bussen werden auch viele un-

Spanien, Kanarische Inseln, Teneriffa

terschiedliche Ausflugsfahrten auf der Insel durchgeführt. Die kanarische Autovermietung Cicar bietet behinderten Gästen adaptierte Automatik-Mietwagen mit Handgas und verleiht Kleinbusse mit Hebebühne für den Transport von Rollstühlen.

Direktbucher-Preise 2019: Übernachtung im Economy Studio für 1 bis 2 Personen kostet pro Person inkl. Halbpension in der Nebensaison (01.06. bis 31.08.) bei Belegung mit einer Person 52,20 € pro Tag, bei Belegung mit 2 Pers. 40,70 €. In der Zwischensaison (16.04. bis 31.05.) für eine Person 67,70 €, mit 2 Personen 46,70 € pro Person/Tag. In der Hochsaison vom 21.12. bis 15.04. und vom 16.10. bis 30.11. mit einer Person 89,70 €, mit 2 Personen 67,20 € pro Person/Tag.

Die Standard Appartements bieten mehr Platz (für 2 bis 4 Personen) und kosten bei Belegung mit 2 Personen je nach Saison 51,95 bis 87,20 € pro Person/Tag.

Die **Unterbringung für Kinder** von 0-6 Jahre ist gratis, Kinder von 7-14 Jahren zahlen je nach Saison und Zimmertyp 16,70 bis 34,70 €/Tag.

Die Superior-Wohneinheiten für 2 bis 4 Personen sind sehr großzügig und modern ausgestattet, bestehen aus Wohnzimmer Einzelbett-Sofa mit ausziehbarem Zweitbett, unterfahrbarer Kochzeile mit Kühlschrank, Balkon oder Terrasse, Schlafzimmer mit

Eines der unterschiedlich barrierefrei ausgestatteten Bäder und Standard App. des Kurhotels Mar y Sol.

2 Betten, Bad mit befahrbarer Dusche und WC. Sie sind Nichtrauchern vorbehalten und kosten bei Belegung mit 2 Personen je nach Saison 62,95 bis 98,20 € pro Person/Tag.

Die im Haupthaus Casa Madrid befindlichen Komfortzimmer und Premium-Appartements (Nichtraucher) kosten je nach Zimmertyp, Anzahl der Personen und je nach Saison ab 75,75 bis 111,- € pro Person/Tag inkl. Halbpension. Hinweis: Pauschalangebote (inkl. Flug) können über verschiedene Veranstalter gebucht werden. Das Hotel arbeitet darüber hinaus seit vielen Jahren mit der Reiseagentur Mar y Sol, Roland Nürnberger (reiseagentur@marysol.de) eng zusammen.

Ein für Rollstuhlfahrer und behinderte Menschen besonders empfehlenswertes Hotel: Das Hotel Mar y Sol bietet ein rundum komplettes Angebot für Rollstuhlfahrer / Behinderte. Ein so vollständig barrierefreies Hotel mit einer solchen Vielfalt an zusätzlichen Serviceleistungen und Hilfsmitteln sowie Kur-, Freizeit- und Sportangeboten gibt es in Europa zurzeit kein zweites Mal.

Türkei, Türkische Riviera

Fortuna Resort — 8430 Alanya-Demirtas

Türkei, Türkische Riviera, Alanya

Buchungen über Münchener Immobau GmbH
Frau Michele Sterr, Tel. Mobil: +49 175-5934063
E-Mail: sterr@muenchenerimmobau.de, Internet: www.rolli-alanya.de
Beim Bau dieser neuen, großzügigen Ferienanlage wurde besonders auf Barrierefreiheit geachtet - das Resort wurde rollstuhlgerecht angelegt.

Eingang, Rezeption, Frühstücksraum, Restaurant, Zimmer & Apartments, Garten- und Poolbereich sind rollstuhlgerecht. Mit dem Aufzug (Türbreite 90 cm) gelangen Sie zu den Zimmern und Apartments. Innenmaße des Aufzugs: Breite 120 cm, Tiefe 118 cm.

Das Resort verfügt über 160 Apartments mit jeweils 82 bis 149 m² Wohnfläche. **18 Apartments sind rollstuhlgerecht.** Zur Auswahl stehen rollstuhlgerechte 3-Zimmer-Apartments (für max. 4 Pers.) mit Wohnzimmer, Küche, zwei Schlafzimmer, zwei Bäder, Balkon, Klimaanlage und Heizung. Die Penthouse-Wohnungen (4 Zimmer, für max. 6 Pers.) haben drei Schlafzimmer. In der Küche sind Herd und Spüle unterfahrbar und die Hängeschränke abgesenkt.

Die Türen der Zimmer und von Dusche/WC sind 85 bis 90 cm breit. Die Betten sind 55 bis 67 cm hoch. Auf Wunsch kann ein höhenverstellbares Bett gemietet werden. Der Bewegungsfreiraum in den Badezimmern ist unterschiedlich, beträgt mindestens 127 x 120 cm. Freiraum links neben WC 112 cm, rechts 65 cm, davor 127 cm (je nach Apartment verschieden). Klappbarer Haltegriff am WC, WC-Höhe 51 bis 55 cm. Dusche schwellenlos befahrbar, Haltegriffe, Duschrollstuhl oder festmontierter Duschsitz vorhanden. Wasch-

Türkei, Türkische Riviera

becken unterfahrbar mit Kippspiegel. Zusätzlich werden bei Bedarf mobile Handgriffe (von Fa. Roth) zur Verfügung gestellt. Waschmaschine vorhanden.

Verpflegung: Selbstversorgung möglich (Küche bzw. Küchenzeile in den Apartments); gebucht werden können Frühstück, Halbpension und Abendessen.

Freizeit/Wellness/Service: 24-Stunden-Rezeption, 24-Stunden Sicherheitsdienst, Garten, Cafe sowie Restaurant mit einheimischer Küche. **Poolbar, Hallenbad, Außenpool** (ca. 1.000 qm) mit Rampe und Lifter und großem Badebereich für Kinder, **Wasserrutschen,** Kinderspielplatz. Am Pool und Strand (ca. 1,4 km entfernt) sind Sonnenschirm und Sonnenliegen kostenfrei. Sauna mit erhöhter Sitz- und Liegefläche, Dampfbad, Hamam ohne Massage, Fitness-Studio. Gegen Gebühr: SPA-Bereich, Kino, Billard, Tischfußball, Tischtennis, Massagen.

Hilfsmittel/Pflege auf Anfrage gegen Gebühr: Mobile Haltegriffe, Duschrollstuhl und Pflegeleistungen.

Lage: Die Anlage befindet sich in Demirtas, nur 18 km östlich von Alanya gelegen, abseits vom Massentourismus. Demirtas/Alanya befindet sich im Süden der Türkei und ist ein wahres Paradies für Urlauber, Sportler und Kulturbegeisterte. Entdecken Sie die griechischen und römischen Hinterlassenschaften. Die Gastfreundschaft, sowie das leckere Essen runden das Wohlfühlprogramm ab. Gute Einkaufsmöglichkeiten mit Arzt, Apotheke im Zentrum, ca. 1 km. Krankenhaus 24 km. Entfernung zum **Strand 1.000 m.** Die Stadt Alanya hat optimale Voraussetzungen für Rollstuhlfahrer geschaffen: Abgesenkte Gehwege, Busse mit Hublift usw.

Preis für das 3-Zimmer-Apartment (bis 4 Pers., 2 Schlafzi, Wohn-Zi./Küche, 2 Badezimmer) pro Woche von Januar bis März 500,- €, April bis Juni 650,- €, Juli bis Okt. 800,- € und Nov./Dez. 600,- €. Endreinigung 50,- €, Stromverbrauch extra.

Preis für das Penthouse-Apartment (bis 6 Pers., 3 Schlafzi, Wohn-Zi./Küche, 2 Badezimmer) pro Woche von Januar bis März 900,- €, April bis Juni 1.050,- €, Juli bis Okt. 1.200,- € und Nov./Dez. 1.000,- €. Endreinigung 70,- €, Stromverbrauch extra.

Halbpension (Frühstück und Abendessen für 90,- € pro Woche und Person) im Restaurant der Anlage, einheimische Küche. Nur Frühstück 45,- € pro Woche und Person, nur Abendessen 60,- €.

Ungarn, Plattensee

Ferienhaus Kismann   Ungarn / Plattensee

Ungarn, Plattensee

Vermieter: Familie Kismann

Tel.: 06395 / 99 46 81 oder 0173 / 52 50 110, Fax: 06395 / 91 00 72

E-Mail: rollipiti@aol.com
Internet: www.ferienimrolli.de

Zwei Ferienhäuser (für 2 Personen und für 4 bis 6 Personen), für Rollstuhlfahrer geeignet. Die Dusche ist unterfahrbar, ein Duschstuhl ist für den Bedarfsfall vorhanden. In der Dusche und an der Toilette sind Klapphaltegriffe angebracht. Das Bett hat Rollisitzhöhe. Zur Ausstattung zählen Sat-TV, eine Stereo-Anlage und eine Waschmaschine

Die großzügige Terrasse lädt zum Frühstücken, Sonnenbaden oder Grillen ein. Ein Grill und zwei Liegen stehen den Gästen zur Verfügung. Mit dem Fahrrad können Sie die schöne Gegend erkunden (zwei Fahrräder für die Hausgäste sind vorhanden).

Freizeitmöglichkeiten: Schwimmen, Surfen, Tennis, Disco, Ausflüge (90 km bis Budapest), Thermalbäder in naher Umgebung. Einkaufsmöglichkeiten sind vor Ort vorhanden (ca. 150 m). Verkehrsanbindung: Autobahn M7 ca. 3 km, Bahnhof Siòfok ca. 12 km, Flughafen Budapest ca. 90 km entfernt. Haustiere dürfen mitgebracht werden.

Preise für das kleine Ferienhaus: Der Mietzeitraum ist von Mai bis Oktober. In der Hauptsaison (Juli und August) kostet das Ferienhaus 200,- € pro Woche, in der Zwischensaison (Juni und September) 150,- € pro Woche, in der Nebensaison (Mai und Oktober) 100,- € pro Woche.

Preise für das große Ferienhaus: Hauptsaison (Juli und August) pro Woche 410,- €, Zwischensaison (Juni und September) pro Woche 310,- €, Nebensaison (Mai und Oktober) pro Woche 210,- €. Zusatzkosten 25,- bis 35,- € für die Endreinigung.

Häuser mit Pflege & Betreuung

Die hier aufgeführten Häuser verfügen über höhenverstellbare Betten / Pflegebetten und bieten Pflege und Betreuung für Behinderte und Pflegebedürftige während des Urlaubs an oder können diese organisieren. Einige Häuser bieten sogar Pflege und Betreuung rund um die Uhr an, damit Angehörige, die das ganze Jahr über die Pflege ausüben, während des Urlaubs entlastet werden.

Ausführlichere Informationen sind dem Text im Hauptteil dieses Verzeichnisses zu entnehmen (siehe Seitenhinweis rechte Spalte). Vorherige Absprachen über den erforderlichen Umfang der Pflegeleistungen sollten sehr rechtzeitig mit den Häusern und mit den zuständigen Kostenträgern (z.B. mit der zuständigen Pflegekasse wegen der Kostenübernahme für die Pflegeleistungen am Urlaubsort) getroffen werden.

Über diese Auflistung hinaus weisen zusätzlich zahlreiche Unterkünfte in diesem Buch auf ortsansässige, mobile Pflegedienste hin, die bei Bedarf bestellt werden können. Außerdem gibt es viele Unterkünfte in diesem Verzeichnis, die über diese Aufstellung hinaus Pflegebetten anbieten, allerdings ohne eigene Pflegeleistung, so dass auch hier bei Bedarf ein ortsansässiger Pflegedienst bestellt werden sollte.

Baden-Württemberg
GesundheitsHotel Das Bad Peterstal	Bad Peterstal-Griesbach	S. 16
BSK Gästehaus	Krautheim	S. 28
Haus Waldhof	Schuttertal-Schwaighausen	S. 37

Bayern
Caritas Erholungshaus St. Elisabeth	Altötting	S. 46
Witikohof	Haidmühle	S. 64
Haus Fabelhaft	Neureichenau	S. 76
Hotel Viktoria	Oberstdorf-Rubi	S. 80

Brandenburg
Elsterpark	Herzberg	S. 114
Seehotel Rheinsberg	Rheinsberg	S. 118

Hessen
Gästehaus am Mühlenberg	Hessisch Lichtenau	S. 129

Mecklenburg-Vorpommern
Hotel Strand26	Ostseebad Nienhagen	S. 142

Niedersachsen
Residenz Dahlke	Bad Bevensen	S. 162
GDA-Residenz Schwiecheldthaus	Goslar	S. 180
Ferienhaus Deichschlösschen	Neßmersiel	S. 187
Ferienhof Hollwege	Oldenburg	S. 190

Häuser mit Pflege und Betreuung

Haasehof	Sittensen	S. 191
Ferienhof Aa-Schleife	Spelle	S. 192
Ferien-Hof Meinerdingen	Walsrode-Meinerdingen	S. 186
Hof Heinemann	Wüsting	S. 198

Nordrhein-Westfalen

Hotel NeuHaus	Dortmund	S. 204
Ferienwohnungen am Dreiländersee	Gronau	S. 206
Ferienwohnungen Müllers Hof	Kempen-St. Hubert	S. 213
IN VIA Hotel	Paderborn	S. 218

Rheinland-Pfalz

Ferienwohnung Am Kapellchen	Bad Breisig	S. 221
Kurhaus Klement	Bad Neuenahr	S. 222

Sachsen

Hotel Regenbogenhaus	Freiberg	S. 246

Schleswig-Holstein

Ferienhaus Garding	Garding	S. 262
Villa Olga	Grömitz	S. 264

Thüringen

Schlosshotel Am Hainich	Hörselberg-Hainich	S. 286
AWO SANO Thüringen	Oberhof	S. 288

Belgien

Middelpunt	Middelkerke/Belgien	S. 300

Österreich

Hotel Bräuwirt	Kirchberg/Tirol	S. 314

Spanien, Festland

Mic's Sant Jordi	Barcelona	S. 322

Spanien, Teneriffa

Kurhotel Mar y Sol	Los Cristianos	S. 328

Hotels und Unterkünfte für Gruppen

Die hier aufgeführten Hotels und Unterkünfte sind auch für Gruppen geeignet. Nähere Informationen entnehmen Sie bitte der genaueren Beschreibung gemäß der Seitenhinweise.

Baden-Württemberg

Urlaubshof Scherer	Deggenhausertal	S. 21
BSK Gästehaus	Krautheim	S. 28
Ferienbauernhof Breigenhof	Oberharmersbach	S. 30
Waldpension Hengsthof	Oberkirch-Ödsbach	S. 31
Hohenwart Forum	Pforzheim-Hohenwart	S. 32
Haus Waldhof	Schuttertal	S. 37

Bayern

Caritashotel St. Elisabeth	Altötting	S. 46
Ferienwohnungen Concordia	Bad Wiessee	S. 54
Witikohof	Haidmühle	S. 64
Haus Fabelhaft	Neureichenau	S. 76
Hotel Viktoria	Oberstdorf / Rubi	S. 80
Ferienhaus Viktoria	Oberstdorf	S. 82
Landhaus Viktoria	Oberstdorf / Rubi	S. 84
Freizeithaus für Menschen mit Handicap	Sonthofen	S. 91

Berlin

Haus Rosemarie Reichwein	Berlin-Charlottenburg	S. 97
Jugendgästehaus Hauptbahnhof	Berlin	S. 98
Hotel MitMensch	Berlin-Karlshorst	S. 100
Jugendgästehaus Pumpe	Berlin	S. 102

Brandenburg

Sterntal Havelland	Falkensee	S. 112
Elsterpark	Herzberg	S. 114
Seehotel Rheinsberg	Rheinsberg	S. 118
Erlebnishof Beitsch	Sonnewalde	S. 121

Hessen

Vogelsbergdorf	Herbstein	S. 128

Mecklenburg-Vorpommern

Müritzparadies	Boeker Mühle	S. 133
Hotel Strand26	Ostseebad Nienhagen	S. 142
Hotel Sportforum	Rostock	S. 144
Gasthaus Pension „Zur Schaabe"	Glowe/Rügen	S. 149
Hotel Rügenblick	Stralsund	S. 151
Best Western Hotel Hanse-Kogge	Koserow/Usedom	S. 154

Hotels und Unterkünfte für Gruppen

Familien Wellness Hotel Seeklause	Trassenheide	S. 156
Casa Familia Usedom	Zinnowitz / Insel Usedom	S. 158

Niedersachsen

Heidehotel Bad Bevensen	Bad Bevensen	S. 162
Residenz Dahlke	Bad Bevensen	S. 164
Plumbohms Bio-Suiten	Bad Harzburg	S. 168
Dünenhof Ferienhotel	Cuxhaven	S. 176
GDA-Residenz Schwiecheldthaus	Goslar	S. 180
Deichhof Leeshaus	Hamswehrum-Krummhörn	S. 182
Regenbogen-Hof	Mützen	S. 186
Haasehof	Sittensen	S. 191
Ferien-Hof Meinerdingen	Walsrode-Meinerdingen	S. 195
Hof Heinemann	Wüsting	S. 198

Nordrhein-Westfalen

Barler Ferienhof	Ahaus-Wüllen	S. 201
Ferienhof Rustemeier	Altenberge	S. 202
Bauernhof Waldmühle	Dörentrup-Hillentrup	S. 203
Hotel Neuhaus	Dortmund	S. 204
Appartement Hotel Seeblick	Gronau	S. 206
Ferienhof Laurenz	Gronau	S. 208
Ferienwohnungen „Am Dreiländersee"	Gronau	S. 210
Alte Lübber Volksschule	Hille	S. 212
DRK Freizeit- und Schulungsheim	Mettingen	S. 214
Matthias-Claudius-Haus	Meschede-Eversberg	S. 215
Wilhelm Kliewer Haus	Mönchengladbach	S. 216
IN VIA Hotel	Paderborn	S. 218

Rheinland Pfalz

Hotel-Restaurant Waldesblick	Lahr	S. 224
Ringhotel Haus Oberwinter	Remagen	S. 228
Heilsbach Bildungs- und Freizeitstätte	Schönau/Pfalz	S. 232
Haus Wildstein	Traben-Trarbach	S. 233
Weingut Hotel St. Michael	Wintrich	S. 234

Sachsen

Waldpark Grünheide	Auerbach	S. 241
Hotel „Am Heidepark"	Dippoldiswalde	S. 242
Hotel Martha Dresden	Dresden	S. 243
Hotel Regenbogenhaus	Freiberg	S. 246
Martinshof Rothenburg Diakoniewerk	Rothenburg OL	S. 250
Gasthaus Zur Rosenaue	Thermalbad Wiesenbad	S. 252

Hotels und Unterkünfte für Gruppen

Schleswig-Holstein
Tagungshaus Nindorf e.V.	Nindorf	S. 275
Hof Ulrich	Offendorf-Ratekau	S. 277
Andresenhof	Sprakebüll	S. 279
Theodor-Schwartz-Haus	Travemünde-Brodten	S. 281
Ferienhof Wisch	Wisch / Ostsee	S. 282
Ferienhof Kerstin-T. Jürgensen	West-Bargum	S. 283

Thüringen
Schlosshotel Am Hainich	Behringen	S. 286
AWO SANO Thüringen	Oberhof	S. 288
Bildungs- und Ferienstätte Eichsfeld	Uder	S. 290

Belgien
MIDDELPUNT	Middelkerke	S. 300

Italien
Hotel Masatsch	Kaltern/Südtirol	S. 302
Hotel Alpin	Pflerschtal/Südtirol	S. 304
Centro Ferie Salvatore	San Felice Circeo	S. 306

Niederlande
Gruppenhotel Suudwester	AH Hollum / Ameland	S. 310
Ferienpark „Imminkhoeve"	PB Lemele	S. 311

Österreich
Hotel Weissespitze	Kaunertal	S. 313
Hotel Bräuwirt	Kirchberg	S. 314
Stadthotel Brunner	Schladming	S. 316

Schweiz
Ferienhotel Bodensee	Berlingen	S. 318

Spanien / Festland
Holiday-homes Thomas	Els Poblets / Alicante	S. 319
Appartements Mic's Sant Jordi	Barcelona	S. 322

Spanien / Kanarische Inseln
Kurhotel Mar y Sol	Los Cristianos / Teneriffa	S. 328

Türkei
Fortuna Resort Alanya	Alanya-Demirtas	S. 332

Kapitel III

Reiseveranstalter

Reiseveranstalter von A-Z

In diesem Kapitel stellen wir eine kleine Auswahl der aus unserer Sicht empfehlenswerten Reiseveranstalter und Anbieter vor, die sich auf die Organisation oder Vermittlung von Reisen für Menschen mit Behinderung spezialisiert haben. Einige der hier vorgestellten Veranstalter bieten zusätzlich zu den organisierten Einzel- und Gruppenreisen auch Reiseassistenz für pflege- und hilfsbedürftige Menschen an. Die nachfolgende Aufstellung erhebt keinen Anspruch auf Vollständigkeit.

Accamino Reisen GmbH   10551 Berlin

Oldenburger Str. 6, Tel. (030) 74924391, Fax: (030) 74924393
E-Mail: info@accamino.de, Internet: www.accamino.de

Das Kreuzfahrtprogramm für Rollstuhlfahrer von Accamino Reisen:

Bei Accamino Reisen können das ganze Jahr über rollstuhlgerechte Kabinen für Einzel- und Gruppenreisen auf zahlreichen Kreuzfahrtschiffen gebucht werden. Accamino Reisen das ganze Jahr über Kontingente mit rollstuhlgerechten Kabinen auf verschiedenen Kreuzfahrtschiffen und bietet 2019 neben individuellen Kreuzfahrten für Einzelreisende und Paare/Familien auch zu festen Terminen **Gruppenreisen auf Kreuzfahrtschiffen** an. Das hat den Vorteil, dass bei diesen Reisen auch Landausflüge (z.B. mit rollstuhlgerechten Bussen und Kleinbussen mit Rampe/Hebebühne) angeboten werden - ein Programm, das die meisten Reedereien einzelreisenden Rollstuhlfahrern nicht bieten können.

Flusskreuzfahrten für Rollstuhlfahrer mit der MS Primadonna

Neben der äußerst erfolgreichen Saison im Jahr 2018 bietet Accamino Reisen auch 2019 wieder Flusskreuzfahrten für Rollstuhlfahrer und mobilitätsbehinderte Menschen auf der Donau mit der rollstuhlgeeigneten MS Primadonna an. Auf der Primadonna ist alles weitgehend gut für Rollstuhlfahrer erreichbar. Zwischen Ober- und Promenadendeck sowie dem Salondeck (zwischen Haupt- und Oberdeck/Promenadendeck) gibt es einen Fahrstuhl. Auf das Außendeck gelangt man über einen Treppenlift. Die MS Primadonna verfügt über ein Panorama-Restaurant, einen Panoramasalon mit Bar, einen Shop sowie ein Sonnendeck mit Sonnenschirmen, Whirlpool und Liegen/Tischen. Weil die Primadonna als Katamaran gebaut wurde, ist sie im Vergleich zu den herkömmlichen Schiffen breiter und verfügt daher über ein größeres

Platzangebot. Insgesamt fühlt man sich daher auf der MS Primadonna sehr wohl, denn die Räume und Gänge sind keineswegs beengt, sondern bieten Rollstuhlfahrern ausreichend Platz, und auch die Kabinen sind vergleichsweise großzügig bemessen.

Insgesamt verfügt die MS Primadonna über vier rollstuhlgeeignete Zweibett-Kabinen, zwei auf dem Oberdeck, zwei auf dem Promenadendeck. Diese sind alle gleich groß, (ca. 16 m²). Jede Kabine verfügt über einen kleinen Balkon mit einer etwas höheren Schwelle. Die Balkontür geht nach innen auf. Der kleine Balkon ist nur bedingt für Rollstuhlfahrer nutzbar. Das Bad hat an der Tür eine kleine Schwelle (ca. 2 Zentimeter hoch), die Dusche ist absolut ebenerdig. An der Haltestange befindet sich ein eingehängter Duschsitz. Die Toilette ist mit einem Klapp-Haltegriff ausgestattet und das Waschbecken ist teilweise unterfahrbar. Die Kabine ist mit einem relativ breiten Einzelbett und einem Bettsofa ausgestattet.

Landausflüge speziell für Rollstuhlfahrer exklusiv von Accamino Reisen: An vielen Terminen, von Mai bis September 2018, hat Accamino Reisen die rollstuhlgeeigneten Ober- und Promenadendeckkabinen reserviert. An allen Terminen ist ein Accamino-Reiseleiter exklusiv für die kleinen Gruppen mit an Bord und begleitet auch die von Accamino Reisen speziell für Rollstuhlfahrer ausgearbeiteten Ausflüge.

Im Reisepreis (ab 1.659,- € pro Person in der Oberdeck-Kabine bei Doppelbelegung) sind sogar die rollstuhlgeeigneten Landausflüge bereits enthalten. Die Flusskreuzfahrt führt von Passau über Melk nach Wien bis nach Budapest und zurück über Bratislava, Linz und wieder zum Ausgangspunkt der Reise nach Passau.

Weitere Kreuzfahrtangebote und Gruppenreisetermine erhalten Sie von Accamino Reisen, Tel. (030) 749 24 391, E-Mail: info@accamino.de.

BSK-Reisen GmbH   **74238 Krautheim**

Altkrautheimer Straße 20, Tel. (06294) 4281-50
Internet: www.bsk-reisen.org

Die BSK-Reisen GmbH ist eine Tochtergesellschaft des Bundesverbandes Selbsthilfe Körperbehinderter e.V. und hat ihren Sitz in Krautheim.

Im Katalog „BSK-Urlaubsziele" finden Rollstuhlfahrer und Körperbehinderte barrierefreie Individual- und Gruppenreisen. Zu den Reisezielen der betreuten BSK-Gruppenreisen, bei welchen Assistenz dazu gebucht werden kann, gehören zum Beispiel Mallorca, Teneriffa, Griechenland, Portugal und Italien. So können diejenigen, die auf Hilfe angewiesen sind, alleine mitreisen. Der Assistenzkostenzuschlag beträgt je nach Reise und Betreuungsintensität ca. 30 bis 100 Prozent des Reisepreises. Für Individualreise werden zahlreiche Ziele innerhalb Deutschlands mit Haustürabholung sowie in die

Reiseveranstalter

südeuropäischen Nachbarländer und Weltweit angeboten. Außerdem sind Mietwagenrundreisen in USA und Kanada, Touren in Afrika und Kreuzfahrten buchbar.

Auf Wunsch werden alle erforderlichen Leistungen für Menschen mit Köperbehinderung vermittelt, einschließlich einer Reiseassistenz.

Der aktuelle Reisekatalog kann gegen Zusendung eines adressierten und frankierten Din-A4-Rückumschlages angefordert werden. Er kann auch als PDF-Datei heruntergeladen werden unter **www.bsk-reisen.org**.

Carsten Müller Reiseagentur
Barrierefreie Reisen und Busreisen   **13059 Berlin**

Straße 6, Nr. 116, Tel. (030) 924 40 35, Fax: (032) 221521329
E-Mail: behindertenreisen-c.mueller@t-online.de
Internet: www.reiseagentur-c-mueller.de

Die Reiseagentur Carsten Müller mit Sitz in Berlin zählt seit 1990 zu den zuverlässigsten Reiseveranstaltern im Segment "Behindertenreisen". Carsten Müller steuert seinen **rollstuhlgerechten Reisebus** selbst und zählt zu den wenigen noch übrig gebliebenen Busreiseveranstaltern, die sich mit Herz und Seele engagieren, um behinderten Menschen einen unbeschwerten Urlaub zu ermöglichen.

Im Reiseangebot von Carsten Müller finden sich Erlebnisreisen, Städtereisen, Schiffsreisen, Reisen in ausgewählte Kulturlandschaften, Wellness- und Erholungsreisen sowie eine Wintererlebnisreise an den Polarkreis.

Begleitet werden die Reisenden immer vom bewährten Reiseteam und dem eigenen komfortablen und rollstuhlgerechten Reisebus mit Hebebühne. Das Besondere: Selbst bei Flug- und Schiffsreisen (z.B. Flusskreuzfahrt auf Donau, Rhein, Holländische Flüsse & Kanäle sowie Kreuzfahrten im Mittelmeer und auf dem Atlantik) steht dieser Reisebus für alle Transfers und barrierefreie Ausflüge zur Verfügung.

Die Angebote sind als komplette Pakete geschnürt, die die Anreise, Unterkunft, Halbpension sowie alle Aktivitäten und Ausflüge während der Reise beinhalten. Zu den Reisezielen zählen unter anderem Deutschland, Dänemark, England, Finnland, Frankreich, Griechenland, Großbritannien, Italien, Niederlande, Norwegen, Österreich, Portugal, Schweden, die Schweiz, Spanien und Ungarn.

Die sehr gut organisierten Busreisen beginnen in Berlin, richten sich aber nicht nur an Behinderte und deren Begleiter aus Berlin und Umgebung, sondern auch an Interessierte aus dem gesamten Bundesgebiet. Je nach Reiseroute ist das Zusteigen unterwegs (z.B. an geeigneten Autobahnraststätten) möglich.

Das Reiseprogramm kann kostenlos bei der Reiseagentur Carsten Müller angefordert oder im Internet eingesehen bzw. heruntergeladen werden.

Felicitas Charters, Johanna van Sonsbeek
Schiffsreisen   **29469 Gartow**
Postfach 1127, Tel. 0151-72 00 22 64
E-Mail: info@schiffsundradreisen.net, Internet: www.schiffsundradreisen.net

Das Passagierschiff Felicitas ist 38 Meter lang und bietet komfortable Unterkunft und reichhaltige Verpflegung für eine Gruppe mit 24 (26) Personen oder für zwei verschiedene Gruppen mit je 12 bis 14 Personen. Gruppen mit behinderten Menschen sind herzlich willkommen, jedoch ist das Schiff nicht rollstuhlgerecht. Die Kabinen sind groß und komfortabel mit insgesamt 21 normal hohen und vier halbhohen Betten sowie zwei Etagenbetten. Dank der Zentralheizung ist es auch in den Monaten April und Oktober möglich, angenehm zu reisen. Das Schiff ist leider nicht für Rollstuhlfahrer ausgebaut. Menschen mit Behinderung, die eine Treppe gehen können, kommen aber gut zurecht. Die Felicitas wurde unter Berücksichtigung aller für die Passagierschifffahrt geltenden Sicherheitsbestimmungen ausgebaut.

Den Gästen stehen auf dem Hauptdeck ein großer und heller zwölf Meter langer Salon und ein großes Sonnendeck zur Verfügung. Das Interieur aus massivem Holz gibt dem Schiff seine gemütliche, stilvolle und warme Atmosphäre. Im Jahr 2006 wurde das Unterdeck vollständig erneuert. In jeder der insgesamt elf Kabinen gibt es eine eigene Dusche und Toilette.

Auf der Felicitas können sich Gruppen mit zwei unterschiedlichen Größen anmelden. Entweder mit 12 bis 14 Personen, dann reist diese Gruppe zusammen mit einer anderen Gruppe. Ab 24 Personen stehen zusätzlich zwei Freiplätze zur Verfügung. Einer kleinen Gruppe bietet sich auf der Felicitas einerseits die besondere Möglichkeit an, andere Gruppen kennenzulernen, andererseits hat jede Gruppe im Unterdeck eine eigene Abteilung mit fünf bzw. sechs Kabinen mit Duschen und Toiletten.

Von Berlin-Spandau aus fährt die Felicitas wir über die Berliner- und Potsdamer Seenplatte, durch altes Kulturland, vorbei am Weltkulturerbe Potsdam nach Brandenburg an der Havel, Zwischen Brandenburg an der Havel und der Hansestadt Havelberg erwartet Sie im Naturpark Westhavelland ein Naturparadies der besonderen Art. Nur sehens-

Reiseveranstalter

werte Städtchen und bezaubernde Dörfer unterbrechen das Zwiegespräch mit Biber, Fischadler & Co. Über 1000 bedrohte und stark gefährdete Tier- und Pflanzenarten finden hier ihre Lebensraum. Lebendige Städte und reizvolle Ortschaften garantieren einen erlebnisreichen Landgang. Die Berliner und Potsdamer Kulturlandschaft und der Naturpark Westhavelland sind die Kulissen für diese Reisen.

Grabo-Tours-Reisen **66903 Ohmbach**

Rennweiler 5, Tel. (06386) 7744, Fax: (06386) 7717
E-Mail: info@grabo-tours.de, Internet: www.grabo-tours.de

Wolfgang Grabowski bietet seit fast 40 Jahren ein umfassendes Gruppenreiseprogramm für Rollstuhlfahrer und körperbehinderte Menschen an. 1978 leitete Wolfgang Grabowski seine erste eigene Urlaubsgruppe.

„Geht nicht gibt's nicht!" - so lautet die Devise von Wolfgang Grabowski. Und wo der

rollstuhlgerechte Weg fehlt, packen Helfer mit an. So werden Reiseziele auch abseits des Massentourismus für behinderte Menschen erschlossen.

Durch die eigenen Helfer/innen können Barrieren wie z.B. Stufen auf der chinesischen Mauer überwunden werden oder Kreuzfahrten mit Landgängen in der Karibik oder Kamelreiten in Ägypten ermöglicht werden.

Zudem drücken die jungen Helfer meist den Altersdurchschnitt und machen damit die Reisegruppen „lockerer". Mittlerweile gibt es nur wenige weiße Flecken auf der Landkarte, die von Grabo-Tours noch nicht bereist wurden. Selbst eine Papstaudienz oder Teetrinken bei Königin Silvia in Schweden standen schon auf dem Programm.

Den aktuellen Reisekatalog erhalten Sie kostenlos bei Grabo-Tours-Reisen. Auf der Internetseite sind fast alle Reisen mit einer Fotogalerie hinterlegt. Es gibt ausführliche Reiseberichte, und in einem Forum können Interessierte und Stammkunden Erfahrungen austauschen.

Reiseveranstalter

Öger Tours   **20004 Hamburg**

Postfach 10 05 41, Tel. (040) 32 001 330
E-Mail: barrierefrei@oeger.de,
Internet: www.oeger.de/service/barrierefreie-reisen

Damit auch Menschen mit eingeschränkter Mobilität eine möglichst unbeschwerte Urlaubsreise genießen können, bietet Öger Tours spezielle Serviceleistungen an. Der Reiseveranstalter ist bei der Auswahl eines geeigneten Hotels und der Reservierung des Zimmers sowie bei der Anmeldung des Rollstuhles/ Rollators bei der Fluggesellschaft und für den Transfer behilflich.

Öger Tours ist Spezialist für Orientreisen und einer der besten und bekanntesten Anbieter für Türkeiurlaub auf dem deutschen Reisemarkt. Die Marke wurde im Jahr 2010 vom Tourismuskonzern Thomas Cook übernommen.
Die 43 Seiten umfassende Broschüre „Barrierefreies Reisen" von Öger Tours mit zahlreichen Hotels an der türkischen Riviera und in Ägypten ist übersichtlich gestaltet, sehr gut aufgemacht und enthält die wichtigsten Eckdaten auch für Rollstuhlfahrer – unter anderem eine Übersicht mit Detailinformationen über Bettenhöhe, WC-Höhe, Haltegriffe an Dusche/WC, Lifttürenbreite u.v.m. der Hotels. Erfreulich, dass bei zahlreichen Hotels auch die Poolanlagen für Rollstuhlfahrer zugänglich sind. Teilweise sind sie mit Poolliftern ausgestattet oder verfügen über flache Einstiege.

In Zusammenarbeit mit mobilityturkey.com können zudem der Sondertransfer mit Fahrzeugen mit Rollstuhl-Rampen sowie verschiedene Hilfsmittel wie z.B. ein Strandrollstuhl oder ein mobiler Patientenlifter gebucht werden. Die Reisebuchungen können über jedes Reisebüro vorgenommen werden, das Öger Tours im Programm hat. Geplant ist, die Angebote rollstuhlgerechter Hotels in der Türkei noch auf weitere Zielgebiete auszubauen.

Öger Tours hat sich auch in Ägypten (Hurghada) umgeschaut und die Hotels auf Herz und Nieren geprüft, damit auch Gäste mit Rollstuhl oder Gehhilfen einen sorgen- und barrierefreien Urlaub unter afrikanischer Sonne genießen können. Die insgesamt acht ausgeschriebenen Hotels in Ägypten wurden nach Angaben von Öger Tours allesamt von einer rollstuhlfahrenden Mitarbeiterin getestet.

Die Broschüre „Barrierefreies Reisen" kann von der Homepage heruntergeladen oder per Email unter barrierefrei@oeger.de bestellt werden. Mehr Informationen unter www.oeger.de/service/barrierefreie-reisen. Anfragen zu den Hotels oder Buchungen telefonisch unter (040) 32001-233.

Reiseveranstalter

Reisebüro der Fürst Donnersmarck-Stiftung	**10713 Berlin-Wilmersdorf**

Frau Ines Voll und Frau Christine Busch, Blissestraße 12
Tel. (030) 82111 29, Fax: (030) 8 22 98 03
E-Mail: reisebuero@fdst.de, Internet: www.fdst.de

Das Reisebüro der Fürst Donnersmarck-Stiftung organisiert und vermittelt Reisen für Menschen mit Behinderung. Mit einer Erfahrung von über 40 Jahren bietet das Team ein breites Spektrum an Leistungen an: Beratung von Berlinbesuchern zu einem barrierefreien Aufenthalt in der Stadt, Organisation und Begleitung von Tagesfahrten rund um Berlin, Organisation und Begleitung von Kurzreisen, Informationen zu den barrierefreien Hotels der FDS Hotel gGmbH, dem Heidehotel Bad Bevensen und dem Seehotel Rheinsberg. Die FDS Hotel gGmbH ist eine 100%ige Tochter der Fürst Donnersmarck-Stiftung.

Die Tagesausflüge und Urlaubsreisen sind preiswert, gut organisiert und sehr zu empfehlen. Alle Reiseziele sind auf ihre Barrierefreiheit geprüft. Gerne informiert das Team des Reisebüros und sendet das Jahresprogramm zu. Informationen finden sich ebenso im Internet unter www.fdst.de.

Unfallopfer-Hilfswerk	**74074 Heilbronn**

Friedrich-Dürr-Straße 64, Tel. (07131) 62 95 52
kostenlose Servicenummer (0800) 8 63 25 56
E-Mail: info@unfallopfer-hilfswerk.de, Internet: www.handicaptravel.de

Seit vielen Jahren vermietet das Unfallopfer-Hilfswerk kostengünstig Kleinbusse (bis maximal 9 Personen). Berechtigt zur Anmietung sind Personen mit einem gültigen Behindertenausweis ab 50 %. Die Kleinbusse sind über Hebebühne oder Rampe mit dem Rollstuhl befahrbar. Max. 4 Rollstühle können verankert werden. Der Mietpreis für Nichtmitglieder beträgt 30,- € pro Tag, für Mitglieder 20,- € pro Tag zzgl. einer einmaligen Reinigungspauschale von 20,- €. Die Fahrzeugmiete beinhaltet eine Vollkaskoversicherung mit 511,00 € SB pro Schadenfall, inkl. 1.500 Freikilometer für Mitglieder bzw. 1.000 Freikilometer für Nichtmitglieder. Die Vermietung erfolgt zentral in Heilbronn. Tel.: 07131-62 95 52 oder info@unfallopfer-hilfswerk.de

Rollstuhlgeeignetes Bungalowboot auf der Havel, zum Selberfahren - ohne Bootsführerschein. Das Unfallopfer-Hilfswerk hat die Hausboote, Modell 1160L und

Reiseveranstalter

1000L, für den Rollstuhl geeignet aufgebaut. Diese Bungalowboote können an verschiedenen Marinas (z.B. 14774 Brandenburg / Plaue, 17279 Lychen, 15712 Zernsdorf usw.) angemietet werden. PKW Parkplätze sind dort vorhanden. Die Havel hat überall Badewasserqualität.

Das Modell 1160L hat eine Breite von 4,95 Meter, eine Länge von 11,60 Meter und der Tiefgang beträgt ca. 0,65 Meter. Es verfügt über 2 Doppelzimmer und eine separate Schlafcouch für 2 Personen. Somit bietet das 1160L Schlafgelegenheiten für 6 Personen.

Das Modell 1000L hat eine Breite von 4,60 Meter und eine Länge von 10,10 Meter. An Bord befinden sich ein großzügiges Schlafzimmer und eine Schlafcouch jeweils für 2 Personen.

Beide Typen werden von einem Außenbordmotor mit Elektrostart angetrieben. Das Steuerrad kann auch vom Rollstuhl aus bequem bedient werden. Die optimale Reisegeschwindigkeit beträgt ca. 9 Stundenkilometer. Dank der zwei Ankerpfähle kann man mit dem Bungalowboot auch in Ufernähe anlegen und übernachten. Wegen der zwei Rümpfe (Bauart Katamaran) liegt das Bungalowboot sehr ruhig im Wasser.

Weitere Ausstattung der Bungalowboote Modell 1160L und 1000L: Terrasse mit Steuerstand, Windfang bzw. Wintergarten und Feuerschale. Wohn- / Esszimmer mit Schlafcouch, Sitzgelegenheiten und Esstisch. Küchenzeile mit Kühlschrank, zweiflammigem Gasherd und Gaszentralheizung.

Die Maße der großzügigen Badezimmer mit Warmwasserdusche, Waschbecken und Toilette (Bootstype 1160L und 1000L) betragen ca. 1,50 x 2,00 Meter, mit breiter Tür (80 cm) und optimiert mit ebener Duschwanne, Duschsitz und Haltegriffen. Die Toilette (Höhe ca. 44 cm) hat einen schwenkbaren Stützgriff.

Weitere Details, Informationen und Buchung: www.handicaptravel.de

---

Urlaub & Pflege e.V.   **48291 Telgte**

Voßhof 10, Tel. (02504) 7396043, Fax: (02504) 73 96 044

E-Mail: post@urlaub-und-pflege.de, Internet: www.urlaub-und-pflege.de

Der Verein Urlaub & Pflege e.V. hat sich auf Reisen für Menschen mit Hilfs- und Pflegebedarf spezialisiert. Das Reiseprogrammheft im handlichen Format enthält auf ca. 40 Seiten Angebote für sechzehn betreute Urlaubsreisen für Gäste bis Pflegegrad 5. Die Reiseziele liegen überwiegend in Deutschland.

Um sich optimal auf die verschiedenen Bedürfnisse der Reisegäste einzustellen, gibt es Erlebnis- oder Erholungsreisen, spezielle Reisen für Menschen mit Demenz und Minigruppenreisen. Darüber hinaus veranstaltet der Verein Individualreisen zu beliebigen

Reiseveranstalter

Reisezielen und bietet in Bad Salzuflen und Münster die Möglichkeit eines Kurzzeitpflegeaufenthalts mit Ausflugsprogramm.

Der Reisegesamtpreis setzt sich aus einem Grundpreis für die eigentliche Reise und einem Preis für den Pflegeanteil zusammen, der je nach Pflegebedarf variiert. Besonders wichtig ist hier der Hinweis, dass bei Vorliegen der Voraussetzungen die Pflegekasse im Rahmen der Verhinderungspflege pro Kalenderjahr bis zu ca. 2418,-€ vom Pflegeanteil übernimmt. Auch Entlastungsleistungen können für die Betreuung im Urlaub genutzt werden. Gäste mit geringem Einkommen haben zudem die Möglichkeit, einen Reisekostenzuschuss beim Förderverein Urlaub & Pflege e.V. zu beantragen.

Der Verein berät Pflegebedürftige über die eventuelle Kostenübernahme durch die Pflegekasse. Die Anreise erfolgt jeweils ab Münster, Gäste können auf Wunsch von zu Hause abgeholt werden. Bei den Reisen erhält jeder Gast im Rollstuhl eine eigene Begleitperson. Es stehen rund um die Uhr examinierte Pflegefachkräfte zur Verfügung.

Auf Wunsch werden vom Verein auch ganz individuelle Reisen für ein, zwei oder mehrere Personen ausgearbeitet, die von geschultem Betreuungspersonal oder von einer examinierten Pflegefachkraft begleitet werden. Auch diese Kosten werden bei entsprechender Voraussetzung von der Pflegekasse bezuschusst bzw. übernommen. Den Prospekt können Sie kostenlos bei umseitiger Adresse anfordern.

„Wappen von Ueckermünde"
Großsegelschiff für Menschen mit Beeinträchtigungen   17373 Ueckermünde

Zentrum für Erlebnispädagogik und Umweltbildung - ZERUM
Kamigstraße 26, Tel. (039771) 227 25, Fax (039771) 220 25
E-Mail: info@rollisegler.de, Internet: www.rollisegler.de

Die "Wappen von Ueckermünde" wurde im Jahr 2007 fertig gestellt und ist das bisher einzige deutsche Großsegelschiff für Menschen mit Beeinträchtigungen (Länge 22 Meter, Breite 5,60 Meter). Bis zu zwölf Personen (10 Gäste + 2 x Schiffsführung) können auf diesem Schiff segeln, darunter vier Rollstuhlfahrer. Zwei ausgebildete Schiffsführer leiten die Gruppe an und weisen in die Manöver ein.

An Bord können Rollstühle bis zu einer Spurbreite von 63 Zentimetern benutzt werden. Ist der eigene Rollstuhl breiter, kann ein Bordrollstuhl zur Verfügung gestellt werden. An Bord befinden sich Zwei-,

Reiseveranstalter

Drei- und eine Fünfpersonenkammer, vier Kojen sind für Rollstuhlfahrer geeignet. Alle Teilnehmer können sich an den Manövern an Bord beteiligen, wie z.B. Segel setzen, das Schiff steuern oder Mahlzeiten zubereiten. Die Mannschaft versorgt sich und die Schiffsführung an Bord selbst. Die Reise beginnt und endet in Ueckermünde, ihr Verlauf richtet sich nach dem Erfahrungsstand der Gruppe und den Einschätzungen der Schiffsführer.

Eine Tagesausfahrt mit dem Rollisegler beginnt in der Regel um 9.00 Uhr am Hafen Ueckermünde-Zerum und endet am selbigen spätestens 18.00 Uhr. Abweichungen können gerne besprochen mit uns besprochen werden. Die Kosten für den Törn liegen bei 500 € inklusive Schiffsführung und Versicherung. Getränke und Verpflegung muss die Mannschaft selber organisieren. Die Kombüse kann hierfür genutzt werden, sie muss aber am Ende des Törns gereinigt übergeben werden. Es werden Schnittchen und ähnliches empfohlen, weil je nach Seegang der Herd tagsüber eher nicht genutzt werden sollte. Kühlschrank, Kaffeemaschine und Wasserkocher usw. sind an Bord. Das Mitbringen von weiteren elektronischen Geräten ist leider nicht möglich, da an Bord nur ein begrenztes Stromnetz zur Verfügung steht.

Ein Mehrtagestörn beginnt am ersten Tag um 9.00 Uhr und endet am letzten Reisetag um 18.00 Uhr. Die Länge des Törns stimmt die Crew bei der Buchung mit dem Betreiber des Schiffes ab. Jeder Tag kostet 500,- € inklusive Schiffsführung und Versicherung. Für die Verpflegung die Hafenliegegebühren und die aufkommenden Dieselkosten kommt die Crew ebenfalls auf. Hierfür kann mit einer Pauschale von 15 € pro Person pro Tag gerechnet werden, wenn das Schiff voll besetzt ist – das heißt, mit zehn Personen. Der Rollisegler ist von Anfang Mai bis Ende Oktober im Einsatz.

Weitsprung GmbH
Reisen mit Begleitung in die ganze Welt　　　　　　　　**35037 Marburg**

Gutenbergstr. 27, Tel. (06421) 68 68 32

E-Mail: mail@weitsprung-reisen.de, www.weitsprung-reisen.de

Weitsprung bietet in seinem Reisekatalog ein abwechslungsreiches Programm mit begleiteten Gruppenreisen quer durch alle Kontinente an. Durch kleine Gruppen gewährleistet Weitsprung seinen Gästen einen entspannten und individuellen Urlaub. Ergänzend zum Gruppenreiseprogramm werden auf Wunsch Individualangebote erstellt. So können sich alle Reisebegeisterten ihren Reisetraum mit Weitsprung erfüllen.

Besonders empfehlenswerter Reiseveranstalter, sehr guter Begleitservice: Reisebegleitung mit Begleitschlüssel in der Regel 1:2. Für jeweils zwei Reisegäste fährt eine Begleitperson mit. Die persönliche Assistenz umfasst alle Hilfen, die der Reisegast benötigt (z.B. Medikation, Pflege, Rollstuhl-Schiebehilfen, Gepäckservice, usw.). Der Reisegast erfährt eine persönliche Betreuung in kleinen Gruppen ab vier Personen. Den Katalog können Sie kostenlos bei der Weitsprung GmbH anfordern.

Behindertengerechte Miet-Pkw

Avis Autovermietung
Zimmersmühlenweg 21, 61437 Oberursel, Tel. (06171) 68 0, Fax: (06171) 68 10 01, E-Mail: info@avis.de, Internet: www.avis.de. Pkw mit Handsteuerung können bundesweit an allen AVIS-Geschäftsstellen bei rechtzeitiger Anmeldung bereitgestellt werden. Zusammenarbeit mit der Firma Paravan, Umbauspezialist für behindertengerechte Pkw und andere Fahrzeuge.

Auto Dotterweich
Steinsdorfer Hauptstraße 2, 96185 Schönbrunn - OT Steinsdorf, Tel. (09549) 92 22 - 0, Fax: (09549) 92 22 - 90, E-Mail: info@auto-dotterweich.de, Internet: www.auto-dotterweich.de.
Vermietung von rollstuhlgerechten Pkws und Fahrzeugen mit Heckeinstieg.

Czernig Autovermietung
F-O-Schimmel-Str. 13, 09120 Chemnitz, Tel. (0371) 5 90 33 20, Fax: (0371) 5 90 33 21, E-Mail: info@czernig.de, Internet: www.czernig.de.
Vermietung von rollstuhlgerechten Pkws mit Handsteuerung und Kleinbussen.

Europcar
Servicehotlibne: (040) 520 18 7654. www.europcar.de
Behindertengerechte Mobilität: Flexible Mobilitätslösungen für Aktiv- und Passivfahrer. Fahrspaß, Flexibilität und Komfort: Europcar bietet Aktiv- und Passivfahrern maßgeschneiderte Mobilitätslösungen. Buchen Sie Ihren behindertengerechten Mietwagen an sechs Stationen in Deutschland oder bundesweit auf Anfrage. Zum Beispiel VW Caddy mit Heckeinstieg für Passivfahrer.

Paravan GmbH in Kooperation mit AVIS
Paravan-Straße 5-10, 72539 Pfronstetten-Aichelau, Tel. (07388) 99 95 - 66, Fax: (07388) 99 95 79, E-Mail: info@paravan.de, Internet: www.paravan.de
In Kooperation mit AVIS bietet Paravan, einer der größten Umbaufirmen für behindertengerechte Fahrzeuge, rollstuhlgerechte Mietwagen für Passiv- und Aktivfahrer an. Die Mietfahrzeuge können im gesamten Bundesgebiet und allen AVIS-Mietstationen zur Verfügung gestellt werden. In kurzer Zeit kann bei Bedarf und nach Rücksprache eine Anpassung auf Wunsch erfolgen.

rolli-in-motion
Andreas Ribbicke, Bertastr. 8p, 13467 Berlin, Tel. (030) 40539355, Fax: (030) 4046569, E-Mail: info@rolli-in-motion.de, Internet: www.rolli-in-motion.de.
Zwei rollstuhlgerechte Mietwagen.

Unfallopfer-Hilfswerk
Postfach 2864, 74018 Heilbronn, Tel. (07131) 629 552, Fax: (07131) 82 128
E-Mail: info@unfallopfer-hilfswerk.de, Internet: www.unfallopfer-hilfswerk.de
Sehr preiswert! Daher muss bei der Anmietung der rollstuhlgerechten Kleinbusse (für max. 9 Personen) 1 Mitreisender im Besitz eines gültigen Behindertenausweises ab Behinderungsgrad 50% sein. Diese Fahrzeuge sind ideal für Urlaubsreisen. Daher ist eine sehr frühzeitige Reservierung notwendig. Infos unter: www.handicaptravel.de

Behindertengerechte Reisebusse

Bayern

Alois Pfeffer e. K.
Omnibusunternehmen, Sommerreithweg 2, Zenting, 94579 Bayern, Tel. (09907) 714, Fax: (09907) 1212, E-Mail: info@pfeffer-reisen.de, Internet: www.pfeffer-reisen.de.
Vier behindertengerechte Spezialbusse mit Hebebühne, Schwebesitz, WC.

Z Mobility - Werner Ziegelmeier GmbH
Albert-Einstein-Str. 10, 86399 Bobingen, Tel: (08234) 706444, Fax: (08234) 70 64 46, E-Mail: info@z-mobility.eu, Internet: www.z-mobility.eu.
Drei rollstuhlgerechte Reisebusse mit Hebebühne, Innenlift und Behinderten-WC.

Omnibus Kalb
Norlaching 9, 84405 Dorfen, Tel. (08084) 76 91, E-Mail: omnibus-kalb@t-online.de, Internet: www.omnibus-kalb.de.
Fünf Bus mit Hublift für Rollstuhlfahrer/Gehbehinderte.

VbA Selbstbestimmt Leben e.V., Reisedienst
Westendstr. 93, 80339 Muenchen, Tel. (089) 54 03 46 83, Fax: (089) 54 03 46 85, E-Mail: reisedienst@vba-muenchen.de, Internet: www.vba-reisen.de.
Ein rolligerechter Bus ausgestattet mit Rampen für den Gepäckraum zum Einladen von E-Rollis, Möglichkeiten der Liegebeförderung einer Person, dritte Schlagtür mit Hebelift, variable Bestuhlung für Rollstühle und Sitzplätze mit Rollstuhlrückhaltesystem und großzügige Rolli-Toilette mit Umkleideliege.

Berlin

BBV Tours GmbH
Weydemeyer Str. 2 a, 10178 Berlin, Tel. (030) 500 19 100, Fax: (030) 927 036 31, E-Mail: pieszak@bbv-tours-berlin.de, Internet: www.bbv-tours-berlin.de.
Fahrdienst innerhalb Berlins und für Ausflugs- und Urlaubsreisen mit rollstuhlgerechten Kleinbussen.

Reiseagentur Carsten Müller
Straße 6, Nr. 116 , 13059 Berlin, Tel. (030) 9244035, Fax: (030) 96204201, E-Mail: firma@reiseagentur-c-mueller.de, Internet: www.reiseagentur-c-mueller.de.
Stadtfahrten in Berlin und Urlaubsreisen (Deutschland, Europa) für Einzelpersonen und Gruppen ab ca. 15 Personen mit einem rollstuhlgerechten Reisebus.

Z Mobility - Werner Ziegelmeier GmbH
Schönerlinder Chaussee 6d, 16348 Wandlitz-Schönerlinde, Tel. (030) 41 24 80 7, E-Mail: berlin@z-mobility.eu, Internet:www.z-mobility.eu.
Drei rollstuhlgerechte Reisebusse mit Hebebühne, Innenlift und Behinderten-WC.

Behindertengerechte Reisebusse

Hessen

Zwingenberger, Omnibusbetrieb Fischer
Johannes Fischer, Gernsheimer Straße 7, 64673 Zwingenberg,
Tel. (06251) 74264, Fax: (06251) 98 28 13, Internet: www.derzwingenberger.de.
Der Omnibusbetrieb Fischer ist ein Familienunternehmen im Süden Hessens. Der Fuhrpark umfasst drei Reise- und zwei Kleinbusse. Alle Reisebusse sind rollstuhlgerecht ausgebaut und mit Hebelift, ebenerdigem Heck-WC, Deckenlifter, Bordküche, Klimaanlage und Video ausgestattet.
Die Kleinbusse sind mit Rampe und Befestigungsmöglichkeit für Rollis ausgerüstet.
Rollstuhl- bzw. Behindertengruppen können die Busse inklusive Fahrer mieten. Bei Reiseplanungen für Gruppen mit behinderten Reiseteilnehmern ist der Omnibusbetrieb gerne behilflich.

Niedersachsen

Uhlenköper-Reisen, Paul Schulze Autobusbetrieb GmbH
Oldenstädter Str. 78, 29525 Uelzen, Tel.: (0 58 1) - 97 97 0, E-Mail: info@uhlenkoeper-reisen.de, Internet: www.uhlenkoerper-reisen.de.
Zwei behindertengerechte Reisebusse. Neben zwei regulären Ein- / Ausstiegen erlaubt ein separater Außenlift stufenlosen und rollstuhlgerechten Zugang zum Fahrgastraum, der nach Bedarf mit Sitz- und / oder Rollstuhlplätzen variabel nutzbar ist. Neben der Möglichkeit, im Bus vom Rollstuhl auf einen üblichen Fahrgastsitz umzusteigen, kann die Fahrt auch im Rolstuhl sitzend angetreten werden, wobei die Rollstühle mit einem universellen Arretierungssystem sicher fixiert werden. Ein an Deckenschienen geführter "Schwebesitz" garantiert Flexibiltät und Beweglichkeit im Bus unter (fast) allen Bedingungen und erlaubt auch die Nutzung eines überdurchschnittlichen geräumigen WC unanhängig von Rollstuhl und Gehvermögen.

Janssen Reisen Wittmund GmbH & Co. KG
Alter Postweg 29, 26409 Wittmund, Telefon: (04462) 888 0, E-Mail: info@janssen-reisen.de, Internet: www.janssen-reisen.de.
Mit Hebebühne, bis zu 12 Rollstuhlplätzen und 7 Begleitplätzen (oder 52 regulären Sitzplätzen) bietet der Van Hool ACRON T 917 auch Gruppen mit Rollstuhlfahrern absoluten Reisespaß.
Zur Ausstattung gehören auch Klimaanlage, ABS, Toilette (nicht rollstuhlgerecht), Küche, Kühlschränke, Tische, Fußrasten, Audio/Video/DVD-Anlage, Navigationssystem, Spurassistent, Front- und Rückfahrkamera und satte 18 m² Kofferraum-Volumen.

Rheinland-Pfalz

VdK-Reiseservice
Luxemburger Str. 148, 54294 Trier, Tel. (0651) 98 120 - 0, Fax: (0651) 98 120 - 77,
E-Mail: info@vdk-reiseservice.de, Internet: www.vdk-reiseservice.de.
Der Bus ist ausgestattet mit einer Hebebühne (das Fahrpersonal ist behilflich beim Ein- und Aussteigen). Für die Nutzung der Hebebühne gelten folgende Maximalmaße: Breite 75 cm, Länge 125 cm, Gewicht 350 kg.
Ansonsten gibt es einen großzügigen Sitzabstand, 48 Sitzplätze rückwärts/seitwärts

Behindertengerechte Reisebusse

verstellbar oder bis zu 14 Rollis (auch E-Rollis), Klapptische, Fußrasten, Sicherheitsgurte, eine Klimaanlage, eine Stereomusikanlage (Radio, CD, Video (DVD), Küche (mit Mikrowelle und Kühlschrank) und eine barrierefreie Toilette. Diese ist per Schwebesitz bequem zu erreichen - für eine Hilfsperson ist ausreichend Platz vorhanden.

Sachsen
Eberhardt Travel GmbH
Zschoner Ring 30, 01723 Kesselsdorf, Tel. (035204) 92112, Fax: (035204) 92 115, E-Mail: info@eberhardt-travel.de, Internet: www.eberhardt-travel.de.
Ein rollstuhlgerechter Reisebus mit Hebebühne, Innenschwebelift und Rollstuhltoilette. Von Kesselsdorf (bei Dresden) werden Busreisen für Rollifahrer durch ganz Europa angeboten. Der Bus kann auch von Gruppen gemietet werden.

Behindertengerechte Reisebusse in Österreich
Oberlojer Busreisen
Radlach 38, A-9754 Steinfeld, Tel: 0043 (0) 4717-6161 Fax: 0043 (0) 4717 - 616161, E-Mail: oberlojer@direkt.at, Internet: www.oberlojer.at.

Zwei rollstuhlgerechte Fernreisebusse mit Hebebühne und Behindertentoilette an Bord und vier behindertengerechte Kleinbusse für Tagesausflüge und Urlaubsreisen.

Weitere Unternehmen mit rollstuhlgerechten Bussen
in Österreich im Internet unter www.fachverband-bus.at

Behindertengerechte Reisebusse in der Schweiz
Schweizer Paraplegiker-Vereinigung
Kantonsstraße 40, CH-6207 Nottwil, Tel: 0041 (0) 41 - 939 54 00, Fax: 0041 (0) 41 - 939 54 09, E-Mail: spv@spv.ch, Internet: www.spv.ch.
Drei rollstuhlgerechte Reisebusse mit Hebebühne und Rollstuhltoilette, Platz für bis zu 26 Rollstuhlfahrer.

Ortsverzeichnis

Im nachfolgenden Ortsverzeichnis wird hinter den aufgeführten Orts- und Städtenamen in gesetzter Klammer abgekürzt auf das zugehörige Bundesland hingewiesen. Hier die Bedeutung der verwendeten Abkürzungen für die Bundesländer:

BW = Baden-Württemberg
BY = Bayern
BE = Berlin
BB = Brandenburg
HB = Bremen
HH = Hamburg
HE = Hessen
MV = Mecklenburg-Vorpommern
NI = Niedersachsen
NW = Nordrhein-Westfalen
RP = Rheinland-Pfalz
SL = Saarland
SN = Sachsen
ST = Sachsen-Anhalt
SH = Schleswig-Holstein
TH = Thüringen

A

Ahaus (NW), S. 201
Ahlbeck/Usedom (MV), S. 152
Alanya (Türkei), S. 332
Alicante (Spanien), S. 319
Alling (BY), S. 45
Altenberge (NW), S. 202
Altötting (BY), S. 46
Alttann (BW), S. 42
Ameland (NL), 310
Amrum (Insel) (SH), S. 259
Auerbach (SN), S. 241

B

Baabe/Rügen (MV), S. 145
Bad Bayersoien (BY), S. 50
Bad Bellingen (BW), S. 15
Bad Bevensen (NI), S. 162
Bad Birnbach (BY), S. 48
Bad Breisig (RP), S. 221
Bad Harzburg (NI), S. 168
Bad Laer (NI), S. 167
Bad Mergentheim (BW), S. 25
Bad Neuenahr (RP), S. 222
Bad Peterstal-Griesbach (BW), S. 16
Bad Staffelstein (BY), S. 51
Bad Wiessee (BY), S. 54
Bad Zwesten (HE), S. 127
Bad Zwischenahn (NI), S. 170
Bankholzen (BW), S. 18
Barcelona (Spanien), S. 322
Belgien S. 300
Behringen (TH), S. 286
Benserxiel (NI), S. 172
Bergen-Geyern (BY), S. 58
Bergkirchen (BY), S. 73
Berlin (BE), S. 96
Berlingen (Schweiz), S. 318
Biburg (BY), S. 56
Biederbach (BW), S. 24
Bischofsreut (BY), S. 64
Boeker Mühle (MV), S. 133
Boltenhagen (MV), S. 136
Breisach (BW), S. 20
Brodten (SH), S. 281
Brotterode (TH), S. 285

C

Carolinensiel (NI), S. 174
Celle (NI), S. 175
Cuxhaven (NI), S. 176

Ortsverzeichnis

D

Dagebüll (SH), S. 260
Dahme (BB), S. 110
Deggenhausertal (BW), S. 21
Demirtas (Türkei), S. 332
Diani-Beach (Kenia), S. 308
Dippoldiswalde (SN), S. 242
Dörentrup (NW), S. 203
Dortmund (NW), S. 204
Dresden (SN), S. 243
Duhnen (NI), S. 179

E

Ebrach (BY), S. 59
Els Poblets (Spanien), S. 319
Eversberg (NW), S. 215

F

Falkensee (BB), S. 112
Freiberg (SN), S. 246
Freiburg (BW), S. 22
Fürth (BY), S. 60

G

Garding (SH), S. 262
Glees (RP), S. 227
Glowe/Rügen (MV), S. 149
Göhren/Rügen (MV), S. 150
Gols (Österreich), S. 312
Goslar (NI), S. 180
Gossensass (Italien), S. 304
Grömitz (SH), S. 264
Gronau (NW), S. 206
Groß Schwansee (MV), S. 135
Groß Wittensen (SH), S. 266
Gstadt am Chiemsee (BY), S. 62
Güstrow (MV), S. 134
Gunzenhausen (BY), S. 61

H

Haidmühle (BY), S. 64
Hainich (TH), S. 286
Halle / Saale (ST), S. 256
Hamswehrum (NI), S. 182
Harsefeld (NI), S. 183
Havelaue (BB), S. 122
Heiligenhafen (SH), S. 268
Herbstein (HE), S. 128
Herbsthausen (BW), S. 25
Heringsdorf/Usedom (MV), S. 153
Herzberg (BB), S. 114
Hessisch Lichtenau (HE), S. 129
Hille (NW), S. 212
Hillentrup (NW), S. 203
Hirschbach (BY), S. 48
Hörselberg (TH), S. 286
Hohennauen (BB), S. 116
Hohenwart (BW), S. 32
Hollum (Niederlande), S. 310
Horsdorf (BY), S. 51

I

Igel (RP), S. 236
Immenstadt-Stein (BY), S. 67
Ingelheim (RP), S. 223
Italien S. 302

K

Kaltern/Tirol (Italien), S. 302
Kanarische Inseln, S. 326
Kaunertal (Österreich), S. 313
Kelkheim (BY), S. 68
Kenia (Afrika), S. 308
Kempen (NW), S. 213
Kempten (BY), S. 70
Kiel (SH), S. 271
Kirchberg (Österreich), S. 314
Kirchzarten (BW), S. 26
Koserow/Usedom (MV), S. 154
Krautheim (BW), S. 28
Krummhörn (NI), S. 182
Kühlungsborn (MV), S. 138
Künzelsau (BW), S. 29

L

Lahr (RP), S. 224
Lanzarote (Spanien), S. 326
La Palma (Spanien), S. 327
Leck (SH), S. 272
Leipzig (SN), S. 248
Lemele (Niederlande), S. 311
Lindau (BY), S. 72
Los Cristianos (Spanien), S. 328

M

Mallorca (Spanien), S. 324
Maria Laach (RP), S. 227
Marienberg (SN), S. 244
Meinerdingen (NI), S. 195
Mendig (RP), S. 226
Meschede-Eversberg (NW), S. 215
Mettingen (NW), S. 214
Mettlach (SL), S. 239
Middelkerke (Belgien), S. 300
Minsen-Förrien (NI), S. 196
Mönchengladbach (NW), S. 216
Moos (BW), S. 18
Moritzburg (SN), S. 245
München (BY), S. 74
Mützen (NI), S. 186
Muhr am See (BY), S. 75

N

Naila (BY), S. 77
Natz (Italien), S. 305

Ortsverzeichnis

Nennslingen (BY), S. 56
Neßmersiel (NI), S. 187
Neureichenau (BY), S. 76
Neustadt-Pelzerhaken (SH), S. 274
Niederlande, S. 310
Nienhagen (MV), S. 142
Nindorf (SH), S. 275
Norddeich (NI), S. 189
Norden (NI), S. 188
Nordkampen (NI), S. 194
Nordstrand (SH), S. 276

O

Oberaudorf (BY), S. 78
Oberharmersbach (BW), S. 30
Oberhof (TH), S. 288
Oberkirch (BW), S. 31
Oberstdorf (BY), S. 80
Obertrubach (BY), S. 79
Ödsbach (BW), S. 31
Österreich S. 312
Offendorf (SH), S. 277
Oldenburg (NI), S. 190
Ostseebad Baabe (MV), S. 145
Ostseebad Boltenhagen (MV), S. 136
Ostseebad Göhren (MV), S. 150
Ostseebad Kühlungsborn (MV), S. 138
Ostseebad Nienhagen (MV), S. 142
Ostseebad Trassenheide (MV), S. 156
Ostseebad Zinnowitz (MV), S. 158
Ostseeheilbad Zingst (MV), S. 159

P

Paderborn (NW), S. 218
Pelzerhaken (SH), S. 274
Pflerschtal/Tirol (Italien), S. 304
Pforzheim (BW), S. 32
Pilsum (NI), S. 185

Pflerschtal (Italien), S. 304
Plattensee (Ungarn), S. 334
Puntagorda (Spanien), S. 327

R

Ratekau (SH), S. 277
Regen (BY), S. 88
Reichenberg (SN), S. 245
Remagen (RP), S. 228
Rheinsberg (BB), S. 118
Rohrdorf (BY), S. 89
Rostock (MV), S. 144
Rothenburg OL (SN), S. 250
Rubi (BY), S. 80
Rügen (Insel) (MV), S. 145
Rysum (NI), S. 184

S

Saarburg (RP), S. 231
San Felice (Italien), S. 306
Santa Maria Camí (Spanien), S. 324
Sasbachwalden (BW), S. 34
Schladming (Österreich), S. 316
Schluchsee (BW), S. 36
Schönau (RP), S. 232
Schönhagen (SH), S. 278
Schuttertal (BW), S. 37
Schweighausen (BW), S. 37
Schweiz S. 318
Seebach (BW), S. 33
Seebad Ahlbeck (MV), S. 152
Seebad Heringsdorf (MV), S. 153
Seeblick (BB), S. 116
Seehausen (BY), S. 90
Seeshaupt (BY), S. 90
Sittensen (NI), S. 191
Sonnewalde (BB), S. 121

Sonthofen (BY), S. 91
Spanien S. 319
Spelle (NI), S. 192
Sprakebüll (SH), S. 279
Stammbach (BY), S. 95
St. Goar (RP), S. 230
St. Hubert (NW), S. 213
St. Peter (BW), S. 40
Stein (BY), S. 67
Stralsund (MV), S. 151
Straubing (BY), S. 92
Strodehne (BB), S. 122
Süddorf/Amrum (SH), S. 259
Sylt (Insel) (SH), S. 280

T

Teneriffa (Spanien), S. 328
Teupitz (BB), S. 124
Thermalbad Wiesenbad (SN), S. 252
Tinnum/Sylt (SH), S. 280
Todtmoos (BW), S. 38
Traben-Trarbach (RP), S. 233
Trassenheide (MV), S. 156
Travemünde (SH), S. 281
Treuchtlingen (BY), S. 93
Trier (RP), S. 236
Trusetal (TH), S. 285
Türkei S. 332

U

Uder (TH), S. 290
Ungarn, S. 334

W

Walsrode (NI), S. 194
Wangerland (NI), S. 196
Wertach (BY), S. 94
West-Bargum (SH), S. 283

Wetzlar (HE), S. 131
Wiesenbad (SN), S. 252
Wilsum (NI), S. 196
Wintrich/Mosel (RP), S. 234
Wisch (SH), S. 282
Wolfach (BW), S. 41
Wolfegg (BW), S. 42
Wüllen (NW), S. 201
Wüsting (NI), S. 198

Z

Zehren (SN), S. 230
Zingst (MV), S. 159
Zinnowitz (MV), S. 158

Rollstuhl-Kurier

Die Zeitschrift für Rollstuhlfahrer und mobilitätsbehinderte Menschen

Themenschwerpunkte

- Reisetipps und Reiseberichte für Rollstuhlfahrer
- Aktuelle Nachrichten und Berichte über Veranstaltungen
- Aktuelles vom Reha-Markt
- Testberichte über Pkw-Umbauten
- Private Kleinanzeigen (für Abonnenten kostenlos)
- Rabatte für Leserinnen und Leser bei ausgewählten Hotels und Gruppenreisen

Erscheinungsweise:
4 mal jährlich
Abo-Preis 28,00 Euro / Jahr
bei Versand innerhalb Deutschlands
(Stand 2018/2019)

Auf Wunsch senden wir Ihnen gerne ein kostenloses Probeheft

Escales-Verlag
Talstr. 58, 77887 Sasbachwalden
Tel.: (07841) 684 11 33
E-Mail: info@escales-verlag.de
Internet: www.escales-verlag.de